suhrkamp taschenbuch 5217

Paul Valéry wurde 1871 im südfranzösischen Sète geboren. Nachdem er in Montpellier ein Studium der Rechtswissenschaften begonnen hatte, zog es ihn 1894 nach Paris. Dort begann er, täglich Gedankenfragmente zu notieren, die postum in den *Cahiers* versammelt wurden, sowie mit der Arbeit an seinem bekanntesten Prosawerk, *Monsieur Teste*. Von seiner späteren Hinwendung zur Dichtung zeugen insbesondere *Die junge Parze* (*La jeune Parque*, 1917), von Paul Celan ins Deutsche übertragen, sowie *Carmina* (*Charmes*, 1922), übersetzt von Rainer Maria Rilke. Valéry war Mitglied der Académie française, langjähriger Präsident des PEN-Clubs und von 1937 bis zu seinem Tod 1945 Inhaber des Lehrstuhls für Poetik am Collège de France.
Mit seinem vielgestaltigen Werk, das sich von philosophischen Überlegungen über Lyrik und Prosa bis hin zu Dramatik erstreckt, gilt Paul Valéry als einer der prägendsten Autoren und Denker seiner Zeit.

Band 4 der Gesamtausgabe umfasst Essays, Reden, Vorworte und Briefe zu Wissenschaft und Philosophie. Die Textsammlung dokumentiert Valérys Auseinandersetzung mit Philosophen und Theoretikern wie Descartes und Pascal, deren Vorstellungen zu den Bausteinen seines eigenen Denkens gehörten; darüber hinaus legen die Schriften Valérys philosophische Ansätze dar. Wie schon in den Prosawerken kennzeichnet diese Beobachtungen der Versuch, den Vorgang des Sinneseindrucks zu rekonstruieren sowie Verständnis- und Schaffensprozesse rationaler Überprüfung zu unterziehen. Sie lassen eine Verflechtung einzelner (natur)wissenschaftlicher Disziplinen mit der Welt der Literatur und mit Fragen der Ästhetik erkennen.

PAUL VALÉRY
WERKE

Frankfurter Ausgabe
in 7 Bänden

Herausgegeben von
Jürgen Schmidt-Radefeldt

Suhrkamp

Die Originalausgabe erschien 1957 unter dem Titel *Œuvres I*
sowie 1960 unter dem Titel *Œuvres II* bei Éditions Gallimard, Paris.

Erste Auflage 2021
suhrkamp taschenbuch 5217

Nachweise zu den einzelnen Texten am Schluss des Bandes.

Umschlaggestaltung: Brian Barth
Printed in Germany
ISBN 978-3-518-47217-0

Band 4
Zur Philosophie und Wissenschaft

Herausgegeben von
Jürgen Schmidt-Radefeldt

ZUR PHILOSOPHIE UND WISSENSCHAFT

FRAGMENT EINES DESCARTES

Noch vor fünfzehn Jahren fand man in einer Straße ganz nahe des Place Royale[1] eine Gendarmeriekaserne, wo die Reservisten ihre Militärpapiere ergänzen und abstempeln ließen.

Wer eintrat, sah sich in einem vornehmen und vertrauten Hofe um. Die gesuchten Büros lagen zur Linken unter einigen Korbbogenarkaden, den einzigen Überresten eines ziemlich alten Klosters. Diese zerfallene Erhabenheit paßte sich dem gemächlichen, halb amtlichen, halb intimen Leben an, das sich seit dem Ersten Kaiserreich hier allmählich eingenistet hatte. Es gab einen geistesabwesenden Wachposten, an den Säulen hängende Käfige mit Kanarienvögeln, Käppis, Blumentöpfe an den Fenstern, da und dort trockneten lange weiße Hosen an einer Schnur. Im Jahresdurchschnitt gingen um die hunderttausend Reservisten über diesen Hof. Ich weiß nicht, ob auch nur einer von ihnen geahnt hat, daß man ihn zu einer Pilgerfahrt veranlaßt hatte. Selbst die Befehlsgewalt, die ihn herbeorderte, so hochgestellt sie auch sein mochte, kannte das eigentliche Ziel nicht. Sie glaubte die Matrikel nur um ihrer selbst willen zu führen; ohne es zu wissen, zwang sie uns dazu, eines der ehrwürdigsten Denkmäler der Geschichte des Denkens zu besuchen.

Diese Kaserne ersetzte das Kloster, und die Gendarmen nahmen die Stelle der Minimen ein. Dort lebte und starb Pater Mersenne[2], ein sehr nützlicher und recht namhafter Mann in der geistigen Gesellschaft zu Beginn des 17. Jahrhunderts; ein umgänglicher Ordensmann, voller Neugier, der einem von dem unsrigen recht verschiedenen intellektuellen Europa Probleme und manchmal auch Rätsel aufgab; in der Wissenschaft wirkte er als Katalysator und als Verbindungsglied zwischen den Gelehrten von unterschiedlicher Religion; er war ein Jugendfreund von Descartes gewesen und blieb ein beharrlicher und ein außergewöhnlicher

Freund; er verbreitete seine Lehren, und unter jenen zweitrangigen Menschen, deren Rolle bei der Entwicklung großer Menschen und bei der Auslösung großer Dinge vielleicht unabdingbar ist, einer der liebenswürdigsten. Es wäre eine ziemlich neuartige und meines Erachtens auch recht fruchtbare Untersuchung, wenn man die Geschichte dieser Hilfskräfte, dieser inoffiziellen Vertrauensleute, Helfer oder Mittler systematisch erforschen würde, die sowohl in der Umgebung von Genies als auch unter den geringfügigen lebenden Ursachen großer Ereignisse immer anzutreffen sind.

Als Descartes nach Paris kam, pflegte man ihn vormittags bei den Minimen an der Place Royale bei dem äußerst geistreichen Pater zu besuchen. Am 11. Juli 1644 empfing er dort Monsieur Mélian. Von La Haye kommend, steigt er im Juni 1647 beim Abbé Picot in der Rue Goeffroy-Lasnier ab und verfaßt dort die Vorrede zu den *Principes*. Er begibt sich in die Bretagne, wohin ein Geschäft ihn gerufen hatte, kehrt über das Poitou und die Touraine zurück und findet bei seiner Rückkehr in Paris Anfang September die gute Nachricht vor, daß ihm der König auf Empfehlung des Kardinal-Ministers eine Rente von 3000 Livres bewilligt hat. Nachrichten dieser Art waren selten geworden.[3]

Zu dieser Zeit »verspürte der junge Pascal, der sich in Paris aufhielt, den Wunsch, ihn zu sehen, und er hatte die Genugtuung, sich bei den *Minimen* mit ihm zu unterhalten, nachdem man ihm den Hinweis gegeben hatte, er könne ihn dort treffen. Monsieur Descartes fand ein Vergnügen daran, ihn über die Experimente mit dem leeren Raum[4] sprechen zu hören, die er in Rouen durchgeführt hatte und über die er gerade einen Bericht drucken ließ, von dem er ihm einige Zeit später, nach seiner Rückkehr, ein Exemplar nach Holland sandte. Monsieur Descartes war über die Unterredung mit Monsieur Pascal begeistert.«

Mit dem Ruhm des letzteren verbindet mich zu viel, als daß ich hier die Fortsetzung wiedergeben möchte.

Als ich eines Tages dort vorbeiging, sah ich voller Verdruß anstelle der alten Heimat der Minimen ein kubisches Bauwerk aus einem allzu neuen und reinen Kreidestein, gekrönt mit gesprenkelten Sandsteinkugeln. Die Gendarmen hat man in diesen Block zurückverlegt. Mir gefielen sie besser in dem alten Kloster, denn die Gendarmerie ist ja eine Art von militärischem Orden, auch wenn er sich der Heirat seiner Mitglieder keineswegs zu widersetzen scheint.

Es gibt in Europa nur wenige Nationen, bei denen ein durch eine so großartige Aura geweihtes Haus, das in seinen Mauern ein solches Gespräch vernehmen durfte, so unauffällig verschwinden könnte wie bei uns. Es gab an dem Minimenkloster nicht einmal eine Tafel, die diese Mauern über das, was sie gesehen hatten, zum Sprechen brachte. Was ich hier berichte, und was ich bei Baillet[5] gefunden habe, scheint niemand gewußt zu haben, denn keine Menschenseele hat sich beklagt oder der Demolierung dieses Gemäuers widersetzt. Das Ganze verschwand in der Staubwolke von Abbruchfirmen.

Descartes hat hier kein Glück. Kein einziges Standbild dieses bewundernswerten Mannes in Paris – allerdings bin ich einverstanden, wenn dieser Zustand sich nicht ändert. Man hat lediglich eine Straße nach ihm benannt, eine ziemlich üble, auch wenn sie durch die Berühmtheiten der École polytechnique belebt wurde und ein wenig im Banne Verlaines steht, der dort gestorben ist. Schließlich haben wir sogar seine Gebeine in Saint-Germain-des-Prés verstreut, und mir ist nicht bekannt, daß man sie für die Krypta des Panthéons zusammensucht.[6]

Aber als kluger Mann, der er war, und als unvergleichlicher Künstler im Umgang mit den härtesten Werkstoffen hat er sich eigenhändig ein Grabmal geschaffen; eines jener Grabmäler, die nachahmenswert sind. Er hat das Standbild seines Geistes errichtet, so klar und dem Blick so wirklichkeitsgetreu, daß man schwören könnte, es sei lebensecht und spreche zu uns in Person; daß uns keine dreihundert Jahre von ihm trennen, sondern ein direkter Umgang mit ihm möglich sei, allerdings nicht mit dem Abstand zwischen Geist und Geist, es sei denn mit dem Abstand des Geistes zu sich selbst. Sein Denkmal ist jener *Discours*, der wie alles, was genau geschrieben ist, so gut wie unzerstörbar ist. Eine selbstbewußte und geläufige Sprache, der es weder an Stolz noch an Bescheidenheit fehlt, macht uns die allen denkenden Menschen gemeinsamen Willenskräfte und Einstellungen so faßbar und beachtenswert, daß das Ergebnis weniger ein Meisterwerk der Ähnlichkeit oder der Wahrscheinlichkeit ist als vielmehr eine wirkliche Gegenwärtigkeit, die sich sogar aus der unsrigen speist.

Keine Schwierigkeiten, keine Bilder, keine scholastischen Erscheinungen, nichts gibt es in diesem Text, was nicht dem einfachsten und menschlichsten inneren Ton entspräche, kaum weniger präzise als die Natur selbst. Der Autor, den man zu hören glaubt, scheint sich darauf beschränkt zu haben, die unmittelbare Stimme, die er sich von seinen Erinnerungen und Hoffnungen erhalten hatte, zu reinigen, getreu nachzuzeichnen und manchmal sehr deutlich zu artikulieren. Er übernahm die Stimme, die uns zuallererst in unseren eigenen Gedanken unterweist und die sich schweigend von unserer gelenkten Erwartung entfernt.

Eine innere Rede, ohne Effekte und strategische Überlegungen, kann, auch wenn sie noch so eng zu uns gehört, die uns selbst am nächsten liegende und die gewisseste Eigentümlichkeit ist, nicht anders als universal sein.

Es war die Absicht Descartes', uns ihn selbst vernehmen zu lassen, das heißt den für ihn notwendigen Monolog in uns wachzurufen und uns sein eigenes Gelübde ablegen zu lassen. *Es ging darum, daß wir in uns finden sollen, was er in sich fand.*

Eben dies ist die ursprüngliche Absicht. Jeder Gründer im Reich des Geistes muß sich darum kümmern, unwiderstehlich zu werden. Die einen hüllen uns mit ihrem Zauber ein; die anderen verkleinern uns durch ihre Strenge: Descartes teilt uns sein Leben mit, damit die Abfolge seiner Sinneseindrücke und Handlungen uns auf dem gleichen natürlichen Weg der Ereignisse und Träumereien in seine Gedanken einführe, den er selbst seit seiner Jugend eingeschlagen hatte und der vielen anderen Wegen gleicht, auch wenn er uns zu ganz anderen Gesichtspunkten führt.

Indem er uns vermittels seiner Anfänge zu seinesgleichen

macht und unser Interesse an seiner Laufbahn weckt, verführt er uns mühelos zur Rebellion seiner Jünglingszeit, weil er uns von unserer eigenen erzählt, von unseren Widerständen und hochmütigen Urteilen. Nach Beendigung seiner Schulausbildung, die er geringschätzt und für beinahe überflüssig hält (in der Tat ist die Schulbildung praktisch überflüssig für einen, der sich dessen, was er nicht selbst erfunden hat, nicht zu bedienen weiß), fährt er kreuz und quer durch Europa, reinigt seinen Geist auf Reisen und in den Abläufen eines Krieges zur damaligen Zeit, in die er sich je nach Laune einzumischen scheint. Er hütet sich geflissentlich vor Büchern, die den Armeen nur lästig sind. Er übt sich in der Mathematik; in einer Kunst, die zu ihrer Ausübung bloß eine Schreibfeder erfordert, die sich überall entfalten kann, zu jeder Zeit und so lange, wie unser Kopf dafür die Ausdauer aufbringt.

Welch ein Luxus an Freiheit, welch eine elegante und sinnliche Art des Selbstseins, wenn der Mensch sich so in den Dingen aufgehen lassen kann, ohne aufzuhören, sich in seinen Ideen zu behaupten! ...

Das Zufällige, das Oberflächliche, mit seinen lebhaften Veränderungen, erregen und erhellen das Tiefste und das Beständigste bei einer Person, die wahrhaft für die höchsten geistigen Bestimmungen geschaffen ist. In der Unabhängigkeit der Seele genießt man die Lust an der Existenz, um in dieser klar zu sehen. Dem organisierten Bewußtsein kommt alles zustatten. Alles entrückt es, alles führt es auf sich selbst zurück; es versagt sich nichts. Je mehr es an Beziehungen in sich aufnimmt oder erleidet, desto stärker verbindet es sich mit sich selbst, und desto stärker löst und entbindet es sich. Ein völlig *gebundener* Geist wäre im Grenzfall ein unendlich *freier* Geist, da Freiheit letztlich nichts anderes als die Nutzung des Möglichen und das Wesentliche des Geistes der Wunsch ist, mit seinem Ganzen zur Übereinstimmung zu gelangen.

Descartes schließt sich mit dem *Ganzen* seiner Aufmerksamkeit ein; er nützt das Mögliche in sich selbst so weitgehend, daß er mitten im Bericht über sein *Leben* an seiner *Exi-*

stenz zu zweifeln beginnt! ... Derselbe Mensch, der die Welt durcheilte und sich als militärischer Laie am Krieg beteiligte, kehrt mit einem Mal in den Rahmen seiner Gegenwart und seines Körpers zurück und relativiert das gesamte System seiner Bezugspunkte und unserer normalen Gewißheiten; er macht sich zu einem *anderen*, wie der Schlafende, dessen abrupte, dem Traum entstammende Bewegung den Traum verändert und *transzendiert* und ihn erst in einen als solchen qualifizierten Traum verwandelt. Er stellt das Sein dem Menschen gegenüber.

Das Sein im Menschen zu empfinden, beides so deutlich voneinander zu trennen, durch eine Art von außergewöhnlichem Verfahren eine höherstufige Gewißheit zu finden – das sind aber die ersten Anzeichen einer *Philosophie* ...

Vielleicht sollte ich mit diesem Wort innehalten, genau an dem Punkt, bevor ich nicht mehr weiß, wovon ich spreche. Noch ist es Zeit, mich von jenen Schwierigkeiten fernzuhalten, die nicht zu den von mir selbst ausgesuchten gehören und deren am meisten gefürchteten die für mich unsichtbaren sind. Ich fühle mich in der Philosophie nicht wohl.[7] Es gilt als selbstverständlich, daß man sie nicht umgehen könne und daß man nicht einmal den Mund aufmachen könne, ohne ihr Tribut zu zollen. Wie sollte man sich denn vor ihr hüten können, wenn sie selbst uns nicht mit Sicherheit sagen kann, was sie ist? Die oft geäußerte Behauptung, jeder philosophiere, ohne es zu wissen, ist eigentlich fast sinnlos, da nicht einmal derjenige, der sich bewußt mit der Philosophie befaßt, genau erklären kann, was er da macht.

Ich dagegen halte mich in der Philosophie auf wie ein Barbar in einem Athen, wo er zwar weiß, daß er von kostbaren Gegenständen umgeben ist und daß alles, was er sieht, beachtenswert ist; wo er aber unruhig wird, Langeweile verspürt, Unbehagen und eine mit abergläubischer Furcht vermischte, unbestimmte Ehrfurcht; gepackt von einer groben Lust, alles zu zerschlagen oder an diese vielen wunderbaren Geheimnisse, für die er in seinem Inneren kein Beispiel findet, Feuer zu legen. Wie soll man es ertragen, daß es deren so viele gibt, berühmte sogar, die einem nie in den Sinn gekommen wären? Ich vergleiche mich auch mit jenen Unglücklichen, die gesunde Ohren haben und alle Töne wahrnehmen können, denen sich aber alle Zusammenhänge und Mischungen der Töne, ihre Figuren, Schöpfungen, zarten Verknüpfungen und ihre Unendlichkeit, kurz, ihre *Musik*, entziehen. Die Musik der Philosophen ist für mich beinahe unhörbar.

Wenn ich es also trotzdem wage, über Descartes zu sprechen, dann zweifellos deshalb, weil ich ihn von jenen abgrenze ...

DESCARTES

Herr Präsident,
Herr Minister,
meine Damen und Herren –

die Académie française durfte es nicht versäumen, der Einladung Folge zu leisten, die das Organisationskomitee des IX. Internationalen Philosophiekongresses freundlicherweise an sie gerichtet hat, und meine erste Aufgabe ist es, mich beim Komitee in ihrem Namen zu bedanken. Die Akademie war es sich schuldig, hier in dem Augenblick anwesend zu sein, da es anläßlich des dreihundertsten Jahrestags der Veröffentlichung des *Discours de la méthode*[1] Descartes zu feiern gilt.

Der große Einfluß, den Descartes auf unsere Geisteswissenschaften ausgeübt zu haben scheint; das Ereignis, zum ersten Mal ein philosophisches Werk in französischer Sprache hervorgebracht zu haben, dessen Urheber er ist; der weltweite Ruhm, den seine Werke unserer Nation eingebracht haben: das sind drei Anlässe, die die Akademie unmittelbar angehen und die für sie drei ebenso gewichtige wie kostbare Gründe sind, ihre Ehrung all den anderen hinzuzufügen, die das Andenken an diesen großen Mann heute auf sich vereinigt.

Was nun die Ehre betrifft, die mir die Akademie durch den Auftrag erweist, sie Ihnen gegenüber zu vertreten, so brauche ich Ihnen nicht zu sagen, daß ich sie allein der erzwungenen Abwesenheit des berühmtesten Philosophen unserer Zeit zu verdanken habe. Der Gesundheitszustand unseres Kollegen Henri Bergson läßt es nicht zu, daß er hier den Platz einnimmt, auf dem ihn jedermann zu sehen hoffte; ihn, der mit der ihm eigentümlichen bezaubernden Autorität, der natürlichen Tiefe und Schönheit des Ausdrucks zu Ihnen über Descartes gesprochen hätte.[2] Doch in Gedanken ist er bei uns, und Sie werden sogleich den Brief hören können, den er freundlicherweise an uns gerichtet hat:

»Sehr geehrte ausländische Teilnehmer,

das Organisationskomitee hat in seiner Bescheidenheit mir den Auftrag erteilt, Sie willkommen zu heißen und Ihnen seine Anerkennung dafür auszusprechen, daß Sie zum Glanz und zur Bedeutung dieses Kongresses beitragen.

Daß man dem Kongreß die Überschrift »Descartes« gegeben hat, verleiht ihm eine ganz besondere Bedeutung. Sie wissen ja, bis zu welchem Punkt die klarsten und feinfühligsten Charaktere des französischen Geistes im Denken dieses bedeutenden Mannes geprägt wurden. Deshalb nimmt das festliche Gedenken seines Ruhms für uns die feierliche Bedeutung eines nationalen Aktes an, den die Anwesenheit des Staatsoberhaupts gleichsam bestimmt und auch unterstreicht.

Verehrte Anwesende, wir danken Ihnen, daß Sie sich unserer Ehrung anschließen und Descartes den Besuch erwidern, den er mehr als nur einer Nation gemacht hat. Es gab keinen besseren Europäer als unseren intellektuellen Helden, der so mühelos kam und ging. Er dachte dort, wo er bequem denken konnte: überall meditiert, erfindet, rechnet er ein wenig; in einem gut geheizten Zimmer in Deutschland, auf den Kais in Amsterdam, sogar im fernen Schweden, wo der Tod den Reisenden ereilt, dessen Geistesfreiheit das höchst kostbare Gut war, dem er durch diese ungehinderte Beweglichkeit unablässig nachstrebte.

Ich wünsche Ihnen, daß Sie sich in Frankreich von der Sympathie umgeben fühlen, die wir allen Denkenden gern erweisen, und daß Sie bei Ihrem philosophischen Aufenthalt ebenso begünstigt sein mögen, wie es Descartes an den verschiedenen Orten war, an die seine Laune ihn geführt hatte.«

Ich muß mich nun ein wenig über den Gegenstand auslassen, der uns zusammengeführt hat, und über Descartes und die Philosophie sprechen, so gut ich kann. Unermeßliche Themen sind zu streifen. Die Philosophen, aus Notwendigkeit unerbittlich, haben mich zu diesem Versuch zweifellos so aufgefordert, wie man ein Experiment am lebendigen Körper durchführt; vielleicht haben sie aber auch beschlossen, auf dem Altar der Vernunft ein unschuldiges und zur Sühne bereites Opfer darzubringen.

Sofort freilich, nachdem ich mich durch sie gebunden und verpflichtet fühlte und mir die ganze Schwierigkeit und auch die Gefahren einer Aufgabe vorstellte, zu der mich nichts bestimmte, betrachtete ich im Geiste das unüberwindbare Hindernis einer unerhörten Menge von Schriften. Was gibt es denn zu sagen, was nicht mit Sicherheit in ihnen schon zu finden ist? Ja, welchen Irrtum sollte man denn noch erfinden, der noch ein ganz frischer wäre, und welchen Interpretationsfehler, für den es noch kein Beispiel gäbe?

Descartes ... Zwar wird sein Denken seit dreihundert Jahren von so vielen erstrangigen Menschen nachvollzogen, von so vielen fleißigen Exegeten zerlegt und kommentiert, von so vielen Lehrern für so viele Schüler zusammengefaßt – wo aber bleibt Descartes? Ich wage gar nicht Ihnen zu sagen, daß es eine Unzahl von möglichen Descartes gibt; Sie wissen ja besser als ich, daß man mehr als nur einen zählt, alle gut belegt, mit dem Text in der Hand, und alle merkwürdig verschieden voneinander. Die Vielfalt der plausiblen Descartes ist eine Tatsache. Ob es sich nun um den *Discours de la méthode* handelt oder um die daran anschließenden metaphysischen Entwicklungen: die Verschiedenheit der Urteile und die Abweichung der Meinungen sind da und sie verblüffen. Und dabei gilt Descartes definitionsgemäß als ein klarer Autor.

Wie zu erwarten, sind die empfindlichsten und in gewisser Weise die innersten Stellen seiner Philosophie die umstrittensten und am unterschiedlichsten ausgelegten.

So entdecken zum Beispiel die einen bei Descartes bloß einen Behelfsgott, der ihm als Garant für seine spekulative Gewißheit und als erster Beweger dient. Pascal gab mit der übergroßen Klarsicht der schrankenlosen Antipathie dieser Meinung unverblümt Ausdruck.

Andere wiederum, die sich anders auskennen, legen uns einen aufrichtig, seinem Wesen nach religiösen Descartes nahe. Sie wollen uns sogar in den Fundamenten des *Discours*, unter dem Gebäude der rationalen Erkenntnis, die Ausgrabung einer Krypta zeigen, in der ein Schimmer aufleuchtet, der keinem natürlichen Licht entstammt.

Ob Mensch oder Text, welchen größeren Ruhm gibt es als den, Widersprüche auszulösen? Der endgültige Tod ist durch allgemeine Übereinstimmung gekennzeichnet. Die Anzahl der verschiedenen und unvereinbaren Gesichter, die man jemandem mit Grund zuschreiben kann, weist dagegen auf die Reichhaltigkeit seiner Komposition hin. Wie viele Napoleons wurden nicht produziert! Ich selbst bin nicht der Auffassung, daß man eine Existenz wirklich abgrenzen, in ihren Gedanken und Handlungen einschließen und auf das reduzieren kann, als was sie erscheint, und sie gewissermaßen in ihren Werken umzingeln. Wir sind viel mehr (und manchmal auch viel weniger) als das, was wir gemacht haben. Wir wissen selbst sehr wohl, daß unsere Identität und unsere Einzigkeit uns gleichsam äußerlich und beinahe fremd sind, daß sie viel eher in dem liegen, was wir indirekt erfahren, als in dem, was wir durch unser unmittelbares Bewußtsein erfahren. Einem Menschen, der sich noch nie vorher im Spiegel gesehen hat, würde beim ersten Anblick nichts deutlich machen, daß dieses unbekannte Gesicht, das er erblickt, auf die geheimnisvollste Weise der Welt mit dem zusammenhängt, was er auf seiner Seite empfindet und zu sich sagt.

Jeder von uns kann sich also seinen eigenen Descartes zurechtlegen, da ja gerade diejenigen, die sich mit ihm aus nächster Nähe befassen, sich um so weiter voneinander zu entfernen scheinen, je aufmerksamer sie ihren Gegenstand betrachten. Weil mir diese Feststellung sehr wichtig erscheint, wiederhole ich nochmals, daß diese Uneinigkeit sich im Hinblick auf den innersten Punkt von Descartes' Denken am deutlichsten abzeichnet.

Ich gestehe Ihnen, meine Herren, daß mir diese Unterteilung zwischen Kennern und Autoritäten in Sachen Descartes gelegen kommt. Wenn sie sich untereinander nicht einig sind, atmet der Laie sogleich auf und fühlt sich eher befähigt, selbst hinzuhören und seinen eigenen Neigungen zu folgen.

Ich selbst habe in diesen Fragen nur eine recht freie Neugier, die sich mehr auf den Geist selbst als auf die Dinge richtet, die in diesem Geist sich darstellen, auswirken und determinieren. Meine natürlichste Aufmerksamkeit entzündet sich am vergeblichen Wunsch, die Arbeit des Denkens selbst wahrnehmen zu können. Für das Thema, das Problem und die Reichweite dieses Denkens interessiere ich mich nur widerwillig. Wer sich als Amateur für das eigentliche Leben des Geistes interessiert, den fesseln die Substitutionen und Transmutationen, die sich meiner Vorstellung nach darin abspielen; die Wechselfälle der Luzidität und des Willens, die Interventionen und Interferenzen, die sich darin vollziehen. Diese eigentümliche Sorge, beobachten zu wollen, was beobachtet, und vorzustellen, was vorstellt, ist nicht frei von einer gewissen Naivität: sie erinnert an die alten Holzschnitte, die man in der *Dioptrique* von Descartes findet und auf denen das Phänomen des Gesichtssinns mit einem Männchen erklärt wird, das, hinter einem riesigen Auge postiert, mit der Betrachtung des Bildes beschäftigt ist, das sich auf der Netzhaut abzeichnet.[3]

Dennoch ist die Versuchung unwiderstehlich und sie impliziert keine Philosophie, keine Voreingenommenheit und keine endgültige Schlußfolgerung, denn der Geist hat durch sich gar kein Mittel zur Verfügung, mit seiner wesentlichen Aktivität zu Ende zu kommen, und es gibt keinen Gedanken, der für ihn ein letzter Gedanke wäre. Die Mechanik lehrt uns, daß es unmöglich ist, einem festen Körper eine solche Form zu geben, daß dieser Körper dann, wenn er auf eine horizontale Ebene gestellt wird, nie seine Gleichgewichtsposition finden wird. Der Geist aber hat das Problem gelöst, wovon er uns in den Stunden der Unruhe und in den schlaflosen Nächten sehr mühselige, ermüdende Beweise geliefert hat. Der Liebhaber des Geistes macht dennoch nichts anderes, als diese Kombinationen und Fluktuationen des Verstandes zu genießen, an dem er so manche Wunder bestaunt: er sieht in ihm zum Beispiel, wie die wesenhafte Unordnung eine zeitweilige Ordnung erzeugt; wie im Ausgang von einer beliebigen Disposition eine Notwendigkeit entsteht oder sich aufbaut; wie ein Zwischenfall ein Gesetz hervorbringt; wie das Nebensächliche die Hauptsache zum Verschwinden bringt. Er sieht darin auch, wie der persönliche Hochmut imaginäre Hindernisse aufstellt, an denen er die in ihm enthaltenen inneren Kräfte der Aufmerksamkeit und der Analyse verausgaben und messen kann.

Schließlich gelangt er zur Behauptung, es gebe auf der ganzen Welt keinen poetischen Stoff, der reichhaltiger wäre als dieser; daß das Leben des Verstandes ein unvergleichliches lyrisches Universum darstellt, ein umfassendes Drama, in dem weder Abenteuer noch Leidenschaft fehlt und auch nicht der Schmerz (der in einer ganz besonderen Konzentration darin enthalten ist), und auch nicht das Komische oder überhaupt etwas Menschliches. Er beteuert, daß es einen ungeheuren Bereich der intellektuellen Sensibilität gibt, unterhalb der Erscheinungen, denen manchmal die gewöhnlichen Reize so sehr fehlen, daß die meisten sich davon abwenden, als handelte es sich um Reservate der Langeweile und um die Aussicht auf mühselige Anstrengungen. Diese Welt des Denkens, in der man das Denken des Denkens undeutlich gewahrt und die sich vom Kernmysterium des Bewußtseins bis hin zum leuchtenden Gebiet erstreckt, wo sich der Wahn der Klarheit entzündet, ist ebenso vielfältig, ebenso bewegend und durch ihre Theatercoups und die Eingriffe des Zufalls ebenso überraschend, von sich aus ebenso bewundernswert wie die Welt des Gefühlslebens, die allein von den Trieben beherrscht wird. Was kann es denn spezifischer Menschliches und stärker dem menschlichsten Menschen Vorbehaltenes geben als die Anstrengung des Verstandes, die von jeder Praxis losgelöst ist, und was wäre reiner und kühner als seine Entfaltung auf diesen abstrakten Wegen, die manchmal so seltsam in die Tiefen unserer Möglichkeiten abweichen?

Vielleicht wäre es nicht unnütz, diese vornehmen Exerzitien des Geistes zu feiern, in einer Zeit, da weder die Vergeblichkeit noch die Unruhe fehlen, weder die Oberflächlichkeit noch die Zusammenhangslosigkeit, getragen und stets genährt durch die mächtigen Kräfte, die Ihnen bekannt sind.

Meines Wissens hat sich die Literatur bisher jedoch wenig um diesen unermeßlichen Schatz von Gegenständen und Situationen gekümmert. Die Gründe für diese Vernachlässigung sind offenkundig. Dennoch muß ich einen davon, den Sie sehr gut kennen, hervorheben. Es ist die extreme Schwierigkeit, die uns die Sprache bietet, wenn wir sie zwingen wollen, die Phänomene des Geistes zu beschreiben. Was soll man mit Ausdrücken anfangen, die man nicht präzisieren kann, ohne sie neu zu erschaffen? *Gedanke*, sogar *Geist*, *Vernunft*, *Verstand*, *Verstehen*, *Intuition* oder *Inspiration*?[4] ... Jede dieser Benennungen ist abwechselnd Mittel und Zweck, Problem und Lösungsfaktor, Zustand und Idee; und jede von ihnen ist, bei uns allen, je nach der Funktion, die ihr die Umstände zuordnen, zureichend oder unzureichend. Sie wissen, daß der Philosoph dann zum Dichter wird, oft sogar zu einem großen: er leiht sich von uns die Metapher, und mit großartigen Bildern, um die wir ihn nur beneiden können, versammelt er die ganze Natur zum Ausdruck seines tiefen Gedankens.

Der Dichter ist bei seinen Versuchen der reziproken Operation nicht so erfolgreich. Von Zeit zu Zeit allerdings kommt es vor, daß ich mir nach dem Modell der *Comédie humaine*, wenn nicht gar nach der *Divina Commedia* ausdenke, was ein großer Schriftsteller im Bereich des rein intellektuellen Lebens erreichen könnte, das diesen Werken ähnlich wäre. Der Drang zu verstehen und der Drang zu schaffen, der Drang, von anderen Erreichtes zu übertreffen und es den Berühmtesten gleichzutun; im Gegensatz dazu die Verleugnung, die man bei einigen findet, und der Verzicht auf den Ruhm. Und dann nicht zuletzt auch die einzelnen Augenblicke der mentalen Handlung: das Warten auf das Geschenk einer Form oder einer Idee; das einfache Wort, welches das Unmögliche in etwas Fertiges verwandelt; die Begierden und die Opfer, die Siege und die Katastrophen; schließlich die Überraschungen, die Unendlichkeit der Geduld und die Morgenröte einer »Wahrheit«; und so außerordentliche Momente wie zum Beispiel das abrupte Entstehen einer Art Einsamkeit, die sich mit einem Schlag sogar inmitten der

Menge deutlich macht und über einen Menschen fällt wie ein Schleier, unter dem sich das Geheimnis einer unmittelbaren Einsicht vollziehen wird ... Was weiß ich? Alles dies legt uns sehr wohl eine Poesie mit unerschöpflichen Möglichkeiten nahe. In ihren vornehmsten Formen und den seltensten Erzeugungen scheint mir die schöpferische Sensibilität ebenso zu einer bestimmten Kunst fähig zu sein wie das ganze Pathos und die Dramatik des gewöhnlich gelebten Lebens.

Ihnen, meine Herren Philosophen, kann ich indessen nicht verheimlichen (den Philosophen könnte man ohnehin kaum etwas verheimlichen), daß diese Art, den Geist zu betrachten, in ganz natürlicher Weise dazu führt, die Philosophie selbst als eine Anwendung des Denkens auf das Denken anzusehen; und dieser Blick, der sich für die inneren Handlungen interessiert, sieht sich am Schauspiel der Verwandlungen dieses Denkens satt und hält die Schlußfolgerungen gern für einfache Vorkommnisse, für kurze Pausen oder Fermaten. Genau so muß sich aber dem Auge des Dichters das System der zwar deutlich abgegrenzten, aber mit allen notwendigen Illusionen versehenen geistigen Welt darstellen; es fehlen darin weder die Wortwolken, die aufzulösen sind, noch die Unendlichkeiten und Perspektiven, die ein Raum uns ausmalt, der möglicherweise ein *gekrümmter Raum*[5] ist.

Der große Vorteil dieser Position liegt darin, daß sie bei der Behandlung der reinen intellektuellen Angelegenheiten die größte Allgemeinheit einführt; achten Sie besonders darauf, von welchem Interesse sie für die Philosophie sein kann, die sie zunächst etwas leichtfertiger zu behandeln scheint, als es notwendig ist.

Denken Sie doch einmal an das Schicksal all der Lehrmeinungen, die uns als widerlegt erscheinen, an das Schicksal der Hypothesen und Thesen, die durch den Erkenntnisfortschritt, den Zuwachs an Genauigkeit oder durch die zur Gewohnheit gewordene Präzision und die Entdeckung ganz neuer Tatsachen überflüssig gemacht wurden. Denken Sie an die vielen berühmten Schriften, in denen Fragen gestellt werden, die man nicht mehr stellen kann, oder die Fragen beantworten, die man nicht mehr hören kann. Muß man sie zu jener Art von Tod verurteilen, den eine Erwähnung im Geschichtsbuch und eine Eintragung ins Unterrichtsprogramm feststellen?

Mit Mumien diskutiert man nicht mehr. Ihre fremdgewordenen Namen lassen allenfalls in der Erinnerung der Schüler einige schlimme Augenblicke aufkommen. Damit sie wieder etwas zurückgewinnen, wenn auch nicht ihre gesamte Energie, sondern nur etwas von der Kraft, die sie entstehen ließ, genügt es indes, an den lebendigen Akt ihrer Schöpfer und an die Form dieses Aktes zu denken, an ihre einstige Lebensnotwendigkeit. Dann entdeckt man, daß die Widerlegung, die offenkundigen Fehler, der Verzicht auf Kommentare oder deren Überfluß, auch wenn sie die Philosophie erschöpfen, zerstören, aufreiben und unbrauchbar oder sogar für die nachfolgende Epoche unverständlich machen können, ihr dennoch die strukturelle Bedeutung und die Festigkeit als Kunstwerk belassen müssen.

Ich werde mir vielleicht in Kürze erlauben, Ihnen zu sagen, weshalb es mir notwendig erscheint, daß diese Überlegung einem philosophischen Auditorium vorgetragen – oder vielmehr vorgemurmelt – wird. Die Philosophie scheint mir – ich bitte Sie, meinen Vorschlag meiner Unwissenheit zuzuschreiben – ebenso wie alle anderen menschlichen Dinge dieser Zeit in einem kritischen Zustand ihrer Entwicklung angelangt zu sein, und zwar aufgrund desselben Effekts der außerordentlichen Fortschritte in den Naturwissenschaften.

Glauben Sie nicht, meine Herren, daß ich mich im Augenblick von Descartes weit entfernt habe. Ich spreche nämlich unablässig von ihm. Was diesen Zustand der menschlichen Angelegenheiten betrifft, so ist er einer seiner ersten und tatkräftigsten Urheber. In der riesigen KOMÖDIE DES GEISTES, für die ich mir einen Balzac, wenn nicht gar einen Dante wünschte, nähme Descartes einen Platz in der vordersten Reihe ein. Allerdings vollendet der Tod in einem Werk dieser Art das Abenteuer der Figuren keineswegs. Ihr Leben ist manchmal nichts anderes als ein Prolog zu ihrer unbegrenzten Laufbahn: es gleicht der Exposition der Tragödie ihres

Denkens. Descartes ist einer von denen, deren postumes Schicksal ein höchst bewegtes ist. Er, dieser große Mensch der Neuzeit, hat kein Grabmal. Seine Gebeine liegen irgendwo: man weiß über sie nichts Sicheres. Sein mutmaßlicher Schädel befindet sich im Pariser Museum für Naturgeschichte, wo man ihn mir sogar überreichen und für einige Augenblicke in die Hand geben wollte.[6] Er hat kein Standbild in Paris, sowenig wie Racine: ich beklage mich darüber nicht; allerdings weiß ich nicht, wie die Bildhauer dies ertragen können.

Was sein Werk betrifft, so ist dessen Abenteuer ein ganz anderes.

Bekanntlich hat der rein mathematische Teil dieses Werks nicht nur aus sich selbst heraus überlebt: er war so lebensvoll, so zukunftsträchtig, in einer so glanzvollen Weise unabdingbar – daß er weniger eine Erfindung als eine Entdeckung zu sein scheint und man kaum begreifen kann, weshalb die Wissenschaft oder vielmehr weshalb der menschliche Geist nicht schon lange vor Descartes ein Werkzeug zu schaffen vermochte, dessen Bedeutung fast mit der von so kostbaren Institutionen wie der der Zahl oder der Sprache gleichzusetzen ist. Offenbar mußte aber die Algebra erst so weit entwikkelt sein, daß man sich ein System der reziproken Entsprechung zwischen Zahl und Größe ausdenken konnte. Es gibt nichts, das interessanter wäre als Descartes' Überlegungen zu diesem Thema und die Art, wie er die Psychologie seiner Hervorbringung darstellt, die er mit der einer von ihm selbst durchgeführten Beobachtung über die Grenzen unserer Aufmerksamkeit verknüpft. Fundamental bei Descartes ist außerdem die Absicht, die jeweils erforderliche Mühe zu mindern und den Zwang, für jedes Einzelproblem eine besondere Lösung zu finden, durch eine einheitliche Behandlungsweise (manchmal auch durch eine Art von Automatismus) zu ersetzen: sie ist das Wesen der Methode. Durch seine Geometrie erreicht sie den glücklichsten Erfolg, den ein Mensch jemals erreichte, dessen Genius sich daran wandte, das Bedürfnis nach dem Genius zu reduzieren und eine erstaunliche Denkökonomie zu verwirklichen. Eine Methode zu suchen heißt ein System ausdrückbarer Operationen zu suchen, das die Arbeit des Geistes besser als der Geist selbst leistet, und eben dies kommt dem nahe, was man durch Mechanismen erreichen könnte. Alle die erstaunlichen Maschinen, die es gestatten, mit großer Geschwindigkeit zu rechnen und zu integrieren, leiten sich direkt von der Cartesischen Erfindung und Absicht her. Descartes war äußerst verblüfft darüber, »daß ein Kind z. B., das Arithmetik gelernt und eine Addition nach den gelernten Regeln angestellt hat, sicher sein kann, über die betrachtete Summe alles herausgefunden zu haben, was vom Menschengeist überhaupt gefunden werden kann«[7]; und als er gezeigt hatte, daß man durch Anwendung der algebraischen Regeln auf die Projektionen eines Raumpunktes durch richtig durchgeführtes Aufschreiben alles herausfand, was man über die Figuren und ihre Eigenschaften wissen wollte, und darüber hinaus noch eine ganze Menge von Analogien und Relationen, die keine Intuition hätte herausfinden können, da bereicherte er jenes glückliche Kind, das zum jungen Mann geworden war, auf einen Schlag mit Kenntnissen, von denen selbst die größten Geometer früherer Zeiten nicht einmal etwas hätten ahnen können.

Es ist nicht unwahrscheinlich, daß eine Anwandlung von recht bitterer Eifersucht angesichts dieser Art Schöpfung der Totalität des geometrisch Möglichen die Seele Pascals gequält hat. Die ganze tiefgründige Kunst, die er in sich spürte, um die besonderen Probleme der Geometrie zu lösen, war dadurch hinsichtlich der Resultate verkleinert worden.

Descartes selbst konnte sich die Weiterentwicklungen, die sein unerschöpflicher Kunstgriff erfahren sollte, nicht vorstellen. Auf diesen berühmten Achsen gibt es eine nicht abzählbare Menge von Entdeckungen, eine transfinite Menge von Ideen, die sich der eigenartigen Kraft des geometrischen Geistes darbot, der sich durch die immer ausgesuchtere Analyse seiner selbst endlos anreichert; der in der scheinbaren Evidenz seiner ersten Axiome, in der Struktur seiner einfachsten Operationen verborgene Schätze entdeckt und hinabsteigt bis zum Mechanismus jener »Gruppen«, die das einfachste und abstrakteste Element unserer Raumanschauung bilden.

Doch sollte keines der Wunder, die seinem Genius entsprangen, den Hochmut unseres Descartes' in Erstaunen versetzen. Ich wäre nicht allzu überrascht, wenn er auch dann, als man ihm, nachdem er die Geometrie aufgegeben hatte, in der Mechanik und Physik seine Fehler vorzuwerfen begann, in der Sicherheit seines anspruchsvollen Denkens eine Antwort à la Corneille gefunden hätte.

»Natürlich mußte sich einer irren«, würde er uns sagen, »allerdings so, wie nur ich mich irren konnte. Keiner vor mir hatte an ein rein mathematisch darstellbares Universum gedacht, an ein Weltsystem, das ein Zahlensystem ist. Ich wollte nichts Dunkles darin haben, keine verborgenen Kräfte. Keine Wirkung in die Ferne; ich weiß nicht, was das ist. Es scheint aber, daß im letzten Stadium eurer Wissenschaften eine aufs höchste verfeinerte Geometrie, die Urenkelin meiner eigenen, euch endlich von der Anziehungskraft befreien wird. Das ist im Geist meines Werkes angelegt. Man hat sich über meine Wirbel und meine subtile Materie lustig gemacht, als ob man nicht anderthalb Jahrhunderte nach meinem Tod die Magnete und die Bewegung des Lichtes immer noch mit der Aktivität eines Mediums erklären würde, das mit kleinen rotierenden Kreiseln ausgestattet ist.«

Ich bitte um Entschuldigung dafür, daß ich den großen Schatten so freimütig sprechen lasse. Vielleicht würde er auf die berühmte Angelegenheit mit der Bewegungsgröße zurückkommen. Vielleicht zieht er es vor, darüber zu schweigen und uns die Mühe zu überlassen, eine Verteidigung dafür zu finden. Ist nicht gerade dies die Aufgabe einer pietätvollen Nachwelt?

Descartes kommt die ganz besondere Ehre zu, der erste Konstrukteur eines völlig metrischen Universums gewesen zu sein, und zwar vermittels Begriffen – oder sagen wir, vermittels Vorstellungsbildern –, die es ermöglichten, dieses Universum als einen riesigen Mechanismus zu behandeln. Pascal freilich schätzte diesen Plan nicht; sein eher logischer als intuitiver Geist lehnte ihn ebenso ab wie seine Empfindung. Er wettete schließlich, daß der Entwurf scheitern müsse; und es ist richtig, daß den Wirbeln und allem übrigen kein großes Schicksal widerfuhr. Im Gegensatz dazu ist aber der Gedanke einer Universalphysik unablässig gewachsen. Auch wenn der Welt von Descartes keine Dauer beschieden war – wie viele andere haben sich ihr hinzugesellt! Das Universum der Fernkräfte, der verschiedenen Arten des Äthers, das Universum von Fresnel, von Maxwell und von Lord Kelvin; das rein energetische Universum von vor fünfzig Jahren folgten aufeinander. Jedes dieser zerbrochenen Gefäße, die die Welt nicht zu fassen vermochten, hat indessen einige schöne Scherben zurückgelassen. Nicht nur bis hin zu dem berühmten Faulpelz Maupertuis, der durch eine von Voltaire nicht vorausgesehene glückliche Wendung für seine kleinste Kraftmenge eine gewisse Verwendung fand. Ich brauche nicht zu sagen, daß er über die neuartige Bedeutung, die man ihr nun gibt, nicht verblüfft wäre.[8]

Hier nun aber, was ich auf eigene Gefahr hin zugunsten unseres Descartes' noch sagen möchte. Als Physiker des Universums, das er einer mathematischen Darstellung unterordnen will, ist er also gezwungen, ihm Bedingungen aufzuerlegen, die sich in Gleichungen ausdrücken lassen. Die mathematische Formel für sich allein zwingt ihn also dazu, irgendeine Größe zu finden, die auch während der Transformationen der Phänomene unverändert bleibt. Er glaubt sie im Produkt aus Masse und Geschwindigkeit erfaßt zu haben. Leibniz deckt den Fehler auf. Aber in die Wissenschaft hatte eine Idee von größter Bedeutung Eingang gefunden, die Idee der *Erhaltung*; eine Idee, die nun die verworrene Vorstellung der Ursache ersetzte, eine einfache Vorstellung, die recht klar erscheinen mochte. Diese Idee ist sicherlich schon in die reine Geometrie eingeflossen, wo man, um diese auf eine sichere Grundlage zu stellen, wohl annehmen muß, daß feste Körper sich bei ihren Ortsveränderungen selbst nicht verändern. Das wechselhafte Schicksal dieser Idee der Konstanz ist bekannt: man kann behaupten, daß seit Descartes nichts anderes getan wurde, als das Unveränderliche zu verändern: von der Erhaltung der Bewegungsgröße zur Erhaltung der lebendigen

Kraft, dann zur Erhaltung der Masse und schließlich zur Erhaltung der Energie; man wird zugeben müssen, daß die Transformationen der Erhaltung ziemlich rasch aufeinander folgten. Nun hat aber seit etwa einem Jahrhundert die berühmte Entdeckung Carnots[9] die Naturwissenschaft dazu gezwungen, die verhängnisvolle Bezeichnung *Ungleichheit* einzuführen – die eine Zeitlang die Welt zu einer unausweichlichen Ruine zu verdammen schien –, neben der Bezeichnung *Gleichheit*, die der rein mathematische Geist von Descartes schon erahnt hatte, ohne sie exakt bestimmen zu können. Ich weiß nicht recht, was heute Gegenstand der Erhaltung ist ... Ich glaube, man kann dieser Verteidigung von Descartes meine vielleicht etwas naive Bemerkung hinzufügen, daß er, um seine Erhaltungsformel aufschreiben zu können, die Konstituenten der Bewegung in der Form eines *Produkts* verbunden hatte; nun sollte aber die von ihm schlecht ausgefüllte *Form* die – irgendwie natürliche – Form aller Ausdrücke der Energie sein.

Was die Physiologie betrifft, meine Herren, der gegen sein Lebensende offensichtlich die intensivste Forschungsarbeit galt, so zeugt sie vom selben Willen zur Konstruktion, der sein gesamtes Werk beherrscht. Heutzutage ist es leicht, diesen Maschinismus, diese grobschlächtige und arglos ausgetüftelte Simplifizierung zu verspotten. Was konnte denn der Mensch damals versuchen? Für uns ist es unglaublich, für den menschlichen Geist fast schon eine Schande und dem beobachtenden Verstand des Menschen gegenüber beinahe ein Einwand, daß der für uns so offensichtliche und, wie es scheint, so leicht zu entdeckende Sachverhalt des Blutkreislaufs erst zur Zeit von Descartes erwiesen wurde. Natürlich mußte Descartes sich über dieses mechanische Phänomen wundern und darin ein kraftvolles Argument für seine Idee des Automaten finden. Selbst wenn wir inzwischen sehr viel mehr darüber wissen, so hat uns gerade dieser Wissenszuwachs bisher von einer befriedigenden Darstellung der Lebensphänomene ferngehalten. Wie alles übrige gerät auch die Biologie von einer Überraschung in die andere, da sie, wie alles übrige, von einem neuen Forschungswerkzeug zum anderen übergeht. Es kommt uns so vor, als ob wir nicht einmal den Gedanken fassen könnten, auch nur einen Augenblick lang auf diesem abschüssigen Hang der Entdeckungen anzuhalten, um uns an einem bestimmten Tag, zu einer bestimmten Stunde eine wohlbegründete Vorstellung über das Lebewesen zu bilden. Niemand kann heute vor diesem Vorhaben innehalten und sich an die Arbeit machen. Zur Zeit von Descartes war dieses Vorhaben keineswegs absurd. Als Widersacher standen einem nur metaphysische Gründe entgegen, das heißt solche, *mit denen man tabula rasa machen konnte*; wir dagegen haben die Menge und die Unbekanntheit der experimentellen Möglichkeiten gegen uns. Deshalb müssen wir auch Probleme lösen, deren Ausgangsbedingungen und Formulierungen in jedem Augenblick auf unvorhersehbare Weise wechseln. Nehmen wir einmal an, der Plan sei gefaßt, sich über das Funktionieren des Lebendigen Rechenschaft zu geben, und nehmen wir ferner an, daß wir ebensowenig wie Descartes verborgene Kräfte und Entitäten annehmen (von denen man in der Medizin einen so ausgedehnten Gebrauch machte), dann sehen wir sofort, daß es für ihn wohl unumgänglich war, der damaligen Mechanik die gesamte Ausrüstung an Pumpen und Bälgen zu entleihen, um die Vorstellung von einem Organismus zu bilden, der zu den wichtigsten oder offenkundigsten Lebensfunktionen fähig war.

Steckt nun darin nicht eine Überlegung, die man auf unsere gesamte Ansicht von Descartes ausdehnen müßte: eine Verteidigung seines Ruhms und eine Methode, uns ein würdiges Bild von ihm zu machen? Wir müssen dahin gelangen, uns die Ansprüche und die Mittel seines Denkens in einer Weise und Folgerichtigkeit so vorzustellen, daß schließlich das Nachdenken über Descartes unweigerlich zu einem Nachdenken über uns selbst wird. Das wäre die größte Huldigung.

Ich frage mich also, was mich an ihm am meisten beeindruckt, denn eben dies kann und muß noch lebendig sein. Was mich in seinem Werk auf mich selbst und auf meine eigenen Probleme zurückwirft – das verbindet mein eigenes Leben mit diesem Werk. Ich räume ein, daß es nicht seine

Metaphysik ist, die ich auf diese Weise wiederbeleben kann, und auch nicht seine Methode, zumindest so, wie er sie im *Discours* formulierte.

Was mich an ihm bezaubert und ihn mir lebendig macht, ist sein Selbstbewußtsein, das Bewußtsein seines ganzen Seins, das sich in seiner Aufmerksamkeit konzentriert; das eindringliche Bewußtsein von den Vorgängen in seinem Denken; ein so willentliches und präzises Bewußtsein, daß er aus seinem ICH ein Werkzeug macht, dessen Unfehlbarkeit allein vom Grad des Bewußtseins abhängt, den es davon hat.

Man sieht sogleich, daß diese Absicht, die ich Ihnen ungeschützt darbiete, zu recht eigentümlichen Urteilen und einer Wertzuordnung von Descartes' Arbeiten führt, die keineswegs üblich ist.

Tatsächlich würde ich bei ihm unterscheiden zwischen den *Problemen, die in ihm selbst entstanden sind* und deren Stachel und persönliche Notwendigkeit er an sich selbst spürte, und den *Problemen, die er nicht selbst erfunden hatte* und die gewissermaßen künstliche Bedürfnisse seines Geistes waren. Während er vielleicht dem Einfluß seiner Erziehung und seiner Umwelt nachgab, seiner Sorge, als ein Philosoph zu gelten, der so vielseitig und vollkommen ist, wie es sich eben gehört, und der es sich schuldig ist, auf alles zu antworten, hat sein Wille sich meines Erachtens darauf gerichtet, jenen zweitrangigen Herausforderungen Genüge zu tun, die seiner wahren Natur ziemlich äußerlich oder fremd zu sein scheinen.

Achten Sie nur einmal darauf, wie er bei jeder Frage triumphiert, auf die er mit dem Akt seines ICH antworten kann. Sein ICH ist Geometer. Ohne auf diesem Gedanken zu bestehen, würde ich, wenn auch mit Vorbehalten, behaupten, daß der Leitgedanke seiner Geometrie für seine gesamte Persönlichkeit kennzeichnend ist. Man könnte sagen, daß er dieses so stark empfundene ICH in jeder Disziplin zum Ausgangspunkt für die Achsen seines Denkens genommen hat.

Wie man sieht, schätze ich den beträchtlichen Teil seines Werkes, der all jenen Gegenständen gewidmet ist, von deren Existenz oder Bedeutung er *durch andere* erfahren hat, gering ein.

Allerdings bin ich sicher, meine Herren, daß ich mich irre. Dafür spricht alles, und für mein eigenes Empfinden habe ich nichts als die Unmöglichkeit, in der ich mich befinde, ihm nicht zu folgen.

Ich kann nicht umhin, dem, was mir die Figur unseres Helden auferlegt, nur zuzustimmen. Wie ich mir vorstelle, fühlt er sich auf einigen Gebieten unbehaglich. Er stellt darüber langwierige Überlegungen an, kommt auf seine Schritte zurück, entledigt sich der Einwände, so gut er kann. Nach meinem Eindruck sieht er sich in solchen Fällen von seinem Gelübde abgerückt, als untreu sich selbst gegenüber, und er hält sich für verpflichtet, wider den Kern seines Geistes zu denken.

Was also lese ich im *Discours de la méthode*?

Es sind nicht die Grundsätze selbst, die uns lange aufhalten können. Was im Ausgang von der reizvollen Erzählung seines Lebens und der anfänglichen Umstände seines Forschens meinen Blick auf sich zieht, ist seine eigene Präsenz in diesem Vorspiel zu einer Philosophie. Wenn man so will, ist es der Gebrauch des ICH, des *Je* und des *Moi*, in einem solchen Werk, und der Tonfall der menschlichen Stimme; vielleicht steht genau dies der scholastischen Architektur am deutlichsten entgegen. Wenn dieses *Je* und *Moi* uns in Denkweisen einer umfassenden Allgemeinheit einführen soll, dann liegt gerade darin mein Descartes.

Indem ich ein Wort von Stendhal übernehme, der es in unsere Sprache eingeführt hat, und für meine Zwecke in eine etwas andere Richtung lenke, behaupte ich, daß die eigentliche Methode von Descartes *Egotismus*[10] heißen müßte; Entwicklung des Bewußtseins für die Ziele der Erkenntnis.

Damit entdecke ich ohne Schwierigkeit, daß das Wesentliche des *Discours* nichts anderes ist als die Schilderung der Bedingungen und Folgen eines Ereignisses, einer Art von Staatsstreich, der dieses ICH von allen Schwierigkeiten und von allen parasitären Zwängen oder Vorstellungen befreit, die es belasten, ohne daß es sie angestrebt oder in sich selbst vorgefunden hätte. Der Zweifel an seiner eigenen Existenz erscheint ihm recht lächerlich. Dieser Zweifel ist ja ein damals zur Mode gewordener Seelenzustand. Man trug so etwas zwischen Hamlet und Montaigne. Sobald der Geist ihn aber klar aussprechen will, entdeckt er ohne jede Anstrengung, daß das Wörtchen *sein* keinerlei besonderen Vorzug besitzt; daß seine Funktion allein die des Verbindens ist und daß die Aussage »Ich bin nicht« dasselbe ist wie die Aussage »Ich bin«. Niemand sagt »Ich bin«, es sei denn in einer ganz bestimmten Einstellung, die sehr unbeständig und im allgemeinen erlernt ist, und selbst dann sagt man es nur mit einer ganzen Menge unausgesprochener Nebenbedeutungen: manchmal ist dazu auch ein langer Kommentar notwendig.

Es wäre Descartes, der an seinem Wert nicht zweifelte, nicht in den Sinn gekommen, an seiner Existenz zu zweifeln. Der Wert seines eigenen ICH war ihm gründlich bekannt, und wenn er sagt, »Ich denke«, gibt er damit zu verstehen, daß es Descartes ist, der denkt, und nicht irgendwer.

Im *Cogito* steckt kein Syllogismus, ja nicht einmal eine wörtliche Bedeutung. Es steckt darin vielmehr ein Kraftstoß, eine Reflexhandlung des Verstandes, ein Lebendiger und Denkender, der ausruft: *Mir reicht's! Euer Zweifel hat in mir keine Wurzel. Ich werde mir einen anderen Zweifel bilden, der nicht unnütz sein wird*, und ich werde ihn *methodischen Zweifel* nennen. Ihr werdet darunter leiden, daß ich ihn zunächst einmal auf euere Sätze anwende. Eure Probleme führen mich auf nichts; daß ich der einen Philosophie zufolge *existiere*, und einer anderen zufolge *nicht existiere*, ändert gar nichts, weder an den Dingen noch an mir, an meinen Vermögen und an meinen Leidenschaften ...

Das ist freilich noch nicht alles, was man in der Phantasie aus diesem berühmten *Cogito* folgern könnte, und es wäre bewundernswert, wenn Descartes in einem Traum darauf gestoßen wäre. Schließlich ist auch das nicht unwahrscheinlich! ...

Mir drängt sich ein Eindruck auf, der zum Gesagten paßt. Stendhal, auf den ich noch zurückkomme, erzählt uns an einer Stelle, ich weiß nicht mehr wo, daß Napoleon in kritischen Augenblicken seiner Existenz sich sagte – oder gesagt haben soll –: »Alors comme alors!« Er gab sich damit selbst einen Ansporn.[11]

Das *Cogito* hat auf mich die Wirkung, als ob Descartes seine egotistischen Vermögen zum Appell aufrufen würde. Er wiederholt es und kommt an mehreren Stellen seines Werkes darauf zurück, als Thema seines ICH, als Weckruf an den Stolz und den Mut des Geistes. Darin liegt – im magischen Wortsinn – der Zauber dieser Formulierung, die so häufig kommentiert wurde, wo es meines Erachtens doch ausreichen würde, sie einfach zu empfinden. Beim Klang dieser Worte lösen die Entitäten sich auf; der Wille zur Macht überfällt den Mann, richtet den Helden wieder auf, erinnert ihn an seine ganz persönliche Sendung, an sein eigenes Schicksal sowie an seine Verschiedenheit, an seine individuelle Ungerechtigkeit – denn schließlich ist es ja möglich, daß das zur Größe bestimmte Wesen sich taub, blind und empfindungslos gegenüber all dem machen muß, was seinen Impuls, sein Geschick, seine Wachstumsbahn, sein Licht, seine Linie im Universum durchkreuzen würde, selbst wenn es Wahrheiten oder Realitäten wären.

Und wenn das Ichgefühl schließlich dieses Bewußtsein und diese zentrale Herrschaft über unsere Kräfte übernimmt, wenn es mit Absicht zum Bezugssystem der Welt und zum Ausgangspunkt schöpferischer Reformen wird, die es der Zusammenhangslosigkeit, der Mannigfaltigkeit, der Komplexität der Welt ebenso entgegenstellt wie der Unzulänglichkeit der herkömmlichen Erklärungen, dann fühlt es sich selbst von einer unausdrückbaren Empfindung gespeist, vor der die Mittel der Sprache versagen, die Ähnlichkeiten nicht mehr gelten, der Erkenntniswille, der sich darauf richtet, darin aufgesogen wird und nicht mehr zu seinem Ursprung zurückkehrt, weil es kein Objekt mehr gibt, das ihn widerspiegelt. Es ist kein Denken mehr ...

Alles in allem, meine Herren, konnte der eigentliche Wunsch von Descartes nur der sein, auf den höchsten Punkt zu bringen, was er in sich selbst als das Stärkste und Verallgemeinerungsfähigste vorfand. Allen Dingen gegenüber will er seinen Vorrat an Begierde und intellektueller Kraft ausnutzen, und *er kann nichts anderes wollen*. Darin liegt das Prinzip, das stärker bleibt als die Texte selbst. Es ist der strategische Punkt, der Schlüssel der cartesianischen Position.

Dieser große Kapitän des Geistes findet auf seinem Weg zwei Arten von Hindernissen. Zum einen die natürlichen Probleme, die sich für jeden Menschen stellen, der auf diese Welt kommt: die Phänomene, das physische Universum, die Lebewesen. Daneben gibt es aber auch andere Probleme, die in bizarrer und gleichsam willkürlicher Weise mit den ersten verwickelt sind: Probleme, die er sich nicht selbst vorgestellt hatte und die ihm vom Schulunterricht, den Büchern, den herkömmlichen Überlieferungen her zufallen. Schließlich gibt es auch noch die Konventionen, die Hindernisse, wenn nicht gar die Gefahren praktischer und gesellschaftlicher Art.

Gegenüber allen diesen Problemen und Hindernissen nun das ICH, und zur Unterstützung dieses ICH bestimmte Fähigkeiten. Eine davon hat sich bewährt: man kann sich auf sie verlassen, auf ihre Verfahrensweisen, die unfehlbar sind, wenn man sie zu handhaben weiß; auf den von ihr ausgeübten unabweislichen Zwang, alles klarzustellen und zurückzuweisen, was sich nicht in distinkte Operationen auflösen läßt: die Mathematik.

Nun kann das Handeln beginnen. Ihm geht ein selbständiger Diskurs voraus und kündet es an. Und der Kampf zeichnet sich ab.

Worum geht es? Und was ist das Ziel?

Es geht darum, nachzuweisen oder zu beweisen, was ein ICH vermag. Was wird dieses ICH von Descartes machen?

Da es seine Grenzen nicht kennt, wird es alles machen oder alles neu machen wollen. Doch zunächst einmal reinen Tisch. Alles, was nicht von diesem ICH kommt oder nicht aus ihm gekommen wäre, all das ist nichts als Gerede, Worte. Alles, was nur in Worten endet, die wiederum nur auf Meinungen, Zweifel, Kontroversen oder auf simple Wahrscheinlichkeiten hinauslaufen, hält vor diesem ICH nicht stand und besitzt keine ihm vergleichbare Kraft. Und bald wird dieses ICH ganz allein seinen Gott finden, wenn es nötig ist; es wird ihn sich geben, und es wird ein Gott sein, der ebenso klar und ebenso bewiesen ist, wie es ein Gott sein muß, um der Gott Descartes' sein zu können. Ein »notwendiger und hinreichender« Gott; ein Gott, der Descartes ebenso zufriedenstellt wie der Gott, der Bourdaloue[12] zufriedenstellte: »*Ich weiß nicht, ob Du mit mir zufrieden bist*«, sagte dieser berühmte Gläubige, »*aber was mich betrifft, so muß ich, mein Gott, zu Deinem Ruhm bekennen, daß ich mit Dir zufrieden bin, und zwar restlos. Denn zu sagen, ich sei mit Dir zufrieden, heißt zu sagen, daß Du mein Gott bist, da es nur einen einzigen Gott geben kann, der mich zufriedenstellen kann.*«

Andererseits entwickelt er bei den von mir als natürlich bezeichneten Problemen in dem Kampf um *seine* Klarheit jenes gesteigerte Bewußtsein, das er seine Methode nennt und das auf wunderbare Weise ein grenzenloses geometrisches Imperium erobert hat.

Er möchte es auf die verschiedenartigsten Phänomene ausdehnen; er wird die gesamte Natur durcharbeiten, wobei er, um sie als rational zu erweisen, eine erstaunliche Fruchtbarkeit der Einbildungskraft entfaltet. Sie gehört einem ICH an, dessen Denken es nicht der Veränderung der Phänomene, der Verschiedenheit der Mittel und der Formen des Lebens unterordnen will ...

Welch ein Mensch! Vielleicht wäre es doch besser gewesen, die schwierige Aufgabe, ihn zu feiern, nicht einem Dichter zu überlassen? ...

Da es nun aber einmal so ist, werde ich diese erfinderische Analyse noch bis zu dem Punkt fortführen, wo ich mich frage, was ein Descartes wäre, der in unserer Zeit geboren würde. Nur als Spiel.

Welchen Tisch würde er heute vorfinden, um *tabula rasa* zu machen? Und wie würde er mit einer Naturwissenschaft zurechtkommen, deren umfassende Aneignung unmöglich geworden ist und die nunmehr so eng von einem unermeßlichen und ständig anwachsenden Material abhängig ist; eine Wissenschaft, die sich in jedem Augenblick in einem labilen Gleichgewicht mit ihren eigenen Mitteln befindet.

Darauf gibt es keine Antwort. Mir scheinen diese Fragen jedoch einen Wert zu haben.

Das Individuum wird zu einem Problem unserer Zeit; die Hierarchie der Geister wird zu einer Schwierigkeit unserer Zeit, in der es eine Art Halbgötterdämmerung gibt, das heißt jener in der Zeit und auf der Erde verstreuten Menschen, denen wir das Wesentliche dessen verdanken, was wir Kultur, Erkenntnis und Zivilisation nennen.

Deshalb habe ich das Gewicht auf die starke und kühne Persönlichkeit des großen Descartes gelegt, dessen Philosophie für uns vielleicht weniger wertvoll ist als die uns vorgestellte Idee eines großartigen und denkwürdigen ICH.

EINE ANSICHT VON DESCARTES

René Descartes wurde am letzten Märztag des Jahres 1596 in La Haye in der Touraine geboren. Sein Elternhaus gehörte dem ältesten Adel an. Man hatte sich dort dem Waffendienst verschrieben, bis zu seinem Vater, Joachim Descartes, der das Amt eines Ratsherren am Gerichtshof der Bretagne übernahm. Seine Mutter starb wenige Tage nach der Geburt; vermutlich erlag sie einem Tuberkuloseleiden. Von ihr erbte er »einen trockenen Husten und eine blasse Hautfarbe, die er bis zum Alter von über zwanzig behielt«. Die Ärzte fällten das Urteil, daß er jung sterben werde.*

Wegen seiner Anfälligkeit blieb er lange Zeit zu Hause, in der Obhut der Frauen. Der Vater wachte jedoch auch über die Entwicklung seines Geistes und bemerkte sehr früh, wohin dieser sich entwickeln könnte. Er nannte das Kind, das ihn unablässig ausfragte, *seinen Philosophen*. Als dieser Philosoph zehn Jahre alt war, gab ihn der vortreffliche und hellsichtige Joachim Descartes, der ihm die bestmögliche Ausbildung verschaffen wollte, in das Collège von La Flèche, das eben erst von Henri IV. gegründet und den Jesuiten übergeben worden war, denen der König die Aufgabe anvertraute, die adlige Jugend Frankreichs heranzubilden. Während seiner gesamten Ausbildungszeit in den klassisch-philologischen Fächern war Descartes ein Musterschüler. Als er aber von diesen zum Studium der Logik, Physik und Metaphysik wechselte, war er über die Ungewißheit und Dunkelheit der Doktrinen nicht weniger schockiert als über die erstaunliche Vielfalt der Meinungen: er stellte fest, daß es nichts noch so Seltsames und Unglaubwürdiges gab, das nicht von irgendeinem Philosophen gelehrt wurde. Dieser

* A. Baillet, *La vie de M. Descartes*, Paris 1691, 2. Bde. Ein ausgezeichnetes Buch, dem ich wie jedermann die meisten der hier angeführten biographischen Fakten entnommen habe.

intellektuelle Schock ist eines der wichtigsten Ereignisse in seinem geistigen Leben. Er erlebt es im Alter von sechzehn Jahren, einem kritischen Alter, in dem sich sehr oft das Schicksal der Freiheit und des Charakters des Denkens entscheidet. Man kann seine gesamte Laufbahn als Entfaltung dieser Selbsterfassung betrachten, die sich unter der Einwirkung eines zweiten inneren Erlebnisses sieben Jahre später – von dem ich in Kürze sprechen werde – in eine kraftvolle schöpferische Reaktion verwandeln sollte.

Zur gleichen Zeit, als er sich der Philosophie gegenüber in die Defensive begab, widmete er sich mit größtem Eifer und größtem Vergnügen dem Studium der Mathematik: er wunderte sich jedoch darüber, daß sie zwar solide und beständig war, daß man aber nichts Bedeutenderes auf ihr aufgebaut hatte als ihre Anwendung auf verschiedene Techniken, die von ihr Gebrauch machten. So bietet ihm das Gefüge des fertig vorgefundenen Wissens, das ihm von den Lehrern vermittelt wird, den Gegensatz zwischen der Bedeutung, die allgemein einer Philosophie zugeschrieben wird, deren Autorität weder die Schwäche der Prämissen noch die Verwegenheit der Deduktionen kompensiert, und einer auf unmittelbarer Einsicht und strenger Folgerichtigkeit beruhenden Wissenschaft, die indes in Anwendungsbereiche abgeschoben wird, wie sie die Anforderungen der Praxis ihr verschaffen.

Descartes selbst zieht nun im Hinblick auf eine allgemeine Einschätzung der intellektuellen Werte, die seine Zeit zu bieten hat, die Bilanz der Bedürfnisse, der Wünsche und eigenen Ressourcen seines Geistes. *Er muß folgenden Schluß ziehen*: »Man hat mich von Kindheit an glauben lassen, daß ich in meinen Studien alles Wissenswerte finden würde und daß dieses Wissen klar und gewiß sein würde. Ich habe mich mit Eifer daran gesetzt. Ich war Schüler der besten Lehrer Europas, im berühmtesten Collège. Ich habe alles gelernt, was dort unterrichtet wurde, außerdem habe ich alle wissenschaftlichen Bücher gelesen, die ich bekommen konnte. Ich habe schließlich abgeschlossen, um nicht minderwertiger zu sein als einer meiner Mitschüler. Aber abgesehen von der

Mathematik stelle ich fest, daß alles übrige bloß Unterhaltung ist oder absolut nichts.«

Was tun? Er verläßt das Collège und seine literarisch-philologischen Bücher, in denen er nur Geschwätz und Enttäuschung fand, ohne Bedauern. Er widmet sich der Reitkunst, vor allem aber der Fechtkunst, für die er sich so ernsthaft interessiert, daß er darüber sogar eine kleine Abhandlung schreibt. Sein Vater, der ihn zur militärischen Laufbahn bestimmt, zunächst aber Wert darauf legt, daß er die »große Welt« kennenlernt, schickt ihn nach Paris. Er kommt dort als Sohn aus gutem Hause mit eigenem Kammerdiener und Bediensteten an, besucht weniger die vornehme Welt als die des Vergnügens und gewinnt oder verliert einige Monate mit diversem Zeitvertreib, Ausflügen und vor allem beim Spiel.

Die Allerweltsvergnügen verloren für ihn jedoch bald ihren Anreiz. Er setzt sich so gut er kann von seinen Gefährten des leichtfertigen Lebens ab, um sich neue Freunde und einen ganz anderen Zeitvertreib zu verschaffen. Vor allem verbündet er sich mit Monsieur Mydorge, der damals als der erste Mathematiker Frankreichs galt und bei dem er jenes »gewisse Etwas fand, das ihm höchst zustatten kam, sei es wegen des Humors, sei es wegen der Geistesart«; er nahm wieder Kontakt auf mit einem Mann, den er sehr jung im Collège kennengelernt hatte und der in seinem Leben einen der wichtigsten Plätze einnehmen sollte: Marin Mersenne. Nach dem Weggang von La Flèche war Mersenne in den Orden der Minimen eingetreten. Er war für Descartes der beständigste und der nützlichste Freund, beinahe der offizielle Repräsentant seines Denkens, und er nahm bei ihm die unendlich wertvolle Rolle des Vertrauten, des Verteidigers, des Informanten und des Briefpartners ein. In der Umgebung großer Menschen trifft man häufig auf diese Art Persönlichkeit. Pater Mersenne muß jedoch fraglos in die erste Reihe solcher Gefolgsleute des Genies eingeordnet werden.

Descartes ist einundzwanzig. Für ihn ist die Zeit gekommen, die militärische Laufbahn einzuschlagen. Er hat zunächst die Absicht, sich den königlichen Truppen anzuschließen; die Umstände bestimmen ihn jedoch dazu, sich unter dem Prinzen Moritz von Nassau im Kriegsdienst unterweisen zu lassen. Sein holländischer Feldzug scheint weder sehr kriegerisch noch sehr anstrengend gewesen zu sein. Er zeichnete sich dabei vor allem als Mathematiker aus und verblüffte einige Gelehrte von Breda mit fast sofortigen Lösungen, die eine von ihm selbst erfundene Methode bei Problemen ermöglichte, mit denen sie ihn zu verwirren glaubten. In der Zwischenzeit schreibt er eine lateinische Abhandlung über Musik[1]; dann geht er, als Amateur ohne spezielle Ausbildung ein militärisches Leben ohne Verpflichtung führend, neugierig auf alles Menschliche, nach Deutschland, wohnt [in Frankfurt] der Krönung des Kaisers Ferdinand II. bei und schließt sich dann als Freiwilliger der bayerischen Armee an, die gegen den pfälzischen Kurfürsten Krieg führen sollte.

Einige Monate zogen sich hin, bevor es zu Kriegshandlungen kam. In eben dieser Zeit des Abwartens und der Verhandlungen vollzog sich in ihm eine außerordentliche Arbeit des Geistes, die in wenigen Wochen aus dem jungen Mann des Schwertes den Urheber der kühnsten und am energischsten durchgeführten Verstandesrevolution machte, die man je gesehen hat. Das zweite Halbjahr 1619 und die ersten Monate von 1620 müssen in der Welt der Ideen als epochemachend eingestuft werden. Descartes, der sein Winterquartier bezogen hatte, befand sich in Ulm, und eben dort (oder nicht weit davon entfernt) drängte sich seinem Denken die Lösung auf, sich selbst als Quelle und Schiedsrichter aller Werte in Sachen Erkenntnis zu nehmen. Uns ist diese Einstellung inzwischen so vertraut, daß wir kaum noch die Anstrengung und Einheit der Willenskraft empfinden, die notwendig war, um sie in ihrer ganzen Klarheit zu fassen und zum ersten Mal auch einzunehmen. Die schroffe Abschaffung aller Privilegien der Autorität, die völlige Entwertung aller traditionellen Erziehung, die Einsetzung des neuen inneren Vermögens, das auf der Evidenz gegründet war; der »gesunde Menschenverstand«, die Tatsachenbeobachtung, der strenge Aufbau der Schlußfolgerungen, die unnachsichtige Reinigung des Experimentiertisches im Laboratorium des Geistes, das war damals, 1619, ein System von außergewöhnlichen Maßnahmen, das ein junger Mann von dreiundzwanzig Jahren in der winterlichen Einsamkeit übernahm und aufrichtete; ein Mann, der seiner Überlegungen mächtig und ihres Vorzugs sicher war, dem er dieselbe Kraft verlieh wie dem Gefühl der eigenen Existenz; ihrer selbst ebenso sicher, und ebenso selbstsicher, wie es hundertsiebzig Jahre später ein kleiner Leutnant in seiner Kammer in Valence sein konnte. Descartes aber hatte in einem Zug seine Revolution und sein Kaiserreich geschaffen.

Alles dies gehört dem Bereich des Handelns an, denn das Denken ist seinem Wesen nach ohnmächtig, sich aus seinen eigenen Machenschaften herauszuziehen. Der Träumer bleibt in den Transformationen seines Traums gefangen und kann sich daraus nur durch die Intervention eines der Traumwelt fremden und äußerlichen Faktums befreien. Descartes vermochte die Gesamtheit der philosophischen Lehrmeinungen und Thesen der Antike und der Scholastik, samt dem Chaos ihrer Widersprüchlichkeiten, zu überdenken, für die man scheinbar unempfindlich geworden war und denen der Unterricht sich ebenso gut angepaßt hatte wie ein Lebewesen, das sich beim Aufwachen den Alptraum erzählt, unter dessen Durcheinander es gerade gelitten hat und den es mit einem einzigen Blick auf die stabilen und wohlabgegrenzten Dinge wegwischt, die sich von ihm abheben und sich seinen eigenen Bewegungen fügen. Diesen ganzen dogmatischen Wust zu beseitigen war sehr wohl eine Art Handlung – beinahe ein Reflex.

Diese energische Reaktion aber, die das zweite Ereignis darstellt, auf das ich oben angespielt habe, wäre vermutlich eine persönliche Episode geblieben, ohne weitere Konsequenzen als die erste, wäre sie nicht begleitet (insgeheim erbeten oder vielleicht gefordert) worden von der Bildung des Entwurfs einer »wunderbaren Wissenschaft«[2], deren Idee ihm am 10. November 1619 kam, in einem Licht, dessen Helligkeit er kaum zu ertragen vermochte.

Diesem schöpferischen Augenblick war ein Zustand höchster Anspannung und heftiger Erregungen vorausgegangen. »*Er ermüdete sich in einer Weise*«, sagt Baillet, »*daß das Feuer auf sein Gehirn übergriff und er in eine Art von Verzückung fiel, die seinen bereits geschwächten Geist derart packte, daß er ihn in einen Zustand versetzte, in dem er die Eindrücke von Träumen und Visionen empfangen konnte.*« Nach dem Schlafengehen hatte er drei Träume, deren Schilderung er uns hinterlassen hat. Er überlieferte uns sogar, daß der Genius, der von ihm Besitz ergriffen hatte, ihm diese Träume gewahrsagt hatte, und daß *der menschliche Geist in keiner Weise daran beteiligt war.* Dies alles hatte ihn so ergriffen, daß er sich ins Gebet versenkte und eine Wallfahrt gelobte, »um dieses Ereignis, das er als *das wichtigste seines ganzen Lebens* beurteilte, in die Hände *der Heiligen Jungfrau* zu legen«.

Dieser ganze zehnte November und die darauffolgende Nacht stellen ein außerordentliches Drama des Verstandes dar. Ich nehme an, daß Descartes uns nicht hintergangen hat und daß der Bericht, den er uns gibt, so wahr ist, wie es eine Erinnerung sein kann, die Träume enthält; wir haben keinen Grund, an seiner Aufrichtigkeit zu zweifeln. Ich kenne einige andere Beispiele für solche Erleuchtungen des Geistes, die auf lange innerliche Kämpfe folgen, auf Qualen, die den Schmerzen bei einer Geburt ähnlich sind. Mit einem Schlag bildet sich die Wahrheit eines Menschen heraus und leuchtet in ihm auf. Der Lichtvergleich drängt sich deshalb auf, weil nichts anderes ein zutreffenderes Bild von diesem inneren Phänomen vermitteln kann als das Eindringen des Lichts in eine dunkle innere Welt, in der man sich nur tastend fortbewegen konnte. Mit dem Licht kommen die geradlinige Fortbewegung und die unmittelbare Beziehung der Bewegungskoordinationen zum Wunsch und zum Ziel. Die Bewegung wird zu einer Funktion ihres Objekts. Bei den Fällen, von denen ich sprach, ist es ebenso wie bei Descartes ein ganzes Leben, das erleuchtet wird und dessen sämtliche Handlungen von nun an auf das Werk ausgerichtet sein werden, das ihr Ziel ist. Die gerade Linie ist abgesteckt. Ein Verstand hat entdeckt oder projiziert, wozu er geschaffen wurde: er hat ein für allemal das Modell seiner gesamten künftigen Tätigkeit gebildet.

Ich glaube, man darf diese intellektuellen Staatsstreiche nicht mit den religiösen Bekehrungen verwechseln, die ihnen aufgrund der vorhergehenden inneren Qualen und durch die plötzliche Verkündigung des »neuen Menschen« ziemlich ähnlich sind. Zwischen diesen transzendenten Transformationen sehe ich in der Tat einen sehr beachtlichen Unterschied. Während im Falle der Mystik die Veränderung sich in jedem Lebensalter vollziehen kann, scheint sie im Bereich des Intellekts allgemein zwischen neunzehn und vierundzwanzig Jahren stattzufinden: zumindest war dies bei den wenigen mir bekannten »Beispielen« so.[3]

Allerdings ist der Fall von Descartes vielleicht doch der seltsamste, den man sich vorstellen kann. Kommen wir auf die Ereignisse vom 10. November 1619 zurück. Ihnen geht eine Zeit der Anspannung und einer großen Erregtheit voraus, in der das Licht und die Gewißheit sich ankündigen und der wunderbare Plan (»mirabilis scientiae fundamentum«)[4] seinen Urheber blendet. Berauscht von Müdigkeit und Begeisterung legt er sich schlafen und hat drei Träume. Er schreibt sie einem Genius, einem »Daimon« zu, der in ihm tätig gewesen sei. Schließlich sucht er Zuflucht bei Gott und der Heiligen Jungfrau und erfleht ihre Hilfe, um sich über den Wert seiner Entdeckung zu vergewissern. Was aber ist diese Entdeckung? Das ist nun das Erstaunlichste an dieser Episode. Er bittet den Himmel um die Bestätigung seiner Idee einer Methode für den richtigen Gebrauch seiner *Vernunft*, und diese Methode umfaßt auch einen fundamentalen Glauben und ein Vertrauen zu *sich selbst*, als notwendige Bedingungen, um das Vertrauen und den Glauben an die Autorität der überlieferten Lehrmeinungen zu beseitigen. Ich behaupte nicht, daß hier ein Widerspruch vorliegt; freilich gibt es einen höchst auffälligen Gegensatz zwischen diesen beiden so naheliegenden, aufeinanderfolgenden Zuständen. Eben dieser Gegensatz macht den Bericht so prägnant, so lebendig und glaubhaft. Ich kann mir nichts Poetischeres vorstellen als diesen außerordentlichen Wechsel der Tonart, der ein Einzelwesen die unbekannten Grade aller seiner nervlichen und geistigen Kraft im Zeitraum von wenigen Stunden durchlaufen läßt; von der Anspannung seiner Fähigkeiten der Analyse, der Kritik und der Konstruktion bis zur Berauschtheit durch den Sieg, zum Ausbruch des Stolzes über die Entdeckung und schließlich zum *Zweifel* (denn der Gewinn ist so großartig, daß es fast unwahrscheinlich vorkommt, ihn in Händen zu haben: man muß sich über seine Realität zwangsweise täuschen); schließlich nach so viel Glauben an sich selbst der Rekurs auf jenen Glauben, den man von der Kirche und von der Gnade empfangen hat.

Ich bin zwar kein Philosoph und wage über Descartes, über den so viel gearbeitet wurde, höchstens ganz oberflächliche Eindrücke aufzuschreiben, aber gerade dies erlaubt es mir, am Nachdenken über diese so kostbaren und dramatischen Augenblicke ein echteres Interesse und eine *aktuelle* Bedeutung zu finden, oder vielmehr die Bedeutung einer zeitlosen und größeren Aktualität, als ich sie an der Nachprüfung und Erörterung der Cartesischen Metaphysik finden könnte. Denn diese hat ebenso wie manche andere nur noch eine historische Bedeutung und kann nur noch eine solche haben, das heißt wir sind gezwungen, ihr das zuzuschreiben, was sie nicht mehr besitzt, und so zu tun, als wüßten wir nicht, was wir jetzt wissen und was seither an Wissen erworben wurde; vorübergehend etwas von unserer Wärme an endgültig erkaltete Wortstreitigkeiten abzugeben – in einem Wort, uns um eine Verstellung ohne Hoffnung auf endgültige Verifikation zu bemühen, um künstlich die Produktionsbedingungen eines bestimmten, abgeschlossenen Systems aus Formulierungen und Überlegungen wiederherzustellen, das vor dreihundert Jahren in einer Welt geschaffen wurde, deren Entfernung von der unseren gerade durch die Wirkungen dieses Systems selbst in hohem Maße bewirkt wurde.

Nun ist aber jedes System eine Unternehmung des Geistes gegen sich selbst. Ein Werk drückt nicht das *Sein* eines Autors aus, sondern seinen *Willen zu erscheinen*; einen Willen, der ordnet, wählt, zuteilt, maskiert, übertreibt. Das heißt, eine besondere Intention behandelt und bearbeitet die Gesamtheit der Vorfälle, der Spiele des geistigen Zufalls, der Produkte der Aufmerksamkeit und der bewußten Dauer, die die wirkliche Tätigkeit des Denkens ausmachen; dieses aber will nicht als das sichtbar werden, was es ist: vielmehr will es, daß diese Unordnung aus Zufällen und virtuellen Handlungen nicht zählt; daß seine Widersprüche, seine Irrtümer, seine Unterschiede an Klarheit und Empfindung ganz zurückgenommen werden. Daraus ergibt sich, daß die allein auf Textüberprüfung gegründete Wiederherstellung eines denkenden Wesens zu einer Erfindung von Monstren führt, die um so weniger lebensfähig sind, je sorgfältiger und strenger die Untersuchung durchgeführt wurde, je notwendiger es war, Meinungsverschiedenheiten in eine Harmonie zu bringen, die sich im Geist des Autors niemals eingestellt hätte; Unklarheiten aufzuhellen, die er bei sich selbst duldete, und Termini zu deuten, deren Anklänge nur diesem Geist eigentümlich und ihm selbst undurchdringlich waren. Kurz, das System eines Descartes ist Descartes selbst nur als Ausdruck seines wichtigsten Strebens und seiner Art, es zu befriedigen. An sich aber ist es eine Darstellung der Welt und der Erkenntnis, der es gar nicht anders ergehen konnte, als daß sie alterte wie eine Landkarte. Im Gegensatz dazu können weder die Leidenschaft, die Geheimnisse der Natur zu verstehen und die Natur auf neue Weise untertan zu machen, noch die seltsame Verbindung zwischen einem entschiedenen, seiner Selbständigkeit völlig sicheren intellektuellen Stolz und den Empfindungen aufrichtigster Frömmigkeit, noch die fast erreichte Koexistenz oder das unmittelbare Aufeinanderfolgen eines Zustandes, der nur die Vernunft anerkennen will, und eines Zustandes, der den Träumen die größte Bedeutung beimißt, jemals das ganze Interesse verlieren, das das mentale Leben selber weckt – ich meine damit die Fluktuation, die nur darauf abzielt, das Mögliche zu bewahren, und die sich in jedem Augenblick mit allen Mitteln darum bemüht.

Was ist ergreifender, als dem inneren Proteus zuzusehen, wie er von der Strenge in den Rausch übergeht, vom Gebet die Energie fordert, auf dem Wege der Vernunftkonstruktion entschlossen voranzuschreiten; wie er die göttlichen Personen bittet, ihn bei der stolzesten Unternehmung zu unterstützen, und wie er schließlich fordert, daß höchst dunkle Träume für ihn zu Bezeugungen seines Systems klarer Ideen werden sollen? Eben darin liegt der auffälligste Zug der starken und umfassenden Persönlichkeit von Descartes, und dieser Zug unterscheidet ihn auch von den meisten anderen Philosophen: es gibt keinen anderen, dessen Charakter, das heißt die Reaktionsweise des ganzen Menschen, in der spekulativen Produktion energischer hervortritt. Seine ganze Philosophie – ich wage beinahe zu sagen, seine Naturwissenschaft, seine Geometrie ebenso wie seine Physik – bekundet sein ICH, setzt es explizit voraus und macht von ihm Gebrauch. Ich werde darauf zurückkommen. Wie sollte man aber von nun an je übersehen, daß der grundlegende Text, der *Discours de la méthode*, ein Monolog ist, in welchem die Leidenschaften, die Vorstellungen, die Lebenserfahrungen, die Ambitionen, die praktischen Vorbehalte des Helden unterschiedslos mit der gleichen Stimme ausgedrückt werden? Man muß einfach feststellen, wenn man diesen denkwürdigen Text in die geistige Atmosphäre seiner Zeit zurückversetzt, daß diese Zeit auf die von Montaigne folgt; daß dessen Monologe vom Prinzen Hamlet nicht überhört wurden, daß der Zweifel in jener von Streitigkeiten aufgewühlten Zeit in der Luft lag und daß dieser Zweifel, der sich nun in einem bestimmten, von mathematischen Neigungen und Gewohnheiten erfüllten Kopf spiegelte, die Möglichkeit hatte, eine systematische Form anzunehmen, um schließlich seine Grenzen in eben jener Handlung zu finden, die ihn zum Ausdruck bringt. Ich zweifle, also habe ich diese Gewißheit, daß ich zweifle.[5]

Für die restliche Biographie von Descartes möchte ich den Leser auf jene Werke verweisen, die sich mit ihr im besonderen befassen und auf die ich ebenfalls zurückgreifen müßte. Ich versuche auf meine Art eine Skizze seiner intellektuellen Persönlichkeit anzufertigen. Wenn ich sie in ihren Anfangsjahren erfaßt habe, dann deshalb, weil das Entstehungsstadium des geistigen Menschen, das heißt das Alter, in dem der Halbwüchsige zum Mann wird, das Alter ist, in dem die Bestrebungen sich verfestigen und die Perspektiven sich abzeichnen. Man spürt dort am lebhaftesten, was sich zur Meisterschaft entwickeln muß, die zum Ausdruck kommen kann und die man in all ihren Möglichkeiten entfalten und anwenden muß. Nun empfindet sich aber Descartes *in jeder Disziplin* innerlich als Mathematiker. Die Geometrie ist ihm Vorbild. Sie ist für ihn auch die innerste Anregerin des Denkens – und nicht nur des Denkens, sondern auch des Willens zur Macht. Bei den geborenen Mathematikern gibt es, wie sich in ihrer Jugend beobachten läßt, einen erstaunlich einfachen, aufrichtigen und kaum verhüllten Stolz, der natürlich zu einer Überlegenheit führt, die sie in der Kunst bestätigt sahen, eine ganze Menge von Fragen zu verstehen und zu lösen, an denen die meisten ihren Geist bisher vergeblich versucht hatten. Das Gefühl einer solchen Überlegenheit liegt der Entscheidung des jungen Descartes zugrunde, sich über alle Denkenden seiner Zeit zu erheben und in der Zukunft der Erkenntnis weiter vorauszusehen als sie alle. Er sagt selbst: »Was ich über die Natur und die Eigenschaften der Kurven und über die Art ihrer Untersuchung vorlege, scheint mir ebenso weit von der gewöhnlichen Geometrie entfernt zu sein, wie die Rhetorik des Cicero vom ABC der Kinder.«[6] Schon sehr früh denkt er sich die Möglichkeit einer Erfindung aus, die es gestatten wird, *alle* Probleme der Geometrie dadurch systematisch zu behandeln, daß man sie auf algebraische Probleme zurückführt, was zu realisieren ist, wenn man das Mittel findet, um die Operationen der Geometrie auf die Operationen der Arithmetik abzustimmen. Dieses Mittel findet er. Durch die wechselseitige Entsprechung, die er zwischen Zahlen und Figuren festlegt, befreit er die Forschung vom Zwang, am Vorstellungsbild festzuhalten und sich darauf zu beziehen, während der Geist mit dem logischen Argumentationsgang fortschreitet. Er lehrt die geometrischen Beziehungen in einer homogenen Sprache aufzuschreiben, die ausschließlich aus Beziehungen zwischen quantitativen Größen besteht und dem Ausführenden nicht nur die genaueste Wertetabelle für die vorgelegte Frage anbietet, sondern auch die Perspektive der Entwicklungen, die sie annehmen kann. Er führt den bewundernswerten Gedanken ein, die Lösungen von der angenommenen Problemlösung abzuleiten. Man muß die Schwierigkeit durchlaufen, ohne irgendeinen Unterschied zwischen den bekannten und den unbekannten Linien zu berücksichtigen, sagt er[7] und gibt das ganz einfache Hilfsmittel an, das diesen Gedanken verwirklicht und ermöglicht, durch die unterschiedslos gebildete Kombination von bekannten und unbekannten Quantitäten den Mechanismus zu konstruieren, dessen Funktionsweise aus der eigenen Struktur alles das folgert, was man über ein System aus Daten wissen kann.

Gewiß bietet sich die *Géometrie* von Descartes dem modernen Leser ganz anders dar als eine Abhandlung über Analytische Geometrie von heute. Doch der Weg dazu ist in ihr eröffnet und das Prinzip festgelegt, das seit nunmehr dreihundert Jahren »die Lösung einer unbegrenzten Zahl von Problemen ermöglicht« und außerdem die Angabe einer Unzahl von Lösungen, die nicht einmal erwogen wurden. Darüber hinaus stellte die Cartesische Erfindung eine so wirksame Anregung und ein ebenso wirksames Denkwerkzeug dar, daß sie nicht auf die Anwendung im Bereich der reinen Mathematik beschränkt bleiben konnte. Bald eroberte sie die Mechanik, dann die Physik, und in enger Verbindung mit der Infinitesimalrechnung ist sie ebenso unentbehrlich für unsere Darstellungen der Welt geworden wie zum Beispiel das Dezimalsystem. Welch phantastisches Schauspiel des Intellekts wird mit dieser außergewöhnlichen Entwicklung dem Geist geboten! Man sieht, wie »die wenigen Geraden, eine durch die andere bewegt«, die Descartes als universales Organ der metrischen Relation benutzt, zum System der Koordinatenachsen wird, wo sich zum einen das Phänomen selbst abzeichnet, als Bahn eines beweglichen Punktes, zum andern das Gesetz des Phänomens; wie das System sich dann durch den Zusatz einer weiteren Variablen, der Zeit nämlich, anreichert; und wie es schließlich eine erstaunliche, von der Relativitätstheorie geforderte Modifikation erlebt, die an die Stelle von Descartes' Geraden das bewegliche *n-Tupel* der gekrümmten Koordinaten von Gauß setzt, und an die Stelle seines dreidimensionalen Raumes das nichteuklidische Kontinuum.

Das ist noch nicht alles. Die Cartesische Darstellung aller Arten von meßbaren Veränderungen hat in der Praxis eine immer größere Bedeutung gewonnen. Seien es Börsenkurse, die Temperatur bei einer Fieberkrankheit, die Anordnung statistischer Beobachtungen, meteorologische Veränderungen usw., die Übertragung von erhobenen Zahlen in Kurvenfiguren, die den Verlauf einer Transformation auf einen Blick zu erfassen gestatten, ist zu etwas Vertrautem und für die Organisationsstufe der Menschenwelt, in der die äußerste Komplexität des sozialen Organismus rasche Vorhersagen verlangt, beinahe Unentbehrlichem geworden. Descartes ist sicherlich einer der Menschen, die die größte Verantwortung tragen für den Verlauf und die Physiognomie des modernen Zeitalters, das man am besten in dem charakterisiert sehen kann, was ich die »Quantifizierung des Lebens« nenne. Die Ersetzung der Figur durch die Zahl, die Tatsache, daß jede Erkenntnis einem numerischen Größenvergleich unterzogen wird, und die daran anschließende *Entwertung all jener Erkenntnisse, die sich nicht in arithmetische Relationen übertragen lassen*, hatte in allen Bereichen die erheblichsten Folgen. Auf der einen Seite alles Meßbare; auf der anderen Seite alles das, was sich der Messung entzieht. Wir brauchen nur einen einzigen Tag unseres Lebens zu betrachten, um zu begreifen, wie er durch Anzeigen oder Angaben irgendwelcher Meßapparate aufgeteilt, bewertet, vorgeschrieben und verordnet ist.

So sieht sich unser Descartes mit dreiundzwanzig Jahren in der glanzvollen Sicherheit seines mathematischen Könnens, und er ist, von der Wirksamkeit seiner Methode durch ihre großen Erfolge in der Geometrie überzeugt, der Ansicht, »*sie ebenso vorteilhaft auf die Schwierigkeiten anderer Wissenschaften anzuwenden, wie ich es in der Algebra getan hatte*«.[8] Im Bereich der Erkenntnis scheint es für ihn nichts zu geben, was nicht durch die wunderbare Wissenschaft dieser ihn berauschenden Methode erhellt, errungen und in nutzbares und solides Wissen verwandelt werden könnte. Eine Methode ist keine Lehrmeinung: sie ist ein System von Operationen, das die Arbeit des Geistes besser leistet als der sich selbst überlassene Geist. Diese Operationen sind deshalb notwendigerweise quasi-materielle, das heißt solche, die man mit Hilfe eines Mechanismus ausdenken, wenn nicht gar realisieren kann. Eine Lehrmeinung kann den Anschein erwecken, uns etwas zu lehren, von dem wir absolut nichts wußten; eine Methode dagegen hält sich nichts anderes zugute, als Operationen an etwas vorzunehmen, von dem wir bereits einen Teil wissen, um dann daraus alles abzuleiten oder zusammenzufügen, was wir darüber wissen können. Eben dies bringt Descartes zum Ausdruck, wenn er schreibt, daß »*ein Kind z. B., das Arithmetik gelernt hat und eine Addition nach den gelernten Regeln angestellt hat, sicher sein kann, über die betrachtete Summe alles herausgefunden zu haben, was vom Menschengeist überhaupt herausgefunden werden kann*«.[9] Das Kind hat sich also einen Mechanismus geschaffen, um mehrere verschiedene Zahlen in eine einzige zu verwandeln, und selbst der größte Gelehrte der Welt könnte nicht mehr erreichen, denn ein Mechanismus ist prinzipiell und definitionsgemäß genausoviel wert wie ein anderer von derselben Struktur. Die Objekte der Arithmetik oder der Geometrie sind jedoch im Vergleich zu den anderen Objekten, die man sich zur Untersuchung vornehmen kann, einfach, ja sogar die einfachsten, die es geben kann, da sie sich in die einfachsten Akte zerlegen lassen: die Zahl in den Akt des Zählens; die Linie in den Akt des Linienziehens.[10]

Hier liegt auch der metaphysische Moment von Descartes und sein Entschluß, sein großes intellektuelles Abenteuer zu unternehmen, da er sich nicht darauf beschränken will, nur der erste Mathematiker seiner Zeit zu sein.

Es geht um nichts Geringeres, als *sich eine Ansicht über alle Dinge* zu bilden[11], durch die sie sich für die Behandlung nach der Methode eignen, so daß man ebenso sicher und beherzt über sie schlußfolgern kann wie ein Mathematiker es tut, wenn seine Definitionen abgeschlossen, seine Axiome und Annahmen gesondert und ausformuliert sind und ihm damit die gleichsam vorgebahnten Wege der Wahrheit offenstehen. Damit die mathematischen Einzelwesen und Akte im Geist leben und darin sich entwickeln können, brauchen sie lediglich einige Konventionen, die man stets für ebenso willkürlich, mithin für ebenso unangreifbar halten kann wie die Regeln eines Spiels. Hier schafft die Methode sich ihr eigenes Objekt und verschmilzt mit ihm.

Wie steht es aber mit der Gesamtheit der vorgegebenen Dinge und Existenzen, mit dem Universum der Sinneswahrnehmung, der physischen Welt, der Welt des Lebendigen, mit dem Menschen und der moralischen Welt? Hier geht es um eine Materie, deren Vielfalt und Komplexität dem Verstand und seinem Willen, durch Symbole darzustellen und zu beherrschen, das unüberwindliche Hindernis des Realen entgegensetzen: das Unteilbare und das Undefinierbare. Die Wissenschaft schöpft daraus Kräfte zum Handeln, die sie wiederum darauf anwendet; der Geist aber kann sich nicht aus der wechselseitigen Beziehung befreien, die er am Ende immer wieder feststellt zwischen dem, was er erkennen kann, und dem, was er selbst ist.

Inspiration für das gesamte denkerische Leben Descartes' ist der Gedanke, für alles, was dem Bereich der Erkenntnis zugehört, eine einheitliche und methodische Behandlungsweise zu schaffen und durchzusetzen, die jede Frage in eine Art von besonderer Figur des intelligiblen Raums verwandelt, so wie die Erfindung der Korrespondenz zwischen Linien und Zahlen jede Kurve in eine besondere Eigenschaft des geometrischen Raums verwandelt. Er ist nicht der einzige, der davon träumt, alles auf ein System von Regeln zurückzuführen, die ein für allemal festgelegt sind: »*Unter Methode aber verstehe ich zuverlässige und leicht zu befolgende Regeln, so daß, wer sich pünktlich an sie hält, niemals etwas für wahr unterstellt und, indem er keine geistige Mühe nutzlos verschwendet, sondern sein Wissen Stück für Stück ständig erweitert, die wahre Erkenntnis alles dessen erreicht, wozu er fähig ist.*«[12] Als Beispiele lassen sich Lullus und Leibniz anführen. Gibt nicht die Scholastik selbst vor, uns nicht weniger an Erleichterung und Gewißheit anzubieten, und ist im übrigen nicht alle Philosophie ein Unternehmen mit dem Ziel, die Erkenntnis insofern zum Abschluß zu bringen, als man sie auf die Funktionen und Verbindungen der Sprache zurückführen kann?

So steht er also mit zweiunddreißig Jahren vor dem gewaltigen Problem, eine allgemeine Methode zu begründen. Aber eine Aufgabe von dieser Größenordnung bleibt trotz aller erworbenen Sicherheit und eines durch höchst glanzvolle mathematische Erfolge gerechtfertigten Selbstvertrauens ein Abenteuer, dem man seine ganze Zukunft verschreibt. Wichtig ist, daß der Geist, der bei dieser entscheidenden Sache alle seine Kräfte aufs Spiel setzen muß, von weltlichen Dingen befreit, von den Sorgen und dem Ärger geschützt wird, die mancherlei Autoritäten selbst dem isoliertesten und nachdenklichsten Einzelwesen bereiten können. Descartes macht sich deshalb eine Politik der Klugheit, der Zurückhaltung und des Rückzugs, ja sogar des Mißtrauens gegenüber den Menschen zu eigen. Sich selbst ermahnt er zum Verzicht; er verbietet sich die Begierde, will sich selbst davon überzeugen, daß nichts anderes in seiner Macht steht als sein eigenes Denken; schließlich trifft er die Entscheidung, nach Holland zu ziehen, in ein Land, dessen Sprache er nicht kennt und wo er nur solche Beziehungen pflegen wird, die er selbst gewünscht und hergestellt hat, inmitten von Menschen, die sich mit Waren beschäftigen und sich »aufmerksamer um ihre eigenen Angelegenheiten kümmern, als auf die der anderen neugierig zu sein«. Ein für allemal nimmt er Abstand von allem, was ihn von seinem großen Plan abbringen könnte; er lebt den Gesetzen gemäß, achtet die Bräuche, die Religion, die Ansichten und Meinungen, und *er behält sich vor, seine Meinungen nach Lust und Laune oder den Umständen entsprechend zu ändern*. Das ist *Probabilismus* oder, dem neuen Jargon zufolge, *Konformismus* und *Opportunismus*. Er eignet sich also eine Klugheit an, unter deren Schutz sich seine abstrakte Kühnheit entfalten kann. Mit der Lebensführung, die ein »Mann des Geistes« im Hinblick auf seine soziale Umwelt befolgen muß, die ihn lockt, verfolgt, herausfordert, sind nicht alle einverstanden. Die Eitelkeit zehrt an seinem Stolz. Die Vergnügungen beeinträchtigen seine inneren Freuden. Die materiellen Bedürfnisse mit ihren Sorgen durchkreuzen sein Denken und rauben ihm Kraft und Zeit. Die Macht und die Parteien können ihn, da sie keine andere Sicht auf die Menschen haben, entweder nur als gefährliches, als nutzloses oder als brauchbares Lebewesen ansehen.

Kurzum, dem Antrieb, ein langwieriges und strenges Werk des Geistes auszuführen, läuft alles das zuwider, was bewirkt, daß ein Mensch nicht nur Geist ist und sich von Geist nähren kann. Es kommt aber auch vor, daß gerade solche Widrigkeiten in diesem Geist unerwartete Kräfte oder Erleuchtungen auslösen. Der äußere Zufall regt manchmal den zufälligen innerlichen Vorgang an, den man »Geistesblitz« nennt, so daß man schließlich wie Leibniz oder wie Pangloß einräumen muß, es stehe selbst in der schlimmsten aller Welten alles zum besten.[13]

Descartes hat seine Rechnung mit der Philosophie – der der anderen – beglichen. Er hat sein Lebenssystem definiert oder festgelegt. Er hat volles Vertrauen in seine Ausrüstung an mathematischen Modellen und Idealen, und er kann sich nun ohne Rekurs auf irgendeine Vergangenheit, ohne Rücksicht auf irgendeine Überlieferung auf den Kampf einlassen; auf den Kampf seines Willens zur Klarheit und zur Organisation der Erkenntnis gegen das Ungewisse, das Zufällige, das Verworrene und das Inkonsequente, also gegen die häufigsten Attribute der meisten unserer Gedanken.

Es bildet sich eine erste Gewißheit heraus; er sagt sich, »da ich mich damals aber nur auf die Suche nach der Wahrheit begeben wollte, glaubte ich, ich müsse ganz das Gegenteil tun und all das als völlig falsch verwerfen, wofür ich mir nur den geringsten Zweifel ausdenken könnte, um zu sehen, ob danach nicht irgendeine Überzeugung zurückbliebe, die gänzlich unbezweifelbar wäre«.[14] Und indem er sich auf unsere Traumerlebnisse stützt, räumt er ein, daß vielleicht alles nur ein Traum ist. Einzig der berühmte Satz, *Ich denke, also bin ich*, erscheint ihm als eine unerschütterliche Wahrheit, die man als »ersten Grundsatz«[15] fassen muß, der ihm außerdem zeigt, daß er selbst eine Substanz ist, deren ganzes Wesen im Denken besteht, völlig unabhängig von Körper, Ort und allen materiellen Dingen.[16]

Diese Position ist in jeder Hinsicht bemerkenswert. Ich meine damit, daß sie es auch unter gewissen Aspekten ist, die man vielleicht nicht beachtet hat. Sie hat eine Unzahl von Kommentaren und eine Reihe höchst unterschiedlicher Interpretationen ausgelöst. Jede einzelne davon besteht darin, die Formel »Ich denke, also bin ich« als einen Satz zu behandeln, dessen Sinn unbestreitbar ist und bei dem es allein darum geht, seine logische Funktion festzulegen: die einen sehen darin eine Art Postulat, die anderen die Schlußfolgerung eines Syllogismus.

Ich gehe hier ein großes Wagnis ein. Ich behaupte, daß man ihn ganz anders betrachten und sagen kann, daß dieser kurze und prägnante Ausdruck der Persönlichkeit des Autors *keinerlei Sinn* hat. Ich behaupte aber auch, daß er einen *großen Wert* hat und für den Menschen selbst ganz charakteristisch ist.[17]

Ich sage also, daß *Cogito ergo sum* keinen Sinn hat, weil das Wörtchen *sum* keinen Sinn hat. Kein Mensch hat die Idee oder kann die Idee oder das Bedürfnis haben, zu sagen: »Ich bin«, es sei denn, er will für tot gehalten werden und einwenden, er sei es nicht; aber selbst dann würde man sagen: Ich bin am Leben. Dazu würde aber ein Schrei oder die allerkleinste Bewegung genügen. Nein, »Ich bin« kann keinem Menschen etwas sagen und ist keine Antwort auf irgendeine sinnvolle Frage. Der Ausdruck antwortet hier jedoch auf etwas anderes, das ich sogleich erläutern werde. Welchen Sinn sollte man im übrigen einem Satz beilegen, dessen Negation den Inhalt ebensogut ausdrücken würde wie er selbst? Wenn das »Ich bin« alles Beliebige besagt, dann besagt das »Ich bin nicht« nicht mehr und nicht weniger.

Als Descartes selbst auf diese Worte zurückkommt, zehn Jahre nachdem er sie aus sich selbst gefolgert und im *Discours de la méthode* festgehalten hat, wiederholt er sie mit einiger Verlegenheit; bestreitet, daß sie aus einem Syllogismus hervorgehen; und er behauptet, »wenn jemand sagt, *ich denke, also bin ich oder existiere*, so leitet er nicht durch einen Syllogismus die Existenz aus dem Denken her, sondern erkennt sie *in einer einfachen Anschauung des Geistes* als für sich einleuchtend«.[18] Damit berührt er aber genau den Punkt der Verschmelzung der Sprache mit dem, was ohne Zweifel diesseits von ihr geschieht und eine besondere Entäußerung von dort hervorruft und festlegt. Das kann eine Vorstellung sein; es kann aber auch eine Empfindung sein oder ein empfindungsähnliches Ereignis. Im zweiten Fall entsteht die Wortäußerung als unmittelbare Folge, mit der Bedeutungslosigkeit und dem Wert eines Reflexes, wie man beim Ausruf, bei der Interjektion, beim Fluch, beim Kriegsruf, bei den Dankes- oder Verwünschungsformeln sehen kann, auf die das Denken sich nur beziehen kann, um festzustellen, daß sie für sich selbst nichts bedeuten, sondern in einer heftigen Modifikation der inneren Erwartung oder Orientierung eines lebenden Systems eine *momentane* Rolle gespielt haben. Eben dies glaube ich im *Cogito* zu erkennen. Keinen Syllogismus und auch keine buchstäbliche Bedeutung; vielmehr eine Reflexhandlung des Menschen oder genauer: das Aufblitzen eines Aktes, eines Gewaltstreichs. Bei einem Denker dieser Potenz gibt es eine innere und eine äußere Politik des Denkens und er schafft sich eine Art Staatsräson, gegen die nichts aufkommt und der es immer gelingt, das ICH energisch von allen parasitären Schwierigkeiten oder Vorstellungen zu befreien, die es belasten, *ohne sie in sich selbst gefunden zu haben.* Descartes wäre nicht darauf verfallen, an seiner Existenz zu zweifeln;

er, der an seinem Wert nicht zweifelte. Wenn das Cogito in seinem Werk so häufig wiederkehrt; wenn es sich sowohl im *Discours* als auch in den *Méditations* und den *Principes* immer und immer wieder findet, dann deshalb, weil es für ihn einen Appell an sein Wesen des *Egotismus* bedeutet. Er wiederholt es als Thema seines hellsichtigen ICH; als Weckruf an den Stolz und die Quellen seines Seins. Niemals zuvor hatte sich ein Philosoph so bewußt auf dem Theater seines Denkens zur Schau gestellt, sich mit seiner ganzen Person eingesetzt, über Seiten hinweg das *Ich*[19] gewagt und sich bemüht, wie er es bei der Abfassung der *Méditations* in bewundernswertem Stil macht, uns alle Einzelheiten seiner Erörterungen und inneren Manöver mitzuteilen, sie uns nahezubringen, ihn uns zu eigen zu machen, uns ihm ähnlich zu machen, zunächst unsicher und dann so sicher wie er, nachdem wir ihm gefolgt sind und uns mit ihm verbunden haben, von einem Zweifel zum anderen, bis hin zu diesem reinsten, unpersönlichsten ICH, das bei allen dasselbe und in jedem einzelnen das Allgemeine sein muß.

Ich sagte gerade: bewundernswerter Stil. Lesen wir doch nochmals das Folgende:

»Nehmen wir zum Beispiel dieses Stück Bienenwachs. Es ist ganz frisch aus Honigscheiben gewonnen worden. Noch hat es nicht allen Honiggeschmack verloren. Ein wenig bewahrt es von dem Duft der Blumen, aus denen es gesammelt wurde. Seine Farbe, seine Gestalt, seine Größe liegen offen zutage, es ist hart, kalt, man kann es leicht anfassen, und wenn man mit dem Knöchel darauf klopft, gibt es einen Ton von sich. Kurz, alles ist ihm eigen, was zur ganz deutlichen Erkenntnis eines Körpers erforderlich erscheint.

Doch sieh da, während ich rede, kommt es dem Feuer nahe ...«[20]

Diese wenigen Zeilen sind vollendet. Keinerlei Anstrengung, die dem, was zu sagen ist, fremd wäre, stört sie; kein gewollter Effekt verfälscht die Reinheit ihres Tonfalls, und die kluge Schlichtheit ihrer Bewegung bleibt gewahrt. Kein einziges überflüssiges Wort, mithin keines, das nicht mit Zartgefühl gewählt wäre. Ich sehe darin ein Vorbild für die

Anpassung des Wortes ans Denken, in der die gleichmäßige und distanzierte Vorgehensweise des Mathematikers, der hier spricht, sich mit einer unauffälligen dichterischen Anmut verbindet, die durch den Rhythmus, die Harmonie, die wohlabgewogene Struktur dieses kleinen Ausschnitts noch sinnfälliger wird.

Wenn man auf den Gedanken käme, Philosophen nach ihrer Sprache zu beurteilen, würde man dabei vielleicht besondere Aufschlüsse über ihr Denken und über die Weisen finden, in denen es sich ihrer Erwartung präsentiert und sich an dem Punkt, wo es fixiert wird, akzeptieren und lieben läßt. Ich möchte aber nicht auf diesem ketzerischen und paradoxen Ansinnen beharren, das vielleicht etwas verständlicher macht, was ich im Zusammenhang mit dem *Cogito* vorgetragen habe und auch, weshalb ich es vorgetragen habe. Mir scheint, daß dieses Motiv bei Descartes im gesamten Werk wiederkehrt, das in Wahrheit ein Monolog ist, in dem seine Person, ja beinahe der Tonfall seiner Stimme, unablässig vernehmbar ist, wie ein Thema der Gewißheit, das ihn nichts lehrt und ihn auch nichts lehren kann; das ihn aber an sich selbst erinnert und in ihm jedesmal die anfängliche Energie seines großen Vorhabens wachruft.

Im sicheren Gefühl zu existieren, glaubt Descartes sich vorstellen zu müssen, daß er keine andere Gewißheit hat. Er hat indes viele andere Gewißheiten, sobald er mit dem Nachdenken aufhört. Als völliger Erneuerer hält er es jedoch für notwendig, sich die in der Metaphysik traditionelle Einstellung eines allgemeinen Zweifels anzueignen, die sich willentlich übernehmen läßt, wenn man in das Zimmer tritt, in dem man zu denken pflegt, und die man dort zurückläßt, wenn man es wieder verläßt. Es handelt sich dabei um einen professionellen Akt. Nun liegt er also mit einem altehrwürdigen Problem im Streit. Das Erlebnis des Traums, die Irrtümer der Wahrnehmung, die Täuschungen des Gesichts- und des Tastsinns, die verschiedenartigen Halluzinationen, sie haben schon seit unvordenklicher Zeit zu dieser theoretischen Frage geführt – die in einem so prägnanten Sinn *theoretisch* ist, daß man sich innerlich fragen kann, ob sie denn nicht rein *verbal* sei. Man bemüht sich um die Überzeugung, daß man dann träumt, wenn man nicht träumt; es geht jedoch darum, den Verdacht, daß die Erkenntnis insgesamt ebenso vergeblich und trügerisch sei wie die Phantasmagorien des Schlafs und die übrigen abweichenden Hervorbringungen unseres Geistes, auf das Ganze unserer Erkenntnis auszudehnen. Man verzichtet auch nicht darauf zu folgern, daß wir in einer Welt der Erscheinungen leben, und daran schließen sich manche Deduktionen an, die im übrigen für unser Leben keinerlei Folgen haben. Ob wir uns träumend oder nichtträumend geirrt haben, dadurch ändert sich nichts, weder an unseren Sinnesempfindungen noch an unseren Handlungen. Es scheint jedoch, daß diese Position für die Philosophie wesentlich ist: sie erlaubt es dem Philosophen, zur *Realität* zu erklären, was ihm gefällt und was ihm die Phantasie seiner Reflexion eingibt. Diese unglückliche Benennung ist jedoch nur als eines der beiden Glieder eines Gegensatzes sinnvoll. Alles auf einen Traum zurückzuführen heißt den Gegensatz zu beseitigen; von nun an *ist es kein Traum mehr*, und die Reaktion auf den Traum, die ihm eine »Realität« gegenüberstellte, verschwindet im gleichen Zug.

Dieser künstliche Zweifel, ein Überbleibsel der Tradition, muß also reduziert werden. Ich nenne ihn deshalb künstlich, weil er ebenso einen Willensakt verlangt, wie er auch verlangt, auf dem Weg über die Sprache eingeführt zu werden. Schließlich setzt er voraus, daß wir den Gedanken einer Operation oder Transformation besitzen, der, auf unsere Erkenntnis der Dinge angewandt, ihn durch ein Reales zweiter Ordnung ersetzen und das, was wir in der Praxis, natürlicherweise und gemeinhin für Realität hielten, in eine Traumerinnerung verwandeln würde. Die Statistik, die für die Realität des Gemeinsinns, des sensus communis spricht, ist überwältigend. Freilich ist es erlaubt zu denken, daß eine Art Aufwachen alles das, was unsere Sinne, unser Verstand, unsere Erfahrung uns als Umwelt, als Wirkfaktor, als Mittel und als Bestimmung unserer Handlungen, als Wahrscheinlichkeit des Eintretens unserer Vorhersagen vermitteln, so aufklären würde, wie sich ein Traum aufklärt, aber dieses Hyperphänomen ist noch nie beobachtet worden, und ich befürchte, daß alle Versuche, die man anstellen könnte, um es sich mit einiger Genauigkeit vorzustellen, vergeblich sind.

Descartes wird also veranlaßt zu fingieren. »Ich will also annehmen, daß nicht der allgütige Gott, der die Quelle der Wahrheit ist, sondern ein ebenso böser wie mächtiger und listiger Geist all sein Bestreben darauf richtet, mich zu täuschen«, und um sich davor zu schützen, beschließt er, sein Urteil auszusetzen und »mit festem Geist mich [zu] hüten, etwas Falschem zuzustimmen, damit nicht jener Betrüger, sei er noch so mächtig, noch so listig, irgendwelchen Einfluß auf mich bekomme«.[21]

Sokrates besaß sein *daimónion.*[22] Descartes verschafft sich für die Bedürfnisse seiner Überlegungen einen Teufel. Wenn man tatsächlich alle erdenklichen Hypothesen für die Erklärung aufstellt, daß eine Welt von Erscheinungen uns den Eindruck der Realität vermittle, kann sehr wohl auch die Existenz eines Dämon dazugehören, und sie ist billig zu haben. Ohne daraus irgendwelche Schlüsse zu ziehen, merke ich an dieser Stelle an, daß in dem Bericht, den er uns von den Träumen in der berühmten Nacht des 10. November 1619 hinterlassen hat, auch ein Geist vorkommt, »der ihm diese Träume wahrsagt, noch bevor er zu Bett geht«, sowie ein böser Geist, dem er den Schmerz zuschreibt, der ihn aufweckt, und den Plan, ihn zu verführen.

Wie kann man sich nun von einem so absoluten und erfindungsreichen Zweifel befreien? Was seine eigene Existenz angeht, so hat er dem Betrüger bereits durch seine magische Beschwörungsformel: *Ich bin, ich existiere* getrotzt und ihn abgewehrt. Nun aber geht es darum zu bewirken, daß alles übrige, sein Körper und die Welt, als ebenso existierend wie er selbst anerkannt wird oder werden kann. Ja, es geht darum, die Beweise der Mathematik zu retten, da es dem Willen Gottes anheimgestellt sein konnte, uns bis hinein in unsere geometrischen Überlegungen irrezuführen.

Er nähert sich der »Wahrheit« auf einem erstaunlich scharfsinnigen Umweg. Sicherheit gibt es nur in seinem Denken. Es läßt sich zu seiner eigenen Analyse einsetzen, ohne etwas anderes als es selbst in Anspruch zu nehmen: Diese Analyse wird ihm die reinen Elemente für eine Synthese der Gewißheit liefern.

Zunächst bringt er vor, »daß ich nichts leichter oder evidenter wahrnehmen kann als meinen Geist«.[23] Er überprüft nun dessen Vorstellungen[24], die er in zwei Klassen einteilt: die einen, die ihm von den Sinnen her zukommen und die man immer für trügerisch halten kann, obwohl man der Gefahr des Irrtums entgeht, solange man nicht meint, »die Vorstellungen, die in mir sind, seien gewissen Dingen außerhalb meiner ähnlich bzw. entsprechend«[25]; die anderen, die in der Seele enthalten sind, stellen für ihn »Substanzen« dar; mit diesem scholastischen Terminus bezeichnet er die Dinge, die durch sich selbst existieren: sie enthalten eine »objektive Realität«.[26] Er will damit sagen, daß diese substantiellen Vorstellungen etwas Reales außer ihm darstellen müssen. Was ist nun aber das Reale schlechthin, oder gar die alleinige, die erfüllte und absolute Realität?

An diese Stelle gehört nun die berühmte Überlegung, mit der Gott in der Philosophie von Descartes auftritt. Durch den Zweifel hat er erkannt, daß sein eigenes Wesen nicht vollkommen ist und »daß Erkennen eine größere Vollkommenheit ist als Zweifeln«.[27] Woher aber kann diese Vorstellung einer größeren Vollkommenheit kommen? Da er sie weder aus den Dingen noch aus sich selbst erhält, weil das Vollkommenere nicht aus dem weniger Vollkommenen hervorgehen kann, leitet er die Existenz Gottes aus der Anwesenheit der Vollkommenheitsvorstellung in seinem Geist ab.[28] Ich verkürze und verstümmle hier ganz brutal diese Ableitung, die er in seinen großen aufeinanderfolgenden Werken revidiert, korrigiert oder weiterentwickelt und gelegentlich auch überarbeitet aufgrund des Ansporns und der Einwände von Kritikern, die es sich natürlich nicht entgehen ließen, diesen

Schlußstein seines Systems anzugreifen. Es wäre interessant zu fragen, was aus dieser Argumentation in einem geistigen Kopf unserer Zeit hätte werden können; vor allem, ob der gewichtige Gedanke der Vollkommenheit mit dieser Kraft und Notwendigkeit darin Bestand haben könnte.[29]

Ich möchte in einem der Texte, die sich auf die Existenz Gottes beziehen, eine beachtenswerte quantitative Überlegung hervorheben. Er klassiert die Substanzen nach ihrer objektiven Realität, das heißt nach den Seins- oder Vollkommenheitsgraden, welche die sie repräsentierenden Vorstellungen implizieren: eine Skala, die vom Nichts bis zur Vorstellung Gottes reicht als »unendliche, ewige, unveränderliche, allweise, allmächtige Substanz, von der Ich selbst und alles, was etwa noch außer mir existiert, geschaffen worden ist«.[30] Es ist dies das Fortschreiten von Null zum positiv Unendlichen. Jedes Glied in dieser Reihe empfängt seinen Gehalt an objektiver Realität vom nächsthöheren Glied, das ihm einen Teil seiner Vollkommenheit abgibt, so wie ein wärmerer Körper dem weniger warmen, der ihn berührt, etwas von seiner Wärme abgibt.

Von nun an gründet sich die Gewißheit auf die Existenz eines Vollkommenen[31], der kein Betrüger sein kann. Überdies zeigt die Theorie der objektiven Realität, als Gegensatz zur aktuellen Realität, daß wir unserem Körper nicht die Fähigkeit des Denkens zuschreiben können, denn alles, was zum Körper und zu den Dingen seiner Umgebung gehört, reduziert sich auf Ausdehnung, Gestalt, Lage und Ortsveränderung, und ferner zeigt sie, »daß ihr [d. i. der Fähigkeit zur Ortsveränderung] klarer und deutlicher Begriff zwar eine gewisse Ausdehnung, aber gar kein Erkennen einschließt«.[32]

Der Gedankengang läßt sich so zusammenfassen: Mein Denken besteht aus Vorstellungen, die nicht alle der Erfahrung entstammen. Es gibt solche aus einer anderen Quelle. Sie lassen sich nach ihrem Gehalt klassieren. »Unser natürliches Licht zeigt uns, daß wir ein Ding oder eine Substanz um so besser kennen, je mehr Eigenschaften wir daran feststellen.«[33] Die Vorstellung der Vollkommenheit, der Unendlichkeit der Vollkommenheit und die Existenznotwendigkeit eines Wesens, das sie verwirklicht, weil die Existenz eine von der Vorstellung auferlegte Bedingung ist, folgen daraus.

Diese Ableitung kann zu mancherlei Schwierigkeiten führen. Wie jede Metaphysik setzt sie sich über das Problem des Werts von Resultaten hinweg, zu denen der Sprachgebrauch führen kann, wenn er die Sachverhalte des Denkens ausdrükken soll, das heißt Sachverhalte, über die sich unterschiedliche Geister nur mittels gemeinsamer und sinnlich faßbarer Objekte einigen und ihre Konventionen festlegen können. Man ist deshalb gehalten, »Definitionen« von Ausdrücken anzugeben, die bereits geschaffen und bewertet wurden durch den Alltagsgebrauch, der nur eines sofort in Akte umsetzbaren Wechselgeldes bedarf, die ihrerseits nur augenblicksbezogene Signale erfordern: diese Versuche, Wörter – ungenaue und unbeständige Produkte eines jahrhundertelangen Herumtastens – in Präzisionsinstrumente und in Hilfsmittel der Erkenntnis zu verwandeln, die sich bis zum äußersten Punkt ihres vermeintlichen Inhalts ausschöpfen lassen, sind außer für ihre Autoren niemals befriedigend. Descartes definiert zum Beispiel die klare und deutliche Erkenntnis so: »*Klar* (clara) nenne ich die Erkenntnis, welche dem aufmerkenden Geist gegenwärtig und offenkundig ist, wie man das klar gesehen nennt, was dem schauenden Auge gegenwärtig ist und dasselbe hinreichend kräftig und offenkundig erregt. *Deutlich* (distincta) nenne ich aber die Erkenntnis, welche, bei Voraussetzung der Stufe der Klarheit, von allen übrigen so getrennt und unterschieden (sejuncta et praecisa) ist, daß sie gar keine anderen als klare Merkmale in sich enthält.«[34]

Bei seinem eigenen Gebrauch des Wortes *Zweifel*, das bei ihm doch so wichtig ist, unterscheidet er nicht zwischen dem natürlichen und spontanen Zweifel, der daher rührt, daß wir manchmal nicht wissen, welchen Namen oder welches Eigenschaftswort wir einer nur unzulänglich bekannten Sache beilegen sollen, und dem künstlichen oder philosophischen Zweifel, den man wie ein algebraisches Zeichen allem

Beliebigen zuordnen kann – und ganz besonders dem, was man am besten kennt …

Die Entwicklung dieser Metaphysik erreicht indessen ganz andere Wirkungen als die der früheren abstrakten Konstruktionen.

Der in den Mittelpunkt gerückte Begriff der METHODE; die grundlegende Unterscheidung zwischen der Welt des Geistes und der Welt der Ausdehnung; mithin der Verzicht auf das vergebliche Bestreben, auf dem Wege der logischen Analyse entdecken zu wollen, was allein die Erfahrung aufdecken kann; schließlich eine völlig mechanistische Betrachtungsweise des Weltalls und der Lebewesen, und der Entwurf eines rein mathematischen Systems der Welt; andererseits der Bezug des GANZEN auf das ICH, auf den Geist von jedermann, wobei seine »Evidenz« als Ursprung der Achsen seiner Erkenntnis genommen wird; mit einem Wort, eine Art höchst fruchtbarer Aufteilung zwischen dem Beobachtungschaos und den Deduktionen, die ihm der Stand der Erkenntnis und der Erkenntnismittel präsentierte, wie er ihn vorfand, als er zum Leben des Denkens erwachte – von dieser Art sind die beinahe sofortigen Ergebnisse seines bewußt vollzogenen intellektuellen Aktes.

Diese Philosophie entfaltet sich in einem Zusammenhang von Anwendungen, die er in den Bereichen des Geistes und der Ausdehnung gleichsam parallel nebeneinander verfolgt: Dioptrik, Mechanik, Leidenschaften der Seele.

Von einem gewissen Alter an scheint jedoch die Erforschung der Lebewesen seine Zeit und seine Forschungsarbeit am stärksten in Anspruch zu nehmen. Die Lebensmaschine interessiert ihn mehr als alles andere. Er scheint von der Geometrie und der Physik losgekommen zu sein und beschäftigt sich besonders gern damit, sich das Funktionieren des Organismus bildlich vorzustellen (dieser so sehr auf logisches Folgern bedachte Mensch neigt nämlich ganz besonders zur bildlichen Vorstellung). Obwohl er sich zum einen bemüht, die Seele vom Körper und von der Ausdehnung abzutrennen, strengt er zum anderen seinen Geist an, um für sie eine

Lokalisierung im Gehirn zu finden und zu zeigen, daß diese Lage für die sinnliche Wahrnehmung unentbehrlich ist. Er bemerkt, daß es im Gehirn eine kleine Drüse gibt, die ihm als dieser Sitz der Seele erscheint, und der Grund, den er dafür angibt, lautet, daß alle anderen Teile des Gehirns doppelt vorhanden seien, so wie wir auch zwei Augen und zwei Ohren haben, und daß es wohl notwendig sei, »daß es eine Stelle gibt, wo die zwei Bilder, die von den beiden Augen kommen, oder zwei andere Eindrücke, die von einem einzigen Gegenstand durch die doppelten Organe der anderen Sinne kommen, sich zu einem verbinden können, bevor sie zur Seele gelangen«, und er sieht keine andere Stelle im Körper, »wo sie somit vereinigt worden sein können, wenn sie es nicht in dieser Drüse sind«.[35] Ein höchst geistreicher Gedanke. Wir haben freilich ganz andere Vorstellungen über die Funktionen der Hypophyse, die übrigens ein Steuerungsorgan von höchster Wichtigkeit zu sein scheint; aber was die Koordination der Bilder betrifft, so fürchte ich, daß wir kaum sehr viel mehr wissen. Dasselbe gilt auch für das Nervensystem: Descartes siedelt in uns einen »sehr feinen Hauch« an, den er die »Lebensgeister«[36] nennt und der ihm alle Lebensenergien erklärt; der von der Zirbeldrüse ins Gehirn geht und vom Gehirn in alle Körperstellen, deren Veränderungen, Aktionen und Reaktionen er erläutern will. Unsere Bewegungen, unsere Bilder, Erinnerungen und Leidenschaften entstehen aufgrund der Macht der Seele über die Verteilung und den Durchfluß dieser feinen Materie, die das Blut dorthin transportiert, wo es notwendig ist, und die sich auch auf unseren Nervenleitungen bewegt. Wir haben es immer noch mit der Frage zu tun, was denn in unseren Nervenbahnen zirkuliert – ein elektrischer Strom, eine Weiterleitung chemischer Art? Das Problem, auch wenn es mit größerer Genauigkeit gestellt ist, bleibt. Was die Beziehungen des Organismus zu den »Bewußtseinstatsachen« oder der subjektiven Sinnlichkeit betrifft: seit 1650 nichts Neues.

Was die Öffentlichkeit am meisten verblüfft und erregt, wenn sie von der Existenz eines Denkers und seines Werkes erfährt, ist immer und notwendigerweise irgendeine herausgerissene Formel oder Aussage, die die Schockwirkung einer Paradoxie oder die komische Wirkung einer Vereinfachung durch Absurdität hat. Die ganze Arbeit Darwins wiegt bei der großen Menge der Geister, die im letzten Drittel des vergangenen Jahrhunderts seinen Namen kennen, nicht mehr als die Worte: *Der Mensch stammt vom Affen ab.* Im 17. Jahrhundert erinnert der Name Descartes viele Leute an die »Tier-Maschine«. Man protestiert, man nimmt Anstoß, man streitet über das, was mehr als nur einen anzieht, während einige andere es sich weder nehmen lassen noch zögern, vom Tier zum Menschen überzugehen. Das folgende Jahrhundert scheut sich nicht, eine Konzeption der »Maschine Mensch« in Umlauf zu bringen und jedermann zugänglich zu machen.

Was taugen die Analyse und die Schlußfolgerungen von Descartes heute? Dies zu beantworten bringt mich in gelinde Verlegenheit. Ich beschränke mich auf ein paar Bemerkungen.

Zunächst werde ich anmerken, daß die Bedeutung des Wortes »Maschine« sich stark verändert hat, während der Begriff »Tier« ganz besonders kompliziert geworden ist. In unsere Maschinen haben manche Einrichtungen Eingang gefunden, die mit den Einrichtungen vergleichbar sind, welche die Erzeugung von Reflexen bei Lebewesen nahelegt; und die Zahl der in einer einzigen Maschine gleichzeitig angewandten Energieformen hat sich so sehr gesteigert, daß sie sich mit der Zahl der Energieformen vergleichen läßt, die man in dem Transformationsprozeß findet, der den physischen Aspekt des Lebens ausmacht – während es zur Zeit Descartes' vielleicht eine oder zwei waren. Kurzum, Descartes könnte immer noch als Beleg für den Maschinismus des Lebendigen aufgefaßt werden. Im übrigen können wir über das Tier nur in dem Maße Schlüsse ziehen, wie wir es auf ein sich wiederholendes System reduzieren, das einer Umwelt etwas entnimmt, dessen Transformation für diese Wiederholung wesentlich ist. Dies ähnelt in hohem Maße einer Maschine. Außerdem können wir die Sachverhalte des animalischen Lebens nur mit denselben Methoden, denselben physikalischen oder intellektuellen Mitteln untersuchen, wie sie uns zum Verstehen oder Erfinden von Maschinen dienen. Auch wenn unsere Untersuchung sich auf das Verhalten der Tiere richtet, setzen wir sie Prüfungen und Reagenzien aus, versuchen wir Instinkte zu stören oder Gewohnheiten zu erzeugen, das heißt eine bestimmte Wiederholung zu stören, die eintreten müßte, oder eine andere einzuführen, die es vorher nicht gab. Das alles ist jedoch nichts anderes als eine experimentelle Spekulation über die Idee der Maschine (die im übrigen – und das sollten wir nicht vergessen – auf eine Art Nachahmung des Handelns von Lebewesen und der Organe für dieses Handeln zurückgeht). Schließlich können wir uns selbst gedanklich nur insoweit erfassen, als wir uns selbst als Wiederholende denken. Unsere eigene Identität ist eine Wahrscheinlichkeit der Wiederherstellung. Einen Entwurf zum Beispiel können wir nur insoweit machen, als dieser Entwurf den Ablauf einer Reihe von Handlungsverläufen voraussetzt, die wir vollziehen zu können glauben, weil wir sie vorher schon vollzogen haben. Dieser Entwurf beschränkt sich aber nicht nur auf seine Ausführung. Hier zeigen sich die unüberwindlichen Schwierigkeiten. Es gibt bis heute keine Maschine, die einen Entwurf machen könnte. Und schließlich bin ich überzeugt davon, daß ein verletztes Tier leidet und sich keineswegs damit begnügt, alles Notwendige zu mimen, damit wir denken, es leide. Ein Fußtritt wirkt fraglos in zwei Welten; er bewirkt *Schmerzen* in der einen und Schreie oder Flucht in der anderen. In Wahrheit weiß ich aber nichts darüber, so wenig wie irgendein anderer neben mir.[37]

Ich werde nun einige Worte zur Physikkonzeption von Descartes sagen, in der Absicht, rasch auf die Bedeutung zweier ganz neuer und sehr fruchtbarer Ideen hinzuweisen, die er ins Zentrum einiger Vorstellungen rückte, die nicht erst heute, sondern schon seit langem ausgeschlossen und vergessen sind. Diese Ideen und Irrtümer haben als Grundlage dasselbe Denken und denselben Willen, ein Modell der Welterklärung allein mit Hilfe der Mathematik zu konstruieren. Wenn alles das, was den Körpern angehört, sich auf die Gestalt und die Bewegung zurückführen läßt, dann lassen sich Gestalt und Bewegung in Größen und in Relationen zwischen Massen übertragen. Die Größen der Gestalten aber sind durch seine Methode wiederum in Gleichungen übertragbar. Die Algebra enthält als eine ihrer Möglichkeiten die Welt. Das bedeutet einen gewaltigen Schritt auf dem Wege zu einer Darstellung des meßbaren Universums. Niemand zuvor hatte sich ein Bezugssystem ausdenken können, das alle Phänomene in einer homogenen Sprache ausdrückbar machte bzw. in einer auf die elementare Verschiedenheit von Länge, Zeit und Masse reduzierten Sprache.[38] Das war ein radikaler Verzicht auf die Überfülle von Qualitäten, welche die scholastische Physik kennzeichnete. Im Verlauf von fast drei Jahrhunderten haben die Naturwissenschaften das von Descartes erträumte und grob skizzierte Werk unablässig weiterverfolgt. Die Fortschritte der Analysis ermöglichten es, die Fortschritte der Mechanik und der Physik nach und nach cartesianisch darzustellen, einschließlich der Relativitätstheorie, die eine im Grunde beinahe monströse Entwicklung darstellt, die Phänomene der Geometrie des Kontinuums unterzuordnen. Es scheint indessen, daß die Methode in jüngster Zeit an ihre Grenzen gestoßen ist, als völlig neue und unerwartete Sachverhalte, die durch neue Forschungswerkzeuge aufgedeckt wurden, zum Gedanken, wenn nicht gar zur Konzeption führten, daß das Kontinuum an der Schwelle zum extrem Kleinen ungültig wird. Die intraatomare Physik versucht gleichsam durch ein Nadelöhr hindurch zu erblicken, was sich in einer Welt abspielt, die unserer Welt der von altersher bestehenden Erfahrung nicht mehr ähnlich sieht. Ich korrigiere mich: es geht nicht um das Sehen: zu *sehen* hat keinen Sinn mehr; der Raum, zusammen mit der Zeit, mit dem Begriff des Körpers und der einmaligen Situation zu einer gegebenen Zeit, sie lösen sich auf, wenn es unmöglich wird, den beobachteten Sachverhalt von der Einwirkung zu trennen, die das Beobachtungswerkzeug auf ihn ausübt.

Das Schicksal des cartesianischen Universums war dasjenige aller Weltbilder oder ihres inneren Aufbaus. Eine bestimmte Epoche oder ein Zeitpunkt der Wissenschaft besitzt nämlich nur augenblicksbezogene Denkmittel, die mehr oder weniger gut harmonieren mit den Mitteln der Beobachtung und des Experiments. Der Äther ist zu den Wirbeln hinzugekommen; und die Atommodelle unserer Zeit halten im Durchschnitt kaum länger als zehn Jahre. Dennoch bleiben die Vorstellungsbilder von Descartes der erste Versuch einer physikalisch-mechanistischen Synthese unter mathematischen Bedingungen, die sich auf das Ganze eines Systems beziehen. Zu sagen, es seien mathematische Bedingungen, heißt, daß sie sich durch Gleichheiten [Gleichungen] ausdrücken lassen und dem Geist die Suche nach dem auferlegen, was während der Entwicklung des Systems, das zu untersuchen er sich bemüht hat, »erhalten bleibt«. Descartes glaubte in der »Bewegungsgröße« die Universalkonstante entdeckt zu haben, die unter allen Veränderungen der Phänomene gleich bleibt. Leibniz deckt den Fehler auf.[39] Aber in die Wissenschaft hatte eine Idee von größter Bedeutung Eingang gefunden, nämlich die Idee der Erhaltung, die in der Tat die verworrene Vorstellung der Ursache durch einen einfachen quantitativen Begriff ersetzt.[40]

Diese Idee ist sicherlich schon in die reine Geometrie eingeflossen, wo man, um sie auf eine sichere Grundlage zu stellen, wohl annehmen muß, daß feste Körper sich bei ihren Ortsveränderungen selbst nicht verändern. Das wechselhafte Schicksal dieser Idee der Konstanz ist bekannt: man kann behaupten, daß seit Descartes nichts anderes getan wurde, als das Unveränderliche zu verändern: *Erhaltung der Bewegungsgröße, Erhaltung der lebendigen Kraft, Erhaltung der Masse und Erhaltung der Energie.* Man muß zugeben, daß die Transformationen der Erhaltung ziemlich rasch erfolgten. Nun hat aber seit etwa einem Jahrhundert die berühmte Entdeckung von Carnot[41] die Naturwissenschaft dazu gezwungen, das fatale Zeichen der Ungleichheit einzuführen – das die Welt eine Zeitlang zu ewiger Ruhe zu verdammen schien –, neben der Gleichheit, die der rein mathematische Spürsinn Descartes' vorausahnte, ohne sie exakt zu bezeichnen. Man weiß gar nicht so recht, was heute erhalten bleibt ... Ich denke, daß man dieser Verteidigung von Descartes die (vielleicht naive) Bemerkung hinzufügen kann, daß er, um seine Erhaltungsformel aufschreiben zu können, die Konstituenten der Bewegung in der Form eines *Produkts* miteinander verbunden hatte; nun sollte aber die von ihm schlecht ausgefüllte Form die irgendwie natürliche Form aller Ausdrücke der Energie sein.

Was die Physiologie betrifft, der gegen sein Lebensende hin der größte Teil seiner Forschungsarbeit zu gelten scheint, so zeugt sie vom selben Willen zur Konstruktion, der sein ganzes Werk beherrscht. Heutzutage ist es leicht, diesen Maschinismus, diese grobschlächtig und arglos ausgetüftelte Simplifizierung zu verspotten. Was konnte denn der Mensch damals versuchen? Für uns ist es unglaublich, für den menschlichen Geist fast schon eine Schande und dem beobachtenden Verstand des Menschen gegenüber beinahe ein Einwand, daß der für uns so manifeste und, wie es scheint, so leicht zu entdeckende Sachverhalt des Blutkreislaufs erst zur Zeit von Descartes erwiesen wurde. Natürlich mußte Descartes sich über dieses mechanische Phänomen wundern und darin ein kraftvolles Argument für seine Idee des Automaten finden. Selbst wenn wir inzwischen sehr viel mehr darüber wissen, so hat uns gerade dieser Wissenszuwachs bisher von einer befriedigenden Darstellung der Lebensphänomene ferngehalten. Wie alles übrige gerät auch die Biologie von einer Überraschung in die andere, da sie, wie alles übrige, von einem neuen Forschungswerkzeug zum anderen übergeht. Es kommt uns so vor, als könnten wir nicht einmal den Gedanken fassen, auch nur einen Augenblick lang auf diesem abschüssigen Hang der Entdeckungen anzuhalten, um uns an einem bestimmten Tag, zu einer bestimmten Stunde eine wohlbegründete Vorstellung über das Lebewesen zu bilden. Niemand kann heute vor diesem Plan haltmachen und sich ans Werk setzen. Zur Zeit von Descartes war dieses Vorhaben jedoch keineswegs absurd. Als Widersacher standen einem nur metaphysische Gründe entgegen, das heißt *solche, mit denen man tabula rasa machen kann*; wir dagegen haben die Unzahl und die Unbekanntheit der experimentellen Möglichkeiten gegen uns. Deshalb müssen wir auch Probleme lösen, deren Ausgangsbedingungen und Formulierungen sich in jedem Augenblick auf unvorhersehbare Weise ändern. Nehmen wir einmal an, der Plan sei gefaßt, sich über das Funktionieren des Lebendigen Rechenschaft zu geben, und nehmen wir ferner an, daß wir ebensowenig wie Descartes verborgene Kräfte und Entitäten Substanzen unterstellen (von denen man in der Medizin einen so ausgedehnten Gebrauch machte), dann sehen wir sofort, daß es für ihn wohl unumgänglich war, der damaligen Mechanik die gesamte Ausrüstung an Pumpen und Faltenbälgen zu entlehnen, um die Vorstellung von einem Organismus zu bilden, der zu den wichtigsten oder offenkundigsten Lebensfunktionen fähig war.

Steckt nun darin nicht eine Überlegung, die man auf unsere gesamte Ansicht von Descartes ausdehnen müßte: eine Verteidigung seines Ruhms und eine Methode, uns ein würdiges Bild von ihm zu machen? Wir müssen dahin gelangen, uns die Ansprüche und die Mittel seines Denkens in einer Weise und Folgerichtigkeit vorzustellen, daß schließlich das Nachdenken über Descartes unweigerlich zu einem Nachdenken über uns selbst wird. Das wäre die allergrößte Huldigung.

Ich frage mich also, was mich an ihm am meisten beeindruckt, denn eben dies kann und muß noch lebendig sein. Was uns in seinem Werk auf uns selbst und auf unsere eigenen Probleme zurückwirft – das verbindet unser eigenes Leben mit diesem Werk. Ich muß gestehen, daß es nicht seine Metaphysik ist, die man auf diese Weise wiederbeleben kann, und es ist auch nicht seine METHODE, zumindest so, wie er sie im *Discours* formulierte.

Was an ihm bezaubert und ihn uns lebendig macht, ist sein Selbstbewußtsein, das Bewußtsein seines ganzen Seins, das sich in seiner Aufmerksamkeit konzentriert; das eindringliche Bewußtsein von den Vorgängen in seinem Denken; ein so willentliches und präzises Bewußtsein, daß er aus seinem ICH ein Werkzeug macht, dessen Unfehlbarkeit allein vom Grad des Bewußtseins abhängt, den es davon hat.

Diese Ansicht, die meine ganz persönliche ist, führt zu

recht eigentümlichen Urteilen und zu einer Bewertung von Descartes' Arbeiten, die keineswegs üblich ist.

Tatsächlich würde ich bei ihm unterscheiden zwischen den Problemen, die in ihm selbst entstanden sind und deren Stachel und persönliche Notwendigkeit er an sich selbst spürte, und den Problemen, die er nicht selbst erfunden hatte, und die gewissermaßen künstliche Bedürfnisse seines Geistes waren. Während er vielleicht dem Einfluß seiner Erziehung und seiner Umwelt nachgab, seiner Sorge, als ein Philosoph zu gelten, der so vielseitig und vollkommen ist, wie es sich eben gehört, und der es sich schuldig ist, auf jede Frage eine Antwort zu wissen, hat sein Willen sich meines Erachtens darauf gerichtet, jenen zweitrangigen Herausforderungen Genüge zu tun, die seiner wahren Natur ziemlich äußerlich oder fremd zu sein scheinen.

Man achte nur einmal darauf, wie er bei jeder Frage triumphiert, die er mit dem Akt seines ICH beantworten kann. Sein ICH ist Geometer, und ich würde (mit einigen Vorbehalten) behaupten, daß der Grundgedanke seiner Geometrie für seine gesamte Persönlichkeit kennzeichnend ist. Man könnte sagen, daß er dieses so stark empfundene ICH auf jedem Sachgebiet als Ursprung der Achsen seines Denkens genommen hat: das zum Geist Gehörende und das zum Körper Gehörende sind die beiden Dimensionen, die er in der Erkenntnis auseinanderhält.

Wie man sieht, schätze ich den beträchtlichen Teil seines Werkes, der all jenen Gegenständen gewidmet ist, von deren Existenz oder Bedeutung er durch die anderen erfahren hat, gering ein.

Vielleicht irre ich mich, aber ich kann nicht umhin, dem, was mir die Figur unseres Helden auferlegt, einfach zuzustimmen. Ich stelle mir vor, daß er sich auf einigen Sachgebieten unbehaglich fühlte. Er stellt langwierige Überlegungen dazu an, kommt auf seine Schritte zurück, entledigt sich der Einwände, so gut er kann. Nach meinem Eindruck sieht er sich in solchen Fällen von seinem Gelübde abgerückt, als untreu sich selbst gegenüber, und er hält sich für verpflichtet, wider den Kern seines Geistes zu denken.

Was also lese ich im *Discours de la méthode*?

Es sind nicht die Grundsätze selbst, die uns lange aufhalten können. Was im Ausgang von der reizvollen Erzählung seines Lebens und der anfänglichen Umstände seines Forschens meinen Blick auf sich zieht, ist seine eigene Präsenz in diesem Vorspiel zu einer Philosophie. Es ist, wenn man so will, der Gebrauch des ICH, des *Je* und des *Moi*, in einem solchen Werk, und der Ton seiner menschlichen Stimme; vielleicht steht genau dies im deutlichsten Gegensatz zur scholastischen Architektur. Dieses explizit ausgesprochene *Je* und *Moi*, das uns in Denkweisen einer umfassenden Allgemeinheit einführen soll, das ist mein Descartes.

Indem ich ein Wort von Stendhal übernehme, der es in unsere Sprache eingeführt hat, und für meine Zwecke in eine etwas andere Richtung lenke, behaupte ich, daß die eigentliche Methode von Descartes *Egotismus*[42] heißen müßte; Entwicklung des Bewußtseins für die Ziele der Erkenntnis.

Damit entdecke ich ohne Schwierigkeit, daß das Wesentliche des *Discours* nichts anderes ist als die Schilderung der Bedingungen und Folgen eines Ereignisses, das dieses ICH von allen Schwierigkeiten und von allen parasitären Zwängen oder Vorstellungen befreit, die es belasten, ohne daß es sie angestrebt oder in sich selbst vorgefunden hätte.

Wie ich oben schon sagte, hat das *Cogito* auf mich die Wirkung eines Appells, den Descartes an seine egotistischen Kräfte richtet. Er wiederholt es gleichsam als Thema seines ICH, als Weckruf an den Stolz und an den Mut des Geistes. Darin liegt – im magischen Wortsinn – der Zauber dieser Formel, die so häufig kommentiert wurde, wo es meines Erachtens doch ausreichen würde, sie einfach zu empfinden. Beim Klang dieser Worte lösen die Entitäten sich auf; der Wille zur Macht[43] überfällt den Mann, richtet den Helden wieder auf, erinnert ihn an seine ganz persönliche Sendung, an sein eigenes Schicksal sowie an seine Verschiedenheit, an seine individuelle Ungerechtigkeit – denn schließlich ist es ja möglich, daß das zur Größe bestimmte Wesen sich taub, blind und empfindungslos gegenüber all dem machen muß, was seinen Impuls, sein Geschick, seine Wachstumsbahn, sein Licht, seine Linie im Universum durchkreuzen würde, selbst wenn es Wahrheiten oder Realitäten wären.

Und wenn das Ichgefühl schließlich dieses Bewußtsein und diese zentrale Herrschaft über unsere Kräfte übernimmt, wenn es mit Absicht zum Bezugssystem der Welt und zum Ausgangspunkt schöpferischer Reformen wird, die es der Zusammenhangslosigkeit, der Mannigfaltigkeit, der Komplexität der Welt ebenso entgegenstellt wie der Unzulänglichkeit der herkömmlichen Erklärungen, dann fühlt es sich selbst von einer unausdrückbaren Empfindung gespeist, vor der die Mittel der Sprache versagen, die Ähnlichkeiten nicht mehr gelten, der Erkenntniswille, der sich darauf richtet, darin aufgesogen wird und nicht mehr zu seinem Ursprung zurückkehrt, weil es kein Objekt mehr gibt, das ihn widerspiegelt. Es ist kein Denken mehr ...

Kurzum, der eigentliche Wunsch von Descartes konnte nur der sein, auf den höchsten Punkt zu bringen, was er in sich selbst als das Stärkste und Verallgemeinerungsfähigste vorfand. Allen Dingen gegenüber will er seinen Schatz an intellektuellem Begehren und intellektueller Kraft ausschöpfen, und er kann nichts anderes wollen. Darin liegt das Prinzip, das stärker bleibt als die Texte selbst. Es ist der strategische Punkt, der Schlüssel der Cartesischen Position.

Dieser große Kapitän des Geistes findet auf seinem Weg zwei Arten von Hindernissen. Zum einen die natürlichen Probleme, die sich für jeden Menschen stellen, der auf diese Welt kommt: die Phänomene, das physische Universum, die Lebewesen. Daneben gibt es aber auch andere Probleme, die in bizarrer und gleichsam willkürlicher Weise mit den ersten verwickelt sind: Probleme, die er sich nicht selbst vorgestellt hatte und die ihm vom Schulunterricht, den Büchern, den herkömmlichen Überlieferungen her zufallen. Schließlich gibt es auch noch die Konventionen, die Hindernisse, wenn nicht gar Gefahren praktischer und gesellschaftlicher Art.

Gegenüber allen diesen Problemen und Hindernissen nun das ICH, und zur Unterstützung dieses ICH bestimmte Fähigkeiten. Eine davon hat sich bewährt – man kann sich auf sie verlassen, auf ihre Verfahrensweisen, die unfehlbar sind, wenn man sie zu handhaben weiß; auf den von ihr ausgeübten unabweislichen Zwang, alles klarzustellen und zurückzuweisen, was sich nicht in distinkte Operationen auflösen läßt: die Mathematik.

Nun kann das Handeln beginnen. Ihm geht ein selbständiger Diskurs voraus und kündet es an. Und der Kampf zeichnet sich ab.

Worum geht es? Und was ist das Ziel?

Es geht darum, nachzuweisen und zu beweisen, was ein ICH vermag. Was wird dieses ICH von Descartes machen?

Da es seine Grenzen nicht kennt, wird es alles machen oder alles neu machen wollen. Doch zunächst einmal reinen Tisch. Alles, was nicht von diesem ICH kommt oder nicht aus ihm gekommen wäre, alles das sind nichts als Worte.

Andererseits entwickelt er bei den von mir als natürlich bezeichneten Problemen, in dem Kampf um seine Klarheit, jenes gesteigerte Bewußtsein, das er seine Methode nennt und das auf wunderbare Weise ein grenzenloses geometrisches Imperium erobert hat.

Er möchte es auf die verschiedenartigsten Phänomene ausdehnen; er wird die gesamte Natur durcharbeiten, wobei er, um sie als rational zu erweisen, eine erstaunliche Fruchtbarkeit der Einbildungskraft entfaltet. Sie gehört einem ICH an, dessen Denken sich nicht der Veränderung der Phänomene, der Verschiedenheit der Mittel und Formen des Lebens unterordnen will ...

Ich würde diese Art von erfinderischer Analyse noch bis zu dem Punkt fortführen, wo ich mich fragen würde, was ein Descartes wäre, der in unserer Zeit geboren würde. Nur als Spiel.

Aber welchen Tisch würde er heute vorfinden, um *tabula rasa* zu machen? Und wie würde er mit einer Naturwissenschaft zurechtkommen, deren umfassende Aneignung unmöglich geworden ist und die nunmehr so eng von einem unermeßlichen und ständig anwachsenden Material abhängig ist; eine Wissenschaft, die sich in jedem Augenblick in einem labilen Gleichgewicht mit ihren eigenen Mitteln befindet?

Darauf gibt es keine Antwort. Mir scheinen diese Fragen jedoch einen Wert zu haben.

Das Individuum wird zu einem Problem unserer Zeit, die Hierarchie der Geister wird zu einer Schwierigkeit unserer Zeit, in der es eine Art Dämmerung der Halbgötter gibt, das heißt jener in der Zeit und auf der Erde verstreuten Menschen, denen wir das Wesentliche dessen verdanken, was wir Kultur, Erkenntnis und Zivilisation nennen.

Deshalb habe ich das Gewicht auf die starke und kühne Persönlichkeit des großen Descartes gelegt, dessen Philosophie für uns vielleicht weniger wertvoll ist als die uns vorgestellte Idee eines großartigen und denkwürdigen ICH.

ZWEITE ANSICHT VON DESCARTES

Descartes und seine Größe drücken sich für mich in zwei Punkten aus.

Er macht aus dem, was bis zu seiner Zeit in dogmatischer, von der Tradition beherrschter Form abgehandelt wurde, seine ganz persönliche Angelegenheit. Er entscheidet, daß es keine Autorität gibt, die stärker sein kann als der Eindruck, den sie von der Vergeblichkeit ihrer Lehren wecken kann: er will nichts als Evidenz oder sorgfältig bestätigte Beobachtung. Das hieß der Sprache die Zuordnung eines Wertes zu verweigern, der ihr allein von Personen oder aus Büchern zukommt. Also wirft er sein eigenes Sein in die eine Waagschale, während die andere die ganze Philosophie enthält, die bis zu ihm betrieben worden war. Er findet heraus, daß sein ICH überwiegt. Er fühlt sich zwar sehr stark, allein zu sein; allerdings mit der Fähigkeit, antworten zu können mit all dem, was er *selbst* denkt, *selbst* beobachtet, abgeleitet oder definiert hat, im Gegensatz zur gewaltigen Menge von rein verbalen Lehrmeinungen, Formeln oder Entwicklungen, die nur von Schulstreitigkeiten leben und die man sich von einem Jahrhundert zum anderen wie eine Art Papiergeld weiterreicht, das man nie in Gold umtauschen könnte.[1]

Vor allem anderen ist Descartes ein Willen. Dieses Wesen will vor allen anderen Dingen den Schatz an Begehren und Kraft des Intellekts ausschöpfen, den es in sich findet, *und es kann nichts anderes wollen.* Hier liegt der zentrale Punkt, der Schlüssel zur Cartesischen Position. Es ist unnötig, ein anderes Prinzip für seine Philosophie zu suchen.

Woher hat er dieses enorme Selbstvertrauen, das er in seiner Geisteskraft zeigt, das in seinem Stil aufscheint und in seiner Verachtung, und bei dem er zu hellsichtig und auch zu klug ist, es nur auf seine Hoffnungen, auf einen chimärenhaften Glauben an seinen Wert zu stützen?

Descartes glaubt an die Kraft seines Denkens seit der Erfahrung, die er mit seiner Begabung als Mathematiker gemacht hat. Aus ihr hat er den Rausch seiner Überlegenheit geschöpft. Er erkennt sich bei diesen Untersuchungen als Erfinder einer Methode, die ihm »ebenso weit von der gewöhnlichen Geometrie entfernt zu sein (scheint) wie die Rhetorik des Cicero vom ABC der Kinder«.[2] Diese Schöpfung seiner Jugendzeit hat sein ganzes intellektuelles Leben beherrscht. Er hat keinen Zweifel an dem Sieg, den er errungen hat, und sagt sich, daß derselbe Mann und dieselbe Anwendung des Intellekts, die ihm bei der abstrakten Analyse des Raums einen so glücklichen und beachtlichen Erfolg eintrugen, sich nun auch an die physikalische Welt und dann an die Probleme des Lebens machen müsse, um unweigerlich Ergebnisse von gleicher Bedeutung zu erzielen.

So erfindet er ein *Universum* und ein *Tier*, in der Einbildung, sie zu erklären. Was auch immer seine Illusionen auf diesem Weg gewesen sein mochten, seine Bemühungen waren höchst folgenreich. Das ist nun auch mein zweiter Punkt. Auch wenn das cartesianische Universum das Schicksal aller erdachten und denkbaren Universen erfahren hat, so trägt die Welt, in der unsere »Zivilisation« lebt, doch immer noch den Stempel des Willens und der Denkart, von der ich gesprochen habe.

Diese Welt ist von Praktiken des Messens durchdrungen. Immer mehr wird unser Leben von numerischen Bestimmungen geordnet, und alles das, was der numerischen Darstellung sich entzieht, alle nichtmeßbare Erkenntnis also, gilt als verachtenswert. Mehr und mehr wird die Bezeichnung »Wissenschaft« all jenem Wissen verweigert, das sich nicht in Zahlen übersetzen läßt.

Und hier nun die prägnanteste Feststellung, mit der dieser Text zu Ende kommt: die auffälligste Eigenschaft dieser Lebensveränderung, die darin besteht, das Leben nach Zahl und Größe zu organisieren, ist die *Objektivität*, die Unpersönlichkeit, die so rein wie nur möglich sein soll, so daß das *Wahre* der Modernen, strikt an ihr Können der Naturbeherrschung gebunden, in einen immer größeren Gegensatz zu dem zu geraten scheint, was unsere Einbildungskraft und unsere Gefühle *wahr haben möchten*. Doch wie schon gesagt wurde, liegt dieser erstaunlichen Transformation der Menschenwelt ein ICH zugrunde, nämlich die starke und kühne Persönlichkeit von Descartes, dessen Philosophie für uns vielleicht weniger kostbar ist als die Idee eines großartigen und denkwürdigen *Er*.[3]

DIE RÜCKKEHR AUS HOLLAND

Eine Reise ist eine Operation, die Städte und Stunden in Beziehung setzt. Doch das Schönste am Reisen und das Philosophischste liegt für mich in den Intervallen zwischen diesen Pausen.

Ich weiß nicht, ob es aufrichtige Liebhaber der Eisenbahn gibt, Anhänger des *Zugs um des Zugs willen*, und ich sehe eigentlich nur Kinder, die den Lärm, die Kraft, die Zeitlosigkeit und die Überraschungen der Strecke gehörig zu genießen verstehen. In Sachen absoluter Lust sind Kinder große Meister. Was mich betrifft, so gebe ich mich immer einer naiven und mythendurchsetzten Metaphysik hin, sobald sich die Zugkomposition in Bewegung setzt.

Ich verlasse Holland ... Plötzlich scheint es mir, daß die Zeit beginnt; die Zeit zieht an; der Zug wird zum Modell der Zeit, er nimmt ihre Strenge und eignet sich ihre Kräfte an. Er verzehrt alle sichtbaren Dinge, erschüttert alles Geistige, greift mit seiner Masse brutal das Gesicht der Welt an, schickt Büsche, Häuser, Provinzen zum Teufel; legt die Bäume nieder, durchbohrt die Gewölbe, beseitigt die Masten, erschlägt hinter sich rücksichtslos alle Linien, über die er fährt, Kanäle, Furchen, Wege; er verwandelt die Brücken in ein Donnern, die Kühe in Geschosse und das Schotterbett seiner Schienen in einen Teppich aus Flugbahnen ...

Selbst die Ideen, stets von Überraschungen befallen und durch den Ansturm von Visionen ebenso nachgeschleppt wie hervorgezogen, verändern sich in der Art eines Geräusches, dessen Quelle fliegt und sich entfernt.

Es passiert mir ganz leicht, daß ich mich an keinem Ort mehr fühle und gleichsam auf das abstrakte Wesen reduziert bin, das allerorten von sich sagen kann, es denke, überlege, funktioniere und verfüge in identischer Weise; es lebe und nichts Wesentliches sei verändert; daß es mithin seinen Ort gar nicht wechsle. Wäre es für diesen reinen Logiker, der uns innewohnt, nicht notwendig, daß er, um das Gefühl der Bewegung zu haben, ganz außerordentliche Modifikationen feststellen müßte, unvordenkliche Unordnungen, die ohne Zweifel unvereinbar wären mit der Vernunft oder mit dem Leben?

Es ist schon ein großes Wunder, daß es so viele feine Mechanismen in uns gibt, die für Ortsveränderungen ziemlich unempfindlich sind.

Im Grunde aber ist das ganze Wesen, die wirkliche Seele des Reisenden – dessen Abwesenheit zu Ende sein wird, wenn er mit jeder Radumdrehung seinem Hause näher kommt und ein Bogen seines Lebens sich schließt –, das Opfer von merkwürdigen Effekten seiner Ortsveränderung. Was die Seele hinter sich läßt, was sie im Augenblick erleidet, was sie voraussieht und sich vorhersagt, widerstreitet sich, bietet sich an und tauscht in ihr sich aus. Sie schwankt zwischen ihren Zeiten, die die klar markierte Abreise und die vermutliche Genauigkeit der Ankunft so deutlich voneinander trennen; sie stößt zufällig auf das Bedauern, die Erwartungen, die Befürchtungen, verliert sie und findet sie dann wieder in ihren Empfindungen. Ihre Vergangenheit, ihre Gegenwart, ihre nahe Zukunft *erklingen* in ihr wie drei einzelne Glocken, deren sämtliche Klangverbindungen sich verwirklichen, sich gegenseitig antworten, durcheinandergeraten und sich auf eigenartige Weise zusammenfügen. Ein Glockenspiel aus Ereignissen – vollendeten – erwarteten – tatsächlichen –, das ohne Ende alle *Themen* der Existenz abspielt und wiederholt, begleitet den reisenden Leib, bewohnt einen Kopf, der sich verliert; erheitert und beruhigt ihn, übernimmt die Rhythmen des Reisewegs, orchestriert die Träume, führt den Menschen irre, schläfert ihn ein und weckt ihn wieder auf ...

Es wird Nacht. Irdische Lichter entstehen und verlöschen – plötzlich auftauchende Stellwerke, grelle Signale, jähes Aufblitzen von flüchtigem, unbekanntem Leben ... Zwischen zwei Lichtschimmern sehen meine Augen, verunsichert durch die Feuchtigkeit, die die Scheiben trübt, bald die in der Abenddämmerung bereits vergröberte und abgestorbene Landschaft nicht mehr, die sich unendlich weit auf die vergangenen Orte und Tage hin erstreckt.

Schließlich schien es mir, daß ich nichts anderes mehr wahrnahm als alle Zustände des Wassers – Schneewasser – Eiswasser – strömendes Wasser – Wasserpfützen, die die Wasserwolken spiegeln – Wasserdampf, dessen befreite Spiralen sich auseinanderdrehen, in Stücke auflösen, hinter uns stehenbleiben und sich auflösen. Das vielförmige Wasser bildet fast allein die Substanz eines unruhigen und vielfältigen Landes, dessen höchste Klarheit der Dämmerung noch die raschen hellen Stellen und die Blässen präsentiert.

Nun schaltet sich die Beleuchtung ein, und auf der Fensterscheibe zeichnet sich plötzlich das Bruchstück eines Gesichts ab. Eine Art Maske schiebt sich dazwischen, das Bildnis eines Mannes, das leuchtend und beharrlich auf der Oberfläche dieser Flucht aus düsteren und schneebedeckten Stränden stehenbleibt.

Ich komme mir hinter dem Glas erhitzt und verfärbt vor; und wenn ich mich ein wenig diesem zerstückelten Schatten-*Ich* nähere, das mich betrachtet, lasse ich es finster werden, löse ich mich auf und werde zum nächtlichen Chaos.

Die Philosophen aller Zeiten haben solch winzige Erfahrungen ausgekostet. Ein zufälliger Reiz, irgendein simpler und auffälliger Effekt der Dioptrik oder der Akustik, ein vereinzeltes Ereignis bei ihren Wahrnehmungen, verleiteten sie zu Träumereien, die sie in aller Ruhe zu einer theoretischen Meditation ausbauten. Aus der Beleuchtung einer Höhle und den Schatten, die sie wirft, zieht Platon ohne große Mühe bewundernswerte und vielleicht verhängnisvolle Konsequenzen. Seine Dunkelkammer der Natur hat uns eine der berühmtesten *Umwertungen der Werte* eingebracht.

Ich dagegen, kein Philosoph, verstand es nicht, alle die Gedanken, die mir diese Beharrlichkeit meines beleuchteten Gesichts auf einer sich bewegenden und von schroffen Phantomen unterbrochenen Nacht einzugeben wagte, bis zum Übermaß zu entwickeln – denn ein Übermaß ist dazu notwendig.

Ich komme indes aus Amsterdam, wo Descartes und Rembrandt zur selben Zeit gelebt haben. Man sieht dort ihre Häuser.* Man kann sich nicht enthalten, sich in ihren Phantasien zu versuchen. Unbefangen versetzt man sich in ihre Gestalt, am Ufer der Grachten, auf den Brücken der Amstel oder an irgendeinem belebten Punkt dieses Wasserlabyrinthes, das überfüllt ist mit Booten, Pontons, überladenen Lastkähnen, mit bemalten holzschuhförmigen *Kästen* mit geblähten Bäuchen und prallen Hecks, die einer Dschunke, einem Möbelstück, einem Faß gleichen ... Die Stunden versummen ganz traurig in der Luft des fahlen Himmels. Die Menschen rufen sich zu, über die Ufer, auf den winzigen Brücken. Der Beobachter, er sieht dem Leben zu, und er lebt.

Descartes hatte eine große Vorliebe für diese Stadt: »In dieser großen Stadt, in der es außer mir niemanden gibt, der nicht Handel treibt, ist jedermann so scharf auf seinen Profit, daß ich mein ganzes Leben dort verbringen könnte, ohne jemals von irgend jemandem bemerkt zu werden. Ich spaziere alle Tage mit eben so viel Freude und Behagen durch das Gewoge einer großen Menge wie Sie durch Ihre Alleen, und ich betrachte die Menschen, die ich dort sehe, nicht anders, als ich die Bäume in Ihren Wäldern oder die Tiere betrachte, die dort vorüberziehen.«[1]

Ob er ihre Sprache verstanden hat, weiß ich nicht. Ich hoffe, nicht. Denn was ist vorteilhafter für den nachdenklichen Rückzug in sich selbst, für die ganz klare Abgrenzung einer exakt festgelegten und vom anderen getrennten Außenwelt; was isoliert mehr als die Unkenntnis der Konventionen, die das Schauspiel des Lebens um uns herum beherr-

* Das Haus von Descartes ist dank den Arbeiten von Gustave Cohen identifiziert worden; seine Forschungen haben unsere Kenntnisse der französischen Literaturgeschichte auf einzigartige Weise bereichert und präzisiert.

schen und regeln? Nicht zu verstehen ist für das Metier des Philosophen wesentlich. Sie müssen von irgendeinem Stern herunterfallen und sich in ewige Fremde verwandeln.[2] Sie müssen sich darin üben, sich über die gewöhnlichsten Dinge zu wundern. Dringen Sie also in den Tempel einer unbekannten Religion ein, betrachten Sie einen etruskischen Text, setzen Sie sich zu Spielern, deren Spiel Sie nicht gelernt haben, und ergötzen Sie sich an Ihren Hypothesen! Ebenso verhält sich, überall ein wenig, der Philosoph.

Aber den Schlüssel nicht zu besitzen, nicht unterwiesen zu sein in den Regeln, Zeichen und Entsprechungen; den Sinn des Gesehenen nicht erraten zu können – heißt dies nicht, das Sichtbare auf das Sichtbare zu reduzieren – auf *Gestalt* und *Bewegung*?[3] – Wie ich meine, gibt es nichts, was cartesianischer wäre. – Und liegt in diesem Nichtverstehen nicht gerade die großartige Chance, nichts zu vernachlässigen, *nichts wegzulassen*, weil man ja nicht einmal weiß, was man vernachlässigen und was man festhalten soll, weil am Beobachteten alles wichtig ist; weil man also entweder alles festhalten oder alles verwerfen muß?

So also betrachtete der isolierte und nicht unempfängliche Descartes inmitten des Verkehrs der agierenden Holländer ihren Umgang und ihr Leben, als ob er irgendeine völlig unbekannte Maschine vor sich hätte. Descartes, abwesend und anwesend, losgelöst von ihren Reden, ihren Interessen, ihren Vorlieben, ihren Leidenschaften, ihren Sitten, und kundig darin, nichts von ihm selbst hineinzumischen, sah sich in die lebendige Masse ihrer fremdartigen Nation hineingestellt wie ein Meßinstrument, das man in ein bestimmtes Medium taucht und dann wieder herauszieht, um auf ihm die Anzeige abzulesen. Da seine Seele gut geordnet und er geradezu ein Genie des Unterscheidens und der Ordnung war, konnte sich die Folge seiner Gedanken mühelos unabhängig machen vom Aufruhr der Lebewesen um ihn herum. Er behauptete, ihr ganzes Treiben sei für ihn nichts als das Geräusch eines Baches. Er war kein Mensch der Massen ...

Der Mensch der Massen ist Dichter, Erzähler oder ein am Geiste Berauschter.

Er taucht ein in die Menge der wandelnden Seelen; er berauscht sich daran, eine unerschöpfliche Zahl von Gesichtern und Blicken einzusaugen und entlang der fließenden Straße den Schwindel am Vorübergehen unendlich vieler *Individuen* zu spüren ... Er erleidet und vermischt Tausende von Schritten und Gangrhythmen; seine Augen finden und verlieren Tausende von Augen, und er steigt den Strom der voneinander getrennten Gesichte, Blickrichtungen und Willensbekundungen hinauf.

In bestimmten Stunden erzeugt die Bewegung der Riesenstädte das wunderbare Behagen an der *Vervielfachung der Einsamen*. Naiv und mit einer Art von Schrecken und Panikgefühl stellt man fest, daß die *einzelnen* zahllos sind. So viele besondere Personen, jede von größter Wichtigkeit für sich selbst, nichts oder nichtig in den Augen fast aller anderen, und alle zusammen vermitteln einander den Eindruck eines marschierenden Friedhofs oder eines Gespensterdefilees, denn der Strom der Gesichter, die durchschnittliche Wahrnehmung des Geräuschs der Worte und der Schuhe, das gleichmäßige Dahinfließen der Unterschiedlichkeiten flößen uns die Vorstellung der unterschiedslosen Summe so vieler unterschiedlicher Schicksale ein – erwecken in uns die gleiche, bald düstere, bald freudige Teilnahmslosigkeit, die uns inmitten eines Felds von Gräbern erfaßt.

Zwar raubt nichts dem Leben seinen Lebensanschein, aber nichts nimmt dem Tod sein Todesansehen so wie der kraftvolle Eindruck der großen Menge von Lebenden oder von Toten. Zahl und Wiederholung lassen uns die Wirkung von Gesetz und Maschine spüren, fast auch ihre Lächerlichkeit; und bald überwältigen sie den Geist, bald lassen sie ihn zu seiner Verteidigung das Notwendige erfinden, um sich einzigartig und als Herr seiner selbst zu fühlen.

Man könnte schließlich sagen, daß beim Massenmenschen das Denken sich mit der Bewegung verbindet, daß die Vielfalt der Bilder gewissermaßen selbst die Fähigkeit *hervorbringt*, die sie wahrnimmt. – Ganz anders ist ein Descartes.

Tausend Dinge von ihm träumend, vergnügte ich mich dort unten damit, von meinem Fenster aus die Passanten durch den frisch gefallenen Schnee traben, die vermummten Flußschiffer auf dem halb zugefrorenen Wasser mit einer unglaublichen Geschicklichkeit ihre schweren und langen Lastkähne verschieben zu sehen, die manchmal so eng aneinandergedrängt und ineinander verkeilt waren, daß man wie bei einem Damespiel vorgehen mußte, mit überlegten Vertauschungen operieren, vor sich den Platz schaffen, auf den man hinwollte, Platz für den Rumpf finden, den man verschiebt; warten, stoßen, steuern, und schließlich die Einfahrt in einen schmalen und dunklen Tunnel finden, wo man unter dumpfem Motorenlärm verschwand, wobei der Mann an der Ruderpinne genau im richtigen Moment den Kopf einzog, um nicht oben an die Wölbung zu stoßen. Die zahllosen Möwen lenkten meine Aufmerksamkeit ab, entzückten und erneuerten sie im Raum.[4] Ihre glatten und reinen Körper glitten und sausten, in der richtigen Stellung zum Wind, auf unsichtbaren Hängen, streiften den Balkon, kurvten, unterbrachen den Flug, stürzten auf die großen Eisbrocken hinunter, wo die weißen Tiere, die sich jetzt dort niederließen, miteinander um die zitternden Abfälle und um die scheußlichen Überreste von Fischen kämpften, die man ins Wasser zurückgeworfen hatte.

Zwischen zwei momentlang auftauchenden Vögeln fand ich zu meinem ersten Gedanken zurück. Etwas zerstreut eine sozusagen cartesianische Träumerei wiederaufnehmend, stellte ich mir auf meine Weise die Empfindungen dieses großen Mannes vor. Nach meinem Gutdünken harmonisierte und ordnete ich das, was ich sah, mit einer vagen Vorstellung von seiner Philosophie … Daß der berühmte große Schatten sich davon nicht stören lasse! Ich kann eine Person nicht lieben, ohne sie mir im Geist so gegenwärtig zu machen, daß sie sich dadurch kaum noch ähnlich sieht.

Auch nehme ich an, daß das Denken des lebenden Descartes nicht ganz dem Denken glich, das er in seinen Büchern festhielt. Die Bücher täuschen uns immer durch ein Mehr und ein Weniger. Was sie vom Schriftsteller verschweigen und was sie hinzufügen, läßt manche Freiheiten offen für den, der ihren Autor sich so vorstellen will, wie er vielleicht war.

Für meinen Descartes, der in Amsterdam betrachtete, was ich ihn nach meinem Gutdünken betrachten ließ, konnte es unter so vielen Gegenständen und Dingen, auf die sein Blick mit einiger Wahrscheinlichkeit sich richten konnte, nichts Passenderes geben, um ihn umstandslos wieder in sein gewöhnliches Gedankensystem zurückzubringen, als das ganze Drum und Dran des Handels, das mit seinen Fässern, Kisten, Haufen und Gerätschaften die Ufer und die Straßen verstopfte.

Winden, Rollen, einfache Maschinen und alle die Lademanöver, mit denen die Materie des Tausches vom Ufer in die Laderäume und von den Laderäumen ans Ufer verfrachtet wurde; reizvolle Schauobjekte für einen solchen Liebhaber der *Mechanik* und alles Quantitativen. An diesen arbeitsamen Grachten war er umringt von mathematischen Anlässen, herausgefordert in jedem Augenblick durch eine Menge von kleinen Problemen, die in einem so gut ausgestatteten Kopf sich rasch zu großen auszuwachsen drohten. Eine Kleinigkeit genügt – ein Faß, das sich in Bewegung setzt, ein Haufen von Getreidekörnern, der sich ansammelt, ein reißendes Seil, das peitschend an seine Halterung zurückschlägt, ja selbst ein fallender Apfel –, um einen geistigen Menschen in die allgemeine Dynamik eintauchen zu lassen. Der Mensch bleibt stehen; der Geist eilt auf seinem einzigartigen Weg auf wer weiß welches Ziel hin, von dem aus er durch Syllogismen wieder zu sich kommen muß ...

Keine günstigere Lage, keine reichere Umwelt für die Betrachtung des großen Plans unseres intellektuellen Richelieu als dieses Theater des Handels, wo die *Messung* alles beherrscht. In einem Hafen ist alles in handgreiflicher, unverhüllter und brutaler Weise metrisch. Fast die gesamte Tätigkeit, die man dort sieht, läuft auf das Zählen, Wiegen, Einordnen und Verladen hin; Zahl und Ordnung beherrschen dort erkennbar jede Handlung, und es geschieht nichts, was sich nicht in Tonnen, Pfunden, Scheffeln und Hohlmaßen aller Art messen ließe ...

Ist die METHODE am Ende nicht die Charta eines Imperiums der Zahl, dessen Ambitionen wir heute alle sehen, auch wenn wir seine ganze Macht noch nicht sehen? Die Meßbarkeit hat fast die ganze Wissenschaft erobert und alle die Teile von ihr in Verruf gebracht, wo die Meßbarkeit keinen Eingang fand. Fast die gesamte Praxis ist dem Messen unterworfen. Das Leben, ohnehin schon zur Hälfte unterjocht, abgesteckt, in Reih und Glied gebracht und unterworfen, kann sich kaum noch der Zeitpläne, Statistiken, Meßvorgänge und der quantitativen Präzisierungen erwehren, deren Entwicklungen seine Vielfalt immer mehr einschränken, seine Ungewißheit mindern, seinen Verlauf sicherer machen, länger, maschinenhafter.

Ich habe mich dort erkundigt, unter welchen Umständen Frans Hals und Descartes sich begegnet sind.[5] Von dieser so kostbaren Begegnung scheint es aber keine Dokumente zu geben. Man würde gerne wissen, wer den Philosophen zum Maler oder den Maler zum Philosophen geführt hat; wie viele Sitzungen es gab und wie lange sie dauerten; ob Descartes ein gutes Modell war, was die beiden miteinander gesprochen haben, und auch, ob das Modell der Ansicht war, Malerei bedeute Eitelkeit? ... Zudem weiß ich nicht einmal, ob die beiden Männer sich ohne Dolmetscher verständigen konnten.

Es gab damals in Amsterdam einen Maler der kleinen Philosophen, von denen wir im Louvre zwei oder drei bewundernswerte Beispiele besitzen. Sie erinnern eher an Spinoza als an Descartes. Diese Philosophen sind keineswegs damit beschäftigt – den Geist bald *intus*, bald *extra* –, sich an der Amstel oder auf dem Dam die Zeit zu vertreiben und zu flanieren, von einer Welt in die andere übergehend, von einem System des Universums zu einem Vorfall auf der Straße oder in einer Gracht.

Diese kleinen Philosophen von Rembrandt sind eingesperrte Philosophen.[6] Sie reifen in ihrer *Ofenstube* noch heran. Ein Sonnenstrahl, mit ihnen eingesperrt, beleuchtet ihre Steinkammer oder, genauer, schafft eine Muschelschale der Klarheit in der finsteren Größe eines Innenraums. Die Windung einer Wendeltreppe, aus dem Finsteren herabsteigend, die Perspektive einer verlassenen Galerie, sie wecken oder verstärken unmerklich den Eindruck, daß man das Innere einer seltsamen Muschel betrachtet, die das kleine Verstandestier bewohnt, welches aus ihr die leuchtende Substanz ausgeschieden hat. Die Vorstellung des Sich-Abkapselns, der *Tiefe*, und die Vorstellung, daß das Lebewesen sich selbst seine Erkenntnissphäre schafft, werden durch diese räumliche Anordnung geweckt, die zwar undeutlich, aber unwiderstehlich spirituelle Analogien hervorruft. Die Ungleichmäßigkeit der Lichtverteilung, die Form des beleuchteten Bereichs, der abgegrenzte Bezirk dieser in einer Zelle gefangenen Sonne, die dort einige Gegenstände deutlich macht, andere dagegen in verwirrender Weise im Geheimen läßt, sie lassen ahnen, daß das eigentliche Sujet der Komposition die *Aufmerksamkeit* ist, das *Warten auf den Gedanken.* Sogar die Figur des kleinen denkenden Wesens ist im Verhältnis zur Gestalt des Lichtes auffällig plaziert.

Ich habe früher einmal sehr lange von dieser subtilen Kunst geträumt, über ein ganz arbiträres Element zu verfügen, um unterschwellig auf den Betrachter einzuwirken, während sein Blick von eindeutigen und erkennbaren Gegenständen angezogen und festgehalten wird. Während das Bewußtsein die klar definierten Dinge und bedeutungsvollen Bestandteile des Gemäldes wiedererkennt und benennt – stehen wir zugleich unter der stummen, gleichsam beiläufigen Wirkung der Flecken und Zonen des Helldunkels.[7] Diese Geographie von Licht und Schatten ist für den Intellekt bedeutungslos; sie ist für ihn so formlos, wie es die Bilder der Erdteile und Meere auf einer Landkarte sind; und der Künstler, der in das Geheimnis dieser unvollständigen Wahrnehmung eingelassen ist, kann über sie spekulieren, dem Ganzen aus Licht und

Schatten eine Gestalt verleihen, die in der Gesamtwirkung des Werkes einem bestimmten Plan dient, letztlich einer verborgenen Funktion. Ein und dasselbe Gemälde enthält gleichsam zwei Kompositionen gleichzeitig; eine von den dargestellten Körpern und Objekten, und eine von den Orten des Lichtes. Als ich einst auf einigen Rembrandts Musterbeispiele für diese indirekte Wirkung bewunderte (auf deren Erfassung und Analyse er meines Erachtens bei seiner Arbeit als Radierer gekommen sein muß), konnte ich nicht umhin, an die *Neben*effekte zu denken, die die aufgeteilten Harmonien eines Orchesters hervorbringen können... Wagner verstand es ebenso wie Rembrandt, die Seele des Aufnehmenden an eine aufblitzende und wichtige Stelle zu heften; doch während er sie fesselte und in diese alles beherrschende Entfaltung hineinzog, ließ er im *Schatten des Gehörs*, in den verstreuten und wehrlosen Regionen der empfindsamen Seele – ferne und vorbereitende Ereignisse entstehen –, Vorgefühle, Erwartungen, Rätsel, Fragen, unbestimmbare Anfänge ...

Es geht hier um die Konstruktion einer mehrdimensionalen Kunst, oder darum, gewissermaßen die *Umgebungen* und die *Tiefen* jener Dinge zu organisieren, die explizit ausgesprochen sind.

Ich entsinne mich einer weit zurückliegenden Zeit, als ich mir Gedanken darüber machte, ob ähnliche Effekte wie diese sich auf vernünftige Weise in der Literatur finden ließen. Ich *übte* mich nicht ... Ich konnte mir manche Hypothese erlauben. Es ist hier nicht der Augenblick, um zu erklären, auf welchem Weg und durch die Anwendung welcher Mittel ich auf den Gedanken kam, das Experiment müsse unternommen werden. Ich gebe hier nur seine allgemeine Bedingung an: Der Kunstgriff muß sich dem unvorbereiteten Leser entziehen; seine Wirkung darf keinerlei Aufschluß über die Ursache geben.

Ich versicherte mich vielleicht allzu mühelos (offen gestanden bin ich mir darüber immer noch sicher), daß die Kunst des Schreibens große virtuelle Ressourcen enthält, Reichtümer an kaum vermuteten, wenn nicht gar unbekannten

Kombinationen und Kompositionen ... Sie bleiben uns verborgen aufgrund unserer Vorstellung, die wir vom Mechanismus der Literatur immer noch haben; eine merkwürdig vage und grobe Vorstellung inmitten der verallgemeinerten Präzision. Descartes ist darüber nicht hinausgelangt. Die Alten waren subtiler und »wissenschaftlicher«, als wir es in diesen Dingen sind. Wir befinden uns in dieser Hinsicht noch in der Mythologie.

Man legt es sich im übrigen einfach so zurecht, daß eine Kunst, deren Werkzeug – das gesprochene Wort – uns ständig auf den Lippen liegt und uns ohne Unterlaß dazu dient, uns sowohl uns selbst als auch den anderen mitzuteilen, so leicht und so innig mit dem Leben selbst verschmilzt, daß es für sie sehr schwierig, wenn nicht unmöglich wird, die formale Entfaltung ihres Vermögens zu erreichen. Ich füge hinzu, daß es mir in dem delikaten Alter, als diese imaginären Probleme meinen Geist heimsuchten, so vorkam, daß solche Versuche eine ungeheure Arbeit der vorhergehenden Analyse erforderten, eine unerbittliche Anstrengung der Koordination bei der Ausführung. Man hat in den Zeiten, als die Zeit nicht zählte, gesehen, wie einfache Sonette von ihren Verfassern viele Jahre der Mühe und der Reifung abverlangten (Jahre voller Eifer, Verzweiflung, Wiederholungen, fast erreichten Versöhnungen), die das Verhältnis des Dichters zu seinen vierzehn Versen in eine lange und dramatische Liebesgeschichte verwandelten. Ich glaube, daß diese Zeiten vorbei sind und daß wir uns im Goldenen Zeitalter befinden. Noch nie gab es jedes Jahr so viele Früchte und ich weiß nicht wie viele Ernten.

Kurz, ich zweifle, ob die Literatur eines Tages ihren Jean Philippe Rameau[8] und ihren Johann Sebastian Bach erhalten wird ... Wenn sie jemals auftreten, sollten wir sie um ihr Schicksal nicht beneiden. Sie werden ein schweres Leben haben.

Der Zug bremst ab und hält am Stadtrand von Paris. Langsam nimmt er wieder Fahrt auf zum *Finale* ... Die Wegstrecke ist ein Werk, das einer Symphonie sehr ähnlich ist.

Die Analogie verlängert sich bis in die Ungeduld der Leute, die sich erheben, ihre Mäntel anziehen, sich fertigmachen, in die Gänge eilen.

VARIATION ÜBER EINEN GEDANKEN PASCALS

Das ewige Schweigen[1] ...

»Welch sanfte und machtvolle Töne«, fragte Eusthates den Pythagoras, »und welche Harmonien von wunderbarer Reinheit scheinen im Stoff der Nacht, die uns umgibt, an mein Ohr zu dringen? Am äußersten Rande des Hörens empfängt meine Seele mit Staunen von fernher klingende Modulationen. Sie strebt, der Hoffnung gleich, bis an die Grenzen meines Sinnes, daß sie dieses kristallene Beben und dieses Dröhnen einer erhabenen Langsamkeit erfasse, die mich mit Entzückung erfüllen. Was ist denn das geheimnisvolle Instrument dieser Wonnen?«

»Der Himmel selbst«, antwortet ihm Pythagoras. »Du vernimmst, was die Götter bezaubert. Denn nirgends gibt es ein Schweigen im All. Ein Zusammenklang ewiger Stimmen ist untrennbar verbunden mit der Bewegung der Himmelskörper. Jeder der beweglichen Sterne versetzt den Äther je nach seiner Schnelligkeit in Schwingungen und stimmt die Weite auf den Ton, der seiner Zahl eigentümlich ist. Dumpfer tönen die langsameren, die uns die nächsten sind; und die unbewegliche Erde ist stumm. Wie die Sphären im Gehorsam eines Gesetzes kreisen, so fügen sich die Töne, die sie erzeugen, zu diesem süßen, sanft veränderlichen Akkord zusammen, da die Himmel mit den Himmeln erklingen. Die Ordnung der reinen Welt verzaubert dein Ohr. Die höchste Einsicht, die Gerechtigkeit und die Liebe und die anderen Vollkommenheiten, die das erhabene Oben des Weltalls beherrschen, werden der Empfindung vernehmbar; und dieses Entzücken, das dich durchdringt, ist nur die Wirkung einer strengen und göttlichen Analogie ...«[2]

Solche Wunder deutete die tiefe Sehnsucht der alten Griechen in die Abgründe der Nacht.

Was die Juden betrifft, so sprechen sie niemals von den Himmeln, ohne ihre Beredsamkeit zu feiern. Die biblischen Nächte hallen wider vom Lobe des Herrn. Mitunter erscheinen ihre Sterne zwischen die Söhne Gottes, welche die Engel sind, gemischt, und diese unzählbare Heerschar der Geister und Gestirne tönt aller Erde vernehmbar eine ungeheure Lobpreisung.

»Die Himmel erzählen die Herrlichkeit Gottes, und die Feste verkündiget seiner Hände Werk.«[3]

Der Verfasser der *Psalmen* kann sich nicht genugtun an kraftvollen Wendungen, um die Gewalt dieser außerordentlichen Stimme auszudrücken: »Ein Tag schleudert dem andern das Wort zu, und eine Nacht tut's kund der andern. Es ist nicht Geschwätz, noch solche Rede, daß man nicht ihre Stimme vernehme. Ihr Schall gehet aus in alle Lande und ihre Worte bis an der Welt Ende ... *Non sunt loquelae neque sermones quorum non audiantur voces eorum. In omnem terram exivit sonus eorum et in finis orbis terrae verba eorum.*«[4]

Und Jehova selbst spricht zu Hiob: »Die Morgensterne lobeten mich mit Freudengesängen.«[5]

Pascal vernimmt aus den unendlichen Räumen einzig das Schweigen. »Entsetzen ergreift ihn«, sagt er. Bitter beklagt er sich über seine Verlassenheit in der Welt. Er vermag nicht den darin zu entdecken, der durch Jeremias verkündete: *Coelum et terram ego impleo.*[6] Und dieser seltsame Christ findet sich nicht seinen Vater im Himmel ... Sondern im Gegenteil: »das ganze stumme Universum betrachtend, befällt ihn Entsetzen«, sagt er, »wie einen Menschen, den man im Schlafe auf einer öden und entsetzlichen Insel ausgesetzt hätte ...«

Entsetzen, entsetzlich; ewiges Schweigen; stummes Universum, so spricht von dem, was ihn umgibt, einer der klügsten Köpfe, die jemals waren.

Er empfindet, er schildert sich, und er jammert, wie ein gehetztes Wild; ja mehr noch, wie eines, das sich selber hetzt und das die mächtigen Hilfsmittel, die ihm zu Gebote stehen, die Gewalt seiner Logik, die bewundernswürdige Kraft seiner Sprache, aufbietet, um alles, was sichtbar und nicht jeglichen Trostes bar ist, zu verderben. Es will sich zerbrechlich und gänzlich bedroht, und allenthalben umgeben von Gefahren und Einsamkeit und von allem, was Schrecken und Verzweiflung über es bringt. Es erträgt es nicht, daß es in die Netze der Zeit, der Zahl und des Raumes geraten und in der Falle des Weltsystems gefangen sein sollte. Da ist kein erschaffenes Ding, das es nicht an seinen gräßlichen Zustand erinnerte, und die einen verwunden es, die andern täuschen es, alle entsetzen es, so furchtbar ist der Anblick der Welt, daß es wie zu Tode getroffen aufschreit. Es gemahnt mich unwiderstehlich an jenes unerträgliche Gebell, mit welchem die Hunde den Mond anheulen; doch diesem Verzweifelten, der einer Theorie über den Mond fähig ist, würden selbst seine Berechnungen noch ein Stöhnen entringen.

Nicht nur, was am Himmel geschieht, sondern jedes Ding; und nicht nur jedes Ding in sich selbst, sondern selbst noch die unschuldige Darstellung der Dinge reizt ihn und weckt seinen Haß: *Wie eitel ist doch die Malerei . . .*[7] Er erfindet für die Bilder, denen die Künste nacheifern, eine Art von Verachtung zweiten Grades.

Ich kann die Vermutung nicht unterdrücken, daß in dieser vollkommen traurigen Einstellung und diesem Absoluten des Ekels System und Absicht liegen. Ein wohlabgestimmter Satz schließt die völlige Entsagung aus.

Ein Elend, das gut schreibt, ist nicht so endgültig elend, daß es nicht aus dem Schiffbruch einige Geistesfreiheit gerettet hätte, einiges Gefühl für den Rhythmus, einige Logik und einige Symbolik, welche dem, was sie aussprechen, widersprechen. Es liegt auch etwas Trübes, etwas irgendwie Leichtfertiges in der Haltung eines Menschen, der sich dergestalt zum Spezialisten tragischer Motive und schaudervoller Gegenstände macht. Was denn lehren wir die andern, wenn wir ihnen immer wieder versichern, daß sie nichtig sind, daß das Leben eitel, die Natur feindlich, das Wissen trügerisch ist? Was nützt es, dieses Nichts, das sie sind, zu zermalmen oder ihnen zu wiederholen, was sie ohnehin schon wissen?

Ich fühle mich eher etwas unbehaglich angesichts dieser Mischung von Kunst und Natur. Wenn ich bemerke, daß der Schriftsteller das wirkliche Gefühl des Menschen aufgreift und verschlimmert, ihm ausgeklügelte Antriebe hinzufügt und dann noch verlangt, daß man solches mit Fleiß Hinzugetane für seine eigene Empfindung halte, so finde ich solches Verhalten unrein und zweideutig. Die Vermischung des Falschen und Wahren in einem Werke wird äußerst anstößig, wenn sie den Verdacht in uns weckt, sie strebe danach, unsere Überzeugung mitzureißen oder uns eine Meinung aufzuzwingen. Willst du mich verführen, so gib wohl acht, daß ich deine Hand nicht deutlicher sehe als die Spuren ihrer Schrift.

Die Hand Pascals aber sehe ich allzu genau.

Übrigens haben, selbst wenn die Absichten rein sein sollten, schon der bloße Wille zu schreiben und die darauf verwendete Sorgfalt die nämliche natürliche Wirkung wie ein Hintergedanke. Es ist unvermeidbar, daß in der Wiedergabe das Gemäßigte nicht als ein Äußerstes, das selten Vorkommende nicht als eine Häufung, das Geteilte nicht in stärkerem Grade als ein Ganzes und das nur Leichtbewegte nicht als ein leidenschaftlich Erregtes erscheint ... Die falschen Fenster zeichnen sich von selbst. Der Künstler kann kaum umhin, die Intensität seines beobachteten Eindrucks nicht zu verstärken, und er gibt den Folgerungen seines ersten Gedankens eine symmetrische Anordnung, ungefähr wie sich das Nervensystem verhält, wenn es eine örtliche Störung verallgemeinert und auf den ganzen Organismus ausdehnt. Dies ist kein Einwand gegen den Künstler, jedoch eine Warnung, niemals den wirklichen Menschen, der das Werk hervorbringt, mit dem Menschen, den das Werk uns vermuten läßt, zu verwechseln.

Diese Verwechslung ist bei Pascal die Regel. Man hat so viel über ihn geschrieben, die Einbildungskraft hat sich angelegentlich mit ihm beschäftigt, er war der Gegenstand so leidenschaftlicher Betrachtung, daß er darüber zu einer tragischen Figur geworden ist, ein einzigartiger Schauspieler und fast eine stehende Rolle in der Komödie der Erkenntnis. Und so gibt es einige, die den Pascal spielen. Die Gewohnheit hat uns aus ihm eine Art von französischem und jansenistischem Hamlet gemacht, der seinen eigenen Schädel, den Schädel eines großen Mathematikers, in Händen wägt; und der voll Schauder auf einer Terrasse gegenüber dem Weltall steht und nachsinnt. Der ungestüme Wind des Unendlichen hat ihn gepackt, er spricht vor sich hin am Rande des Nichts, wo er den gleichen Anblick bietet wie einer, der an der Rampe einer Bühne steht, und er unterredet sich vor aller Welt mit dem Gespenst seiner selbst.

Es ist doch eine immerhin bemerkenswerte Tatsache, daß die Mehrzahl der Religionen den Sitz der Allmacht in die äußerste Höhe verlegen, ebenso wie sie die sichtbaren Beweise ihres Daseins in der Sternenordnung gefunden haben, die anderseits den Menschen die Vorstellung, das ursprüngliche Modell und die ersten Bestätigungen der Naturgesetze vermittelt hat.

Zum Himmel heben sich die Hände empor; in ihn hinauf flüchten oder verlieren sich die Blicke; auf ihn weist der Finger eines Propheten oder Trösters; von seiner Höhe kamen gewisse Worte herab und wird einst der Schall gewisser Posaunen ertönen.

Zweifelsohne, weder die erste Ursache noch der Actus purus noch der Geist haben eine Stelle im Raume, ebensowenig wie sie Umrisse und Teile haben; ein unbewußter Trieb jedoch, der vielleicht unserer vertikalen Struktur entspringt, das Gefühl vielleicht, daß unser Schicksal sehr entfernten Phänomenen verknüpft ist und daß alles irdische Leben von diesen abhängt, zwingt unweigerlich die Menschen, wenn sie weder ein noch aus wissen, wenn Betrübnis sie befällt oder Geistesqual ob ihres verfehlten Fragens über sie kommt, daß sie sich dem Zenit des Ortes zuwenden, *nach oben.*[8]

Kant selbst, der heimlichen Regung eines naiven Mystizismus gehorchend, hat diese Art von Eingebung, daß es ein allgemeines moralisches Gesetz geben müsse, mit der Empfindung verknüpft, die der Anblick des gestirnten Himmels in ihm auslöste.[9]

Ich habe einige Male versucht, in mir selber diese geheimnisvolle Wirkung zu beobachten, die eine klare Nacht und die Gegenwart der Gestirne gemeinhin in den Menschen hervorrufen, um diesen Eindruck bis in die daraus entspringenden Gedanken zu verfolgen.

Wir nehmen da nur noch Gegenstände wahr, die nichts mit unserem Körper zu schaffen haben. Wir finden uns seltsam vereinfacht. Alle Nähe ist unsichtbar; alles, was unsere Sinne erfassen, ist unberührbar. Wir schweben ferne von uns selbst. Unser Blick gibt sich dem Schauen hin, in einen Bereich voll leuchtender Ereignisse, die er nicht umhin kann untereinander durch seine eigenen spontanen Bewegungen zu vereinigen, als ob sie zu gleicher Zeit geschähen; er zieht Linien, bildet Figuren, die er aus Eigenem erfindet, die er uns auferlegt, und die er in das wirkliche Schauspiel einfügt.

Doch die Verteilung all dieser Punkte entgeht uns. Wir finden uns überwältigt, gesteinigt, verschlungen, vernachlässigt von diesem vielzähligen Funkeln.

Wir können diese Sterne zählen, wir, die nicht glauben können, daß wir für sie existieren. Es besteht keinerlei Reziprozität zwischen ihnen und uns.

Wir empfinden etwas, das ein Wort von uns verlangt, und etwas anderes, das es verweigert.

Weil derart das, was wir am Himmel erblicken, und das, was wir am Grunde unserer selbst gewahren, unserer tätigen Einwirkung gleicherweise entzogen ist, das eine erschimmernd jenseits alles dessen, was wir zu unternehmen vermöchten, das andere verborgen im immer Unaussprechlichen in uns lebend, so stellt sich also eine gewisse Verbindung her zwischen der Aufmerksamkeit, die wir auf das Entfernteste richten, und jener Aufmerksamkeit tief in uns selbst. Beide sind wir Extreme unserer Erwartung, die einander entsprechen und sich gleichen in der Hoffnung auf ein neues entscheidendes Ereignis am Himmel oder im Herzen.

Dieser Sternenunzahl, die den Augen ein Wunder ist, setzt unser Wesensgrund ein bestürztes Gefühl des Selbstseins entgegen, ein Gefühl unserer Einzigkeit – und zugleich des Alleinseins. Ich bin alles, und unvollständig. Ich bin alles, und bin nur ein Teil.

Die Dunkelheit, die uns umgibt, macht unsere Seele völlig nackt.

Diese Dunkelheit ist übersät von unerreichbaren Klarheiten. Man kann sich nur schwer der Vorstellung erwehren, dies seien Stätten, wo man wacht. Träumerisch bevölkern wir das Dunkel mit leuchtenden und unerkennbaren Lebewesen.

Dieses selbe Dunkel, das die nähere Umgebung unseres Körpers aufhebt, dämpft infolgedessen auch den Ton unserer Stimme und reduziert sie auf ein inneres Wort, da wir dazu neigen, uns nur mit wenig entfernten Wesen wirklich zu unterreden.

Wir empfinden eine seltsame Ruhe und ein seltsames Unbehagen. Zwischen dem »Ich« und dem »Nicht-Ich« ist keine Verbindung mehr. Im hellen Tageslichte waren unsere Gedanken den Dingen durch unser Tun verknüpft. Wir tauschten Wahrnehmungen gegen Gedanken und Gedanken gegen Wahrnehmungen ein; und unser Tun diente als Vermittler, unsere Zeit als Zahlungsmittel. Nun aber findet kein Tausch mehr statt, verschwunden ist der Handelnde, der das Maß der Dinge ist. Nichts als nur noch zwei voneinander getrennte Anwesenheiten und zwei nicht aneinander meßbare Naturen. Nichts als zwei Gegner, die sich betrachten und sich nicht begreifen. Wir verlieren für eine Weile die vertraute Illusion, daß die Dinge uns entsprechen. Wir gleichen einer Fliege, die nicht durch eine Glasscheibe kann.

An diesem toten Punkt können wir nicht verweilen. Unser Empfindungsvermögen kennt kein Gleichgewicht. Man könnte es sogar als eine Funktion definieren, deren Aufgabe es ist, jedes Gleichgewicht der Kräfte in den Lebenden aufzuheben. Unser Geist sieht sich also genötigt, sich selber anzureizen, daß er seine Betäubung abschüttele und wieder zu sich komme aus dieser feierlichen Betroffenheit, die das Gefühl, alles zu sein, und die Einsicht, daß er nichts ist, ihm verursachen.

Wir sehen dann, wie der seinem Wesen nach Einsame, der Geist, sich mittels seines Denkens verteidigt. Unser Körper verteidigt sich gegen die Welt durch seine Reflexe und seine verschiedenen Absonderungen; mitunter erzeugt er sie wie zufällig und als gelte es nur, in der Eile irgend etwas zu tun; und mitunter reagiert er auf das genaueste durch angemessene Bewegungen und wirksame Ausscheidungen auf das, was ihn bedrückt oder reizt. Nicht anders verhält sich die Seele gegen die Unmenschlichkeit der Nacht. Sie erwehrt sich ihrer durch Schöpfungen, von denen die einen naiv und unwiderstehlich wie Reflexe sind; die andern hingegen sind überlegt, sie kommen zögernd und aufeinander abgestimmt, sie sind gegliedert und der Kenntnis angepaßt, die ihr von unserer Lage möglich ist.

Wir finden also in uns zweierlei Gattungen von Antworten auf die Empfindung, die ich beschrieben habe, und die der Anblick des Himmels und die Vorstellung des Universums uns mitteilen. Die einen sind *spontan*, und die andern sind *ausgearbeitet*. Sie sind sehr verschieden, obwohl sie sich in dem gleichen Kopfe vermischen und kombinieren können; doch muß man sie sondern, um sie zu definieren. Oft unterscheidet man sie, indem man die einen dem *Herzen*, die andern dem *Geiste* zuschreibt. Diese Ausdrücke sind recht bequem.[10]

Fast immer ist es der Fall, daß das Herz in seinem Kampfe gegen das entsetzensvolle Antlitz der Welt sich zuletzt entschließt, von seinen Wünschen getrieben, die Idee eines Wesens zu beschwören, das mächtig genug ist, dies alles zu enthalten, es geschaffen zu haben oder aus sich zu entlassen, dieses Ungeheure einer strahlenden Weite, die uns hervorbringt, die uns nährt, die uns umschließt, uns bedroht, uns bannt, uns beunruhigt und uns verschlingt. Und dieses Wesen wird sogar eine Person sein – das heißt, es wird zwischen ihm und uns eine gewisse Ähnlichkeit und ich weiß nicht welche Hoffnung auf die Möglichkeit einer unbestimmten Verständigung gegeben sein. Das also ist es, was das Herz *findet*. Es sucht sich durch einen Gott zu antworten.

Man weiß ja auch aus der Erfahrung der Liebe, daß der einzige des einzigen bedarf und daß das Lebende nach dem Lebenden verlangt.

Sehen wir nun einmal zu, welche Art von Gedanken uns kommen können, wenn wir unser Gefühl verzögern und wenn wir versuchen, dem ungeheuren Druck aller Dinge eine unendliche Geduld und ein unermeßliches Interesse entgegenzusetzen. Der Geist *sucht*.

Der Geist wird sich nicht eiligst ein Bild erschaffen, kraft dessen er nunmehr den Anblick des Weltalls zu ertragen vermöchte. Er wird beobachten und untersuchen; ohne Rücksicht auf die Zeit oder die Dauer eines Einzellebens. Es besteht ein bemerkenswerter Gegensatz zwischen der Lebhaftigkeit, der Ungeduld, der Unrast des *Herzens* und dieser besonnenen, von Kritik und Hoffnung getragenen Langsamkeit. Dieses Zögern, das ohne Grenzen sein mag, bewirkt, daß sich das Problem verwandelt. Das verwandelte Problem wird auch den Fragenden verwandeln können.

Wir werden bemerken, daß wir an unser Universum nur zu denken vermögen, indem wir es als einen deutlich von uns abtrennbaren *Gegenstand* begreifen, der unserem Bewußtsein entschieden entgegengesetzt ist. Wir werden es dann den kleineren Systemen vergleichen können, die wir zu beschreiben, zu definieren, zu messen und experimentell zu untersuchen verstehen. Wir werden das Ganze wie einen Teil behandeln. Dies wird uns dazu führen, ihm eine Logik anzupassen, deren Operationen uns erlauben, seine Veränderungen vorauszusehen oder ihren Wirkungsbereich abzugrenzen.

(Wir werden etwa die gesamte Sternenwelt einer Gaswolke vergleichen; wir werden versuchen, auf einen Gestirnnebel die Definitionen und Gesetze anzuwenden, die wir bei dem Studium der Gase im Laboratorium gefunden haben; wir werden eine »Statistik« des Universums entwerfen, uns mit seiner *inneren Energie*, seiner *Temperatur* usw. befassen.)

Unsere Arbeit wird im wesentlichen darin bestehen, das,

was uns solches Staunen und solche Fülle der Empfindung erregte, demjenigen anzunähern, was unsern Sinnen vertraut, unserm Handeln erreichbar ist und sich ungefähr unseren Überlegungen entsprechend verhält.

Aus dieser grenzenlosen Arbeit entspringt jedoch – muß notwendigerweise auf die Dauer entspringen – eine gewisse (schon merkbare) Veränderung dieses *Vertrauten*, dieses *Möglichen*, dieses *Vernünftigen*, die in jedem Augenblick die Bedingungen unserer Beruhigung darstellen. Wie die Menschen die Antipoden hingenommen haben, werden sie sich mit dem *gekrümmten Universum* befreunden, und mit noch manch anderen Seltsamkeiten. Es ist nicht unmöglich – es ist sogar wahrscheinlich –, daß diese Gewöhnung allmählich nicht nur unsere Vorstellungen, sondern auch gewisse unmittelbare Reaktionen verändert.

Das, was man die *Pascalsche Reaktion* nennen könnte, kann eines Tages zu einer Seltenheit und zu einem Gegenstand des Interesses der Psychologen werden.

Pascal hatte »gefunden«, freilich wohl deshalb, weil er nicht mehr suchte. Das Abbrechen der Suche und die Form dieses Abbrechens können das Gefühl auslösen, einen Fund gemacht zu haben.

Aber er hat niemals den rechten Glauben in die Suche gesetzt, soweit diese auf das Unvorhergesehene hofft.

Aus sich selbst hat er dieses *ewige Schweigen* hervorgeholt, das weder die wahrhaft religiösen Männer noch die wahrhaft tiefen Denker jemals im All beobachtet haben.

Er hat den Gegensatz zwischen Erkenntnis und Seelenheil auf eine grobe und entsetzliche Weise übertrieben, denn schließlich kannte das gleiche Jahrhundert Männer, die, meine ich, das Heil ihrer Seele nicht minder bekümmerte, die aber darum nicht die Wissenschaften darunter leiden ließen. Da war Cavalieri[11], der sich an den unteilbaren Größen versuchte; da war jener Saccheri[12], der, ohne es sich einzugestehen, schon ahnte, wieviel bei Euklid auf Übereinkunft beruhte, und der manchen künftigen Verwegenheiten der Geometrie die Tür öffnete. Das waren allerdings nur Jesuiten.

MARGINALIEN ZU ›VARIATION ÜBER EINEN GEDANKEN PASCALS‹

Le Silence éternel de ces espaces infinis M'EFFRAYE.

Das ewige Schweigen dieser unendlichen Räume entsetzt mich.[13]

Dieser Satz, wegen des Prunks seiner Form und der Wucht dessen, was er den Seelen einprägen will, einer der berühmtesten, die je artikuliert wurden, ist ein *Gedicht*,

und keineswegs ein *Gedanke.*

Denn *Ewig* und *Unendlich* sind Symbole des Nicht-Denkens. Ihr Wert ist rein affektiv. Sie wirken lediglich auf eine bestimmte Sensibilität. Sie provozieren:

das eigenartige Gefühl, sich etwas nicht vorstellen zu können.

Pascal verdanken wir, daß diese Begriffe in der Literatur gebraucht oder mißbraucht werden – Begriffe, die für die Lyrik taugen, und nur für sie.

Er fügt sie in eine symmetrische Anordnung, eine erstaunliche *Gleichgewichtsfigur*, von der abgerückt und der entgegengestellt (gleich dem Menschen in seiner Einsamkeit, in den Himmeln verloren, bedeutungslos und denkend) er sein »M'EFFRAYE« plaziert. Man beachte, wie hier die ganze Unmenschlichkeit des Himmels *gesetzt* ist, dargestellt durch die Form eines großen Verses, in dem Worte gleicher Funktion zueinandertreten und sich in ihrer Wirkung stützen – Substantiv zu Substantiv: *Schweigen* zu *Räume*; Attribut zu Attribut: *unendlich* zu *ewig.*

Dieser geräumige Vers entwirft das rhetorische Bild eines in sich vollständigen Systems, ein »UNIVERSUM« ...

Was das Menschliche anbelangt, das Leben, das Bewußtsein, den Schrecken: das alles drängt sich zusammen in dem Zeilensprung: M'EFFRAYE.

Das Gedicht ist vollkommen.

Ferner ist über dieses Gedicht zu sagen:

Wahre Dichtung versucht stets, durch das *Material* der Sprache oder dessen Anordnung nachzuahmen, wovon sie spricht.

Da jedoch die Wortkörper und die Taktik ihrer Gruppierung im Rahmen der grammatischen Form unabhängig sind von den konventionellen Bedeutungen, die ihnen entsprechen und die ihren *Sinn* ausmachen, *besteht nur eine sehr geringe Chance, daß der unmittelbare Ausdruck einer Idee sich dem Geist in einer dichterischen Gestalt anbietet.*

Es gäbe keine Dichtung, sie wäre nicht erfunden worden, wenn dieser einzigartige Fall nie einträte.

Es gäbe keine Dichtung, wenn es nicht geduldiger Arbeit und einer Reihe von Kunstgriffen gelänge, durch austauschendes Probieren die Glücksfälle zu häufen und so viele davon zu vereinen, als nötig sind, um ein Gebilde von wirkungsvoller Dauer zu schaffen.

Die hier und dort eintretenden Glücksfälle, von denen ich spreche und die der Dichter herbeisehnt, belauert und anhäuft, die er züchtet und deren Virulenz er zu vermehren trachtet, können zwar gelegentlich und durch reinen Zufall jedem Beliebigen zuteil werden; doch bedeutet das noch nicht, daß der, der sie aneinanderreiht, sie auch wahrnimmt und zu würdigen weiß. Die meisten Menschen sind für derartige Hervorbringungen unempfindlich.

Man denke an die oft erstaunlichen Worte aus Kindermund, deren Anmut oder deren Tiefsinn ihren Urhebern verborgen bleibt.

Nichts dergleichen bei unserem Pascal.

Gedicht oder Gedanke, das Thema der vorliegenden Variation ist das »EWIGE SCHWEIGEN«, und es sollte dem Leser nichts vorgelegt werden, was sich nicht fast zwangsläufig aus diesem so schönen wie knappen Text ergäbe.

Es schien uns, als könne man in den Tiefen Pascals, beim Lichte einiger Worte, recht auffällige Absichten und Widersprüche entdecken. Wir meinten, sie bestimmen oder beschreiben zu können.

Wir haben uns zunächst damit beschäftigt, darzutun, wie das allgemeine Empfinden religiöser Menschen im Anblick des sternübersäten Nachthimmels in wunderlichem Gegensatz steht zu dem, was Pascal von sich berichtet.

Sie sehen Gott in der funkenbestreuten Leere.

Sie hören ihn. Für sie ist das ewige Schweigen durchtönt von der strahlenden Musik kosmischen Lobgesanges.

Doch während die Betrachtung der Nacht sie so sehr erregt und entzückt – Heiden, Juden oder Christen –, bedrängt und beklemmt sie den, *der schon gefunden hatte.*

Das ist unbestreitbar. Der Widerspruch ist evident. Dieser so offenkundige Zwiespalt muß etwas bedeuten.

Ich weiß wohl, daß der Himmel Pascals nicht mehr der Himmel der Gottbegeisterten früherer Zeiten ist.

Kopernikus und Kepler sind erschienen; und Galilei. Die Erde ist nur noch von geringer Bedeutung im Himmel. Der Mensch ist nicht mehr die Mitte des Alls. Man findet es allgemach schwierig zu denken, daß dieses All für ihn geschaffen, daß er Gegenstand einer besonderen Aufmerksamkeit der Allmacht sei. Doch in diesem Himmel zweiter Ausgabe – durchgesehen mit dem Fernglas, korrigiert von einer neuen Astronomie – entdeckt Pascal seinerseits neue Gründe, sich zu fürchten.

Für ihn gibt es nichts auf der Welt, dem er nicht sein Gift auspressen könnte. Er bezieht es vom Himmel. Unfähig, von seinen persönlichen Wünschen abzusehen, ist er von einer abscheulichen Gier auf alles, was ihn niederdrückt. Er kann nicht hinnehmen, daß er nur das ist, was er ist. Es genügt ihm nicht, Pascal zu sein ... Wer weiß, ob er nicht den Ruhm *Descartes'* zu tief und zu bitter empfunden hat, Descartes', dessen Verdienste zu schmälern und dessen große Hoffnungen zu verspotten er nicht ablassen wollte; und ob nicht ein Quentchen qualvoller Eifersucht, ein geheimer Stachel in seinem Herzen ...

Was ihn veranlaßt hat, eine allgemeine Zerstörung aller Werte des Menschlichen ins Werk zu setzen, war vielleicht eine besonders schmerzhafte Verletzung seiner Eigenliebe.

Manche Rivalen sind so bedrohlich, daß man sie nur herabsetzen kann, indem man die ganze Zunft in Mißkredit bringt.

Der Fortgang unserer »Variation« hat uns ganz von selbst dazu geführt, das *Bild*, das Pascal uns von sich selbst vermittelt (oder das uns die Tradition von ihm überliefert), mit demjenigen *Bild* zu konfrontieren, das wir *durch eigene Beobachtung* von ihm gewinnen.

(Man muß sich deshalb nicht schmeicheln, daß das eine *wahrer* sei als das andere. Solchen Anspruch zu erheben hätte keinen Sinn.)

Ich habe in unserem berühmten Vers mit leichter Mühe ein Wollen und ein Können ausgemacht, das sich mit der Einfalt des Herzens und der Integrität der Verzweiflung sehr schwer vereinbaren läßt, die dieser dunkelsten und reinsten Gestalt der Legende des Geistes angemessen wäre.

Das hieß, das Risiko auf sich zu nehmen, Pascal *menschlicher* und vielleicht auch: *tiefer* zu machen.

Doch dieser neue Aspekt eines illustren Geistes war nicht nach jedermanns Geschmack.

Was mir offenkundig schien, ist für meine Zutat gehalten worden; manche waren tief bewegt, andere sprachen von Skandal. Einige der hervorragendsten Persönlichkeiten unter unseren Zeitgenossen fühlten sich geradezu persönlich verletzt von dem Ergebnis einer Untersuchung, die jeder selber anstellen kann. – Muß ich also darauf zurückkommen? – Was habe ich denn getan? Ich habe dem, was Pascal über seine Empfindung sagt und was die Legende einseitig an ihm bevorzugt, lediglich hinzugefügt, daß er es *kunstvoll* sagt. In den wenigen Worten vom *ewigen Schweigen* erkannte ich deutlich den *Schriftsteller*, den *Dichter* und fast den Rhetoren.[14]

– Wer sähe sie nicht? – Und wer, der sie sieht, stellte sich nicht einen ganz anderen Pascal vor als den blockhaft schroffen, rettungslos *grauenvollen* Pascal der Romantiker?

In dieser fast verehrungswürdigen Tradition ist er ein Held bitterer und bedingungsloser Weltverachtung. Demnach wäre er das vollendete Vorbild der Geringschätzung dessen, was ist, und das Urbild des Schreckens vor dem, was sein kann; und die Formel für diese falbelhafte Gestalt muß etwa lauten:

Die Operationen eines Verstandes, dessen Tiefe, Frühreife und Genauigkeit alles bis dahin Erlebte übertrifft, müssen mit Notwendigkeit eine fast animalische Angst erzeugen.

Das will besagen: der Abscheu vor dem Leben ist der erreichbaren Erkenntnis des Lebens zumindest proportional.

(Woraus sogleich zu schließen wäre, daß Gott vor seinem Werk einen unendlichen Ekel haben muß.)

Doch ich habe mich ganz naiv gefragt, ob ein Mensch, der nur noch sich und seinen Gott sieht, der sich nur noch zwischen Verdammnis und Seelenheil begreift und sich nicht mehr darum kümmert, was die anderen Menschen in Zukunft von ihm denken werden – wie es sich schickt für einen Verzweifelten, elendig nackt und einsam, von seinem Nichts umfangen –, ob ein solcher Mensch das Herz hat, noch an das Spiel des Schreibens zu denken?

Ich dachte, man schreibe stets nur für jemanden, und man schreibe kunstvoll nur für mehr als einen. Solange uns irgend jemand noch wichtig ist, ist unsere Not noch *formbar*; sie kann uns noch dienlich sein. Und unser Glaube, soweit vorhanden, ist nicht so restlos auf Gott gestellt, daß nicht noch ein wenig übrigbliebe, womit wir uns dem Urteil der Menschen von Geschmack anbeföhlen und unsere Hoffnung auf die Liebhaber der schönen Literatur gründeten.

Wenn ich empfinde, daß alles eitel ist, verbietet mir ebendieser Gedanke, es zu schreiben.

Doch im Grunde will man alles haben, den Himmel und den Ruhm; und eben darin ist Pascal irdischer und folglich seinem Bild unähnlicher, als mancher es sich wünscht.

Habe ich etwa erfunden, daß Pascals Empfinden angesichts der Natur demjenigen der meisten Gläubigen, nach deren emphatischem Zeugnis, genau entgegengesetzt ist?

Ist es etwa nicht nachprüfbar, daß er Mühe darauf verwendet, diese eigenartige Reaktion hervorzurufen – er, der seinen Verzicht nur deshalb schmackhaft findet, weil er zuvor erniedrigt, verdorben und verpestet hat, worauf er verzichtet? Er würde die Welt nicht ausspeien, hätte er sie nicht zuvor besudelt.

Sein panisches Entsetzen widerspricht dem gläubigen Vertrauen, das der Himmel eingibt, und es widerspricht nicht minder der Sehweise der Wissenschaft. (Vom jeweiligen Wort inspiriert, könnte man mit einer Art von zusätzlicher Genauigkeit sagen: der Gläubige betrachtet den Himmel mit dem Gefühl der Weihe – *contemplatio* –; der Wissenschaftler aber mit dem der Weite – *consideratio*.)

Der Wissenschaftler sieht den gestirnten Himmel, ohne ihm irgendeinen Sinn zuzuschreiben. Das emotionale System seines eigenen Wesens *schaltet er aus*. Er versucht, sich zu einer Art von Maschine zu machen, die Beobachtungen aufnimmt und Formeln und Gesetze wiedergibt, mit dem Ziel, am Ende den Erscheinungen ihren Ausdruck in bewußtgemachten, eigengesetzlichen und definierten Kräften zu substituieren.

Damit ist wohl unser Dichter des Schweigens und der Angst von so gut wie allen Mystikern und der Mehrzahl der Gelehrten deutlich genug geschieden.

Nachdem wir diese doppelte Unterscheidung einer Bemerkung über seine große schriftstellerische Sorgfalt hinzugefügt und ihm eine lobenswerte und gekonnte Stilarbeit nachgewiesen haben – und folglich auch die Vermischung seiner Ängste und seines Ekels mit einer geheimen Hoffnung, zu blenden und bewundert zu werden –, nachdem wir also den Anachoreten zu einem Literaten herabgemildert haben, können wir nunmehr untersuchen, welchen Gebrauch er von seinen grauenvollen Empfindungen und von seinen wunderbaren Möglichkeiten macht.

Und hier nun mißfällt er mir; oder: hier muß ich mich anklagen.

Mag er, der Verehrer des Schöpfers, in der Schöpfung nur dessen Fernsein erfahren; mag er, der Künstler, der große Künstler, der er ist, die Kunst geringachten. Ich verstehe, daß er als Mathematiker, als tiefer Mathematiker, die Wissenschaft als eine Neugier abtut, deren Befriedigung eine Seele nicht von ihrem wesentlichen Schmerz ablenken kann. Ich habe nichts dagegen, daß wir dem, was unseren relativen Rang ausmacht, keinen absoluten Rang zuerkennen. Ich halte für wünschenswert, daß man eine hinreichend klare Vorstellung von dem hat, was man ist, um die Begabung, die man möglicherweise besitzt, als Geschenke des Zufalls zu betrachten. Gewiß: nicht immer waren die klügsten Köpfe – wie man es hätte erwarten können – auch diejenigen, die von der Hinfälligkeit, der Unbeständigkeit und dem Ungenügen unseres Denkens am meisten erschüttert waren. Aber wir vermissen etwas (nämlich eine gewisse Vornehmheit) an einer Größe, die nicht spürt, daß sie sich dem Zufall verdankt, und an einem Geist, der seine Schwächen und Mittelmäßigkeiten nicht ebenso klar durchschaut, wie er weiß, daß ihm einige bisweilen großartige Schönheiten und Erkenntnisse gelungen sind.

In all dem ist Pascal seiner selbst würdig.

Aber der Gebrauch, zu dem er die bitteren Früchte seiner Meditation bestimmt, stört mich und ist mir zuwider.

Ich finde Apologien unerträglich. Wenn es etwas gibt, was ein Geist von Rang sich verbieten muß, ja nicht einmal in Erwägung ziehen darf, dann ist es die Absicht, andere zu *überreden* und zur Erreichung dieses Zieles alle Mittel einzusetzen.

Die Wirtschaft, die Politik und bedauerlicherweise die Religion lassen sich die Unreinheit ihrer Mittel nicht anfechten, wenn es gilt, Kundschaft anzuwerben und den Willen der Menschen zu verführen.

Es liegt eine große Menschenverachtung in jeder Propaganda; Propaganda ist Hohn auf Menschenliebe; denn wer mich überreden will, muß notwendigerweise mir antun, was er höchst ungern sich selbst antun ließe. Er behandelt mich als jemanden, den man betrügen muß. Er mischt auf widerwärtige Weise Methode und Strategie, verbindet Gefühle mit Syllogismen, malt Schreckgespenster, häuft Versprechungen und Drohungen, weckt abwechselnd Idealismus und Brutalität.

Sehen Sie sich an, wie's die Redner machen oder wer immer ein Publikum auf seine Seite bringen will. Was ist denn Redekunst? Sie leiht sich ihre Bilder und ihr Feuer, ihre Figuren, Rhythmen, Harmonien, um Behauptungen Leben zu geben, die in sich null und nichtig sind.

Was ist Apologetik? Leute mit schlechten Argumenten zu guten Christen machen, die Logik und den Tod bemühen und so fort. Kann es die Schlange übler treiben?

Das eben ist es, was ich *unrein* nenne, was mir unerträglich ist, was auf mich wirkt wie ein Attentat. Wenn es eine Ethik des Geistes gibt, kann nichts ärger gegen sie verstoßen.

Stellen wir uns nur einen Augenblick vor, daß die Absichten und Argumente der *Pensées* vom Autor der *Lettres Provinciales* geprüft und beurteilt würden. Daß sein unerbittlicher Blick sich auf das Argument der Wette richtete.[15]

Die Reaktion Pascals (Entsetzen vor der Idee des physisch-mechanischen Universums) und die ihr entgegengesetzte (Schwärmerei) lassen sich in unseren Tagen kaum noch beobachten.

Der Fortschritt der Erkenntnis in diesem Bereich, die großen Überraschungen, die wir erlebten, die Zahl der Fakten, die Absonderlichkeit und Kurzlebigkeit der Theorien und vor allem die immer deutlicher werdende Abhängigkeit der Erscheinungen von den Mitteln der Beobachtung veranlassen unsere Zeitgenossen, sich jeden Urteils über das Wesen der Dinge zu enthalten. Wir wissen: das ewige Schweigen ist nichts als Einbildung; es gibt keinen Ort im »Raum«, an dem nicht ein *Resonator* das Vorhandensein von Strahlungen und Energie anzeigt.

Die berühmte Antwort im *Mysterium Jesu*: »Du suchtest mich nicht ...« *etc.* ist möglicherweise eine Lektürereminiszenz:

Bernhard von Clairvaux sagt (zitiert von Bourdaloue im *Sermon de la grâce*): *Nisi enim prius quaesita, non quaereres; sicut nec eligeres nisi electa.*[16]

Die Formel Pascals stimmt mit der des heiligen Bernhard

nicht völlig überein. Bei Pascal wird die Suche selbst als Beweis für die Existenz des Gesuchten ausgegeben. Die Suche ist die Folge eines geheimen Findens, das ihr vorausgeht.

Beim heiligen Bernhard sucht die Seele nur, um selbst gesucht zu werden. Die Suche der Seele nach Gott ist bedingt von der Suche Gottes nach der Seele. *Du suchtest mich nicht, würdest du nicht von mir schon gesucht. Du würdest mich nicht suchen, wenn du nur auf dich angewiesen wärest.*

Es war da auch ein Pater Noël, über dessen Definition des Lichtes Pascal sich lustig gemacht hat.[17]

Man darf dazu bemerken, daß diese – im 17. Jahrhundert völlig absurde – Definition heute fast als ein ungefährer Ausdruck der neuesten Theorien über die Beschaffenheit des Lichtes verstanden werden könnte (Korpuskular-Struktur der Strahlen).

Übrigens zeugen die physikalischen Ideen Pascals von einem sonderbar zaghaften Geist. Seine Gedanken führten zu nichts. Es fehlte ihm das Vorstellungsvermögen für den Mechanismus der Naturerscheinungen, über das Descartes in so reichem Maß verfügte und das, so naiv und irreführend es an sich auch sein kann, doch die Voraussetzung einer Fülle fruchtbarer Forschungen und positiver Entdeckungen ist.

ZU ›HEUREKA‹

Für Lucien Fabre

Ich war zwanzig Jahre alt, und ich glaubte an die Macht des Denkens.[1] Ich litt eigenartig darunter, zu sein und nicht zu sein. Manchmal fühlte ich unendliche Kräfte in mir. Angesichts der Probleme ließen sie nach; und die Schwäche meiner positiven Fähigkeiten bekümmerte mich. Ich war düster, gewandt, scheinbar umgänglich, im Kern hart, extrem in der Verachtung, absolut in der Bewunderung, leicht zu beeindrucken, unmöglich zu überzeugen. Ich hatte Vertrauen in einige Gedanken, auf die ich gekommen war. Ihre Übereinstimmung mit meinem Wesen, das sie hervorgebracht hatte, nahm ich als sicheres Zeichen für ihre universelle Geltung: was sich meinem Geist so deutlich darstellte, erschien ihm unabweislich; nichts ist klarer als das, was der Wunsch gebiert.

Ich hütete diese Schatten von Gedanken wie meine Staatsgeheimnisse. Ich schämte mich ihrer Merkwürdigkeit; ich fürchtete, sie könnten absurd sein; ich wußte, daß sie es waren und nicht waren. Von sich aus waren sie eitel, mächtig erst durch die sonderbare Stärke, die mir daraus erwuchs, daß ich sie für mich behielt. Dieses eifersüchtig gehütete Mysterium der Schwäche erfüllte mich mit einer gewissen Kraft.

Ich hatte aufgehört, Verse zu machen; ich las fast nicht mehr.[2] Romane und Gedichte erschienen mir nur wie besondere, unreine und halb unbewußte Anwendungen mancher Eigenschaften, die mit jenen berühmten Geheimnissen verbunden waren, Geheimnissen, die ich allein durch die unablässige Zuversicht, daß es sie notwendigerweise geben mußte, eines Tages zu finden glaubte. Was die Philosophen angeht, mit denen ich mich sehr wenig befaßt hatte, so ärgerte ich mich schon darüber, daß sie auf keine der Schwierigkeiten, die mich quälten, je eine Antwort hatten. Sie flößten mir nur Langeweile ein; nie das Gefühl, daß sie irgendeine überprüfbare Kraft vermittelten. Und dann schien es mir unnütz, über Abstraktionen nachzudenken, die man nicht zuvor definiert hatte. Kann man anders verfahren? Die ganze Hoffnung für eine Philosophie besteht darin, daß sie unpersönlich wird. Dieser große Schritt ist erst für die Zeit des Weltendes zu erwarten.

Ich hatte mir einige Mystiker vorgenommen. Es ist unmöglich, Schlechtes über sie zu sagen, denn man findet darin nur das, was man hineinträgt.

So weit war ich, als mir *Heureka* in die Hände fiel.

Meine Studien unter trübseligen, erbärmlichen Lehrern hatten mich glauben machen, daß Wissenschaft nicht Liebe sei; daß ihre Früchte vielleicht nützlich seien, ihr Blattwerk aber sehr stachlig, ihre Rinde schrecklich hart. Die Mathematik ordnete ich einer mit meiner Art unvereinbaren Gattung von ermüdend genauen Geistern zu.

Andererseits hatte die Literatur mich oft durch ihren Mangel an Strenge, Zusammenhang und Notwendigkeit der Gedanken empört. Ihr Gegenstand ist oft sehr geringfügig. Unsere Dichtung weiß nichts von Epik und Pathos des Intellekts oder fürchtet sie sogar. Wenn sie sich manchmal daran gewagt hat, wurde sie dumpf und trostlos. Weder Lukrez noch Dante sind Franzosen. Es gibt bei uns keine Dichter der Erkenntnis. Vielleicht haben wir ein so ausgeprägtes Gefühl für die Unterscheidung der Gattungen, das heißt für die Unabhängigkeit der verschiedenen Bewegungen des Geistes, daß wir die Werke, die sie zusammenbringen, nicht ertragen. Wir verstehen es nicht, aus etwas Gesang zu machen, was ohne Gesang auskommt. Unsere Dichtung hat aber seit hundert Jahren einen solchen Reichtum und eine so seltene Kraft der Erneuerung bewiesen, daß die Zukunft ihr vielleicht recht bald einige dieser Werke großen Stils und nobler Strenge schenken wird, die das sinnlich Wahrnehmbare und das vom Verstand Erfaßbare beherrschen.

Heureka lehrte mich in ein paar Augenblicken das Newtonsche Gesetz[3], den Namen Laplace, die Hypothese, die er aufgestellt hat[4], und überhaupt, daß es Forschungen und Spekulationen gibt, über die mit den Jugendlichen nie gesprochen wurde aus Angst, denke ich, sie könnten sich dafür interessieren, anstatt durch Träumen und Gähnen die erstaunliche Länge der Stunde verstreichen zu lassen. Was den intellektuellen Appetit am meisten anregt, reihte man damals unter die Arkana ein. Es war die Zeit, da dicke Physikbücher kein Wort verloren über das Gesetz der Schwerkraft, die Erhaltung der Energie oder das Carnotsche Prinzip[5]; sie liebten die Dreiwegehähne, die Hemisphären von Magdeburg und die mühsamen, schütteren Überlegungen, zu denen sie das Problem des Siphons anregte.

Hieße es denn aber, Studienzeit zu vergeuden, wenn man jungen Köpfen eine Ahnung von den Ursprüngen, der hohen Bestimmung und der lebendigen Kraft dieser sehr trockenen Berechnungen und Sätze verschaffte, die ihnen ohne jede Ordnung, ja sogar in ganz beachtlicher Zusammenhanglosigkeit vorgesetzt werden?

Diese so nüchtern unterrichteten Wissenschaften sind doch von Menschen begründet und erweitert worden, die ein leidenschaftliches Interesse daran hatten. *Heureka* ließ mich etwas von dieser Leidenschaft spüren.

Ich gebe zu, daß die Ungeheuerlichkeit des Ehrgeizes und der Ansprüche des Autors, der feierliche Ton der Vorrede, die seltsamen Ausführungen über die Methode, mit denen das Buch beginnt, mich verwunderten und nur halb gefangennahmen. Nichtsdestoweniger wurde auf diesen ersten Seiten ein leitender Gedanke sichtbar, wenn auch von einem Geheimnis umhüllt, der zugleich eine gewisse Ohnmacht, den Willen zur Zurückhaltung und eine Art Abneigung der begeisterten Seele verriet, das, was sie an Wertvollstem gefunden hatte, zu verbreiten ... Und all dies gefiel mir nicht schlecht.

Um dahin zu gelangen, was er *Wahrheit* nennt, beruft sich Poe auf das, was er als *Konsistenz* (consistency) bezeichnet. Es ist keineswegs leicht, eine klare Definition dieser Konsistenz zu geben. Selbst der Autor, der alles dafür Erforderliche besaß, hat es nicht getan.

Ihm zufolge kann die von ihm gesuchte *Wahrheit* nur durch den unmittelbaren Zugriff auf eine Intuition erfaßt werden, eine Intuition, welche dem Geist die gegenseitige Abhängigkeit der Teile und Eigenschaften des betrachteten Systems gegenwärtig und gleichsam wahrnehmbar macht. Diese gegenseitige Abhängigkeit erstreckt sich auf die nacheinanderfolgenden Zustände des Systems; die Kausalität ist dabei symmetrisch. Eine Ursache und ihre Wirkung können für einen Blick, der das gesamte Universum umfassen würde, miteinander verwechselt werden und gleichsam ihre Rollen vertauschen.

Zwei Bemerkungen hierzu. Die erste, die den Leser und mich weit führen würde, deute ich nur an. Der Finalismus nimmt in Poes Konstruktion einen wesentlichen Platz ein. Diese Lehre ist aus der Mode gekommen; und ich habe weder Kraft noch Lust, sie zu verteidigen. Man muß aber zugeben, daß die Begriffe der Ursache und der Anpassung fast unvermeidlich zu ihr hinführen (und ich spreche nicht von den ungeheueren Schwierigkeiten und also Versuchungen, die gewisse Tatsachen, wie das Vorhandensein von Instinkten usw., darstellen). Das einfachste ist, das Problem zu entlassen. Wir besitzen, um es zu lösen, nur die Mittel der reinen Einbildung. Soll sie sich doch betätigen.

Kommen wir zu der anderen Bemerkung. Die *Konsistenz* ist in Poes System zugleich Mittel der Entdeckung und die Entdeckung selbst. Das ist ein bewundernswertes Vorhaben; Beispiel und Anwendung der Wechselseitigkeit der Anpassung. Das Universum ist nach einem Plan gebaut, dessen tiefe Symmetrie in gewisser Weise in der inneren Struktur unseres Geistes gegenwärtig ist. Der poetische Instinkt muß uns blind zur Wahrheit führen.

Ähnliche Vorstellungen findet man ziemlich häufig bei Mathematikern. Es kommt vor, daß sie ihre Entdeckungen nicht als »Schöpfungen« ihrer kombinatorischen Fähigkeiten betrachten, sondern als etwas, das ihre Aufmerksamkeit aus einem Schatz schon vorhandener und natürlicher Formen einfängt, ein Schatz, der allerdings nur durch das recht seltene Zusammentreffen von Strenge, Sensibilität und Verlangen zugänglich ist.

Die Schlußfolgerungen, die in *Heureka* dargelegt werden, sind nicht immer alle so genau abgeleitet oder so klar entwikkelt, wie es wünschenswert wäre. Es gibt Schatten und Lükken. Es gibt recht ungenügend erklärte Interventionen.[6] Es gibt einen Gott.

Nichts ist interessanter für den Liebhaber intellektueller Dramen und Komödien als der Scharfsinn, die Beharrlichkeit, die Ausreden, die Ängstlichkeit eines Erfinders, der mit seiner eigenen Erfindung ringt, ihre Mängel ausgezeichnet kennt und notwendigerweise all ihre Schönheiten sichtbar machen, all ihre Vorteile ausbeuten, ihre Fehler vertuschen und sie um jeden Preis dem Gewollten ähnlich machen möchte. Der Kaufmann schmückt seine Ware. Die Frau verwandelt sich vor dem Spiegel. Der Priester, der Philosoph, der Politiker und im allgemeinen all diejenigen, die es sich angelegen sein lassen, uns Dinge mit Unsicherheiten nahezubringen, sind stets eine Mischung aus Aufrichtigkeit und Schweigen (das ist noch der günstigste Fall). Sie wünschen nicht, daß wir sehen, was sie ungern einbeziehen ...

Der Grundgedanke Poes ist nichtsdestoweniger ein tiefgreifender und überlegener Gedanke.

Man übertreibt die Tragweite der Theorie von der Konsistenz nicht, wenn man darin einen ziemlich genauen Versuch erkennt, das Universum durch *innere Eigenschaften* zu bestimmen. Im achten Kapitel von *Heureka* liest man diesen Satz: *Jedes Gesetz der Natur hängt in allen Punkten von allen anderen Gesetzen ab.* Ist das nicht, wenn schon keine Formel, so doch zumindest der Ausdruck des Willens zu allgemeiner Relativität?

Die Verwandtschaft dieser Denkrichtung mit den neuesten Auffassungen wird deutlich, wenn man entdeckt, daß in dem *Gedicht*[7], von dem ich spreche, *symmetrische* und wechselseitige Beziehungen zwischen Materie, Zeit, Raum, Schwerkraft und Licht behauptet werden. Ich habe das Wort *symmetrisch* hervorgehoben: das *wesentliche Merkmal der Darstellung des Weltalls nach Einstein ist in der Tat eine formale Symmetrie.* Sie macht seine Schönheit aus.

Doch Poe bleibt nicht bei den physikalischen Gegebenheiten der Phänomene stehen. Sein Vorhaben schließt Leben und Bewußtsein mit ein. Wie viele Dinge kommen uns hier in den Sinn! Die Zeit ist vorbei, da man mühelos zwischen dem Materiellen und dem Geistigen unterschied. Die ganze Argumentation beruhte auf einer abgeschlossenen Kenntnis der »Materie«, die man zu verdrängen glaubte, und letztlich auf dem *Schein*!

Der Schein der Materie ist der einer toten Substanz, einer *Kraft*, die nur durch eine ihrer Natur ganz fremde Intervention von außen *wirksam* würde. Aus dieser Definition zog man früher unabweisbare Schlußfolgerungen. Doch die Materie hat ihr Gesicht verändert.

Das Experiment hat uns das Gegenteil von dem begreifen lassen, was die reine Beobachtung erkennen ließ. Die ganze moderne Physik, die in gewisser Weise *Relais* für unsere Sinne geschaffen hat, überzeugte uns davon, daß unsere alte Definition weder absolute noch spekulative Gültigkeit hatte. Sie zeigt uns, daß die Materie höchst unterschiedlich und gleichsam unendlich überraschend ist; daß sie eine Ansammlung von Transformationen ist, die sich im Kleinen, im Allerkleinsten noch fortsetzen und verlieren; es heißt, daß sich vielleicht eine Art von Perpetuum mobile abspielt. In den Körpern herrscht ein ewiges Fieber.

Wir wissen heute nicht mehr, was ein Bruchstück irgendeines Körpers im Augenblick oder in der Folge enthalten oder produzieren kann oder nicht. Ja, der Begriff der Materie unterscheidet sich denkbar wenig von dem der Energie. Alles vertieft sich zu Bewegung, Umdrehung, Austausch und Strahlung. Unsere Augen, unsere Hände, unsere Nerven sind selber daraus gemacht; und der Anschein von Tod oder Schlaf, den die Materie uns zunächst bietet, ihre Passivität, ihre Hingabe an äußere Einwirkungen entsteht in unseren Sinnen wie jene Dunkelheit, die durch eine bestimmte Überlagerung von Licht zustande kommt.

Man kann all das dahingehend zusammenfassen, daß die Eigenschaften der Materie nur von der Größenordnung abzuhängen scheinen, in die wir uns stellen, um sie zu beobachten. Doch dann können ihre klassischen Merkmale – Mangel an Spontaneität, grundsätzliche Verschiedenheit von der Bewegung, Kontinuität oder Homogenität ihres Gefüges – den Begriffen des Lebens, des Wahrnehmungsvermögens und des Denkens nicht mehr absolut entgegengesetzt sein, denn diese so einfachen Kennzeichen sind rein oberflächlich. Diesseits der Größenordnung grober Beobachtung sind alle früheren Definitionen irrig. Wir wissen, daß in der *Infra-Welt* unbekannte Eigenschaften und Kräfte wirksam sind, denn wir haben einige nachgewiesen, die für unsere Sinne nicht wahrnehmbar waren. Doch wir vermögen weder, diese Eigenschaften aufzuzählen, noch die wachsende Vielfalt von Kapiteln der Physik auf eine endliche Zahl zu begrenzen. Wir wissen nicht einmal, ob die Allgemeinheit unserer Begriffe nicht trügerisch ist, wenn wir sie auf die Bereiche übertragen, die den unsrigen begrenzen und stützen. Von Eisen und Wasserstoff zu sprechen heißt Wesenheiten voraussetzen – deren Existenz und Beständigkeit uns nur eine sehr eingeschränkte und nicht sehr weitgehende Erfahrung bestätigt. Mehr noch, es besteht kein Grund zu denken, daß unser Raum, unsere Zeit, unsere Kausalität dort noch irgendeinen Sinn behalten, wo unser Körper *unmöglich* ist. Und zweifellos kann der Mensch, der versucht, sich den inneren Zusammenhang der Dinge vorzustellen, nur die gewöhnlichen Kategorien seines Geistes daran anpassen. Doch je mehr er seine Forschungen vorantreibt und je mehr er seine Aufnahmefähigkeiten steigert, desto weiter entfernt er sich von dem, was man das *Optimum* der Erkenntnis nennen könnte. Der Determinismus verirrt sich in unentwirrbaren Systemen mit Milliarden Variablen, wo das geistige Auge nicht mehr den Gesetzen folgen und auf etwas verharren kann, das Bestand hat. Wenn die Diskontinuität zur Regel wird, muß die Einbildungskraft sich als machtlos erklären, die früher angewandt wurde, um die durch die Wahrnehmungen erahnte und die Schlußfolgerungen konstruierte Wahrheit zu vervollständigen. Wenn die

Gegenstände unserer Urteile *Mittelwerte* sind, heißt das, wir verzichten darauf, die Ereignisse selbst zu betrachten. Unser Wissen zielt auf Macht ab und entfernt sich von einer koordinierten Anschauung der Dinge; Wunder an mathematischer Spitzfindigkeit sind nötig, um ihr wieder eine gewisse Einheit zu geben. Man spricht nicht mehr von Urprinzipien; die Gesetze sind nur noch weiterhin vervollkommnungsfähige Instrumente. Sie regieren nicht mehr die Welt, sondern sind abgestimmt auf die Schwäche unseres Geistes; man kann sich nicht mehr auf ihre Einfachheit verlassen: immer gibt es wie einen bleibenden Stachel noch irgendeine nicht aufgegangene Dezimalstelle, die uns zur Unruhe und zum Gefühl des Unerschöpflichen zurückruft.

Aus diesen Bemerkungen wird ersichtlich, daß Poes Intuitionen, was den gesamten Aufbau des physischen, moralischen und metaphysischen Universums anbetrifft, von den so zahlreichen und so bedeutenden Entdeckungen, die seit 1847 gemacht worden sind, weder entkräftet noch bestätigt werden.[8] Manche dieser Ansichten können sogar ohne übermäßige Anstrengung mit ziemlich neuen Auffassungen in Verbindung gebracht werden. Wenn Edgar Allan Poe die Dauer seines Kosmos an der Zeit mißt, die notwendig ist, damit sich alle möglichen Kombinationen der Elemente vollziehen, denkt man an die Vorstellungen Boltzmanns und an seine auf die kinetische Theorie der Gase angewandte Wahrscheinlichkeitsrechnung. Es gibt in *Heureka* eine Vorahnung des Carnotschen Prinzips und der Darstellung dieses Prinzips durch den Mechanismus der Streuung; der Autor scheint den kühnen Geistern zuvorgekommen zu sein, die das Universum durch einen unendlich kurzen Übergang über einen unendlich wenig wahrscheinlichen Zustand seinem schicksalhaften Tod entziehen.

Da eine vollständige Analyse von *Heureka* im Augenblick nicht meine Absicht ist, werde ich nur ganz kurz davon sprechen, wie der Autor die Hypothese von Laplace verwendet. Das Ziel von Laplace war beschränkt. Er wollte nur die Entwicklung des Sonnensystems rekonstruieren. Als gegeben nahm er eine sich abkühlende gasförmige Masse mit einem bereits stark kondensierten Kern an, die sich um eine durch ihren Schwerpunkt verlaufende Achse dreht. Er setzte Anziehungskraft, Unveränderlichkeit der Gesetze der Mechanik voraus und stellte sich als einzige Aufgabe, die Drehrichtung der Planeten und ihrer Trabanten, die geringe Exzentrizität der Umlaufbahnen und die Schwäche der Neigung zu erklären. Unter diesen Bedingungen fließt die der Abkühlung und der Fliehkraft ausgesetzte Materie von den Polen zum Äquator der Masse und ordnet sich in einer Zone an, in der die Punkte liegen, wo Schwerkraft und Zentrifugalbeschleunigung einander aufheben. So entsteht ein Nebelring, der ziemlich schnell zerfallen muß; die Bruchstücke dieses Rings verbinden sich schließlich zu einem Planeten ...

Der Leser von *Heureka* wird erkennen, welche Tragweite Edgar Allan Poe dem Gravitationsgesetz sowie der Hypothese von Laplace zumißt. Er hat auf diesen mathematischen Grundlagen ein abstraktes Gedicht aufgebaut, das eines der seltenen modernen Beispiele für eine umfassende Erklärung der materiellen und geistigen Natur ist, eine *Kosmogonie*.

Die Kosmogonie ist eine literarische Gattung von bemerkenswerter Beständigkeit und erstaunlicher Vielfalt, eine der ältesten Gattungen, die wir kennen.

Man möchte meinen, daß die Welt kaum älter ist als die Kunst, die Welt zu erschaffen. Mit etwas mehr Wissen und viel mehr Geist könnten wir aus jeder dieser Schöpfungsgeschichten, ob sie nun chinesischen, indischen oder chaldäischen Ursprungs ist, ob sie aus Griechenland, von Moses oder von Svante Arrhenius stammt, einen Maßstab für die geistige Einfalt jeder Epoche ableiten. Zweifellos würde man finden, daß die Naivität des Vorhabens unveränderlich ist; doch man müßte zugeben, daß die Kunst sehr unterschiedlich ist.

Wie die Tragödie an Geschichte und Psychologie, so grenzt die Gattung der Kosmogonie an die Religion, mit der sie sich teilweise vermischt, und an die Wissenschaft, von der sie sich notwendigerweise durch die fehlende Überprüfbarkeit unterscheidet. Die Gattung umfaßt heilige Bücher, wunderbare Gedichte, höchst seltsame Berichte voller Schönheiten und Lächerlichkeiten, physikalisch-mathematische Forschungen von einer Tiefe, die manchmal eines weniger unbedeutenden Gegenstandes, als es das Universum ist, würdig wäre. Aber es ist des Menschen Ruhm, daß er sich ins Leere verausgaben kann; und das ist nicht allein sein Ruhm. Sinnlose Forschungen ähneln unvorhergesehenen Entdekkungen. Das Nichtexistierende spielt wirklich eine Rolle; die Einbildung hat eine wirkliche Funktion; und die reine Logik lehrt uns, daß *das Falsche das Wahre einschließt*. Es scheint also, daß die Geschichte des Geistes sich mit den Worten zusammenfassen läßt: *er ist absurd in dem, was er sucht, er ist groß in dem, was er findet.*

Das Problem der Totalität der Dinge und des Ursprungs dieser Gesamtheit entspringt der naivsten Absicht. Wir wollen sehen, was dem Licht vorangegangen sein soll; oder wir prüfen, ob nicht eine bestimmte, besondere Kombination unserer Erkenntnisse ihnen allen vorangestellt wäre und das System hervorbringen könnte, das ihre Quelle ist und das die Welt ist, und ihren Urheber, der wir selbst sind.

Sei es also, daß wir eine unendlich gebieterische Stimme hörten, die in gewisser Weise die Ewigkeit durchbrach; deren Urschrei den Raum ausbreitete wie eine Neuigkeit, die in dem Maße folgenreicher wird, wie sie die Grenzen des schöpferischen Willens erreicht; deren Wort den Wesenheiten, dem Leben, der Freiheit, dem schicksalhaften Wettstreit der Gesetze, des Verstandes und des Zufalls den Weg bahnte; – sei es (wenn es uns auch widerstrebt, uns vom reinen Nichts in einen denkbaren Zustand zu schwingen), daß wir es etwas weniger hart fanden, uns von der allerersten Epoche der Welt das dunkle Bild einer Mischung aus Materie und Energie zu machen, einer Art substantiellen, aber neutralen und unschöpferischen Schlamms, der auf unbestimmte Zeit die Tat eines Demiurgen erwartet; – sei es endlich, daß wir, besser ausgerüstet, gründlicher, jedoch nicht weniger vom Wunderbaren beeinflußt, uns bemühten, mit Hilfe aller Wissenschaften die frühestmögliche Gestalt des Systems zu rekonstruieren, das der Gegenstand der Wissenschaft ist – jeder Gedanke über den Ursprung der Dinge ist immer nur eine Träumerei über ihre gegenwärtige Verfassung, etwas wie eine Abwandlung des Wirklichen, eine Variation über das Bestehende.

Was brauchen wir wirklich, um diesen Ursprung zu denken?

Wenn wir die Vorstellung eines Nichts brauchen, ist die Vorstellung eines Nichts nichts; oder vielmehr, sie ist bereits etwas: eine Täuschung des Geistes, ein Spiel von Schweigen und vollkommener Finsternis, in der ich, wie ich wohl weiß, versteckt bin, bereit zu erschaffen durch bloßes Nachlassen meiner Aufmerksamkeit; wo ich fühle, daß ich bin, sowohl gegenwärtig wie willentlich und unentbehrlich, damit ich durch einen Akt, der mir bewußt ist, diese so zerbrechliche Abwesenheit jeden Bildes und diese scheinbare Nichtigkeit bewahre ... Aber es ist ein Bild, und es ist ein Akt: ich nenne mich *Nichts* auf Grund einer momentanen Konvention.

Wenn ich an den Ursprung die Vorstellung von einer bis ins Äußerste und bis in die kleinsten Teile dessen, was war, getriebenen Unordnung setze, so bemerke ich leicht, daß dieses unbegreifliche Chaos auf mein Ziel des Begreifens hin geordnet ist. Ich selbst habe die Karten gemischt, um mit ihnen zurechtzukommen. Es wäre übrigens ein Meisterwerk an Kunst und Logik, wollte man eine Unordnung definieren, die derart subtil wäre, daß man darin nicht mehr die geringste Spur von Ordnung entdecken und sie nicht durch ein vertrauteres und fortgeschritteneres Chaos ersetzen könnte. Eine echte Wirrnis zu Beginn muß eine Wirrnis ohne Ende sein. Doch dann könnten wir daraus nicht mehr die Welt entwerfen, und gerade die Vollkommenheit des Durcheinanders verbietet es, uns seiner überhaupt zu bedienen.

Was die Vorstellung von einem Anfang betrifft – ich meine, von einem absoluten Anfang –, so ist sie notgedrungen ein Mythos. Jeder Anfang ist ein Zusammentreffen; wir müßten uns hier irgendeine Berührung zwischen dem Ganzen und dem Nichts vorstellen. Versucht man, daran zu denken, findet man, daß jeder Anfang Folge ist – jeder Anfang *vollendet* etwas.

Doch insbesondere brauchen wir die Vorstellung von diesem GANZEN, das wir *Universum* nennen und dessen Anfang wir gern erkennen würden. Noch bevor uns die Frage seines Ursprungs beunruhigt, wollen wir sehen, ob dieser Begriff, der sich unserem Denken aufzudrängen scheint, der ihm so einfach und so unvermeidlich erscheint, nicht unter unseren Blicken zerfallen wird.

Wir denken undeutlich, das GANZE sei *etwas*, und indem wir uns *etwas* vorstellen, nennen wir es das GANZE. Wir glauben, daß dieses Ganze angefangen hat, wie jedes Ding anfängt, und daß es noch unendlich viel wichtiger sein muß, den Anfang des Ganzen zu kennen, der ja sehr viel sonderbarer und feierlicher gewesen sein wird als der der Teile. Wir machen aus der Gesamtheit ein Idol und ein Idol aus ihrem Ursprung, und wir können nicht umhin, auf die Realität eines gewissen Körpers der Natur zu schließen, dessen Einheit unserer eigenen entspricht, und dieser sind wir gewiß.

Das ist die primitive und gleichsam kindliche Form unserer Vorstellung vom Universum.

Man muß genauer hinsehen und sich fragen, ob dieser sehr natürliche, das heißt sehr unreine Begriff in einer nicht trügerischen Argumentation vorkommen darf.

Ich werde an mir selbst beobachten, was ich mir unter dieser Bezeichnung denke.

Eine primäre Form des Universums bietet sich mir durch die Gesamtheit der Dinge, die ich sehe. Meine Augen ziehen mein Sehen von einem Ort zum andern und finden überall Reize. Mein Sehen regt die Beweglichkeit meiner Augen dazu an, es unaufhörlich zu vergrößern, zu erweitern, zu vertiefen. Keine einzige Bewegung dieser Augen stößt auf einen unsichtbaren Bereich; keine, die nicht Farbwirkungen erzeugt; und durch den Verbund dieser Bewegungen, die miteinander verknüpft sind, die einander verlängern, die ineinander aufgehen oder einander entsprechen, bin ich wie eingeschlossen in meine Eigenschaft, wahrzunehmen. Die ganze Mannigfaltigkeit meiner Blicke bildet sich in der Einheit meines motorischen Bewußtseins.

Ich gelange zu dem allgemeinen und dauerhaften Eindruck, daß mit meiner Gegenwart eine Sphäre der Gleichzeitigkeit verbunden ist. Sie bewegt sich mit mir fort, ihr Inhalt ist unbegrenzt veränderlich, doch sie bewahrt durch allen Wechsel hindurch, dem sie ausgesetzt sein mag, ihre Fülle. Wenn ich meinen Standort ändere, oder wenn die Körper, die mich umgeben, sich verändern, wird die Einheit meines Gesamtbildes, seine Eigenschaft, mich einzuschließen, davon nicht beeinflußt. Soviel ich auch fliehe oder in Unruhe bin, immer bleibe ich eingehüllt von all den *Seh-Bewegungen* meines Körpers, die sich ineinander verwandeln und mich unermüdlich in dieselbe zentrale Stellung zurückführen.

Ich sehe also ein *Ganzes*. Ich sage, es ist ein GANZES, denn es erschöpft in gewisser Weise mein Sehvermögen. Ich kann nur in dieser Form sehen, in einem Stück, und in dieser Hülle um mich herum. Alle meine anderen Empfindungen beziehen sich auf irgendeine Stelle dieses Umkreises, dessen Mittelpunkt denkt und mit sich spricht.

Das ist mein primäres UNIVERSUM. Ich weiß nicht, ob ein Blindgeborener einen ebenso klaren und unmittelbaren Begriff von einer Summe aller Dinge haben könnte, so wesentlich erscheinen mir die besonderen Eigenschaften der Erkenntnis durch die Augen für die Bildung eines ganzen und vollständigen Bereichs *durch mich selbst*. Der Blick übernimmt gewissermaßen die Funktion der Gleichzeitigkeit, das heißt der Einheit als solcher.

Doch diese Einheit – die notwendigerweise aus dem besteht, was ich in einem Augenblick sehen kann, aus jener Gesamtheit wechselseitiger Verbindungen von Gestalten oder Flecken, wo ich dann die Tiefe, die Materie, die Bewegung und das Ereignis ablese und bestimme, wo ich betrachte und entdecke, was mich anzieht und was mich beunruhigt – vermittelt mir die primäre Idee, das Modell, und gleichsam den Keim des gesamten Universums, von dem ich glaube, daß es um meine Empfindung herum existiert, durch sie maskiert und offenbart. Ich habe die unerschütterliche Vorstellung, daß ein unermeßliches verstecktes System jedes gegenwärtige und wahrnehmbare Element meiner Dauer trägt, durchdringt, nährt und aufsaugt, es drängt zu sein und sich aufzulösen; und daß jeder Moment also der Knotenpunkt einer Unzahl von Wurzeln ist, die mit unbekannter Tiefe in eine *implizite Ausdehnung* – in die Vergangenheit – hinabreichen, in die geheime Struktur dieses unseres Wahrnehmungs- und Kombinationsapparates, der sich unaufhörlich in der *Gegenwart* zusammensetzt. Die Gegenwart, betrachtet als permanente Beziehung zwischen allen Veränderungen, die mich berühren, läßt mich an einen Festkörper denken, an dem mein Empfindungsleben hinge wie eine Seerose an ihrem Stein. Wie werde ich auf diesem Stein ein Gebäude errichten, außerhalb dessen nichts sein könnte? Wie kann ich von dem beschränkten und augenblicklichen Universum zu dem umfassenden und absoluten Universum übergehen?

Es käme jetzt darauf an, um einen realen Keim herum ein Gebilde zu entwerfen und zu erschaffen, das zwei wesentlichen Anforderungen genügte: die eine wäre, daß es alles aufnimmt, für das Ganze taugt und uns dieses Ganze darstellt; die andere, daß es unserem Verständnis dienen kann, sich unserer Urteilskraft darbietet und uns ein etwas größeres Wissen über unsere Lage gewinnen, uns etwas mehr Herr unserer selbst werden läßt.

Doch es genügt, diese beiden Notwendigkeiten der Erkenntnis deutlich zu machen und sie nebeneinanderzustellen, um jäh die unüberwindlichen Schwierigkeiten heraufzubeschwören, die der geringste Versuch, eine brauchbare Definition des UNIVERSUMS zu geben, in sich trägt.

Universum ist also nur ein mythologischer Ausdruck. Die Bewegungen unseres Denkens um diesen Namen sind vollkommen unregelmäßig, gänzlich unabhängig. Kaum verlassen wir den Augenblick, kaum versuchen wir, unsere Gegenwart über sich hinaus zu vergrößern und zu erweitern, erschöpfen wir uns in unserer Freiheit. Die ganze Unordnung unseres Wissens und unserer Fähigkeiten umgibt uns. Was Erinnerung ist, was möglich ist, was vorstellbar ist, was berechenbar ist, all die Kombinationen unseres Geistes, in jedem Grad der Wahrscheinlichkeit, in jedem Zustand der Genauigkeit, umringen uns. Wie kann man zu einem Begriff von etwas gelangen, was zu nichts im Gegensatz steht, was nichts ausschließt, was nichts gleicht? Wenn es etwas gliche, wäre es nicht alles. Wenn es nichts gleicht ... Und wenn diese Totalität dieselbe Kraft hat wie unser Geist, kommt unser Geist nicht gegen sie an. Alle Hindernisse, die dem Unendlichen in actu entgegenstehen, alle Schwierigkeiten, auf die man stößt, wenn man eine Mannigfaltigkeit ordnen will, kommen zum Vorschein. Kein Satz taugt für dieses *Subjekt*, das von so ungeordnetem Reichtum ist, daß ihm alle *Attribute* zustehen. So wie das Universum sich der Intuition entzieht, geht es auch über die Logik hinaus.

Und was seinen Ursprung betrifft – AM ANFANG WAR DIE SAGE.[9] Sie wird dort immer sein.

SWEDENBORG

Der schöne Name SWEDENBORG[1] klingt fremd für französische Ohren. Er ruft in mir eine ganze Tiefe verworrener Ideen wach, die um das phantastische Bild einer einzigartigen, weniger von der Geschichte definierten als durch die Literatur geschaffenen Persönlichkeit kreisen. Ich gestehe, daß ich bis vor wenigen Tagen von ihm nur wußte, was ich von bereits lange zurückliegender Lektüre behalten hatte.

Séraphitus-Séraphîta von Balzac und ein Kapitel von Gérard de Nerval waren ehemals meine einzigen Quellen[2], und ich habe seit dreißig Jahren nicht mehr davon getrunken ...

Diese verblassende Erinnerung hatte jedoch ihren Zauber für mich. Der bloße Klang der Silben, wenn ich den magischen Namen zufällig hörte, ließ mich von unglaublichen Erkenntnissen, von den Reizen einer chimärischen Wissenschaft, von dem Wunder eines geheimnisvoll aus Phantastereien herrührenden Einflusses träumen. Schließlich versetzte ich die unbestimmte Gestalt des Erleuchteten gern gerade in das Jahrhundert, das ich auch für mich selbst auserwählt hätte.

Ich stelle mir vor, daß diese Epoche eine der glänzendsten und umfassendsten war, die die Menschen gekannt haben.[3] Man findet in ihr das glitzernde Ende einer Welt und die mächtigen Anstrengungen einer anderen, die entstehen will, eine äußerst verfeinerte Kunst, noch sehr maßvolle Umgangsformen und Sitten, alle Kraft und alle Anmut des Geistes. Es gibt da Magie und Differentialrechnung; ebenso viele Atheisten wie Mystiker; die zynischsten der Zyniker und die sonderbarsten Träumer. Es fehlen auch nicht die Exzesse der Intelligenz, die – manchmal in denselben Köpfen – durch eine erstaunliche Gläubigkeit aufgewogen werden. Alle Gegenstände der unbegrenzten intellektuellen Neugier, die die Renaissance von den Alten übernommen oder aus ihrem schönen Rausch geschöpft hatte, tauchen im 18. Jahrhundert lebendiger, zugespitzter, präziser wieder auf. Der Foliant unterliegt den kleineren Formaten.

Europa duldet es damals, daß völlig entgegengesetzte Lehren, Ideale, Systeme nebeneinander bestehen. Das ist das Kennzeichen einer Kultur »modernen« Typs. Schon Rom und Alexandrien hatten diese Ansammlung von widersprüchlichen, öffentlich geäußerten und diskutierten Tendenzen und Thesen gekannt. Die Vielfalt der Kulte und Philosophien war in Gärung: niemandem in diesen Milieus überhöhter intellektueller Temperatur konnte es verborgen bleiben, daß es auf jede spekulative Frage mehr als eine Antwort gibt. Daraus ergeben sich Beziehungen und Austausch, Ideenkombinationen und überraschende Kontraste, die oft in ein und demselben Individuum auftreten und in ihm Unordnung und Reichtum einer Epoche verkörpern.

Während im 18. Jahrhundert die d'Alembert, Clairaut und Euler sich mit den ganz neuen Hilfsmitteln der Analysis eine streng mechanische Welt erbauen; während andere sich an die Biologie wagen, verschiedene Philosophien der lebenden Natur erahnen und versuchen, die Ursprünge dessen, was sie von der Materie zu wissen glauben, daraus abzuleiten; während der große Linné das immense Werk der Klassifikation aller höheren Lebewesen unternimmt, gibt es auch diejenigen, die verschiedene Metaphysiken entwickeln, immer noch den Alten folgen oder Gassendi, Descartes, Spinoza, Leibniz oder Malebranche fortführen. Im Bereich der Theologie streiten Jansenisten, Quietisten, Pietisten und viele andere Parteien um den Besitz der Wahrheit und die Herrschaft über die Seelen. Und es gibt eine Menge Freigeister.

Doch wenn das freie Forschen, das allenthalben fast zulässig geworden ist, der Fortschritt der exakten Wissenschaften und ihre erstaunlichen Erfolge sowie die Entdeckung der ganzen Gestalt der Erde eine Art enzyklopädischen Appetit, einen Erkenntnisdurst, einen Geist, der sich nichts versagt, geschaffen haben, so verschmäht es diese selbe Gier nach Kenntnissen und Fähigkeiten auch nicht, den intellektuellen Halbschatten zu erforschen bis hin zu dem verdächtigen

Dunkel, in dem seit frühester Zeit die Einbildungskraft vieler Menschen die Schätze des Wissens und der Macht beherbergt und Geheimnisse übernatürlicher Bedeutung vermutet.

In mehr als einem Geist bestehen damals Neugierden und Hoffnungen nebeneinander, deren Vereinigung erstaunt. Rationales und Irrationales verbinden sich in verwunderlicher Weise. Männer wie Leibniz oder Bayle erscheinen uns bisweilen allzu reich an allzu Verschiedenem, das sie beunruhigt; und daß in ein und demselben Newton die Interpretation der Apokalypse (mittels Hypothesen über die Astronomie der Argonauten) mit der Erfindung der Differentialrechnung und der Theorie der universellen Anziehung zusammentrifft, verwirrt uns. Doch das Jahrhundert ist fruchtbar an Forschungen auf allen Gebieten, und die Leidenschaft für Strenge, der Kult der Beobachtung und der Erfahrung befreien es nicht von den Versuchungen und Verführungen, die die geheimnisvoll übermittelten Lehren und Praktiken ihm bieten.

(Nebenbei bemerkt erfordert auch die vorsichtigste und positivste Wissenschaft von denjenigen, die sich ihr mit dem zu Entdeckungen führenden Eifer widmen, eine gewisse Sehnsucht nach dem Wunderbaren: das Außergewöhnliche, das Unerwartete, das als Ergebnis einer strengen Ableitung oder einer fehlerlosen Versuchsdurchführung erhalten wird, verschafft dem Geist eine der größten Freuden, die er kennt.)

Wir sehen also, wie im 18. Jahrhundert all die normalen oder degenerierenden Typen sich verbreiten und fast eine gewöhnliche Erscheinung werden, die aus dem Wunsch erwachsen, mehr zu wissen, als man wissen kann. Es wimmelt von Alchimisten, Eingeweihten und Scharlatanen. Das Okkulte spielt eine immense gesellschaftliche und politische Rolle.

Nie waren Gläubigkeit und Skeptizismus enger miteinander verbunden und gleichsam unterschiedsloser über das Menschengeschlecht verteilt als damals. Die *Symbolik*, die das Universum entziffert wie einen hieroglyphischen Text; die *Hermeneutik*, die von der Heiligen Schrift eine tiefere Interpretation gibt als die wortwörtliche; die *Theosophie*, die

Mitteilung von einem unmittelbaren Licht erwartet und empfängt; und, kühner noch, beunruhigender in ihren Vorgehensweisen, die *Magie*, die *Alchimie*, die *Hellseherei* durch Sterne, Träume, Geisterbeschwörung – sie bestehen in mehr als einem Geist gleichzeitig mit der klarsten klassischen Bildung und der Zucht der exakten Wissenschaften.

Dies ist das geistige Umfeld, das intellektuelle Theater, das sich in mir bei dem Namen SWEDENBORG erhellte. Diese drei Silben waren für mich nur eine Art musikalischer Appell, eine Art Zauberformel, der eine Phantasmagorie des geheimen spirituellen Lebens in der Epoche Ludwigs XV. gehorchte. Ich dachte nicht, daß ich je einen Schritt weitergehen und mit einem ganz neuen und gewissermaßen persönlichen Interesse eine Gestalt betrachten sollte, die sich mir so lange nur unter den Schatten einer wollüstig nach Geheimnissen gierenden Gesellschaft gezeigt hatte.

Doch das Buch, das ich gerade gelesen habe*, bietet der Betrachtung einen ganz anderen SWEDENBORG. Die vage und hoffmanneske Vorstellung, die sich meine Unkenntnis von ihm gemacht hatte, verwandelte sich in die einer nicht weniger rätselhaften, doch präzisen – und ungeheuer interessanten Persönlichkeit, deren intellektuelle Geschichte eine Menge höchst bedeutsamer Probleme im Bereich der Psychologie des Erkennens aufwirft.

Ich habe das Werk von Martin Lamm mit zunehmender Faszination gelesen; Kapitel um Kapitel sah ich den außerordentlichen *Roman eines »zweiten« Lebens* Gestalt annehmen – ich sage *Roman*, weil ich während des Lesens ganz naiv den starken Wunsch nach *Fortsetzung* verspürte, diese Gier nach dem Werden, die uns gewöhnlich nur dann befällt, wenn wir es mit Hervorbringungen zu tun haben, die uns in die Wonnen des *Abenteuers* versetzen wollen ...

Das Abenteuer, um das es sich handelt, ist zweifellos keines, das die große Masse der Leser berauscht und fesselt; es geht ganz und gar in den abgeschiedensten Bereichen des innersten Lebens vor sich und auf den unscharfen Grenzen,

* Diese Studie soll der französischen Übersetzung des Buches von Martin Lamm, *Swedenborg*, als Vorwort dienen.

wo Kräfte und Ambitionen, Schatten und Licht in uns zutage treten und sich voneinander abheben, wie sie sich andererseits von den gewöhnlichen Phänomenen der »äußeren Welt« abheben. Für meinen eigenen Geschmack jedoch gibt es keine Reise an die Grenzen des Wirklichen, keine Wundergeschichten, keine epischen oder dramatischen Erzählungen, die spannender wären als die Erforschung des unermüdlichen und universellen Schöpfers und Verwandlers, den man *Geist* nennt.

Der SWEDENBORG, den mir das Buch von Martin Lamm vorstellt, ist ein Mensch, der alle Zustände oder alle Phasen eines äußerst intensiven und vollständigen psychischen Lebens gekannt, erlitten, durchgemacht hat, denn er scheint die ganze Weite des Intellekts durchmessen zu haben, von der normalsten Betätigung bis hin zu gewissen Extremen, die man als anormal bezeichnen könnte, wenn dieser für meine Begriffe rein negative Terminus nicht ein allzu summarisches und einfaches Urteil bedeuten würde. Die Analyse seiner aufeinanderfolgenden Werke, vom Autor meisterhaft durchgeführt, bietet uns die Entwicklung eines aufsehenerregenden Falles, die jeder seiner geistigen Natur entsprechend zum eigenen Nutzen bedenken und interpretieren kann; und, sei es als Historiker, als Philosoph, als Psychiater, als Mystiker – oder selbst als Dichter – nach Belieben studieren, kommentieren, bewundern oder einordnen kann.

Doch welchen Gebrauch der aufmerksame Leser dieses Buches auch von seiner Lektüre machen mag, er wird notwendigerweise entzückt sein von seiner Fülle und seiner Klarheit. Er wird mit Bewunderung die Summe an Kenntnissen, die Menge an Arbeit und die intellektuelle Kraft betrachten, die eine Untersuchung und Darstellung der Gesamtheit des enormen Werkes von SWEDENBORG voraussetzt. Dieses Werk, stelle ich mir vor, ist nicht immer angenehm und leicht zu lesen, obwohl man darin stellenweise Stücke von großer poetischer Schönheit findet, köstliche Visionen aus irgendeiner transzendentalen Kindheit. Doch es stellt ein unvergleichliches Dokument dar, dessen Bedeutung ich nicht einmal geahnt hätte ohne die Mühe, die sich Martin Lamm gemacht hat, ein ungeheueres Material auf das Wesentliche zu reduzieren und uns Führer zu sein durch die Swedenborgschen Höllen und Paradiese. In seinem Vorwort beschränkt er sein Vorhaben bescheiden auf die Untersuchung der Ursprünge von SWEDENBORGS Theosophie, eine Untersuchung, zu der er im Laufe seiner Studien über die »mystisch-sentimentale Strömung, die der Romantik den Weg bahnt und später in ihr aufgeht«, veranlaßt wurde. Meiner Ansicht nach hat er jedoch eine einzigartige Figur aus dem großen Drama des menschlichen Geistes gezeichnet.

Das ist nicht alles. Was ein Buch in meinen Augen wertvoll macht, ist die Zahl und die Neuigkeit der Probleme, die in meinem Denken von ihm aufgeworfen, angesprochen oder neu belebt werden. Die Werke, die dem Leser Passivität aufzwingen oder abverlangen, sind nicht nach meinem Geschmack. Ich erwarte von meiner Lektüre, daß sie mich zu solchen Anmerkungen, zu solchen Überlegungen, zu solchen jähen Unterbrechungen veranlaßt, die den Blick vom Buch lösen, Perspektiven ausleuchten und plötzlich unsere tiefe Neugier, die besonderen Interessen unseres persönlichen Forschens und das unmittelbare Gefühl unserer ganz lebendigen Präsenz wachrufen.

Ich werde also in wenigen Worten versuchen, eine Vorstellung von einigen der aufkommenden Fragen zu geben, zu denen das Buch von Martin Lamm mich angeregt hat.

SWEDENBORG erscheint mir *gegenwärtig* als Beispiel und Subjekt einer höchst bemerkenswerten und vollständigen inneren Wandlung, die sich im Lauf von sechzig Jahren in mehreren Etappen vollzogen hat. Diese anhand der chronologischen Folge seiner Schriften beobachtete und nachgezeichnete Wandlung ist die eines Mannes von umfassender Bildung, der zunächst als Gelehrter und Philosoph des bekannten Typus von Gelehrtem und Philosophen seiner Zeit bestimmt werden kann und der dann um sein vierzigstes Lebensjahr herum unmerklich zum Mystiker wird. Das ist die erste Veränderung, die übrigens einigermaßen vorbereitet war durch die Erziehung des Kindes, den Mystizismus seines Vaters und das Umfeld seiner ersten Eindrücke. Wie geschieht indessen der Übergang von einer mechanistischen Weltsicht und geistigen Gewohnheiten, die aus der Praxis des genauen Beobachtens in der Naturwissenschaft stammen, zur Meditation theologischen Ursprungs, zur Konzentration auf Fragen, die aus der Heiligen Schrift und der Tradition herkommen, wie vollzieht sich diese Verschiebung der Werte? Doch das ist hier noch nichts anderes als eine Verlagerung der gewöhnlichen Aufmerksamkeit von einem Gegenstand auf einen anderen; ein gewisser Gebrauch des theoretischen Denkens wird durch einen anderen ersetzt. Nur wenig später aber macht sich eine tiefgreifendere und seltenere Veränderung bemerkbar: von der theoretischen und spekulativen Phase, die mit Überlegungen zum Dogma des Sündenfalls oder zur Natur der Engel ausgefüllt war, gelangt SWEDENBORG in einen anderen Zustand, in dem *nicht mehr bloß die Ideen zur Debatte stehen, sondern die Erkenntnis selbst.* Auf die theoretische Phase folgt eine Phase, in der innere Ereignisse eintreten, und sie haben nicht mehr den rein transitiven und möglichen Charakter des gewöhnlichen Denkens, sondern bringen *Gefühle von Mächten und Anwesenheiten* ins Bewußtsein, die etwas anderes sind als das ICH, die ihm gegenüberstehen, nicht wie Antworten oder Argumente oder gewöhnliche Intuitionen, sondern wie Phänomene. Abhandlung und Dialektik werden also ersetzt durch *Erzählung* und Beschreibung; das heißt, daß die Bedingungen und die Mittel des intellektuellen Forschens – Zweifel, Herausarbeiten des vielfältigen Möglichen, Wahl, Beweisführung usw. – bedeutungslos werden angesichts einer Wahrnehmung, die unmittelbare und unerschütterliche Gewißheit mit sich bringt. Diese Art der Gewißheit ist nicht vergleichbar mit jener, die das Wort *Evidenz* ausdrückt: die Evidenz ist letztlich eine Reaktion unseres Geistes, in der *wir uns wiedererkennen*, während die mystische Gewißheit sich darstellt als Eindruck einer von uns unabhängigen Existenz, wie wir ihn gemeinhin von den wahrnehmbaren Gegenständen und Körpern haben, die sich uns aufdrängen, *insofern sie uns fremd sind*. Daher kann dieses Auftreten von Mächten und Anwesenheiten, von dem ich soeben gesprochen habe, als die Herausbildung einer zweiten »Realität« oder »Realität« zweiten Grades betrachtet werden, und der Besitz einer solchen verdoppelten Vielfalt von Tatsachen definiert den Zustand des Mystikers.

Bei SWEDENBORG verschwindet die theoretische Aktivität jedoch nicht gänzlich vor der unmittelbaren Wahrnehmung. Sie spielt immer noch ihre konstruierende und rechtfertigende Rolle. Es ist »natürlich«, daß ein so hochbegabter und gebildeter Geist sich bemüht, zwischen seinen beiden Realitäten möglichst systematische Beziehungen herzustellen, und eine Art Methode entwickelt, der eine gewissermaßen »wissenschaftliche« Form oder Haltung gegeben wird. Eben dies tat SWEDENBORG in seiner berühmten *Theorie von den Entsprechungen*, in der er mehrere metaphysische, kabbalistische oder magische Traditionen einerseits mit seinem anfänglichen Rationalismus und andererseits mit den Entdeckungen auf Grund seines neuerwachten Erkenntnisvermögens miteinander verband.[4]

Diese *Theorie* gestattete es ihm, ein Verzeichnis, ein Wörterbuch zu erstellen, worin jedem Ding der alltäglichen Erfahrungswelt oder jedem Wort der gewöhnlichen Sprache ein Wesen oder ein Ding der »spirituellen« Welt entsprach.

Eine andere Frage, die sich mir durch die Lektüre von Martin Lamms Buch gestellt hat, lautet: Was ist unter dem Wort *spirituell* zu verstehen? Ich hätte leicht darüber hinweggehen und mich in dem Glauben lassen können, ich würde es verstehen. Ich habe diesen Ausdruck schon tausendmal gehört. Ich habe ihn unzählige Male verwendet. Doch ich fand, daß er hier eine Form und eine Bedeutung annimmt, die ein Innehalten erfordert.

Ich sagte mir folgendes: Das normale philosophische Vokabular hat für mich den Mangel, daß es sich notwendigerweise den Anschein einer technischen Sprache gibt, während die wirklich genauen Definitionen ihm nicht weniger notwendig fehlen – denn genaue Definitionen sind immer *instrumentell* (das heißt, sie lassen sich auf Akte reduzieren, wie z. B. einen Gegenstand zeigen oder eine Operation ausführen). Man kann unmöglich sicher sein, daß Wörtern wie *Vernunft, Universum, Ursache, Materie* oder *Idee* alleinige, einheitliche und konstante Bedeutungen entsprechen. Daraus folgt meistens, daß jede Anstrengung, die Bedeutung solcher Begriffe zu präzisieren, damit endet, daß unter demselben Namen ein neuer Denkinhalt eingeführt wird, *der sich vom ursprünglichen in dem Maße abhebt, wie er neu ist.*

Das mystische Vokabular jedoch ist noch sehr viel ausweichender. Hier ist die Bedeutung, die den Bestandteilen des Diskurses beigemessen wird, nicht nur eine persönliche, sondern sie ist aus außergewöhnlichen Momenten oder Zuständen der Person hervorgegangen. Sie ist nicht nur nicht unabhängig vom denkenden und sprechenden Subjekt, sondern hängt auch noch von seinem Zustand ab. Im übrigen erhalten bei den Mystikern die Sinneswahrnehmungen selbst nicht weniger eigenartige Bedeutung als die Wörter. Ein zufälliger Ton oder (wie bei Jakob Böhme[5]) ein Reflex auf einer Zinnschüssel werden nicht reduziert auf das, was sie sind, und auf die Gedankenassoziationen, die sich daraus ergeben mögen: sie bekommen die Macht von Ereignissen und werden wie durch *actio praesentiae* »Katalysatoren«, lösen eine Zustandsveränderung aus.

Das Subjekt wechselt dann mühelos in sein zweites Leben über – als wäre das anfängliche Phänomen ein gemeinsames Element, ein Berührungspunkt oder eine Nahtstelle zweier »Universa«.

So verhält es sich auch mit den wesentlichen Ausdrücken bei den Mystikern: sie haben eine Bedeutung, durch die sie in das Wörterbuch allgemeinen Gebrauchs gehören, und eine andere Bedeutung, die nur in den »innerlichen« Bezirken einer bestimmten Person zum Tragen kommt. Aus der Ambiguität dieser Doppelfunktion ergibt sich die Leichtigkeit des Übergangs vom normalen in den privilegierten Zustand, *das mühelose Hin und Her zwischen zwei Welten.* Diese letzte Bemerkung erscheint mir wichtig: sie erlaubt es, die Mystik nicht mit dem Wahn zu verwechseln; der Wahn vermischt die Welten und die Bedeutungen, der Mystiker à la SWEDENBORG unterscheidet sie, ja, er stellt sich die Tafel ihrer Korrespondenzen als Problem und Aufgabe; und im übrigen sind seine Handlungen in der gemeinen Welt, seine Beziehungen zu Menschen und Dingen vollkommen normal oder tadellos angepaßt.

In dem Fall, der uns beschäftigt, ist »spirituell« ein *Schlüsselwort*, ein Wort, dessen Bedeutung eine Resonanz ist. Es lenkt den Geist nicht auf ein Denkobjekt, sondern es versetzt ein ganz eigenes affektives und imaginatives Milieu in Schwingung. Es entspricht dem Bedürfnis auszudrücken, daß das, was man sagt, seinen Wert und Zweck nicht darin hat, was man sieht; und weiter, daß das, was man denkt, seinen Wert und Zweck nicht darin hat, was gedacht werden kann. Es ist ein Zeichen, das uns in Gestalt eines Epithetons nahelegt, die Gegenstände und Ereignisse des gewöhnlichen Lebens und der wahrnehmbaren Realität in den Rang bloßer Symbole zu verweisen, und das uns darüber hinaus auf die symbolhafte Natur unseres Denkens selbst zurückweist. Die »spirituelle« Welt verleiht der sichtbaren Welt ihren wahren Sinn; doch sie selbst ist nur der symbolische Ausdruck einer unerreichbaren essentiellen Welt, wo die Unterscheidung zwischen *Sein* und *Erkennen* nicht mehr besteht.

Der hauptsächliche Tatbestand (für den Psychologen), der alles dies umfaßt und eine Untersuchung verlangt, ist folgender: Jemand hat die Empfindung und Überzeugung, daß sich in seinem Denken noch etwas anderes manifestieren kann als sein Denken selbst. Das mystische oder spirituelle Ereignis schlechthin ist dann gegeben, wenn im Zuständigkeitsbereich eines ICH Quasi-Phänomene, impulsive Kräfte, Urteile usw. aufzutreten oder einzugreifen scheinen, die das ICH nicht als die seinen erkennt, die es nur einem ANDEREN zuschreiben kann ... in dem Bereich, wo es normalerweise kein *Anderes* gibt, dem unteilbaren Bereich DESSELBEN.

Zweifellos ist, was »in uns« vorgeht, ziemlich oft eine

Überraschung »für uns«; und versetzt uns in Erstaunen bald auf Grund einer überragenden Qualität, bald wiederum auf Grund einer offenbaren Schwäche oder Mangelhaftigkeit. Wir finden uns bald mehr, bald weniger als »wir-selbst«. Dennoch schreiben wir diese Abweichungen immer noch irgendeinem inneren oder funktionellen Ursprung zu, etwa so, wie wir es tun, wenn eine unerwartete körperliche Empfindung uns überrascht. Ein plötzlicher Schmerz verändert unsere Vorstellung von unserem ICH ebenso wie ein Schauer der Lust; doch wir bilden uns nie ein, daß diese Zwischenfälle oder Ereignisse nicht aus unserer eigenen Substanz seien, von der sie doch nur eine selten beanspruchte Eigenschaft sind. Der Mystiker dagegen empfindet die Äußerlichkeit oder eher Fremdheit der *Quelle* der Bilder, Gemütsbewegungen, Worte, Impulse, die ihn auf innerem Weg erreichen. Er ist gezwungen, ihnen die Kraft einer Wirklichkeit zuzumessen; doch da er diese Wirklichkeit nicht mit der Wirklichkeit *von jedermann* vermengen kann, ist sein Leben ein Wandern zwischen zwei Welten von gleicher Existenz, jedoch von sehr ungleicher Wichtigkeit.

Hier stellt sich unweigerlich eine Frage, die zu lösen ich mich nicht anheischig mache. Gelingt es mir überhaupt, sie klar zu formulieren?

Wie ist es vorstellbar, daß ein Mensch wie SWEDENBORG, das heißt ein höchst gebildeter Mensch – der durch gestandene Arbeiten wissenschaftlichen Ranges und Betrachtungen, in denen weithin Logik und aufmerksame Konzentration walten, daran gewöhnt war, die Entwicklung seines Denkens zu beobachten und in sich selbst voranzukommen, und zugleich sich der Operationen seines Geistes bewußt war –, eben die Tätigkeit dieses Geistes in der Hervorbringung von Bildern, Ermahnungen oder »Wahrheiten« nicht hätte erkennen können, und sie für ihn wie aus geheimer Quelle kamen? Diese Hervorbringungen sind befremdlich, gewiß – doch nicht so befremdlich, daß man nicht bei näherer Überlegung die der gewöhnlichen Lebenserfahrung entlehnten Elemente erkennen könnte.

Wie kann man übersehen, daß unsere spirituellen Gestaltungen in die Gruppe der Kombinationen gehören, die sich in uns vollziehen können auf Grund unserer sensorischen Erfahrungen und unserer psychischen und gefühlsmäßigen Möglichkeiten und Freiheiten? Während der *Gelehrte* SWEDENBORG die sinnlich wahrnehmbare Welt sicherlich als den oberflächlichen Aspekt einer physikalisch-mechanischen Welt in der Folge von Descartes oder Newton angesehen hatte, betrachtete der *Mystiker* SWEDENBORG diesen oberflächlich wahrnehmbaren Aspekt in naiver Intuition als Ausdruck einer »spirituellen« Welt. *Wenn also diese spirituelle Welt von irgendeiner übernatürlichen Macht offenbart wird, wählt diese Macht, um sich in* SWEDENBORG *auszudrücken, die Erscheinung, die angemessen wäre, um einen Unwissenden zu belehren* ...

Ich habe diese Worte hervorgehoben; doch ich kann den Gedanken, der sich in ihnen äußert, noch nachdrücklicher mit der folgenden Bemerkung betonen: Die sonderbarste Vision eines Visionärs kann immer auf eine einfache Deformation des beobachtbaren Wirklichen zurückgeführt oder rückbezogen werden, wobei die Bedingungen der Erkenntnis erhalten bleiben, und diese Vision kann im übrigen in Begriffen der Alltagssprache beschrieben werden. Man denke jedoch an die Struktur der Dinge und an die Form von Universum, die uns heute die Entwicklungen der mathematischen und instrumentellen Mittel der Wissenschaft bieten. Diese Ergebnisse sind einerseits positiv, denn sie beziehen sich auf Handlungsvermögen; andererseits sind sie nicht mehr mit dem Intellekt erfaßbar, erschüttern die ehrwürdigen »Kategorien des Verstandes«, entwerten gar die Begriffe von Gesetz und Ursache – so daß die altmodische »Wirklichkeit« von einst zur bloßen statistischen Größe wird, währenddessen die *Einbildungskraft* selbst, die Erzeugerin aller möglichen »Visionen«, und die *Umgangssprache*, ihr Ausdrucksmittel, sich als ohnmächtig erweisen, unfähig, uns darzustellen, was wir, genötigt von unseren Instrumenten und unseren Berechnungen, zu denken versuchen ...

Das Swedenborgsche Universum, die Spirituelle Welt, der Ort der Gattenliebe in der Sphäre der Engel und der Geister ist also »menschlich, allzu menschlich«, dem unseren zu ähnlich, während die Universa wissenschaftlicher Machart (selbst diejenigen, die zu SWEDENBORGS Zeit ersonnen wurden) im Gegenteil immer »unmenschlicher« werden; man findet in ihnen weder Hochzeiten noch schöne Reden, noch strahlende Jungfrauen; und sie können für nichts als Symbole dienen, denn sie sind selbst nur Symbole, Tensoren, Operatoren, Matrices, und zwar Symbole, deren konkrete Bedeutung sich uns entzieht.

Ich habe über all das nur gesprochen, um die Frage zu betonen, die ich in dem uns beschäftigenden Fall für wesentlich halte: *Wie ist ein* SWEDENBORG *möglich?* – Unter welchen Voraussetzungen ist es zu sehen, wenn die Eigenschaften eines gelehrten Ingenieurs, eines hervorragenden Beamten, eines in der Praxis so klugen und in allen Dingen so kenntnisreichen Mannes gleichzeitig vorhanden sind mit den Merkmalen eines Erleuchteten, der nicht zögert, seine Visionen aufzuschreiben und zu veröffentlichen, der gern als jemand gilt, von den Bewohnern einer anderen Welt heimgesucht zu werden, der von ihnen Mitteilungen empfängt und einen Teil seines Lebens in ihrer mysteriösen Gesellschaft verbringt?

Mehr noch: es reicht nicht, von gleichzeitigem Vorhandensein zu sprechen; es ist auch eine gewisse Zusammenarbeit zu verzeichnen, deren bemerkenswertestes und erstaunlichstes Beispiel die in den *Arcana coelestia* enthaltene Abhandlung über die Repräsentationen und die Entsprechungen darstellt.

Es fällt mir schwer zu glauben, daß dieses Werk nicht von einem Autor erdacht und verfaßt worden ist, der eher systematisch und Herr seiner selbst als inspiriert und in seine Betrachtung verloren war. Die Sorge um die Anordnung, der Wille und das Bemühen zu definieren, die geschickte Einführung neuer Begriffe sind sehr auffällig und müssen eine beträchtliche logische Arbeit erfordert haben, die zum Inhalt der Phantasien einen merkwürdigen Gegensatz bildet. Noch außerordentlicher aber ist der Teil dieser Abhandlung, in dem SWEDENBORG die Entsprechungen der Organe und Glieder entwickelt; er beweist an dieser Stelle bemerkenswert genaue und detaillierte anatomische Kenntnisse, und er zeigt sich als ein Mensch, der gründlich über die Probleme der Physiologie nachgedacht hat; Kenntnisse und Gedanken, derer er sich bedient, um allen Teilen des Organismus die seltsamsten »spirituellen« Bedeutungen, Wertungen oder Erfindungen entsprechen zu lassen. Diese Mischung aus Wissen, Methode und Traum, aus vollkommener, sicherer Klarheit und imaginären Beziehungen ist so schwer zu akzeptieren, daß wir manchmal versucht wären, die Gutgläubigkeit unseres Visionärs zu bezweifeln, wenn nicht einerseits die aufgewendete Arbeit, die Dauer und Stetigkeit dieses Strebens und andererseits die Uneigennützigkeit, der Edelmut, die man ihm bescheinigt, die Hypothese eines Schwindelunternehmens, einer anhaltenden Lüge großen Stils sehr unwahrscheinlich machten.

SWEDENBORG selbst antwortet auf die bangen Fragen nach dem eigenen Glauben an seine persönliche Erleuchtung: *Haec vera sunt quia signum habeo.*[6]

Dieses *Zeichen* genügt, um allen inneren Widerstand zu zerstreuen und das innige Bündnis des Rationalisten, Physikers, praktischen und geselligen Menschen SWEDENBORG mit dem Vertrauten der Geister und Engel zu erhalten. Diese sublimen und wunderbaren Beziehungen störten in keiner Weise sein recht weltzugewandtes Leben, und er unterhielt sie, wie er den normalen Umgang eines »honnête homme« mit seinen Zeitgenossen unterhielt, ebenso ungezwungen und gewohnheitsmäßig wie eine Person, die in mehreren »Welten« verkehrt (etwa in der ihrer Geschäfte und der ihrer Vergnügungen), deren verschiedene Gepflogenheiten beachtet und miteinander verbindet.

Die Natur dieses *Zeichens* wird uns nicht erklärt. Angenommen, SWEDENBORGS Antwort war keine bloße Ausflucht, so kann man sein Schweigen der Furcht zuschreiben, diese Grundlage seines innersten Lebens könnte ihm streitig gemacht werden, oder aber der Furcht, die Kraft dieses Zeichens könnte mit seinem Geheimnis vergehen. Doch auch die Schwierigkeit, es zu beschreiben, mag ihn gezwungen haben, sich darüber auszuschweigen. Es ist wohlbekannt, daß das, was unseren Geist auf eine Gewißheit festlegt, undefinierbar ist. Ich werde also nicht versuchen, mir diese vorzustellen, aber ich werde gleichwohl als einfache Anregung eine gewisse Analogie wagen.

Ich denke also an jene Art Stärke und Festigkeit, die in uns eine Meinung oder einen Beschluß als ganz dem Bedürfnis unseres Wahrnehmungsvermögens gemäß behauptet oder bestätigt. Wenn wir aus einer äußeren Quelle etwas empfangen, wonach wir einen starken Wunsch haben, dann scheint es uns, als wäre dieses Ding, das uns so zuverlässig befriedigt, gleichsam von unserem Wunsch selbst erzeugt. Wir fühlen, daß eine Idee, die uns unterbreitet wird, uns entzückt, als hätte der Wunsch, entzückt zu werden, sie für sich selbst gebildet; wir finden, daß ein Werk so gut *für* uns gemacht ist, als ob es wie *durch* uns gemacht ist; und das sagen wir sogar von einer Person; und dieses unerschütterliche und unmittelbare Gefühl ist für uns ein unanzweifelbares *Zeichen*, denn wir können nicht bezweifeln, daß, was uns gefällt, uns gefällt, und daß, was uns restlos beglückt, auch nicht für das kleinste Zögern Raum läßt.

An welchem »Zeichen« erkennt ein Künstler, daß er in einem bestimmten Augenblick das »Richtige« getroffen hat, und woran erkennt er die Notwendigkeit und zugleich die Lust (die beide wachsen) seines Schöpfungsakts?

SWEDENBORGS *Zeichen* war vielleicht nur das Gefühl von Energie, von glücklicher Fülle, von Wohlbefinden, das er empfand, wenn er seine spirituelle Welt entstehen und sich organisieren ließ, und die Gewißheit seiner Schöpferwonne mochte zweifelsohne genügen, um seine Zweifel endlos zu verschieben und seinen kritischen Sinn zu beruhigen.

Gleichwohl stellt uns der Fall SWEDENBORG, so scheint es, vor gewisse Tatsachen, die sich weder auf die mystische Vision noch auf die erklärte Existenz eines bestimmten *Zeichens* zurückführen lassen.

Diese substantielle Verwandlung eines zunächst ganz wissenschaftlichen und metaphysisch-theologischen Denkens in eine intuitive »zweite Realität« und transzendentale Lehre hat sich schrittweise vollzogen, und diese Schritte werden von »subjektiven«, recht eigentlich halluzinatorischen Ereignissen markiert, für die jene Szene im Gasthaus in London ganz und gar charakteristisch ist.

Muß man die Beschreibung, die der Theosoph selbst davon gegeben hat und die notgedrungen auch nur er geben konnte, *für* »richtig« halten? Wir werden sehen, wie bedeutsam die Frage ist, die ich hier stelle. Die Richtigkeit, von der ich spreche, ist keine, die von der Gewissenhaftigkeit SWEDENBORGS abhängen kann. Nehmen wir an, diese sei vollkommen. Doch auch der ehrlichste Mensch der Welt, der wiedergibt, was er gesehen hat, und besonders, was er in einem Bereich gesehen hat, wo er allein hat sehen können, verfälscht unvermeidlich diese Bedingung der Ehrlichkeit, und zwar *allein durch den Gebrauch der Umgangssprache*, die zu der nicht weniger unvermeidlichen Verfälschung durch den Erinnerungsakt noch eine andere hinzufügt, diejenige nämlich, die sich aus der Partitur in *Worte* und aus den kombinatorischen Gesetzen oder den Formen der Syntax ergibt. Auf der Ebene praktischer Kommunikation sind diese Verfälschungen normalerweise vernachlässigbar und werden im übrigen durch die allgemeine Erfahrung berichtigt: die allgemein wahrnehmbare Welt bestätigt die Übereinstimmung unserer Signale. Aber jede *Beschreibung* unserer getrennten Wahrnehmungen zerstört gründlich, was von diesen Wahrnehmungen zu wissen und zu entziffern am wertvollsten wäre.

Deshalb liegt es mir fern, mich auf die sogenannten Traumanalysen zu verlassen, die heute so in Mode sind und mit denen man scheinbar einen neuen Schlüssel zu den Träumen geschmiedet hat.[7]

Der Traum ist eine Hypothese, denn wir kennen ihn immer nur aus der Erinnerung, doch diese Erinnerung ist notwendigerweise etwas Fabriziertes. Wir konstruieren, wir zeichnen unseren Traum nach; wir verleihen ihm Ausdruck, wir geben ihm einen Sinn; er wird *erzählbar*: Geschichte, Szenen, Rollenverteilung, und in diesem Erinnerungsszenarium ist der für das Erwachen, für das Wiedererkennen genommene Teil nicht zu unterscheiden von dem, was vielleicht etwas von dem für immer verlorenen Original wiedergibt. Zudem geschieht es, daß wir den Traum weitererzählen: der Zuhörer übersetzt seinerseits den Bericht in sein eigenes Bildersystem: wenn er beansprucht, Träume zu studieren, wird er sich mit dem auseinandersetzen, was er sich einbildet und was die Umwandlung einer Umwandlung ist.

Die Übersetzung einer Übersetzung kann sehr wohl etwas bewahren, aber nicht das, *was nicht benannt werden kann*. Was nicht benannt werden kann, ist genau das, worauf es uns ankäme, was uns eine Vorstellung davon gäbe, was *Bewußtsein im Schlaf*[8], was Produktion und Substitution von Quasi-Phänomenen, was der fortwährende Entstehungszustand eines seinem Wesen nach augenblicklichen, mentalen Lebens ohne Umkehr sein kann. Doch über den *Bericht* eines Traums zu spekulieren heißt mit dem Ergebnis einer *Handlung* des Wachzustandes zu operieren, durch die das hypothetische Original die Substanz seiner Natur verloren hat und zu einem abstrakten Trugbild geworden ist – so wie eine Statue nicht mehr die innige Beziehung vorführt, die bei der Entstehung zwischen der Form und der lebendigen Materie des Modells bestand. Kurz, wir setzen uns mit dem *Schema* eines vollständig außer Kraft gesetzten Ereignisses auseinander, und wir interpretieren es; doch ein Schema ist das Ergebnis verschiedener Handlungen, und diese Handlungen sind Handlungen des Wachzustandes: man muß »wach« sein, um etwas *Ausdruck zu verleihen.*

Doch nehmen wir an, wir versuchen im Gegenteil, unsere Wahrnehmungen und Vorstellungen des Wachzustandes absichtlich zu verändern, so daß wir ihre signifikative Wirkung verringern und ihre transitive und konventionelle Bedeutung außer Kraft setzen (wie es mit einem Wort geschieht, das wiederholt wird, *bis es seinen Sinn verliert*), dann werden wir Merkmale eines Zustands beobachten, dessen Grenze der Traumzustand *wäre*. Wir können ihn übrigens recht gut beobachten, wenn wir fühlen, wie unser Geist vom

Schlaf überwältigt wird, wie wir in gewisser Weise zwischen zwei Welten schwanken, von denen die stärkere sich nach und nach in der schwächeren auflöst ... Da zeichnet sich bereits die Transformationsweise des Bewußtseins ab, die in der Traumwelt herrschen wird, und wenn wir (rein hypothetisch) annehmen, daß diese Welt sich von der des Wachzustandes durch die Art der Entwicklung jeden auf uns wirkenden Eindrucks unterscheidet, bekommen wir eine Ahnung davon, was sich unter der Herrschaft des Schlafes abspielen kann, wenn unsere noch vorhandene Wahrnehmungsfähigkeit von Zwischenfällen in den Organen oder äußeren Vorgängen beansprucht wird, die nicht ausreichen, um eine vollkommene Veränderung unseres Zustands – das Erwachen – herbeizuführen.

Entsprechendes muß sich meines Erachtens in den »Visionen« wiederfinden lassen. Die Transformationsweisen der Erscheinungen müssen mit denen unserer Träume große Ähnlichkeit haben. Dies glaube ich in einigen Fällen durch die minutiöse Untersuchung gewisser Berichte von einigen der naivsten Visionäre bestätigt zu sehen. Es ist in der Tat wichtig, daß das Dokument von einem möglichst wenig gebildeten und *erfinderischen* Subjekt herrührt, damit die Erzeugung der Bilder möglichst frei von Intentionen und nachträglichen Korrekturen ist.

Soweit es sich um SWEDENBORG handelt, sind die Bedingungen ganz entgegengesetzt und sehr ungünstig für eine Überprüfung des Exaktheitsgrades des uns in seinen Schriften gegebenen Berichts. Gewisse Einzelheiten der berühmten Londoner Vision scheinen mir gleichwohl zu denen zu gehören, die »man nicht erfinden kann«, das heißt, die nicht den Eindruck machen, als könnte ihnen ein Wunsch, eine Absicht vorangegangen sein, als würden sie einer bewußten Anforderung nachkommen ...

Ich habe mich zu Überlegungen hinreißen lassen, von denen nur dies behaltenswert ist: daß ich zu keinem Ende käme, wenn ich all die Fragen verfolgte, vor die das Buch von Martin Lamm mich gestellt hat.

Ich habe es zu lesen begonnen, ohne zu ahnen, daß ich damit einen Zauberwald betreten würde, wo jeder Schritt plötzlich Schwärme von Gedanken aufscheucht, wo sich die Kreuzwege glänzender Hypothesen, die psychologischen Schlingen und die Echos vervielfachen; wo jeder Blick Perspektiven ahnt, die ein Gestrüpp von Rätseln umgibt, wo der intellektuelle Jäger in Erregung gerät, sich verirrt, die Spur verliert, wiederfindet und von neuem aufnimmt ... Doch das bedeutet keineswegs, seine Zeit zu verlieren. Ich liebe die Jagd um der Jagd willen, und es gibt nicht viele Jagden, die spannender und abwechslungsreicher wären als die Jagd auf das Rätsel[9] SWEDENBORG.

VIER BRIEFE ÜBER NIETZSCHE

Vorbemerkung

Ich glaube, es ist nur wenigen Menschen geschehen, nahezu überall auf Briefe zu stoßen und hier und da wiederzulesen, was man für einen einzigen geschrieben hatte, und ohne an Dauer zu denken, ohne sich vorzustellen, daß sie eines Tages Objekte der Neugier und des Handels sein und unter dem Schutz von Gesetzen zirkulieren würden, von denen bekannt ist, wie weitgehend sie sich dagegen sperren, das Nichtmaterielle zu verteidigen, und wie widerwillig und mit welchem Bedauern sie sich dazu herablassen, die Interessen des Herzens oder des Geistes zu berücksichtigen. Jeden Tag sehe ich, wie sehr alte Freunde, die ich einst hatte, verkaufen, was ich ihnen im Vertrauen geschrieben hatte; wie einige von ihnen nicht einmal die Billets und kurzen Mitteilungen zurückhalten, die sich auf ihr eigenes Leben mit seinen intimen Wechselfällen beziehen. Man geht mit diesen Papieren von meiner Hand hausieren, bietet sie als Hauslieferung an, sie sind in Schaufenstern zu sehen, werden in Katalogen reproduziert; und dies alles aufgrund von Gesetzen, das heißt von Juristen, die es nicht verstanden haben, Briefe aus dem Verkehr zu ziehen, so wie sie es einst für Personen vorgesehen haben.

Ich spreche von diesem Mißbrauch (für den die allgemein niederträchtige Gesinnung des Geistes unserer Gesetze und dann auch die hohen Lebenskosten und der damit einhergehende Verfall der Widerstände ebenso verantwortlich sind wie die Zunahme einer primitiven Neugier) hier nur deshalb, um öffentlich den Takt anzuerkennen, mit dem die *Cahiers de la Quinzaine* an mich herangetreten sind, um von mir die Abdruckerlaubnis für vier Briefe zu erhalten, die ich einst an Henri Albert im Zusammenhang mit seiner Folge der Übersetzungen von Nietzsches Werken geschrieben habe. Der

Anlaß ist es mir wert, die höchst verdienstvolle und beachtenswerte Arbeit Alberts zu ehren, der so viele Jahre seines Lebens daran gesetzt hat, um die französische Öffentlichkeit mit dem Denken des Dichterphilosophen des *Zarathustra* bekannt zu machen.

Was meine Briefe angeht, so bedeuten sie wenig: Dankesworte, Dankesbezeugungen, rasch hingeworfene Worte, in denen kaum meine Lektüreeindrücke aufscheinen. Ich entsinne mich kaum noch meiner damaligen Ideen über die Thesen Nietzsches: wenn ich aber diese kleinen Mitteilungen so lese, als ob sie von einem anderen stammten, gelingt es mir doch, mich darin wiederzufinden. Nietzsche weckte in mir den Kampfgeist und das rauschhafte Vergnügen an der Schlagfertigkeit der *Antworten*, woran ich stets ein wenig zu sehr Gefallen fand. Er gefiel mir auch wegen des intellektuellen Taumels durch den Exzeß des Bewußtseins und erahnter Beziehungen, wegen gewisser *Grenzgänge*, der Gegenwart eines überlegenen Willens, der eingreift, um sich die Hindernisse und Anforderungen zu schaffen, ohne die das Denken sich selbst nur zu entfliehen versteht. Ich bemerkte darin ein nicht näher bestimmbares Bündnis zwischen dem Lyrischen und dem Analytischen, das bisher keiner so beherzt geschlossen hatte. Und schließlich schätzte ich an dieser von der Musik genährten Ideologie besonders die Mischung und den gelungenen Gebrauch von Begriffen und Voraussetzungen gelehrter Herkunft; Nietzsche war sozusagen mit einer Kombination von Philologie und Physiologie ausgerüstet, die seinem mentalen Mechanismus in bemerkenswerter Weise angepaßt oder mit ihm verbunden war.

An anderen Stellen hingegen schockierte er mich. Er verunsicherte in mir das Gefühl der Strenge. Ich begriff nicht, daß dieser heftige und unermeßliche Geist mit dem Nichtverifizierbaren nicht zu Ende gekommen war ...

Außerdem sehe ich in diesen Briefen auch ein paar Worte, die das Politische berühren. Ich spiele auf die deutsche Frage an.

Man kann sich fragen, was der Verfasser der *Unzeitgemäßen Betrachtungen* heute wohl denken würde.

Was mich betrifft, so lese ich meinen kurzen Brief an Henri Albert vom Oktober 1907 wieder und finde nichts, was daran zu ändern wäre. Und doch ist in der Zwischenzeit einiges geschehen.

Herrn Henri Albert
p.Adr. *Mercure de France*
15 rue de l'Échaudé
Paris
[Poststempel vom 11.11.1901]
Sonntag

Mein lieber Albert,

Ich habe ein Stück Morgenröte[1] verschlungen, mit allen unguten Gefühlen, die angebracht sind, wenn man Nietzsche liest, und die ich mit der wiederholten Anerkennung verband, welche dem Übersetzer gebührt.

In einer Zeit, in der das Beste von dem, was gedruckt wird, Übersetzung ist, haben Sie einen schönen und sicheren Platz erobert. Glauben Sie mir, daß ich Sie bewundere, diese langwierige Aufgabe zur Vollendung zu bringen und sich so lange mit der ganzen Folge der Bücher abzumühen, in denen ein Genie – das beschwerlichste, das grellste – sich verströmt.

Gehen Sie manchmal zum *Mercure*?

Ich empfinde mich davon weit entfernt – in mehrfacher Weise –, denn wenn ich die Entfernung überwinde, stoße ich – auf die Abwesenheit von Gesprächsgenossen – auf einen Verfall der Unterhaltung, die mich den Gang bereuen lassen.

So weiß ich nicht, wo ich Ihnen die Hand drücken kann, außer auf diesem unzulänglichen Stück Papier.

Ganz der Ihre
P. Valéry

P. S. Und Bonnières?[2] Gehen Sie immer noch zu seinen Montagen?

Herrn Henri Albert
p.Adr. *Mercure de France*
15 Rue de l'Échaudé
Paris
[Poststempel vom 10.12.1902]

Mein lieber Albert,

Was für ein Reisender, und welcher Schatten folgt ihm![3] Ein Skandal, dieser Nietzsche – eine großartige Darbietung menschlicher und gewiß auch – großartiger Kräfte.

Doch wie viele Schwächlinge werden sich für stark halten, nur weil sie gelesen haben!

Wenn aber jeder sich selbst befragt und die innere Unermeßlichkeit streift – dann ist Nietzsche gerechtfertigt; er herrscht, und wäre es auch nur unter uns ...

Ihnen ist das außerordentliche Schelmenstück zu verdanken, in das heutige Frankreich jemanden eingebracht zu haben, der sehr interessiert und beinahe schon gierig war auf ein Frankreich – von gestern.

Der Leser kann bei einigen Lobreden, die er nicht mehr verdient, nur erröten.

Zumindest – die Vortrefflichkeit der Übersetzung sei gelobt – Ich habe mit Freude Artikel gesehen, in denen genau die Kontinuität der Perfektion gelobt wird, die Sie in diese gewaltige Arbeit gesteckt haben. Ich wiederhole für Sie diese Wahrheiten und füge meinen alten Dank und meine herzlichen Grüße hinzu.

P. Valéry

Herrn Henri Albert
11 Rue Mazarine
Paris
[Poststempel vom 4. 8. 1903][4]
40 Rue de Villejust – Dienstag

Mein lieber Albert,

Ich habe so gut wie ich konnte diese weniger vollendeten, wichtigeren Bände gelesen – die einer umfassenden Erforschung würdig sind –, die Sie mir zugeschickt haben.[5]

Zur Zeit habe ich indessen nicht viel Ruhe, und es fehlt mir auch die strenge Muße, die ich brauche, um diese zahllosen Ideen gewichten und auf kleinem meditativem Feuer verbrennen zu können.

Hinter Sorgen, die alles andere als spekulativ sind, gewahre ich, daß ich die Ewige Wiederkehr nicht schätze, so wenig wie manche Übertretung, die der Autor hinsichtlich der von ihm so benannten und geschätzten »Reinlichkeit«[6] begeht. Seine Kritiken am Christentum zum Beispiel sind Schemen – sie malen den Schemen eines Christen – Die Wirklichkeit – das ist die Verschiedenheit der Milliarden von Christen – in der man ohne weiteres alle möglichen Typen finden würde – sogar die der Lehrmeinung – Napoleon hat seinen Katechismus ebenso gelernt wie Ludwig XVI.

Folglich steht die Kritik nur noch auf dem Papier, und dennoch!

Dasselbe gilt für die Moral –

Es gibt mindestens dreierlei – die Moral als *schriftliches* Reglement – die Moral als bizarre und nicht schriftlich fixierbare Überlegung (die im Geist ausgeheckt wird) – und schließlich – das, was man tut. Es ist unmöglich, über letzteres, das Wichtige, zu argumentieren – Das zweite ist eine *zur Hälfte* nicht entzifferbare Hieroglyphe – Das erstere ist Phantasie, Annäherung – (alles, was man über die Hervorbringungen der Feder usw. sagen kann).

Was den Teil angeht, auf den Sie in unserem Gespräch hingewiesen haben – so scheint es mir, daß N. ein wenig zu früh gekommen ist, um einen nützlichen Gebrauch von den energetischen Theorien[7] zu machen. Im übrigen scheint er keine Kenntnis zu haben von bestimmten Resultaten, über die man zu seiner Zeit schon verfügte und die ihn in seinen Ansichten hätten bestätigen oder davon abbringen können. – Alles ist möglich. Wenn ich mich aber nicht irre, hat der *unausstehliche* Spencer[8] mit Hilfe der erwähnten Theorien und trotz des Theorems von Clausius[9], das sie auszuschließen scheint, ebenfalls eine Ewige Wiederkehr fabriziert.

Entschuldigen Sie dieses übereilte Urteil – dem ich nicht alle positiven – bewundernden – »Urteilsbegründungen« im einzelnen hinzufüge – die nötig wären.

Ich befinde mich anderswo – Ich beschäftige mich mit der ewigen Rückkehr![10]

Empfangen Sie, mein lieber Albert, meine herzlichsten Grüße und nehmen Sie meinen Dank entgegen.

P. Valéry

Oktober 1907[11]

Mein lieber Albert,

Als sicherlich zeitgemäß für den von Zweifeln befallenen Leser (der man sein muß) erscheinen mir diese Betrachtungen[12] – wenn man bedenkt, daß von dem Autor nichts Germanischeres geschrieben wurde; und wenn man bedenkt, daß jetzt alles Germanische und die Zukunft dieser Zentralwolke Europas für die ganze Welt und für die Germanen ein überaus großes Rätsel ist.

Uns anderen obliegt es zumindest, sie zu betrachten, sie in aller Hellsichtigkeit einzukreisen, wie es der Philosoph mit seinem Übel macht.

Es gibt in der ganzen Geschichte nichts Merkwürdigeres als dieses Ohr Frankreichs, das dorthin gerichtet ist – ängstlich im Jahre 1905[13] – neugieriger heute, im Versuch, etwas Wahres zu vernehmen, das mit widersprüchlichen Geräuschen verbunden, auf lächerliche Weise ungewiß ist.

Eine höchst vortreffliche Sache (wenn ich mich nicht irre) – Mir scheint, daß Nietzsche nicht mehr darüber wußte: er spürte alles Zeitgemäße an seiner Nation; aber er sagt uns nichts über die Fortsetzung.

Alles in allem – genügt es vielleicht, eine Erdkarte anzusehen und ein Statistikbuch durchzublättern ...

Ihnen herzlich verbunden
P. Valéry

REDE AUF BERGSON

Ich dachte, zu Beginn dieses Jahres, da Frankreich daniederliegt, da sein Leben den härtesten Prüfungen ausgesetzt, seine Zukunft fast unvorstellbar ist, sollte ich dem Wunsch Ausdruck verleihen, den wir alle, Abwesende und Anwesende dieser Akademie, hegen, daß die kommenden Zeiten für uns weniger bitter, weniger finster, weniger grauenvoll sein mögen als die, die wir 1940 erlebt haben und immer noch erleben.

In den ersten Tagen dieses neuen Jahres jedoch wurde die Akademie in gewisser Weise in ihrem Nerv getroffen. Am Samstag, den 4. Januar, starb Henri Bergson im Alter von einundachtzig Jahren; er erlag, anscheinend ohne zu leiden, einer Lungenentzündung. Der Leichnam des berühmten Mannes wurde am Montag unter notwendig einfachsten und notwendig höchst bewegenden Umständen von seinem Wohnsitz zum Friedhof von Garches überführt. Keine Totenfeier; keine Worte; doch sicherlich um so mehr Sammlung und das Gefühl eines außerordentlichen Verlustes bei all denen, die sich dort eingefunden hatten. Etwa dreißig Personen waren in einem Salon um den Sarg versammelt. Ich habe Madame Bergson das Beileid der Akademie ausgesprochen, und sie hat mich beauftragt, in ihrem Namen zu danken. Gleich danach wurde der Sarg hinausgetragen, und auf der Schwelle des Hauses grüßten wir ein letztes Mal den größten Philosophen unserer Zeit.

Er war der Stolz unserer Akademie. Ob wir von seiner Metaphysik eingenommen waren oder nicht, ob wir ihm in seiner tiefgehenden Suche, der er sein ganzes Leben gewidmet hat, und in der wahrhaft schöpferischen Entwicklung seines immer kühneren und freieren Denkens gefolgt sind oder nicht, wir hatten in ihm das authentischste Beispiel der höchsten intellektuellen Tugenden. Eine Art moralische

Autorität in den Dingen des Geistes verband sich mit seinem Namen, der universelle Gültigkeit hat. Frankreich verstand es, unter Umständen, deren Sie sich gewiß entsinnen, diesen Namen und diese Autorität anzurufen. Er hatte viele Schüler von einem Eifer und fast einer Ergebenheit, die nach ihm in der Welt der Ideen auszulösen heute niemand sich schmeicheln kann.

Ich werde nicht auf seine Philosophie eingehen. Dies ist nicht der Augenblick, eine Untersuchung vorzunehmen, die gründlich sein soll und dies nur sein kann im Licht heller Tage und in der vollen Entfaltung des Denkens. Die sehr alten und folglich sehr schwierigen Probleme, die Bergson behandelt hat, wie das Problem der Zeit, das des Gedächtnisses, und vor allem das der Entwicklung des Lebens, sind von ihm neu gestellt worden, und er hat damit die Lage der Philosophie, wie sie sich noch vor fünfzig Jahren in Frankreich darstellte, erstaunlich verändert. Die mächtige kantianische Kritik, mit einem furchterregenden Kontrollapparat der Erkenntnis und einer sehr klug organisierten abstrakten Terminologie ausgerüstet, beherrschte die Lehre und setzte sich sogar in der Politik durch, sofern die Politik mit der Philosophie überhaupt in Berührung kommen kann. Bergson wurde von der Strenge dieser Lehre weder betört noch eingeschüchtert, die so gebieterisch die Grenzen des Denkens verfügte, und er unternahm es, die Metaphysik aus jener Art Mißkredit und Vernachlässigung zu befreien, worin sie sich befand. Sie wissen, welchen Widerhall seine Vorlesungen am Collège de France hatten und welchen Ruf seine Hypothesen und Analysen in der ganzen Welt erlangten. Während seit dem 18. Jahrhundert die Mehrzahl der Philosophen von physikalisch-mechanischen Auffassungen beeinflußt waren, hatte sich unser berühmter Kollege glücklicherweise zu den Wissenschaften des Lebens verführen lassen. Die Biologie inspirierte ihn. Er betrachtete das Leben, verstand es und begriff es als Trägerin des Geistes. Er scheute sich nicht, in der Beobachtung seines eigenen Bewußtseins manche Erhellung für Probleme zu suchen, die nie zu lösen sein werden. Aber er hat das große Verdienst, den Sinn für eine Betrachtung neu geweckt und rehabilitiert zu haben, die unserem Wesen näher ist, als es eine rein logische Entwicklung von Begriffen sein kann, die einwandfrei zu definieren übrigens im allgemeinen unmöglich ist. Der wahre Wert der Philosophie besteht nur darin, das Denken auf sich selbst zurückzuführen. Dieses Bemühen erfordert von dem, der es beschreiben und der vermitteln will, was ihm von seinem inneren Leben erscheint, besonderen Einsatz, ja die Erfindung einer Art und Weise sich auszudrücken, die dieser Absicht angemessen ist, denn die Sprache verstummt an ihrer eigenen Quelle. Hier zeigte sich die ganze Größe von Bergsons Genie. Er hatte den Mut, der DICHTUNG ihre Zauberwaffen zu entleihen und deren Kraft mit der Genauigkeit zu verbinden, von der abzurücken ein in den exakten Wissenschaften geschulter Geist nicht zulassen kann. Die gelungensten und neusten Bilder und Metaphern entsprachen seinem Wunsch, die Entdeckungen, die er seinem Bewußtsein machte, und die Ergebnisse seiner inneren Erfahrungen im Bewußtsein des anderen entstehen zu lassen. Daraus ergab sich ein Stil, der zwar philosophisch war, aber darauf verzichtete, pedantisch zu sein, was manche verwirrte und sogar vor den Kopf stieß, während viele andere erfreut waren, in der Geschmeidigkeit und dem graziösen Reichtum dieser Sprache ganz französische Freiheiten und Nuancen zu erkennen, vor denen man sich nach Überzeugung der vorhergehenden Generation bei ernsthafter Spekulation tunlichst zu hüten hatte. Gestatten Sie mir, hier zu bemerken, daß diese Wiederentdeckung fast gleichzeitig mit derjenigen geschah, die das sehr subtile und sehr gelöste Werk von Claude-Achille Debussy[1] in der Welt der Musik bedeutete. Es waren dies zwei für Frankreich ganz bezeichnende Reaktionen.

Dies ist noch nicht alles. Henri Bergson, der große Philosoph und große Schriftsteller, war auch – und mußte es sein – ein großer Menschenfreund. Sein Irrtum war vielleicht, zu denken, die Menschen seien es wert, daß man ihr Freund ist. Er hat mit ganzer Seele an der Vereinigung der Geister und der Ideale gearbeitet, von der er glaubte, sie sollte derjenigen der politischen Organismen und der Kräfte vorangehen;

doch vielleicht ist es genau das Gegenteil, was gesehen werden muß? Vielleicht müssen die vielfältigen Antagonismen, die zwischen den Menschen bestehen, als spezifisch menschlich betrachtet werden, einschließlich des Antagonismus, der die Anhänger und Diener dieser Einheit denjenigen gegenüberstellt, die nicht daran glauben und sie für ein gefährliches Hirngespinst halten.

Bergson dachte zweifellos, daß das Schicksal des Geistes untrennbar sei von dem Gefühl seiner Gegenwart und seiner universellen Gültigkeit: darin, und übrigens auch in anderen Punkten, traf er sich mit einem höchst religiösen Denken. Der Sinn des Lebens von seinen einfachsten und bescheidensten Äußerungen an erschien ihm wesentlich als ein geistiger. All dies gestattet, daß wir uns vorstellen können, in welcher Verfassung diese weite und tiefgründige Intelligenz gewesen sein mochte angesichts der Ereignisse, die manch hoffnungsvolle Erwartung zerstört und das Antlitz der Welt so schnell und so gewaltsam verändert haben. Ist er verzweifelt? Hat er sich seinen Glauben an eine immer höhere Entwicklung unserer Gattung bewahren können? Ich weiß es nicht, denn da ich auch nicht wußte, daß er sich seit September in Paris befand, und von seiner Anwesenheit erst in dem Augenblick erfuhr, da ich von seinem Tod erfahren mußte, habe ich ihn nicht mehr besucht. Doch ich zweifle nicht daran, daß er schmerzlich und bis in sein Innerstes getroffen war von dem vollkommenen Desaster, dessen Folgen wir erleiden.

Bergson, diese sehr erhabene, sehr reine, sehr überlegene Gestalt des denkenden Menschen – vielleicht einer der letzten Menschen, die ausschließlich, gründlich und überlegen gedacht haben werden in einer Epoche der Welt, da die Welt immer weniger denkt und nachsinnt, da die Zivilisation sich Tag um Tag mehr auf die Erinnerung zu beschränken scheint, auf die Reste, die wir von ihrem vielgestaltigen Reichtum und ihrer freien und überströmenden intellektuellen Produktion bewahren, während Elend, Angst, Zwang aller Art die Unternehmungen des Geistes beeinträchtigen oder behindern –, Bergson scheint bereits einem vergangenen Zeitalter anzugehören, und sein Name erscheint uns wie der letzte große Name in der Geschichte der europäischen Intelligenz.

DER MENSCH UND DIE MUSCHEL

Gäbe es eine Dichtkunst über die Wunder des Verstandes und seine Erschütterungen (ich habe mein Lebtag darüber nachgesonnen), so könnte kein Vorwurf sie mit reizvolleren Verheißungen locken und entzücken als die Schilderung eines Geistes, welcher bis in seine Tiefen vom Anblick irgendeiner jener merkwürdigen Naturformen erregt wurde, die man hie und da zwischen den vielen uns umgebenden Dingen von gleichgültiger Zufallsgestalt beobachten kann (oder die gleichsam erzwingen, daß man sie beobachtet).

Wie von Geräuschen ein reiner Ton oder ein melodisches Gefüge reiner Töne, ganz so sondert sich von den gewöhnlich ohne Regel gefügten Gestalten der wahrnehmbaren Dinge rings um uns ein *Kristall* ab, eine *Blume* oder eine *Muschel*. Verglichen mit all jenen anderen Gegenständen, welche unser Auge nur undeutlich begreift, scheinen sie uns bevorzugt zu sein: verständlicher für das Sehen, wenn auch geheimnisvoller für das Denken. Sie rufen in uns, seltsam verbunden, die Vorstellungen von Ordnung und Phantasie wach, von Erfindung und Notwendigkeit, von Gesetz und Ausnahme, und zugleich erspüren wir in ihren Gestalten den Anschein einer *Absicht* und den Anschein einer *Handlung*, die sie geformt haben könnten, ungefähr wie Menschen es vermöchten; nichtsdestoweniger entdecken wir in ihnen aber auch die Gewißheit von Verfahren, die uns versagt sind und die wir nicht zu enträtseln vermögen. Wir können diese absonderlichen Formen nachmachen, unsere Hände können ein Prisma schneiden, eine künstliche Blume kleben, eine Muschel formen oder drehen, wir können sogar durch eine *Formel* die Eigenschaften ihres Gleichmaßes ausdrücken oder sie ziemlich genau durch eine geometrische Konstruktion darstellen. Bis dahin können wir von der »Natur« borgen, ihr Absichten, eine Mathematik, einen Geschmack, eine Einbildungskraft unterschieben, die nicht unendlich verschieden von den unseren sind; aber, siehe da, nachdem wir ihr alles *Menschliche* zugestanden haben, dessen es bedarf, um dem Menschen verständlich zu sein, offenbart sie uns ihrerseits, was es an Nichtmenschlichem bedarf, um uns zu verwirren. Wir begreifen den *Aufbau* dieser Gegenstände, und dadurch reizen und fesseln sie uns; wir begreifen nicht ihre *Entstehung*, und dadurch lassen sie uns keine Ruhe. Obwohl wir selbst auf dem Wege unmerklichen Wachstums gemacht oder gebildet sind, vermögen wir auf diesem Wege nichts hervorzubringen.

Dies Muschelgehäuse, das ich zwischen meinen Fingern halte und drehe, zeigt mir eine aus den einfachen Themen der Schraubenwindung und der Spirale zusammengesetzte Formentwicklung, zugleich aber drängt es mich in ein großes Staunen und Aufmerken; beide bewirken, was sie können: ganz äußerliche Wahrnehmungen und Feststellungen, kindliche Fragen, »dichterische« Vergleiche und Ansätze zu törichten »Theorien«. Aber ich spüre schon, wie mein Geist den ganzen, noch verborgenen Schatz der Antworten verschwommen vorausahnt, die – vor einem Ding, das mich gefangennimmt und befragt – tief in mir aufzudämmern beginnen ...

Ich versuche mich zunächst darin, mir dieses Ding zu beschreiben. Sein Anblick suggeriert mir die Bewegung, die wir beim Drehen einer Papiertüte machen. Wir bringen auf diese Art einen Kegel zustande, auf dem der eine Papierrand eine Erhöhung bildet, welche, der Spitze des Kegels zustrebend, dort nach einigen Windungen erlischt. Die mineralische Muscheltüte jedoch ist nicht aus einem einfachen Blatt, sondern aus einer Röhre gebildet. Mit einer solchen, an dem einen ihrer beiden Enden geschlossenen und als weich angenommenen Röhre kann ich nicht nur ziemlich gut das Wesentliche der Form eines Muschelgehäuses nachmachen, sondern darüber hinaus noch deren eine Menge anderer darstellen, von denen die einen, gleich dem von mir untersuchten Gehäuse, in einer Kegelform einbeschrieben sein werden, während die anderen entstehen, indem ich den Gewinde*gang* des Kegels einenge, so daß das Gehäuse sich schließlich zusammenrollt und wie eine Uhrfeder lagern wird.

Zu einer Art ersten Annäherung an die betrachtete Form genügen also die Vorstellungen einerseits einer *Röhre* und andererseits einer *Drehung*.

Diese Einfachheit hat jedoch nur etwas Grundsätzliches. Wenn ich eine ganze Muschelsammlung durchsehe, stoße ich auf eine wunderbare Mannigfaltigkeit. Die Kegelform streckt sich oder flacht sich ab, schnürt sich zusammen oder dehnt sich aus, die Spiralen schwellen oder schmelzen, die Oberfläche bekörnt sich mit Vorsprüngen oder mit Stacheln, die bisweilen ziemlich lang sind und wie Strahlen schießen. Manchmal quillt die Oberfläche oder bläst gereihte Knötchen empor; zwischen ihnen wogen Einschnürungen oder Buchtungen, auf welchen die Gleise der Windungen nahe aneinander rücken. In den harten Stoff gegraben, ziehen die Rillen, Falten und Streifen dahin und behaupten sich, während, auf die Mutterflächen gereiht, die Vorsprünge, Dornen und Buckel sich stufen, einander Windung für Windung entsprechen und die umlaufenden Rampen in gleichen Abständen zerteilen. Der Wechsel dieser »Verzierungen« verwischt nicht den steten Ablauf der Haupt*wendung* der Form, sondern veranschaulicht ihn. Die wechselnde Anmut verdirbt nicht, sondern bereichert das Grundmotiv der sich voranschraubenden Spirale.

Immer sich selber gehorchend, immer tiefer sich in ihrem einzigen Gesetz bestätigend, beutet diese *Idee* des periodischen Vorandrängens die ganze abstrakte Fruchtbarkeit jenes niemals von ihr geänderten Grundmotivs aus und zeigt seine sinnliche Verführungskraft. Sie überwältigt den Blick und reißt ihn in einen seltsam geregelten Taumel. Ohne Zweifel würde ein Mathematiker dieses System aus »linksgewundenen« Linien und Flächen leicht lesen und mit wenigen Zeichen durch irgendwelche Beziehungen irgendwelcher Größen ausdrücken können, denn es ist das Eigentümliche des Verstandes, mit dem Unendlichen ein Ende zu machen und eine Wiederholung auszuschalten. Aber die gewöhnliche Sprache eignet sich wenig dazu, Formen zu beschreiben, und so verzweifle ich fast daran, die wirbelnde Anmut dieser Muschelformen auszudrücken. Aber auch der Mathematiker gerät seinerseits in Verlegenheit, wenn die Röhre an ihrem einen Ende plötzlich sich weitet, einreißt, sich umstülpt und in ungleichen, oft zurückgebogenen, mit Wellen oder Streifen bedeckten Lippen überquillt, die, als wären sie aus Fleisch, sich öffnen und in ihrer Spalte den zartesten Perlmuttgrund bloßlegen, die geglättete Rampe am Ausschlupftor eines inneren Gewindes, welches sich verbirgt und im Schatten verliert.

Schraubenwindung, Spiralen, Entwicklungen gewinkelter Verbindungen im Raum – der Beobachter, der sie betrachtet und sich müht, sie in seine Ausdrucks- und Verständnisweise zu übersetzen, wird nicht verfehlen, eine Haupteigenschaft der Formen dieses Muscheltyps zu erkennen. Ebensowenig wie eine Hand oder ein Ohr kann sich jemals eine Muschel mit einer gleichgebildeten völlig decken. Wenn man zwei Spiralen zeichnet, von denen die eine das Spiegelbild der anderen ist, so wird doch kein Hin- und Herrücken dieser Zwillingskurven dazu führen, daß sie einander vollkommen gleichen. Ebenso verhält es sich mit zwei einander völlig gleichen Treppen, in deren Aufriß jedoch rechts und links vertauscht wurde. Alle Muscheln, deren Gestalt der Schneckenwicklung einer Röhre entstammt, zeigen notwendigerweise diese *Asymmetrie*, welcher Pasteur einst eine so außerordentliche Bedeutung beigemessen hat. Er konnte ihr die Leitidee für jene Forschungen abgewinnen, die ihn schließlich von der Untersuchung bestimmter Kristalle zur Untersuchung der Gärungen und ihrer Erreger geführt haben.[1]

Aber wenn nun auch keine Muschel zu irgendeiner anderen symmetrisch ist, so könnte man doch erwarten, daß unter Tausenden die Zahl derer, welche ihre Spiralen »in der Richtung der Zeiger einer Uhr drehen«, ungefähr der Zahl derer gleich sein möchte, die es in entgegengesetzter Richtung tun. Nichts desgleichen. Wie es unter Menschen wenige »Linkshänder« gibt, so gibt es auch wenige Muscheln, deren Spirale, von der Muschelspitze aus betrachtet, von rechts nach links sich drehend verläuft. Das offenbart eine neue, recht bedeutsame Asymmetrie in statistischer Beziehung. Behaupten, diese Ungleichheit im Ursprungsentschluß sei *akzidentell*, heißt nur noch einmal sagen, daß sie besteht ...

Der Mathematiker, den ich vorhin anrief, hat also bei seiner Muscheluntersuchung drei sehr einfache Beobachtungen machen können.

Er hat zunächst festgestellt, daß er die allgemeine Gestalt von Muscheln mit Hilfe sehr einfacher, seinem Rüstzeug an Verfahrens- und Erklärungsweisen entnommenen Begriffen beschreiben kann. Dann hat er gesehen, daß recht plötzliche, gewissermaßen unvorhergesehene Wandlungen in der Haltung der von ihm betrachteten Formen auftreten: die Kurven und Flächen, welche ihm zur Darstellung des Baues dieser Formen dienten, hören mit einem Schlage auf oder entarten; während der Kegel, das Schraubengewinde, die Spirale ohne jede Störung ins »Unendliche« laufen, wird die Muschel es plötzlich müde, ihnen zu folgen. *Warum denn nicht noch eine Drehung?*

Und schließlich stellt er fest, daß die Zählung der rechtswendigen und der linkswendigen eine starke Bevorzugung der ersten aufweist.

Nach einer solchen, ganz äußerlichen und so allgemein wie nur möglich gehaltenen Beschreibung, die ein Verstand sich von einer beliebigen Muschel gemacht hat, könnte er, sofern er nur Muße hätte, dem, was seine unmittelbaren Eindrücke ihn fragen, ungestört zuzuhören, sich nun selber eine der allerkindlichsten Fragen stellen – eine jener Fragen, die in uns entstehen, ehe uns einfällt, daß wir ja nicht von gestern sind und doch schließlich schon etwas wissen. Man muß sich zunächst entschuldigen und daran erinnern, ein wie großer Teil unseres Wissens darin besteht, daß wir zu »wissen glauben« und glauben, daß andere wissen.

In jedem Augenblick weigern wir uns, unser Ohr dem Unbefangenen zu leihen, den wir in uns tragen. Wir unterdrücken das Kind in uns, welches immer zum ersten Male erblicken will. Wenn es fragt, weisen wir seine Neugierde zurück. Weil sie grenzenlos sei, schelten wir sie kindisch und brüsten uns damit, in der Schule gewesen zu sein und dort gelernt zu haben, daß es für alles eine Wissenschaft gibt, bei der wir uns nur zu erkundigen brauchen. Es würde doch seine Zeit verlieren heißen, wollte man selber und gar auf seine eigene Art zu denken anfangen, sobald irgend etwas von ungefähr uns auffällt und eine Antwort von uns heischt. Vielleicht sind wir uns des aufgespeicherten, ungeheuren Kapitals an Tatsachen und Theorien ein wenig allzu bewußt, dessen wirkungskräftigen Reichtum wir beim Durchblättern der Nachschlagewerke durch Aberhunderte Namen und Wörter belegt finden. Felsenfest sind wir außerdem davon überzeugt, daß sich stets irgendwo irgendwer finden lassen wird, der imstande sein möchte, uns – über welchen Gegenstand auch immer – aufzuklären oder doch wenigstens mit seinem Wissen zum Schweigen zu bringen. Im Gedanken an diese gelehrten Männer, welche die Schwierigkeit, die an unserem Verstande rüttelt, längst ergründet oder zerstreut haben müssen, wenden wir schnellstens unser Aufmerken von den meisten Dingen ab, welche es auf sich zu ziehen beginnen. Aber bisweilen ist diese wohlweise Klugheit Faulheit, und außerdem ist kein Beweis vorhanden, daß wirklich alles, und zwar unter allen Gesichtspunkten, untersucht wurde.

Ich stelle also meine ganz kindliche Frage. Ohne jede Schwierigkeit kann ich mir einbilden, von den Muscheln nur zu wissen, was ich wirklich sehe, wenn ich ihrer irgendeine aufhebe, daß ich also nichts über ihren Ursprung, ihre Funktion und ihre Beziehung zu allem weiß, was ich im gleichen Augenblick nicht beobachte. Ich leite mein Recht hierzu von jenem Manne her, der eines schönen Tages *tabula rasa* machte.

Wie zum ersten Male betrachte ich also das gefundene Ding.[2] Ich werde daran gewahr, was ich über seine Form gesagt habe, es erstaunt und beunruhigt mich. Und nun geschieht's, daß ich mich frage: *Wer hat das nur gemacht?*

Wer hat das nur gemacht? ruft mir der unbefangene Augenblick zu.

Meine erste Verstandesregung dachte ans *Machen*.

Die Vorstellung des *Machens* ist die erste und menschlichste. »Erklären« ist niemals etwas anderes als eine Art des Machens beschreiben, in Gedanken noch einmal machen. Das *Warum* und das *Wie* sind nur Ausdrücke für die Forderung dieser Vorstellung, sie drängen sich bei jedem Anlaß auf und verlangen, daß man ihnen um jeden Preis Genüge tue. Metaphysik und Wissenschaft tun nichts weiter, als diese Forderung ins *Grenzenlose* zu steigern. Sie kann sogar dazu führen, daß man so tut, als wisse man nicht, was man weiß, wenn das, was man weiß, nicht auf ein *Zu-machen-Wissen* sich zurückführen läßt ... Dergestalt führt man Kenntnis an ihre Quelle zurück.

Ich werde also hier das Kunstmittel eines Zweifels einführen, und so frage ich mich denn angesichts dieser Muschel, in deren Gestalt ich einen gewissen »Aufbau« und etwas wie das Werk einer nicht aufs »Geratewohl« arbeitenden Hand zu erkennen glaube: *Wer hat sie gemacht?*

Gar bald wandelt sich meine Frage. Sie geht noch ein wenig tiefer auf meine Unbefangenheit ein, und schon quäle ich mich ab, zu erforschen, woran wir denn erkennen, ob ein bestimmter Gegenstand *von einem Menschen gemacht* ist oder nicht.

Man wird den Anspruch, in Zweifel ziehen zu dürfen, ob ein Rad, eine Vase, ein Gewebe oder ein Tisch irgend jemandes Kunstfertigkeit zu verdanken seien, vielleicht ziemlich lächerlich finden, da wir ja doch mit Sicherheit wissen, daß es so ist. Aber ich sage mir, daß wir es nicht *einzig und allein durch die Untersuchung dieser Gegenstände wissen*. Ohne Vorwissen also, an welchem Zeichen, an welchem Merkmal könnten wir es erkennen? Was offenbart uns die menschliche

Herkunft, und was schließt sie aus? Geschieht es nicht bisweilen, daß die Vorgeschichte angesichts eines Feuersteins zwischen dem Menschen und dem Zufall schwankt?

Schließlich ist dieses Problem weder eitler noch kindlicher als eine Erörterung darüber, was denn ein Werk der Musik oder der Dichtkunst geschaffen hat, ob wir es der Muse, dem Glück oder langer Arbeit zu danken haben. Sagen, daß jemand es geschaffen habe, der Mozart oder Vergil hieß, heißt nicht viel sagen; es gewinnt in unserem Geiste keine Lebendigkeit, denn das, was in uns schafft, trägt keinen Namen; das würde nur bedeuten, alle Menschen *weniger einen* in dieser Angelegenheit auszuschließen, innerhalb dieses seelischen Mysteriums, dessen unberührtes Geheimnis sich wieder verschließt ...

Demgegenüber schaue ich auf den Gegenstand für sich allein: es gibt nichts, was mehr auf sich abgestimmt wäre, was mit stärkerem Zauber unsere räumliche Empfindung von Gestalten anspräche wie auch unseren Instinkt, mit Fingerkraft zu formen, was wir gern betasteten, als gerade dieses minerale Kleinod, das ich liebkose und dessen Herkunft und Bestimmung ich mir zeitweilig als unbekannt vorstelle.

Gleich, wie man ein »Sonett«, eine »Ode«, eine »Sonate« oder eine »Fuge« sagt, um ganz bestimmte Formen zu bezeichnen, so sagt man eine »Seetrompete«, eine »Sturmhaube«, eine »Stachelnuß«, ein »Meerohr«, eine »Porzellanschnecke«, was alles Muschelnamen sind. Sowohl die einen wie die anderen Worte lassen uns einem Handeln nachgrübeln, das nach Anmut trachtet und sich glücklich vollendet.

Was sollte mich also hindern können, *auf jemanden* zu schließen, der *für jemanden* diese seltsam ersonnene, gewundene und verzierte Muschel, die mir so viel zu schaffen macht, verfertigt hätte?

Ich habe sie vom Strande aufgelesen. Sie fiel mir auf, weil sie kein gestaltloses Ding, sondern ein Gegenstand war, dessen Teile und Ansichten mir alle in gegenseitiger Bindung und Abhängigkeit, mit solch lieblicher Einheitlichkeit auseinander aufzutauchen und ineinander zu verfließen schienen, daß ich nach einem einzigen Blick die Aufeinanderfolge aller Offenbarungen der Gestalt zu erfassen und vorauszufühlen vermochte. Diese Teile und Aspekte werden durch ein anderes Band vereinigt als durch den Zusammenhalt und die Festigkeit der Materie. Vergleiche ich dies Muschelgehäuse mit einem Kieselstein, so finde ich, daß das Gehäuse sehr leicht, der Stein hingegen sehr schwer wiederzuerkennen sein würde. Zerschlage ich sie beide, so sind die Muschelscherben keine Muscheln mehr, die Stücke des Steins jedoch bleiben ebenso viele andere Steine, wie denn der zerschlagene Stein wohl selber ohne Zweifel ein Stück eines größeren Steines gewesen ist. Mehr noch, bestimmte Scherben der Muschel lassen mich deutlich in meiner Phantasie die Form derjenigen Scherben erschauen, die sich an sie anfügten; sie bemächtigen sich gewissermaßen meiner Einbildungskraft und zwingen sie, die ganze Schale, Scherbe für Scherbe, im Geiste wieder zu erschaffen; sie fordern *ein Ganzes* ...

Alle diese Beobachtungen tragen dazu bei, mich zu dem Gedanken zu verleiten, daß die Anfertigung einer Muschel *möglich* sein muß, und daß sie sich in nichts von der derjenigen Gegenstände unterscheiden würde, die ich mit meinen Händen zu schaffen vermag, wenn ich in irgendeinem geeigneten Stoff durch ihr Tun einem in meinem Geiste fertig vorhandenen Plan folge und ihn hintereinander, Teil für Teil, ausführe. Die Einheit und Vollständigkeit der Muschelform zwingt mir die Vorstellung einer leitenden Idee auf, die völlig vom Werke selbst getrennt ist, sich unversehrt bewahrt, darüber wacht und herrscht, während sie sich *andererseits* durch meine nacheinander angewandten Handgriffe verwirklicht. Ich teile mich, um zu schaffen.

Irgend jemand hat diesen Gegenstand also gemacht. Aber *woraus* und *warum*?

Wenn ich mich aber nun darauf einlasse, einen gleichen Gegenstand modellieren oder meißeln zu wollen, so bin ich zunächst gezwungen, nach einem geeigneten Stoff Ausschau zu halten, der sich behauen oder durch Druck formen läßt.

Und schon habe ich die »Qual der Wahl«! Ich kann an Erz denken, an Ton, an Stein, das Endergebnis meiner Arbeit wird, was die Form angeht, vom gewählten Stoffe unabhängig sein. Ich verlange von diesem Stoff nur »hinreichende«, nicht unbedingt »notwendige« Eigenschaften. Je nach der gewählten Materie werden meine Arbeitsweisen ohne Zweifel verschieden sein müssen, aber schließlich werden sie, trotz ihrer Verschiedenheit, welchem auch immer gewählten Stoffe die gleiche gewollte Gestalt abgewinnen: durch die Materie bieten sich mir also verschiedene Wege, von meiner Idee zu ihrem Abbild zu gelangen.

Übrigens vermag ich mir eine *Materie* weder mit solcher Genauigkeit vorzustellen, noch die von ihr verlangten Eigenschaften so genau zu beschreiben, daß ich im allgemeinen durch bloßes Inbetrachtziehen der Form in meiner Wahl völlig bestimmt werden könnte.

Mehr noch: da ich bezüglich der Materie zögern kann, kann ich es auch über die meinem Werke zu gebenden Ausmaße. Ich erkenne zwischen der Form und ihrer Größe keine notwendige Abhängigkeit. Ich vermag keine Form zu erdenken, die ich mir nicht auch größer oder kleiner vorstellen könnte – so als ob die *Idee einer bestimmten Gestalt von meinem Geist eine unbekannte Fülle ähnlicher Gestalten forderte.*

Ich habe also die Form vom Stoff und beide von der Größe trennen können; ein etwas genaueres Bedenken meiner geplanten Arbeit hat also genügt, mich erkennen zu lassen, wie sie sich aufgliedert. Die flüchtigste Überlegung, der flüchtigste Rückblick darauf, *wie ich es anstellen würde, eine Muschel zu verfertigen*, belehrt mich sofort, daß ich auf mehrfach verschiedene Weisen und gewissermaßen unter wechselnden Ansprüchen vorgehen würde; denn ich bin nicht imstande, in meiner Arbeitsweise die Vielfalt der Gestaltungen gleichzeitig durchzuführen, welche zusammenkommen müssen, um den von mir gewollten Gegenstand zu formen. Ich vereinige sie wie unter fremder Einwirkung; ja, ich könnte nur durch ein meiner Tätigkeit äußerliches Urteil erfahren, daß mein Werk »vollendet« und der Gegenstand gefertigt sei; denn an sich ist dieser Gegenstand nichts als ein Zustand unter anderen Zuständen, innerhalb einer Abfolge von Verwandlungen, die über das Ziel hinaus sich *unbestimmt* fortsetzen könnten.

In Wahrheit *mache* ich diesen Gegenstand gar nicht, sondern ich bringe nur bestimmte Eigenschaften an die Stelle bestimmter anderer, und einen bestimmten, mich interessierenden Zusammenhang an die Stelle einer bestimmten Vielfalt von Kräften und Eigentümlichkeiten, die ich nur nacheinander erfassen und nützen kann.

Schließlich fühle ich, daß ich nur deshalb darauf verfallen konnte, eine bestimmte Form verwirklichen zu wollen, weil ich mir auch hätte vornehmen können, völlig andere zu erschaffen. Das ist eine uneingeschränkte Bedingung: wenn man nur ein einziges Ding und nur auf eine einzige Weise zu machen vermag, so macht das Ding sich wie von selbst, und diese Art des Arbeitens ist nicht wirklich menschlich (weil es dazu des Denkens nicht bedarf) und *wir begreifen sie nicht.* Was wir auf diese Weise machen, macht mehr uns, als daß wir es machen. Was sind wir denn anderes als ein augenblickliches Gleichgewicht einer Menge verborgener Handlungen, die nicht spezifisch menschlicher Art sind? Aus solchen örtlichen Tätigkeiten, in die keine Wahl eingreift und die sich auf unvorstellbare Weise von selbst vollziehen, ist unser Leben gewoben. Der Mensch geht, atmet, erinnert sich – aber in allem diesem unterscheidet er sich nicht von den Tieren. Er weiß weder, wie er sich bewegt, noch wie er sich erinnert, und er braucht es auch nicht zu wissen, um es zu tun, noch muß er es zuerst einmal wissen, um es dann tun zu können. Damit er sich aber ein Haus oder ein Schiff baue, ein Handwerkszeug oder eine Waffe schmiede, muß zuerst ein Plan auf ihn einwirken und sich aus ihm das geeignete Werkzeug machen; eine »Idee« muß das, was er will, was er kann, was er weiß, was er sieht, was er berührt und was er unternimmt, ins Gleichgewicht setzen und ihn selber aus einem Zustande, in dem er noch frei und für jeglichen Plan verfügbar war, eigens für ein besonderes und ausschließliches Tun befähigen. Zum Tun gereizt, mindert sich jene Freiheit und verleugnet sich selbst, und der Mensch begibt sich für eine Weile unter einen Zwang, um dessen Preis er den Stempel der in seinem Geiste entstandenen Formbegierde irgendeiner »Wirklichkeit« aufprägen kann.

Alles in allem genommen vollzieht sich jedes wirklich menschliche und dem Menschen vorbehaltene Hervorbringen durch aufeinander folgende, deutlich getrennte, in sich geschlossene und aufzählbare Arbeitsgriffe. Aber bis zu diesem Punkt ähneln uns viele Tiere, welche Waben oder Nester bauen. Das allein dem Menschen eigentümliche Werk wird kenntlich, wenn jene unterschiedlichen und unabhängigen Verrichtungen unbedingt seine denkende Gegenwärtigkeit erfordern, damit ihre Mannigfaltigkeit hervorgebracht und dem Ziele untergeordnet werde. Der Mensch nährt in sich die Dauer des Vorbildes und die Dauer des Willens. Wir wissen nur allzugut, wie schwankend und mühselig diese Gegenwärtigkeit ist, wie schnell die Dauer absinkt, wie leicht unsere Spannung sich lockert und welch völlig anderer Natur das ist, was die Kräfte unserer unwillkürlichen Funktionen anstachelt, zusammenhält, erfrischt und wiederbelebt: deshalb scheinen unsere *überlegten* Vorsätze und unsere *gewollten* Bauten oder Erzeugnisse recht wenig *mit unserer tieferen organischen Tätigkeit zu tun zu haben.*

Ich könnte also eine der betrachteten ziemlich ähnliche Muschel, so wie der unmittelbare Augenschein sie mir zeigt, anfertigen, und zwar könnte ich sie nur durch jenes von mir beschriebene, zusammengesetzte und durchgehaltene Verfahren zustande bringen. Ich könnte den Stoff und den Augenblick des Beginns wählen. Ich könnte mir Zeit lassen, die Arbeit unterbrechen und sie wieder aufnehmen, denn nichts drängt mich: mein Leben ist von dem Ergebnis nicht abhängig, es läßt sich auf das Ganze gewissermaßen nur nebenbei und unter steter Aufgabebereitschaft ein, ja, wenn es sich überhaupt an einen seinen eigenen Notwendigkeiten so fernliegenden Gegenstand verschwenden kann, so doch nur, weil ihm freisteht, es auch zu unterlassen. Für meine Arbeit ist mein Leben unentbehrlich, nicht aber diese für mein Leben.

Alles in allem: in den von mir aufgezeigten Grenzen *habe ich den Gegenstand begriffen*. Ich habe ihn mir durch die Zusammengesetztheit eines Tuns *erklärt*, das mein ist, und dergestalt habe ich mein Problem erschöpft: jeder Versuch, darüber hinauszugehen, würde das Problem wesentlich ändern und mich verleiten, von der Erklärung der Muschel in eine Erklärung meiner selbst hinüberzugleiten. *Folglich kann ich bis jetzt noch immer annehmen, daß diese Muschel das Werk eines Menschen ist.*

Gleichwohl fehlt mir ein Element, das jeglichem Menschenwerk eigen ist. Ich vermag den *Nutzen* dieses Gegenstandes nicht zu erkennen: er ruft in mir keine Vorstellung irgendeines Bedürfnisses wach, dem er Genüge täte. Er hat meine Neugierde erweckt, er ergötzt mein Auge und meine Finger, ich verliere mich in seinem Anblick, wie ich einer Melodie lauschen würde, aber, mir selber unbewußt, ist er dennoch dem Vergessen geweiht, denn was uns zu nichts nütze ist, verlieren wir zerstreut aus unseren Gedanken ... Auf die in meinem Geiste auftauchende Frage: *Warum wurde dieser Gegenstand gemacht?* finde ich nur eine einzige Antwort. Ich sage mir nämlich, wozu ist denn das nütze, was Künstler hervorbringen? Was sie erschaffen, ist von besonderer Art: nichts erfordert es, nichts Lebenswichtiges schreibt es vor. *Es entspringt keinerlei Notwendigkeit*, die es sonst voll und ganz bestimmen würde, *aber noch weniger kann man es dem »Zufall« zuschreiben.*

Bis hierher habe ich die wirkliche Entstehung der Muscheln nicht kennen wollen und habe bei dem Versuch, mich eng an dieses künstliche Nichtwissen zu klammern, allerlei Sinn oder allerlei Unsinn hervorgebracht.

Das hieß den Philosophen nachahmen und sich abmühen, über den wohlbekannten Ursprung einer ausgezeichnet erklärten Sache *ebensowenig* zu wissen wie vom Ursprunge der »Welt« oder von der Entstehung des »Lebens«.

Besteht schließlich nicht alle Philosophie darin: so zu tun, als ob sie das nicht wisse, was man bestimmt weiß, hingegen aber genau das wisse, was man bestimmt nicht weiß? Sie zweifelt am Dasein, redet aber ganz ernsthaft vom »Universum« ...

Wenn ich mich nur allzu lange beim Tun eines Menschen aufgehalten habe, der sich unterfangen wollte, eine Muschel zu machen, so tat ich es, weil man meiner Meinung nach niemals eine sich bietende Gelegenheit vorübergehen lassen sollte, mit einiger Genauigkeit unsere Art des Herstellens mit der Arbeit dessen zu vergleichen, was man *Natur* nennt. *Natur*, das heißt: *die Zeugende* oder *die Hervorbringende*. Ihr überlassen wir hervorzubringen, was wir selbst nicht zu *machen* verstehen, was uns aber dennoch *gemacht* erscheint. Es gibt indessen gewisse besondere Fälle, in denen wir mit ihr in Wettbewerb treten und auf den uns eigentümlichen Wegen erreichen können, was sie auf ihre Weise erreicht. Wir verstehen es, schwere Körper zum Fliegen oder zum Schwimmen zu bringen und einige »organische« Moleküle aufzubauen.

Alles übrige, alles, was wir weder dem denkenden Menschen noch jener zeugenden Kraft zuweisen können, schreiben wir dem »Zufall« zu – was eine vortreffliche Worterfindung ist. Es ist in der Tat sehr bequem, über einen Namen zu verfügen, der auszudrücken erlaubt, daß ein (durch sich selbst oder durch seine unmittelbaren Wirkungen) *auffälliges Ding genau wie jedes andere* herbeigeführt wurde, das nicht auffällt. Aber behaupten, ein Ding sei *auffällig*, heißt einen *Menschen* einführen, einen Jemand, der dafür besonders empfänglich ist; er allein trägt denn auch alles Auffällige in unsere Angelegenheit. Wenn ich kein Lotterielos habe, was macht es mir dann aus, daß diese oder jene Gewinnummer aus dem Rade gezogen wird? Ich bin auf dieses Ereignis »gefühlsmäßig« nicht eingestellt. Für mich gibt es keinen Zufall in der Ziehung, keinen Gegensatz zwischen dem einförmigen Modus des Herausziehens der Lose und der Ungleichheit der Folgen. Denkt man den Menschen und seine Erwartung fort, so strömt alles unterschiedslos herbei, Muschel oder Kiesel; der Zufall aber *schafft* nichts auf der Welt, außer daß er sich bemerkbar macht.

Aber es wird Zeit, daß ich die Verstellungskünste aufgebe und zur Gewißheit zurückkehre, das heißt: auf den Boden der allgemeinen Erfahrung.

Eine Muschel scheidet aus einer Molluske aus. *Ausscheiden* scheint mir der einzige der Wahrheit ziemlich nahe kommende Ausdruck zu sein, denn er bedeutet genau: *aussickern lassen*. Eine Grotte scheidet ihre Stalaktiten aus, eine Molluske ihre Muschel. Über den elementaren Vorgang dieses Ausscheidens erzählen uns die Gelehrten eine Menge Dinge, die sie im Mikroskop beobachtet haben. Sie fügen ihnen eine Menge anderer hinzu, von denen ich aber nicht glaube, daß sie sie gesehen haben: unfaßbar die einen, obwohl sich ausgezeichnet über sie reden läßt; die anderen würden zu ihrer Beobachtung einige hundert Millionen Jahre erfordern, denn mit weniger kommt man nicht aus, um, was man will, in was man kann umzuschaffen. Bei wieder anderen müßte schon eine Reihe äußerst glücklicher Umstände eingetreten sein ...

Das ist, was der Wissenschaft zufolge das Weichtier braucht, um den reizvollen, mich fesselnden Gegenstand so kunstvoll zu drehen.

Man sagt, daß dieses Weichtier, der Gestalter der Muschel, von den Keimzellen an eine sonderbare Beschränkung in seiner Entwicklung erfahren hat: eine ganze Hälfte seines Organismus ist verkümmert. Bei den meisten wurde die rechte Hälfte (bei den übrigen die linke) aufgegeben. Während die linksseitige innere Masse (bei den übrigen die rechte) sich zum Halbkreis gekrümmt und dann gedreht hat, hat das Nervengeflecht, dessen ursprüngliche Absicht es war, sich zu zwei parallel verlaufenden Netzen zu entwickeln, sich seltsam gekreuzt und seine Hauptnervenknoten vertauscht. Nach den Außenflächen hin wird die Muschel ausgesintert und festigt sich ...

Man hat mehr als eine Mutmaßung darüber aufgestellt, was die einen Mollusken dazu treibt (aber nicht bestimmte andere, die ihnen sehr ähnlich sind), diese absonderliche Vorliebe für die eine Seite ihres Organismus zu entwickeln, und – wie bei Vermutungen eben unvermeidlich – ist das, was man vermutet, aus dem gefolgert, was man gern vermuten möchte: die Frage ist menschlich, die Antwort allzu menschlich. Darin beruht die ganze Triebkraft unseres berühmten Kausalitätsprinzips. Es verleitet uns zu *erfinden*, das heißt, in unsere Lücken unsere Kombinationen zu schieben. Aber die größten und wertvollsten Entdeckungen brechen meist ganz unerwartet herein: sie zertrümmern weit öfter unsere liebsten Gedankenschöpfungen, als daß sie sie bestätigen, sie bestehen in noch völlig *unmenschlichen* Tatsachen, welche keine Einbildungskraft hätte vorausahnen können.

Was mich selbst betrifft, so gebe ich gern zu, das nicht zu wissen, was ich nicht weiß, und daß alles wahre Wissen im Sehen und Können beschlossen ist. Ist eine Hypothese verlockend und eine Theorie schön, so freue ich mich an ihnen, ohne dabei an die Wahrheit zu denken ...

Wenn man also die bisweilen kindlichen und oft nur in Worten bestehenden Erfindungen unseres Verstandes hintansetzt, so sind wir gezwungen, anzuerkennen, daß unsere Kenntnis des Lebens gegenüber unserer Kenntnis der anorganischen Welt unbedeutend ist. Das heißt eingestehen, daß unsere Macht über diese unvergleichlich viel größer ist als über jene, denn ich sehe kein anderes Maß für eine Kenntnis als die wirkliche Macht, die sie verleiht. *Ich verstehe nur, was ich zu machen verstehe.* Andererseits ist es sonderbar und einiger Beachtung wert, daß wir, ungeachtet so vieler Arbeiten und Mittel von ganz wunderbarer Scharfsinnigkeit, noch so wenig über die lebende Natur vermögen, *die doch unsere eigene Natur ist.* Bei näherem Zusehen wird man ohne Zweifel entdecken, daß alles, was auf Erden geboren wird, sich vermehrt und stirbt, deshalb unserem Geiste Trotz bietet, weil er in seiner Vorstellung der Dinge strikt durch das Bewußtsein begrenzt ist, das er von seinen Mitteln zu einem *nach außen wirkenden* Handeln besitzt, und von der Art, in der dieses Handeln von ihm ausgeht, *ohne daß er dessen Mechanismus zu kennen brauchte.*

Die Grundform dieses Handelns ist, meinem Gefühl nach, das einzige Modell, das wir überhaupt besitzen, um eine Erscheinung in vorgestellte und willentliche Operationen zu zerlegen, die es uns schließlich möglich machen, irgendwelches Endergebnis nach unserem Gefallen entweder wieder hervorzubringen oder annähernd richtig vorauszuberechnen. Alles, was sich von dieser Grundform allzusehr entfernt, weigert sich unserem Verstand (was sich recht gut an der jüngsten Physik erkennen läßt). Sobald wir die Schranken mit Gewalt zu nehmen versuchen, vervielfachen sich sofort die Widersprüche, die Illusion der Sprache und die gefühlsmäßigen Fälschungen, und es kommt vor, daß solche mythischen Erzeugnisse die Geister lange beschäftigen und sogar bezaubern.

Das kleine Muschelproblem genügt vollkommen, alles dieses recht gut zu erläutern und unsere Grenzen zu beleuchten. Da der Mensch nicht der Urheber dieses Dinges ist und der Zufall nicht dafür verantwortlich gemacht werden kann, gilt es etwas zu erfinden, was wir die *lebende Natur* genannt haben. Wir können sie kaum anders als durch den Unterschied ihrer Arbeit mit der unseren erklären. Darum habe ich diese etwas genauer beschreiben müssen. Ich habe gesagt, daß wir unsere Werke, von verschiedenen *Freiheiten* ausgehend, beginnen: wir sind mehr oder weniger frei in der Wahl des *Stoffes*, frei in der Wahl der *Gestalt*, und frei, was die *Zeit* angeht, lauter Dinge, die dem Weichtier verwehrt zu sein scheinen – einem Wesen, das nichts als seine Aufgabe kennt, mit welcher sein Dasein sogar verschmilzt. Sein Werk, das keine Sinnesänderungen, keine Vorbehalte, keine Überarbeitungen kennt, ist, so eigenwillig phantastisch es uns auch erscheinen mag (derart, daß wir ihm sogar einige Motive unserer Ornamente entlehnen), eine unbegrenzt oft wiederholte Phantasie: es bleibt uns sogar unfaßlich, daß einige Eigenbrötler unter den Bauchfüßlern links herum nehmen, was die anderen rechts herum tun. Noch weniger begreifen wir, was bei manchen diese wunderlichen Verschlingungen zu bedeuten haben oder die Dornen und Farbflecke. Ihnen schreiben wir von ungefähr irgendeine uns bekannte Nützlichkeit zu, ohne dabei zu bedenken, daß *unsere Vorstellung vom Nützlichen außerhalb des Menschen und seiner kleinen Verstandessphäre überhaupt keinen Sinn hat.* Alle diese Absonderlichkeiten steigern unsere Verlegenheit, denn eine *Maschine* macht solche Seitensprünge nicht, ein *Verstand* würde sie mit irgendeiner Absicht tun, und der *Zufall* hätte ihre Zahl ausgeglichen. Weder Maschine noch Absicht, noch Zufall ... All unsere Mittel sind erschöpft. Maschine und Zufall, das sind die beiden Methoden unserer Physik, was jedoch die Absicht angeht, so kann sie nur vorhanden sein, wenn – offen oder versteckt – der Mensch selber mit im Spiele ist.

Aber die Herstellung der Muschel ist etwas Gelebtes und nicht etwas Gemachtes: nichts könnte unserem gegliederten, in seinem Ziel vorbestimmten und als Ursache wirkenden Handeln entgegengesetzter sein.

Versuchen wir gleichwohl, uns diese rätselhafte Formation vorzustellen. Durchblättern wir gelehrte Werke, ohne sie ergründen zu wollen, und vor allem, ohne, um nichts auf der Welt, auf die Vorteile unserer Unwissenheit und auf die Launen des Irrtums zu verzichten.

Zu allererst wird mir offenbar, daß die »lebende Natur« es nicht versteht, unmittelbar feste Körper zu formen. Weder Stein noch Erz ist ihr in diesem Zustande zu irgend etwas nütze. Ob es sich nun darum handelt, ein in seiner Gestalt unveränderliches, widerstandsfähiges Zeug – eine Stütze, einen Hebel, eine Treibstange, eine Panzerung – zu verfertigen, ob sie einen Baumstamm, einen Schenkelknochen, einen Zahn oder einen Stachel, einen Schädel oder eine Muschel hervorbringt, ihr Umweg ist stets der gleiche: sie benutzt einen flüssigen oder wäßrig-gasigen Zustand, aus dem alle lebende Substanz gebildet ist, und gewinnt daraus langsam die festen Elemente für ihre Bauten. Alles, was lebt oder gelebt hat, ist Ergebnis der Eigenschaften und Umwandlungen einiger Flüssigkeiten. Außerdem hat alles heute Feste den in Schmelzung oder Lösung bestehenden flüssigen Zustand durchlaufen. Die »lebende Natur« verträgt jedoch die hohen Hitzegrade nicht, welche es uns ermöglichen, »reine Körper« herzustellen, und dem Glas, dem Erz, dem Eisen im flüssigen oder biegsamen Zustande die uns erwünschten Formen zu geben, welche beim Abkühlen erstarren. Das Leben seinerseits kann zur Bildung seiner festen Organe nur über Lösungen, Suspensionen oder Emulsionen verfügen.

Ich habe gelesen, daß unser Tier seiner Umwelt eine kalziumhaltige Nahrung abgewinnt, und daß dieses solcherweise aufgenommene Kalzium von seiner Leber verarbeitet wird und von dort in sein Blut übergeht. So wird der Grundstoff des mineralischen Teils einer Muschel gewonnen: er speist die Tätigkeit eines eigens für die Aufgabe eingerichteten Organs, die Elemente, aus denen das Feste erbaut werden soll, auszuscheiden und zu verteilen.

Dieses Organ, eine Muskelmasse, in welche die Eingeweide des Tieres eingebettet sind, läuft in den Fuß aus, auf den das Tier sich stellt, und auf dem es sich fortbewegt. Dieses Organ wird der *Mantel* benannt und erfüllt eine doppelte Funktion. Die Rinde dieses Mantels scheidet durch ihre *Oberhaut* die äußere Muschelumkleidung aus, welche ihrerseits von einer Schicht sehr seltsam und kunstvoll aneinander gefügter Kalkkristalle bedeckt wird.

Dergestalt bildet sich das Äußere der Muschel. Andererseits aber nimmt sie auch an Dicke zu, und dieses Wachstum erfordert sehr Verschiedenes an Stoffen, Einrichtungen und Werkzeugen. Im Schutze des festen Walles, welchen die Rinde des Mantels erbaut, arbeitet der übrige Teil dieses wunderbaren Organs an der Zartheit der inneren Wandungen, an der weichen Ausstattung der Wohnung des Tieres. Für die Verträumtheit eines meist zurückgezogenen Lebens kann gar nichts lieblich und kostbar genug sein: übereinander gelegte Schichten seifenblasendünner Schleimhäutchen polstern die tiefe, gewundene Höhle, in die der Einsiedler sich zurückzieht und zusammendrängt. Ewig aber wird ihm die ganze Schönheit seines Werkes und seines Heimes unbekannt bleiben. Nach seinem Tode wird die köstliche Substanz, die er schuf, indem er abwechselnd an den Wandungen die organische Ausscheidung seiner Schleimdrüsen und Kalkgebilde seiner Perlmuttzellen ablagerte, den Tag erblicken, wird das Licht in seine Wellenlängen zerlegen und unser Auge durch den zarten Reichtum ihrer regenbogenfarbenen Wölbungen entzücken.

Derart entsteht, so lehrt man uns, die Wohnstatt und die bewegliche Zuflucht dieses seltsamen, von einem Muskel umschlossenen Tieres, den es seinerseits mit einer Schale umschließt. Aber ich muß gestehen, daß meine Neugierde nicht befriedigt ist. Die mikroskopische Untersuchung ist eine recht schöne Sache: während ich jedoch die Zellen betrachte und Keimbläschen und Chromosomen kennenlerne, verliere ich mein Weichtier aus den Augen. Lasse ich mich jedoch auf diese Einzelheiten in der Hoffnung ein, sie könnten mir schließlich die Entstehung des gesamten Gefüges erhellen, so werde ich einigermaßen enttäuscht. Aber vielleicht drängt sich hier eine wesenhafte Schwierigkeit dazwischen – ich meine eine Schwierigkeit, die der Natur unserer Sinne und unseres Geistes entspringt?

Seien wir uns bewußt, daß wir, um uns jenes Entstehen vorstellen zu können, zunächst ein großes Hindernis wegzuräumen hätten – was zugleich auf die tiefste Einheitlichkeit unserer Vorstellungen verzichten hieße. *Wir können uns nämlich kein Fortschreiten vorstellen, das langsam genug wäre, um ein wahrnehmbares Ergebnis einer stets unwahrnehmbaren Veränderung herbeizuführen* – wir, die wir nicht einmal unser eigenes Wachstum bemerken. Wir können uns vom Prozeß des Lebens eine Vorstellung nur bilden, indem wir ihn in ein Verhalten kleiden, das von uns abgenommen ist, *aber rein gar nichts mit dem zu tun hat, was in dem beobachteten Geschöpf vor sich geht ...*

Es ist im Gegenteil sehr wahrscheinlich, daß mit dem fortschreitenden Wachstum des Weichtiers und seiner Muschel, gemäß dem unwiderstehlichen Thema der geschraubten Spirale, sich alle jene Bestandteile *einheitlich und untrennbar* zusammenfügen, welche die nicht weniger unwiderstehliche Form des menschlichen Handelns uns *voneinander geschieden* zu betrachten und zu erklären gelehrt hat: die *Kräfte*, die *Zeit*, den *Stoff*, die *Zusammenhänge* und die verschiedenen »Größenordnungen«, zwischen denen zu unterscheiden unsere

Sinne uns auferlegen. Das Leben flutet zwischen dem Molekül und der Zelle und zwischen der Zelle und der wahrnehmbaren Masse hin und her, ohne auf die Einteilung unserer Wissenschaften Rücksicht zu nehmen – das heißt auf unsere Handlungsmittel.

Das Leben schafft sich ohne jede Anstrengung eine hinlänglich »verallgemeinerte« Art von Relativität.

Es trennt seine Geometrie nicht von seiner Physik und gibt jeder Art die für sie notwendigen Axiome und mehr oder weniger »differentiellen Invarianten« mit auf den Weg, um in jedem Einzelwesen einen gerade ausreichenden Einklang zu unterhalten: zwischen dem, was es selber ist, und dem, was es sonst noch gibt ...

Es ist offensichtlich, daß die weithin verborgene, auf Asymmetrie und Drehung eingeschworene Persönlichkeit, welche sich eine Muschel schafft, seit langem den von Euklid postulierten Idolen abgeschworen hat. Euklid glaubte, daß ein Stock unter allen Umständen seine Länge behielte, daß man ihn bis an den Mond werfen oder um seine Mitte wirbeln könne, ohne daß die Entfernung, die Bewegung oder der Wechsel seiner Lage im Raum je sein gutes Gewissen einer stets fehlerlosen Maßgleichheit stören könnte. Euklid arbeitete auf einem Papyros, auf den er Figuren zeichnen konnte, die ihm *ähnlich schienen*, und er erfaßte für das Größerwerden seiner Dreiecke kein anderes Hindernis als die Ausdehnung seines Blattes. Er war weit davon entfernt – um zwanzig Lichtjahrhunderte –, sich vorzustellen, daß eines schönen Tages ein gewisser Herr Einstein einen Kraken dressieren würde, zum Einfangen und Verzehren jeglicher Geometrie und nicht nur dieser, sondern der Zeit, der Materie, der Schwere und noch vieler anderer, von den Griechen nicht geahnter Dinge, welche, zusammengerührt und zusammen verdaut, die Wonnen der allmächtigen *diesbezüglichen Molluske* ausmachen. Diesem monströsen Kopffüßler genügt es, seine Fangarme zu zählen und auf jedem die Saugnäpfe, um sich als »Herr seiner selbst und des Universums« zu fühlen.

Aber viele Millionen Jahre vor Euklid und dem berühmten Einstein mußte auch unser Heros, der nur ein schlichter

Bauchfüßler ist und keine Fangarme hat, einige schwierige Probleme lösen. Er hatte seine Muschel zu schaffen und sein Dasein zu erhalten. Das sind zwei recht verschiedene Tätigkeiten. Spinoza schliff Brillengläser. Mehr als ein Dichter ist zugleich ein ausgezeichneter Beamter gewesen. Es ist möglich, daß eine genügende Unabhängigkeit zwischen solchen von ein und demselben Menschen ausgeübten Berufen sich beobachten läßt. Und schließlich, was ist das: *ein und derselbe*? Hier aber handelt es sich um ein Weichtier, und wir wissen nichts über seine innere Einheit.

Was können wir wirklich feststellen? Die innere Aufbauarbeit ist geheimnisvoll geregelt. Die Ausscheidezellen des Mantels und seines Randes arbeiten *nach Maß*: die Windungen der Spirale schieben sich vorwärts, das Feste baut sich auf, das Perlmutt lagert sich darauf ab. Aber das Mikroskop zeigt nicht, was dieses verschiedene Geschehen und die verschiedenen Phasen des gleichzeitigen peripherischen Anwachsens zum Einklang zwingt. Die Verteilung der Kurven, welche als farbige Bänder oder Streifen der Form folgen, und die Verteilung der sie schneidenden Linien gemahnen an »Feldmessungen« und legen den Gedanken an irgendein unbekanntes »Kraftfeld« nahe, das wir nicht aufzuspüren vermögen, dessen Wirkung aber dem Muschelwuchs jene unwiderstehliche Drehung und das rhythmische Fortschreiten aufgezwungen haben könnte, die wir am fertigen Werk beobachten. Nichts im Bewußtsein unseres eigenen Schaffens erlaubt uns auch nur die entfernteste Vorstellung von dem, was – Teil für Teil und Streifen für Streifen, ohne äußere, dem gefertigten Gegenstande fremde Hilfsmittel – Flächen so anmutig abzuwandeln vermöchte, aneinanderfügt und das ganze Werk mit einer Kühnheit, Leichtigkeit und Entschlossenheit vollendet, deren Begnadung die ausgeglichensten Schöpfungen unserer Töpfer oder Erzgießer nur von sehr fern kennen. Unsere Künstler entnehmen ihrer eigenen Substanz keineswegs die Materie zu ihren Werken, und nur einer besonderen, vom *Ganzen* ihres Wesens trennbaren Anwendung ihres Geistes verdanken sie das Vorbild der erstrebten Form. Vielleicht ist das, was wir *Vollkommen-*

heit in der Kunst nennen (nach der nicht alle trachten und die manch einer mißachtet), nichts anderes als das Gefühl, in einem menschlichen Werk jene Sicherheit der Ausführung, jene Notwendigkeit inneren Ursprungs und jene gegenseitige unlösliche Verbundenheit zwischen Gestalt und Stoff ersehnt oder gefunden zu haben, welche uns die geringste Muschel vor Augen führt?

Aber unser Weichtier beschränkt sich nicht nur darauf, seine herrliche Schale nach Maß hervorzusintern. Es gilt den Mantel, der aufbaut, was dauert, mit Kraft und mit stets erneuerten Mineralen zu versorgen, also aus den äußeren Quellen zu schöpfen, was in Zukunft vielleicht einmal Teil der Grundlage eines Kontinentes werden könnte. Das Tier muß daher bisweilen seine geheime, kunstreiche Ausscheidung verlassen und sich in den fremden Raum hinauswagen, seine Wohnung, seinen Schlupfwinkel, seine Festung, sein Meisterwerk wie seine Tiara oder wie einen gewaltigen Turban über sich tragend. Im gleichen Augenblick ist es einem völlig anderen System von Umständen ausgesetzt. In dieser Beziehung fühlen wir uns wohl versucht, ihm ein Genie ersten Ranges zuzuschreiben, denn je nachdem, ob es sich mit sich selber einschließt und in zusammengefaßter, emsiger Abwesenheit sich der Koordination der Tätigkeiten seines Mantels weiht, oder ob es, in die weite Welt sich hinauswagend, sie mit tastenden Augen und prüfenden Tastern erforscht, während sein zum Fundament ausgebildeter *Fuß* auf seinem breiten zähen Sattel die Heimstatt und das Schicksal des majestätischen Wanderers im Gleichgewicht hält und trägt – das Tier ist zwei völlig verschiedenen Arten von Feststellungen ausgesetzt. Wie soll man auf ein und derselben Tafel der Prinzipien und Gesetze die zwei Bewußtseinsformen, die zwei Raumformen, die zwei Zeiten, die zwei Geometrien und die zwei Mechaniken einzeichnen, welche jene beiden Daseins- und Erfahrungswelten der Wahrnehmung des Tieres abwechselnd aufdrängen? Wenn es ganz bei sich ist, kann es seinen Spiralbogen gern für seine »Gerade« nehmen, ebenso natürlich übrigens, wie wir für die unsere einen kleinen Meridianbogen oder irgendeinen Lichtstrahl wählen, wobei wir unbeachtet lassen, daß seine Bahn relativ ist. Und vielleicht mißt das Weichtier seine besondere »Zeit« durch den Reiz des Ausscheidens und Einfügens eines kleinen Kalkprismas? Aber, von seinem Lager aufgebrochen und in sein äußeres Leben sich wagend, Gott weiß, welche Hypothesen und »bequemen« Konventionen die seinen sein mögen ... Die Beweglichkeit der Taster, Tastsinn, Sehvermögen und Bewegung, verbunden mit der außergewöhnlichen Biegsamkeit der unendlich feinen Stiele, die sie orientieren, die Fähigkeit zum vollständigen Zusammenziehen des Körpers, dessen ganzer fester Teil nur anhängt, die strenge Verpflichtung, über nichts hinauszugehen und genau ihren Weg einzuhalten – all dies erfordert sicherlich von einer wohlbegabten Molluske, wenn sie sich in ihr Perlmuttgehäuse zurückzieht und zusammenschraubt, tiefe Überlegungen und sehr entlegene ausgleichende Abstraktionen. Sie kann keinesfalls auf das verzichten, was Laplace prunkvoll »die Hilfsmittel der erhabensten Analyse« nannte, um die Erfahrung ihres mondänen Lebens der ihres privaten anzugleichen und durch tiefsinnige Schlußfolgerungen »die Einheit der Natur« in beiden so verschiedenen Bereichen zu entdecken, die kennenzulernen und nacheinander zu ertragen ihre Organisation ihr auferlegt.

Aber sind wir nicht selbst auch bald in der »Welt der Körper« und bald in jener der »Geister« beschäftigt, und ist unsere gesamte Philosophie nicht ewig auf der Suche nach der Formel, welche ihren Unterschied aufzulösen und zwei »Zeiten«, zwei Transformationsweisen, zwei Arten von »Kräften« und zwei Arten des Beharrens in eins zu fügen vermöchte, welche sich bisher als um so entschiedener getrennt, wenn auch um so verwickelter zeigen, je sorgfältiger man sie beobachtet?

Stellen wir in einem anderen, näher liegenden Tatsachenbereich – ohne irgendeine Metaphysik – nicht täglich unsere Fähigkeit fest, ganz vertraut inmitten unserer unvergleichlichen vielfältigen Sinne zu leben? Finden wir uns nicht zum

Beispiel mit einer Welt des Auges und einer Welt des Ohres ab, die in nichts einander gleichen und uns, wollten wir es nur beachten, den unaufhörlichen Eindruck ihrer vollkommenen Zusammenhanglosigkeit bieten würden? Wir sagen zwar, Brauch und Gewohnheit habe diesen Eindruck verwischt und gewissermaßen zerschmolzen, und alles füge sich in eine einzige »Wirklichkeit« ... Aber das besagt nicht viel.

Ich werfe meinen Fund fort, wie man eine zu Ende gerauchte Zigarette wegwirft. Diese Muschel ist mir *dienlich* gewesen, Drehung um Drehung hat sie hervorgelockt, was ich bin, was ich weiß und was ich nicht weiß ... Gleich wie Hamlet aus der fetten Erde einen Schädel aufhebt, ihn seinem lebendigen Antlitz nähert und sich darin auf irgendeine Weise grauenvoll spiegelt und in tiefe, ausweglose Grübelei versinkt, die ein Kreis von Erstarrung von allen Seiten umgrenzt, so ruft vor dem menschlichen Blick dieser kleine, hohle, gewundene Körper aus Kalk viele Gedanken herbei, von denen keiner sich vollendet ...

REDE AN DIE CHIRURGEN

Meine Herren,

die Freundschaft zu einigen unter Ihnen[1] und das Wohlwollen aller rufen mich für einige Augenblicke auf diesen von sich aus schon hervorragenden Platz, auf dem ich neben dem befremdenden Gefühl, hier aufzutreten, die ganze Unruhe und Verlegenheit darüber empfinde, Ihnen eine Ansprache halten zu müssen.

Freilich habe ich hier zunächst nur einige sehr leichte Aufgaben zu erfüllen. Sie sind ebenso selbstverständlich wie angenehm. Über meinen Anfang mache ich mir keine Sorgen.

Sie sind mit Recht der Auffassung, daß es mir zunächst obliegt, Ihnen für die mir erwiesene Ehre zu danken, und bitte glauben Sie mir, daß mein Dank, auch wenn er nur einem Brauch entspricht, dennoch aus authentischer Quelle stammt. Was könnte denn wohl deutlicher spürbar sein für einen Mann, dessen Beschäftigung rein intellektuell ist und dessen Hervorbringungen, da sie weder einer Verifikation noch einer Sanktion durch die Tatsachen unterliegen, somit einen höchst beliebigen Wert haben, als diesen Beweis der Achtung und der Sympathie von Ihnen zu empfangen, meine Herren, die Sie etwas Sicheres wissen und das Vermögen besitzen, etwas Positives tun zu können, die Sie unter der ständigen Kontrolle der Folgen Ihrer Handlungen denken und handeln? Ihr Beruf ist einer der vollständigsten, die es gibt: er beansprucht die Existenz und die Hingabe des ganzen Menschen. Meiner – wenn er denn überhaupt einer ist – spezialisiert mich in der Verfolgung einiger Schemen.

Sie wären jetzt wohl ziemlich verwundert, wenn ich die zweite meiner Hauptpflichten unterlassen würde, die darin besteht, Sie meiner völligen Inkompetenz auf dem Gebiet der

Chirurgie zu versichern – als ob Sie dessen nicht sicherer wären und besser unterrichtet als ich. Was der in einem bestimmten Gebiet Unkundige am meisten verkennt, ist zwangsläufig seine Unkenntnis selbst, da er nicht die Mittel dazu hat, ihren Umfang zu ermessen und ihre Tiefe auszuloten.

Nachdem ich Ihnen meinen Dank ausgesprochen und meine Unzulänglichkeit erklärt habe, bin ich es mir noch schuldig, das ständig wachsende Vermögen Ihrer Kunst zu rühmen, die bemerkenswerten Verdienste der Künstler, die Sie sind; ihrer Begabungen, ihrer Wohltaten, die sie verbreiten und die man sehr oft mit Recht ebenso als Wunder wie als Wohltaten bezeichnen könnte. Die Meisterwerke Ihrer Hände sind meines Wissens die einzigen, deren Wert sich unter zwei Aspekten behauptet: sie lassen sich von Kennern bewundern, und sie erwecken die ewige Dankbarkeit bei vielen anderen.

Alles dies, meine Herren, worin ich meine leicht zu erfüllenden Aufgaben zusammenfasse, richte ich von ganzem Herzen an Sie, und glauben Sie mir, ich habe allen Grund der Welt, es noch viel stärker zu empfinden, als ich es ausdrücke.

Nachdem meine Anerkennung, meine Inkompetenz und meine Bewunderung aus mir gesprochen haben, stehe ich nun vor dem Schweigen Ihrer Versammlung und zögere dabei auf der Schwelle meines eigenen Schweigens.

Was soll man denn schon zu Chirurgen sagen, nachdem die zum üblichen Stil gehörenden Worte einmal gesagt sind? Was soll man zu Ihnen die Chirurgie Betreffendes sagen, wo Sie doch Chirurgen sind, und was soll man sagen, was Sie nicht betrifft, weil ich kein Chirurg bin? Ein offenkundiges Problem.

Es sind dies aber Menschen, die an alle Arten von Geständnissen gewöhnt sind und die sich damit nicht einmal begnügen: sie werden das Wahre dort suchen, wo es sich befindet. Sie versetzen ihre Augen und Hände in die pulsierende Substanz unseres Wesens. Das Elend der Körper zu erhellen, das arme erkrankte Fleisch zu finden, unter dem glanzvollsten gesellschaftlichen Erscheinungsbild; den Wurm zu finden, der an der Schönheit nagt, das ist ihre eigentliche Angelegenheit. Wozu sich also vor ihnen verstellen? Warum nicht vor ihnen das einfache Geständnis ablegen über die Gedanken, die mir einfallen und die notgedrungen zu jenen ungeordneten Gedanken gehören, derer man sich entledigt, wenn man kann, um schließlich eine formvollendete Rede mit klaren Linien zu erstellen, die den gelungenen Eindruck von intellektueller und formaler Perfektion weckt?

Ich gestehe also, daß ich damit begonnen habe, mich zu fragen, warum Sie den bemerkenswerten Brauch pflegen, einen Nichtchirurgen an das Rednerpult eines Chirurgiekongresses zu rufen. Sehen Sie darin vielleicht ein Experiment am lebendigen Leib? Vielleicht sind Sie aber auch der Ansicht, es könne für Gelehrte eines bestimmten Gebiets, dem sie ihre Existenz widmen, dessen Macht, dessen Möglichkeiten, gegenwärtige Grenzen und Hoffnungen sie sehen, manchmal nützlich und fast immer auch interessant sein, einen gutgläubigen Menschen auftreten zu lassen, der von ihrer Sache bloß das kennt, was alle Welt sich darunter vorstellt, und ihn auszufragen, was er über ihre Wissenschaft und ihre Kunst denkt sowie über diejenigen, die sie ausüben?

Was ein solcher Laie antworten kann, muß zwangsweise ganz bedeutungslos sein. Ich bin aber nicht so sicher, ob seine Bemerkungen, sofern sie naiv sind, in den gelehrten Geistern, die sie vernehmen, nicht irgendwelche Folgen haben können. Wenn man immer tiefer in die Feinheiten und die innere Struktur eines leidenschaftlich verfolgten und vertieften Erkenntniszweigs eindringt, dann geschieht es fast zwangsläufig, daß man elementare Anfangskonventionen aus dem Blick verliert, bei denen es nicht unangebracht ist, wenn die Unbefangenheit eines Passanten sie plötzlich wieder in Erinnerung ruft.

Sie holen diesen Passanten, von dem ich annehme, daß er mir ähnlich genug ist, damit ich ihn zum Sprechen bringen kann, und fordern ihn auf zu erläutern, was die Wörter Chirurg und Chirurgie für ihn bedeuten.

Ach, sagt er, diese Wörter klingen je nach Stunde ganz verschieden ... Bald bedeuten sie für den Geist eine Wissenschaft, eine Kunst, einen Beruf. Bald aber verbindet sich mit ihnen die stärkste Erschütterung. Sie sind die tatkräftigsten Diener des Lebenswillens. Sie lassen einen aber auch erzittern. Tag für Tag richten sich Blicke auf Sie und wünschen und fürchten in Ihren Augen die Gedanken zu lesen. Eine Eigentümlichkeit Ihres Standes liegt darin, Furcht zu verbreiten und Heilung zu bringen. Sicherlich ist die Berufung auf die Chirurgie nicht mehr so schreckerregend wie früher: Noch vor hundert Jahren war der chirurgische Eingriff ein Schreckgespenst, ein letztes Hilfsmittel, wenn es an die Eingeweide ging und man sich nicht einfach auf die Amputation von Gliedmaßen oder die unentbehrliche Wiederherstellung von Verletzungen beschränken konnte. Der äußerste Notfall, fast schon Verzweiflung, gab damals den Anstoß zur Operation. Doch im selben Maße wie die Chirurgie seither an Können, an Kühnheit, an Mitteln und Resultaten fast ins Unendliche gewachsen ist, hat sich die Empfindung der Öffentlichkeit ihr gegenüber verändert. Die öffentliche Meinung hat mit ihrer erstaunlichen Entwicklung Schritt gehalten. Wenn die Geschichtsschreibung sich etwas mehr als üblich um die Dinge des Lebens selbst kümmern würde, dann würde sie diese bemerkenswerte Entwicklung der Geister feststellen. Übrigens können gerade diese Fortschritte Ihrer Kunst beträchtliche Auswirkungen auf die Existenz der Hauptakteure des historischen Dramas haben: der berühmte Stein, der sich im Harnleiter von Cromwell festgesetzt hatte, würde heute unverzüglich entfernt werden; und was die Nase der Cleopatra betrifft, so handelt es sich dabei im Grunde um eine recht banale Angelegenheit der Schönheitschirurgie. Man hätte diese verderbliche Schönheit etwas häßlicher gemacht, und vielleicht hätte das Antlitz der Welt dadurch gewonnen.

Zu einer unbefangenen Überlegung gehört aber immer auch ein naiver Blick auf das, was sie in der Vergangenheit als Wurzel, als Keim, als ersten Ansatz dessen wahrzunehmen glaubt, was jetzt ist. Wenn sie über Ihre Kunst nachdenkt, deren Herkunft uralt ist, fragt sie sich, ob diese denn bei aller heutigen Gelehrsamkeit nicht die Entwicklung einer Art von Instinkt ist; ob sie nicht von der natürlichen Regung ausgeht, die unsere Hände dazu bewegt, ein empfundenes Übel anzupacken, dieselben Handlungen und Mittel, die wir auf Dinge anwenden, dazu einzusetzen, die leidende Stelle unseres Körpers zu verändern und sie als fremden Feind zu behandeln. Wenn die Schmerzempfindlichkeit nicht entgegenstehen würde, so würde der Mensch sich vermutlich recht häufig verstümmeln. Darin liegt eine instinktive Abwehr, die bei bestimmten Lebewesen, deren verletztes oder festgehaltenes Glied sich selbst amputiert oder von selbst abfällt, realisiert wird und die Perfektion eines Automatismus erlangt hat.

Diesen Impuls, direkt auf das Übel einzuwirken und es mit bewaffneter Hand zu bekämpfen, haben Sie zur höchsten Präzision und Kühnheit entwickelt. Es ist eine seltsame Sache, über den Eingriff in das lebendige Wesen nachzudenken. Wer weiß, ob die erste Vorstellung in der Biologie, die der Mensch sich bilden konnte, nicht die ist: *Es ist möglich, den Tod zu geben.* Erste Definition des Lebens: Das Leben ist eine Eigenschaft, die sich durch bestimmte Handlungen beseitigen läßt. Außerdem erhält es sich selbst normalerweise nur dadurch, daß es sich in pflanzlicher oder tierischer Form selbst verzehrt. Ein ganzer Lebensstrom wird ständig von einem Abgrund anderen Lebens verschlungen.

Obwohl es nun eine ganz natürliche Handlung gibt, die Leben zerstört und die verbrecherisch werden kann, wenn sie bewußt oder organisiert vollzogen wird, ist es glücklicherweise dazu gekommen, daß der Genius des Menschen eine ganz entgegengesetzte Handlung ausgedacht und ausgebildet hat. Er hat nämlich den Tod, den er so wirkungsvoll und umfassend zu verbreiten vermag, zu bekämpfen gelernt; und er hat es im Blick auf die todbringende Wunde gewagt, die Wunde zuzufügen und zu vertiefen, die das Leben rettet. Es ist wohl eine der kühnsten Unternehmungen des Menschen – direkt in die Gewebe unseres Körpers einzudringen und sie zu modifizieren – und zwar auch in die edelsten und empfindlichsten unter ihnen –, die nicht zögert, mit dem Skalpell sogar das Gehirn, das Herz oder die Aorta anzugehen, Organe also, bei denen die Zeit so kostbar ist, daß der verlorene Bruchteil einer Minute den abrupten Untergang des ganzen Lebewesens zur Folge haben kann.

Somit ist aufgrund Ihrer Hände jener Typus von Handlung und menschlicher Kunstfertigkeit, weil er der Erhaltung des Lebens dient, dem ganz anderen und fast unbegreiflichen Typus der Bildungsvorgänge in der Natur entgegengesetzt. Unser Handeln wird durch voneinander getrennte Handlungen gemäß einem sehr variablen Modell oder einer Idee an einer äußeren Materie vollzogen, und es kommt sehr häufig vor, daß diese aufeinanderfolgenden Handlungen durch beliebige Zeitabstände voneinander getrennt sein können, ohne daß das Ergebnis darunter leidet. Was wir dagegen *Natur* nennen, produziert durch kontinuierliche Entwicklung und fortschreitende Differenzierung. *Materie*, *Form*, *Art und Weise* sind darin untrennbar. Ein lebendiges System läßt sich nicht auf getrennte Variablen zurückführen, und unsere analytische Auffassung, die unterscheidet und zusammenfügt, was wir die *Zeit*, den *Raum*, die *Materie* und die *Energie* nennen, scheint ungeeignet zu sein, die Phänomene dieser Größenordnung exakt darzustellen. Die lebendige Natur verleiht zum Beispiel keinem Lebewesen den Grad an Freiheit der Körperteile, den wir den Bestandteilen unserer Mechanismen verleihen können. Die NATUR kennt kein Rad: Jedes Lebewesen besteht aus einem Stück. Deshalb hat sie auch kein zerlegbares Lebewesen hervorgebracht. Diese Inferiorität der natürlichen Produktion hat natürlich erhebliche Folgen: Ihr verdanken wir die meisten Fortschritte in der Chirurgie. Es war Ihnen vorbehalten, meine Herren, den Verstand, den Fleiß und die Erfindungsgabe der Menschengattung auf die Reparatur der lebendigen Bestandteile des Menschen anzuwenden. Darin liegt freilich eine widernatürliche Handlung; allerdings hat die Natur ihr die Chance eines glücklichen Ausgangs geboten, die Ihr Unternehmen auch ermöglichte. Sie erlaubt die Neubildung bestimmter Gewebe, sie läßt vernarben, sie bildet Knochen neu. Im übrigen sind wir weniger gut daran als die Seewalze, die sich auf einen Schlag ihrer Eingeweide entledigen und nach Belieben neue bilden kann.

Da aber Ihr Handeln seine Art und Weise und seine mechanischen Mittel auf die Unregelmäßigkeiten und Empfindlichkeiten der lebendigen Substanz abstimmen muß, da es *Tun* und *Lassen* miteinander verbinden muß, sich unterhalb der Oberfläche von Gleichgewichten aufhalten muß, welche Leben und Tod voneinander abgrenzt, und da es auch die Schmerzempfindlichkeit und das Gefühlsleben der Person berücksichtigen muß, ist es vielleicht von allem denkbaren Handeln dasjenige, welches die größte Zahl unabhängiger Bedingungen umfaßt, denen es genügen muß. Ihre überlegte und oft auch erfolgreiche Kühnheit verlangt die Verbindung und Koordination der verschiedenartigsten Tugenden, die höchst selten in ein und demselben Menschen vereint sind. Manchmal denke ich an alle die Eventualitäten, auf die Sie während Ihres Arbeitstages vorbereitet sein müssen; Sie müssen bereit sein, vom Können zum Handeln überzugehen, vom unerwarteten Problem zur Entscheidung, von der Entscheidung zur Ausführung, und zwar unter Zeitdruck, unter moralischem Druck, gelegentlich unter gesellschaftlichem Druck und manchmal auch unter dem Druck von Gefühlen. Dann das Handeln selbst: Der Einzelfall verwandelt sich unter Ihren Augen zum Lehrbeispiel: und die einfache Realität, so wie sie ist, enthüllt sich, bestätigt oder entkräftet mehr oder weniger die Idee, die man sich anhand der Diagnose und der verschiedenen Untersuchungen gemacht hatte. Dann plötzlich das Unvorhergesehene; die mehr oder minder bösartigen Entdeckungen; neue Entscheidungen sind zu improvisieren, gefolgt von der unmittelbaren Handlung.

Dies alles erfordert eine so umfassende Menge von Fähigkeiten, ein so rasches und umfangreiches Gedächtnis, ein so sicheres Wissen, einen so beständigen Charakter, eine so lebendige Geistesgegenwart, eine körperliche Widerstandsfähigkeit, eine Schärfe der Sinneswahrnehmung und eine Genauigkeit von dermaßen ungewöhnlichen Gesten, daß das Zusammenfallen so vieler verschiedener Ressourcen in einem einzigen Individuum den Chirurgen in einen höchst selten anzutreffenden Fall verwandelt, gegen dessen Existenz zu wetten durchaus klug sein könnte.

Und dennoch, meine Herren, es gibt Sie …

Sie denken wohl, daß die Person, die von Ihnen das weiß, was alle von Ihnen wissen, beim Nachdenken über Sie nicht umhinkann, Sie bei der Ausübung Ihrer dramatischen Funktionen vorzustellen, die heute mit einer beinahe religiösen Feierlichkeit in einer Art Luxus aus poliertem Metall und weißem Tuch ablaufen, in ein schattenloses Licht getaucht, das von einer kristallenen Sonne ausgeht. Ein aus der Unterwelt Zurückgekehrter, der Sie bei Ihrer schweren Aufgabe sehen würde, in Ihrer weißen Kleidung und Maske, eine Wunderlampe an der Stirn, umgeben von aufmerksamen Helfern, wie nach einem minutiösen Ritual an einem Wesen operierend, das, in einen Zauberschlaf getaucht, unter Ihren behandschuhten Händen geöffnet ist, der würde wohl glauben, einem der Sakrifizien beizuwohnen, wie man sie unter Eingeweihten zelebrierte, einem Mysterium antiker Sekten. Ist es aber nicht das Sakrifizium des Übels und des Todes, das Sie mit diesem seltsamen und so sachkundig geordneten Pomp feiern?

Nebenbei bemerkt hat sich dieser Schein einer Liturgie, das heißt einer mystischen oder symbolischen, in Akte oder Phasen zerlegten und als Schauspiel organisierten Operation, aufgrund der höchst strengen Sorgfalt, welche die Asepsis verlangt, wie von selbst um Ihren realen Eingriff ins Leben herum ergeben. Die Asepsis ist eine eifersüchtige Gottheit, die die Griechen und Römer sicherlich personifiziert hätten, der sie Altäre errichtet und Verehrung entgegengebracht hätten. Asepsis bedeutet die Entfernung jeglicher Beschmutzung; die Realisierung und Erhaltung einer gewissen *Reinheit*, und man muß hier zwangsläufig an die unschätzbare Rolle denken, welche die Idee der REINHEIT zu allen Zeiten in allen Religionen gespielt hat, und auch an die Entwicklungen, die sie durchgemacht hat, gemäß einem bemerkenswerten Parallelismus zwischen der Sauberkeit des Körpers und jener der Seele. Pasteur hat ihr einen neuen Sinn verliehen …

Mittels dieser Überlegung könnten wir gewisse Riten verstehen lernen, deren praktischer Wert entschwunden ist, während ihr Vollzug sich bis zu uns erhalten hat.

Wie ich Ihnen schon sagte, meine Herren, habe ich selbst Sie noch nie zelebrieren gesehen, und ich habe große Zweifel, ob ich den Anblick ertragen könnte – eine recht häufig vorkommende Schwäche. Ich weiß, daß bei den jungen Medizinstudenten mehr als nur einem das Schauspiel der Operation nahegeht, manchmal so sehr, daß manch einer glaubt, ohnmächtig zu werden und den Saal verlassen zu müssen. Dieser reflexartige Schwächeanfall gehört zu den größten Geheimnissen. Ich entsinne mich, wie ein dreijähriges Kind beinahe in Ohnmacht fiel beim Anblick einiger Blutstropfen aus der unbedeutenden Verletzung einer Person, in deren Nähe es spielte. Das Kind hatte keine Ahnung von der tragischen Bedeutung des Blutes, und die Person, die sich verletzt hatte, war bloß ärgerlich darüber, ihr Kleid befleckt zu haben. Ich konnte mir diesen winzigen Effekt niemals erklären. Freilich sollte man bei diesen Dingen nicht nach einer Erklärung suchen. Sicherlich kann man solche Phänomene der Empfindlichkeit immer verbal auslegen, in Begriffen, die irgendeinen Anschein erwecken, aber ich halte es für nutzlos, die Illusionen zu mehren und die zahlreichen und subtilen Mittel zu mißbrauchen, die uns glauben machen zu *verstehen.**

Diese Art von Schock hat auf Sie keine Wirkung – per definitionem. Sie leben im Blut, und nicht nur im Blut, sondern auch in einer dauerhaften Beziehung mit der Angst, dem Schmerz und dem Tod, mit den kraftvollsten Anregern unserer affektiven Reaktionsfähigkeit. Die kritischen Zustände, die extremsten Ausdrucksformen anderen Lebens, füllen jeden Tag Ihres eigenen Lebens aus, und sie ordnen das außerordentliche Ereignis, den bewegenden Akzent, den sie in der Existenz anderer Menschen darstellen,

* Nach der Niederschrift dieser Rede führte mich ein Zufall der Lektüre bei Restif de la Bretonne auf die folgende Stelle: »Der Anblick von Blut ließ mich in Ohnmacht fallen *noch bevor der Vernunftgebrauch mir das völlige Verstehen dessen ermöglichte, was man sagte.*« *Monsieur Nicolas,* Lisieux, Paris 1883, Vol. XI, S. 194.[2]

in die Rubriken, die Bezugsrahmen und Statistiken Ihres Geistes ein. Schließlich übernehmen Sie in jedem Augenblick unter den dringlichsten und delikatesten Umständen die schwerste Verantwortung.

Dies alles verwandelt Sie unter dem arglosen Blick des Zeugen, wie ich ihn definiert habe, zu vereinzelten und außerordentlichen Wesen, die man eher bewundert als versteht.

Ich werde mir jedoch erlauben, in der Analyse der Verwunderung, die Sie auslösen müssen, noch ein Stück fortzufahren. Und vielleicht werde ich sogar etwas zu weit gehen ...

Gewiß, auch wenn das Wesen des Chirurgen durch die Konzentration aller zur Ausübung seiner Kunst unentbehrlichen Eigenschaften in einem Menschen mir die Bewunderung einflößt, von der ich Ihnen berichtet habe, gibt es doch noch etwas anderes an Ihnen, was mich in Erstaunen versetzt; eine ganz andere Eigenschaft, die vielleicht weniger generell bemerkt wird als alle übrigen Eigentümlichkeiten Ihres Standes, die ich bisher betont habe. Ich befinde mich also Ihnen gegenüber im Geiste eines gewissen Rätsels, wenn ich Sie in Ihrer menschlichen Natur und nur in dieser zu betrachten beginne, das heißt in Ihrem Leben außerhalb der Chirurgie.

Darf ich mir ein Herz fassen und Ihnen meine Gedanken offenlegen? Darf ich es wagen, den Chirurgen zu öffnen? Da ich Sie aber einmal hier habe, wie könnte ich da der Versuchung widerstehen, diese Biopsie vorzunehmen? Freilich werde ich meiner Neugier nicht zu weit nachgehen: ich öffne und mache gleich wieder zu.

Meine Herren, Sie sind bewundernswerte Träger und Dulder alles dessen, was ich über ernste, qualvolle und schreckliche Dinge voller Hilflosigkeit und Gefühlserregung gesagt habe; Sie sind aber auch Träger Ihres Wissens. Sie befinden sich im fortwährenden Besitz einer immer genaueren Kenntnis der tiefliegenden Formen, Strukturen und Bereiche des menschlichen Wesens. Es gibt aber nichts, das weniger menschlich wäre ...

Dieses Wesen kann für Sie nicht mehr dasjenige sein, welches es für uns ist, die wir nicht wissen. Für Sie ist es nicht mehr dieses geschlossene Objekt; dieses verschlossene, sakrale, geheimnisvolle Gefäß, in dem sich heimlich das Mysterium der Erhaltung des Lebens und der Vorbereitung seiner Vermögen des äußeren Handelns abspielt. Wir leben ohne die Verpflichtung zu wissen, daß dazu ein Herz und Eingeweide erforderlich sind, ein ganzes Labyrinth von Röhren und Fäden, eine lebendige Materialsammlung von Retorten und Filtern, dank deren ein ständiger Austausch zwischen allen Größenordungen der Materie und allen Energieformen in uns stattfindet, vom Atom bis zur Zelle und von der Zelle bis hin zu den sichtbaren und handgreiflichen Massen unserer Körper. Diese ganz eingehüllte Apparatur macht sich höchstens durch Unannehmlichkeiten und Schmerzen bemerkbar, die da und dort in ihr entstehen, sich dem Bewußtsein aufdrängen, es an einem bestimmten Punkt wachrufen und damit den natürlichen Gang unserer funktionalen Unkenntnis über uns selbst unterbrechen ...

Funktional: ich sagte *funktional* im Zusammenhang unserer Unwissenheit über unseren Körper[3]; *funktional* für uns, die gewöhnlichen Sterblichen. Ich entschuldige mich dafür, diesen imposanten Ausdruck (mehr oder weniger glücklich) jenem Vokabular entlehnt zu haben, das ich eigentlich nicht benutzen dürfte. Es scheint mir aber, daß er angebracht ist – und auch, daß diese Wortverbindung etwas aussagt. Wie ich glaube, besagt sie, daß die Unkenntnis unserer Einrichtung eine positive Rolle spielt bei der Erfüllung von einigen unserer Funktionen, die nicht oder kaum verträglich sind mit einem klaren Bewußtsein ihres Ablaufs; die keine Gemeinschaft von *Sein* und *Erkennen* zulassen, die auf die Erregung hin nur dann mit dem Akt antworten, wenn die Aufmerksamkeit des Verstandes gleich Null oder beinahe Null ist. Manchmal kommt es vor, daß eine besonders aufmerksame Person gezwungen ist, ihren Geist abzulenken, um von sich selbst die Ausführung eines Akts zu erlangen, der reflexartig sein muß und anders gar nicht erfolgen kann. Man sieht dann, wie sich der merkwürdige Umstand ergibt: Bewußtsein und Willen ergreifen Partei für den Reflex und gegen die

Neigung der Erkenntnis, das Phänomen zu beobachten, es mithin in seinem überwiegend natürlichen Ablauf zu lähmen.

Kurzum, es gibt Funktionsabläufe, die dem Licht das Dunkel vorziehen, oder zumindest den Halbschatten – das heißt jenes Minimum an Geistesgegenwart, das notwendig und hinreichend ist, um den Vollzug solcher Akte vorzubereiten oder einzuleiten. Sie fordern bei Strafe des Scheiterns oder des Abbruchs, daß der Kreis von Sinneswahrnehmung und motorischem Antrieb vom Anfang bis zur physiologischen Aktgrenze ohne Beobachtung und ohne Unterbrechung durchlaufen wird. Diese Eifersucht oder Scham unserer Automatismen ist höchst bemerkenswert; man könnte daraus eine ganze Philosophie ableiten, die ich so zusammenfassen würde: *Bald denke ich, bald bin ich.*

Der Geist darf sich also nicht in alles einmischen – obwohl er diese Berufung für sich entdeckt hat. Man möchte sagen, er sei nur dazu geschaffen worden, um sich mit unseren äußerlichen Angelegenheiten zu beschäftigen. Was das übrige betrifft, unsere Basisaktivitäten, so werden sie von einer Art Staatsräson gedeckt. Das Geheimnis ist für sie wesentlich, und diese Überlegung gestattet vielleicht, die lebenswichtige Bedeutung unserer verschiedenen Funktionsabläufe an ihrer Unverträglichkeit gegenüber der Aufmerksamkeit des Bewußtseins zu messen. Seien wir also zerstreut, damit wir leben ...

Aber wie soll man es sein, wie soll man sich vom Mechanismus des Lebens ablenken lassen, wenn man nichts anderes tut, als ihn zu beobachten, seine Bestandteile zu handhaben, sich sein Räderwerk vorzustellen, an dessen Zusammenwirken und Veränderungen zu denken? Ich habe mich manchmal gefragt, meine Herren, ob denn die so präzise Kenntnis, die Sie vom Organismus haben, die Bilder, die Sie von seinen innersten Regionen besitzen, der gewohnheitsmäßige Kontakt, ja ich möchte sagen, die Vertrautheit mit seinen diskretesten und ihrer Bestimmung nach anrührendsten Teilen, bei Ihnen nicht in Konflikt geraten muß mit dem natürlichen Wesen, bei dem manchmal eine Störung auftreten muß und wo die Unwissenheit oder vielmehr die funktionale Unschuld der vegetativen Seele gestatten muß, ihre Ziele auf dem kürzesten Weg anzustreben – ihrer *Bahn im Universum*[4], wie man mit einem Ausdruck aus der theoretischen Physik sagen könnte.

Meine Frage ist aber auch eine ganz theoretische. Die Fakten geben eine ausreichende Antwort. Ich weiß – jedermann weiß –, daß Wissenschaft und Natur sich bei Ihnen sehr gut miteinander vertragen. Ihre intellektuelle und technische Unmenschlichkeit läßt sich sehr leicht und sogar in sehr glücklicher Weise mit Ihrer Menschlichkeit vereinbaren, die eine der mitfühlendsten und manchmal auch zartesten ist. Wenn man Sie beobachtet, so stellt sich in Ihrer Existenz ein ziemlich vollkommener Einklang zwischen Wissen, Können und Empfinden heraus, zwischen der luziden Selbsterfassung und der möglichen Hingabe an die von mir mehr oder weniger korrekt als funktional beschriebenen Unschuld.

Folglich existiert das Problem gar nicht. Aber es gibt das Wunder, und es ist nicht das einzige, das die Betrachtung des Chirurgen unserer Bewunderung darbietet.

In Ihrem Beruf ist der Künstler eine Notwendigkeit. Ich spreche nicht von denen, deren Zeichenstift, Feder oder Meißel sich an Kunstwerken übt: es gäbe einiges über sie zu sagen; und sicherlich wäre auch der Gewinn aus einem wechselseitigen Austausch zwischen Tätigkeiten zu untersuchen, die sich keineswegs gegenseitig ausschließen.

Doch im Augenblick spreche ich von Ihrer eigentlichen Kunst, deren Stoff das lebendige Fleisch ist, und die den klarsten und direktesten Fall jener unermeßlichen und fesselndsten Angelegenheit ist: das Handeln des Menschen am Menschen.

Was ist ein Künstler? Vor allem anderen ist er eine Ausführungsinstanz seines Denkens, sofern dieses Denken sich in mehrfacher Weise realisieren kann, das heißt wenn die Persönlichkeit nicht mehr nur auf der rein psychischen Ebene eingreift, wo die Idee sich bildet und verfügbar wird, sondern in der Handlung selbst. Die Idee allein ist nichts, und alles in allem kostet sie nichts. Wenn der Chirurg als Künstler bezeichnet werden muß, dann deshalb, weil sein Werk sich nicht auf die gleichförmige Ausführung eines unpersönlichen Handlungsprogramms beschränkt. Ein Operationshandbuch ist kein Chirurg. Vielmehr denke ich, daß es mehr als nur eine Art gibt, zu schneiden und zu nähen, und jede gehört zu jedem. Das heißt, es gibt mehr als nur einen chirurgischen Stil. Freilich weiß ich darüber nichts Bestimmtes – aber ... ich bin mir dessen sicher.

Alle Wissenschaft der Welt macht noch keinen Chirurgen aus. Es ist das TUN, das ihn zu einem solchen macht.

Nun hebt gerade die Bezeichnung Ihres Berufes dieses TUN hervor, meine Herren, denn das TUN ist das, was der Hand eigentümlich ist. Die Ihre, eine Expertin in Schnitten und Nähten, ist nicht weniger geschickt und kundig darin, mit ihren Fingerbeeren und Ballen die Gewebetexte zu lesen, die für Sie durchsichtig werden; und wenn sie sich aus den Höhlungen zurückzieht, die sie untersucht hat, vermag sie aufzuzeichnen, was sie auf ihrer dunklen Exkursion berührt und ertastet hat.

Chirurgie, manuopera, manœuvre, Hand-Werk.[5]

Jeder Mensch bedient sich seiner Hände. Ist es aber nicht bedeutungsvoll, daß der Ausdruck HAND-WERK seit dem 12. Jahrhundert so weit spezialisiert ist, daß er nur noch die Arbeit einer dem Heilen zugewandten Hand bezeichnet?[6]

Was aber tut die Hand nicht? Als ich im Hinblick auf den gegenwärtigen Anlaß ein wenig über die Chirurgie nachdenken mußte, habe ich angefangen, ziemlich lange über dieses außerordentliche Organ nachzusinnen, in dem fast alle Macht der Menschheit liegt und durch welches sie sich so merkwürdig der Natur entgegenstellt, von der sie doch herrührt. Hände sind nötig, um bald da, bald dort dem Lauf der Dinge entgegenzuwirken, um die Körper zu verändern, um sie zu zwingen, sich unseren willkürlichsten Absichten anzupassen. Hände sind nötig, um die einfachste Erfindung nicht nur zu realisieren, sondern sie überhaupt anschaulich zu erfassen. Bedenken Sie, daß es in der ganzen Reihe der Lebewesen vielleicht kein anderes Wesen außer dem Menschen gibt, das mechanisch dazu fähig ist, einen Knoten zu schlingen; und beachten Sie auch, daß diese banale Handlung, so banal und leicht sie ist, der Analyse des Verstandes solche Schwierigkeiten bietet, daß die Hilfsmittel der raffiniertesten Geometrie aufgeboten werden müssen, um die Probleme, zu denen sie Anlaß geben kann, nur höchst unvollkommen zu lösen.[7]

Hände sind auch nötig, um eine Sprache zu stiften, um mit dem Finger auf das Objekt zu zeigen, dessen Namen man ausspricht, um die Handlung zu mimen, die zum Wort wird, um die Rede gestisch zu betonen und zu bereichern.[8]

Ich gehe aber noch weiter. Ich behaupte sogar, daß eine der wichtigsten Wechselbeziehungen bestehen muß zwischen unserem Denken und jener wunderbaren Verbindung stets gegenwärtiger Eigenschaften, die die Hand uns einverleibt. Der Knecht bereichert seinen Herrn und begnügt sich nicht nur damit, ihm zu gehorchen. Um diese Wechselseitigkeit der Dienste deutlich zu machen, braucht man sich nur zu überlegen, daß selbst unser abstraktestes Vokabular bevölkert ist von Ausdrücken, die für den Verstand unentbehrlich sind, ihm aber nur durch die einfachsten Akte oder Funktionen der Hand zukommen konnten. *Setzen, legen, stellen* (*mettre*); – *nehmen* (*prendre*); – *ergreifen* (*saisir*); – *plazieren* (*placer*); – *halten* (*tenir*); – *abstellen* (*poser*); und sodann: *Synthese, These, Hypothese, Voraussetzung/Annahme* (*supposition*), *Inhalt/Umfang/Auffassung/Verständnis* (*compréhension*) ... *Zugabe* (*addition*) geht auf *geben* zurück, so wie *Multiplikation* und *Komplexität* auf *plier* (lat. *plicare, falten*).

Das ist aber nicht alles. Die Hand ist ein Philosoph. Sie ist sogar, und zwar schon vor dem ungläubigen hl. Thomas, ein Skeptiker. Was sie berührt, ist *real*. Das Reale hat keine andere Definition und kann keine andere haben.[9] Keine andere Sinnesempfindung erzeugt in uns diese einzigartige Sicherheit, wie sie der Widerstand eines festen Körpers dem Geist mitteilt. Die Faust, die auf den Tisch schlägt, scheint die Metaphysik ebenso zum Schweigen zwingen zu wollen, wie sie dem Geist die Idee des Willens zur Macht aufzwingt.

Ich habe mich manchmal gewundert, daß es keinen »Traktat über die Hand« gibt, keine gründliche Untersuchung der zahllosen Möglichkeiten dieser Wundermaschine, die die feinste Sensibilität mit den ungebundensten Kräften verknüpft.[10] Doch dies wäre eine Untersuchung ohne Grenzen. Die Hand bindet an unsere Instinkte, verschafft unseren Bedürfnissen, bietet unseren Ideen eine Sammlung von Instrumenten und unzähligen Mitteln. Wie soll man eine Formel finden für diesen Apparat, der abwechselnd zuschlägt und segnet, empfängt und gibt, nährt, schwört, den Takt schlägt, für den Blinden liest, für den Stummen spricht, sich dem Freund entgegenstreckt, sich gegen den Gegner erhebt und zum Hammer, zur Zange, zum Alphabet wird? ... Was weiß ich? Diese fast schon lyrische Unordnung genügt. Nacheinander instrumental, symbolisch, rednerisch, rechnend – universaler Akteur, könnte man sie nicht als *das Organ des Möglichen* bezeichnen – so wie sie andererseits *das Organ der positiven Gewißheit* ist?

Unter all diesen Begriffen, die sich aus der Allgemeinheit ableiten, durch die sich die Hand von den Organen unterscheidet, die nur eine einzige Sache tun können, gibt es aber einen, dessen Name eng mit dem der Chirurgie verbunden ist.

Die Chirurgie ist die Kunst, Operationen durchzuführen. Was ist ein Operation? Eine Transformation, die erreicht wird durch klar voneinander unterschiedene Handlungen, die in einer ganz bestimmten Folge auf ein klar bestimmtes Ziel zugehen. Der Chirurg verändert den Zustand eines Organismus. Das heißt, er rührt an das Leben; er schiebt sich zwischen Leben und Leben, aber mit einem bestimmten System von Handlungen, einer Präzision der Handgriffe, einer Strenge in ihrer Abfolge und Ausführung, die seinem Eingriff eine gewisse *Abstraktheit* verleihen. So wie die Hand den Menschen von den anderen Lebewesen unterscheidet, so unterscheidet die Abstraktheit im Vorgehen des Verstandes von den Transformationsweisen der Natur.

Meine Herren, erlauben Sie mir hier, meine Einbildungskraft etwas spielen zu lassen ... Der Dichter nimmt sich die Freiheit heraus, einen Augenblick lang aufzutreten ...

Ich stelle mir das grenzenlose Erstaunen, die Bestürzung des Organismus vor, den Sie verletzen, dessen zuckende Schätze Sie ans Tageslicht bringen, wenn Sie plötzlich bis in seine verborgensten Tiefen Luft, Licht, Kräfte und Eisen eindringen lassen und dabei dieser unbegreiflichen lebendigen Substanz, die uns als solche selbst so fremd ist und aus der wir doch bestehen, den Schock der Außenwelt versetzen ... Welch ein Schlag, und welch ein Zusammenstoß! ...

Ist dies aber nicht zugleich ein Sonderfall und ein Abbild dessen, was in allen Teilen der heutigen Welt geschieht? Hier zeigt alles die umstürzenden Wirkungen, die das Handeln mit den vom Menschen geschaffenen Mitteln auf den Menschen selbst hat. Welch ein Schock! Und was wird aus diesem ganzen Organismus von Beziehungen, Konventionen und Vorstellungen, der sich über Generationen hinweg so langsam gebildet und entwickelt hat und der nun seit einigen Jahrzehnten der Prüfung durch übermenschliche und unmenschliche Kräfte ausgesetzt ist oder sich ihnen vielmehr selbst aussetzt, die er am Ende selbst heraufbeschworen hat? Unser verehrter und angesehener Präsident hat uns ja soeben höchst beredt die rapiden Veränderungen der Therapeutik vor Augen geführt, und er konnte sie nur dadurch deutlich machen, daß er uns zunächst den besonders bedeutsamen Stand der physikalischen Wissenschaft im allgemeinen darlegte. Mir scheint, dieser Stand der Wissenschaft läßt sich so zusammenfassen: Wir haben ein indirektes Wissen erlangt, das durch Relaisschaltungen fortschreitet und das uns gleichsam durch Signale mitteilt, was in Größenordnungen geschieht, die von den unseren Sinnen irgendwie noch zugänglichen so weit entfernt sind, daß die Begriffe aller Art, gemäß denen wir die Welt dachten, nichts mehr faßbar machen. Der Bankrott der wissenschaftlichen Bilderwelt ist ausgesprochen. Bei diesem Maßstab werden die Begriffe des Körpers, der Positionen, der Zeitdauer, der Materie und der Energie untereinander irgendwie austauschbar; selbst das Wort *Phänomen* hat keine Bedeutung mehr, und vielleicht vermag sogar die Sprache selbst, gleichgültig, welche man übernimmt, mit ihren Substantiven und Verben nur noch den Irrtum in unseren Geist hineinzutragen. Was die Zahl betrifft, so ist gerade ihre Genauigkeit ihr Verhängnis. Ihr neuer Gebrauch wird darin bestehen, eine bestimmte und identifizierbare Pluralität durch eine Wahrscheinlichkeit zu ersetzen.

Unsere unmittelbare Vorstellung von den Dingen ist insgesamt durchdrungen und gestört durch die sehr indirekten Informationen, die uns aus den Tiefen der Winzigkeit zukommen und dank deren wir davon zweifellos viel mehr wissen und auch viel mehr können; aber wir verstehen viel weniger, und vielleicht auch zusehends immer weniger. Eben dies ist die Wirkung der *Zwischenschaltungen* (relais).[11] Mit einem *Relais* kann ein Kind, mit einer unmerklichen Bewegung des kleinen Fingers, eine Explosion oder eine Feuersbrunst auslösen, die in keinem Verhältnis zu seiner Anstrengung steht; ein über moderne Mittel verfügender Gelehrter kann, durch Relais, fühlbare Wirkungen hervorrufen, die er mit dem Ausdruck *Atomexplosion*[12] übersetzen wird; er muß aber eingestehen, daß dies eine höchst provisorische Redeweise ist, und zugeben, daß zum Beispiel die Bezeichnung *Elektron* in positiven Ausdrücken nur das Ganze dessen bezeichnen kann, was an Apparaten und Handlungen nötig ist, um für unsere Sinne solche beobachtbaren Phänomene hervorzubringen.

Unsere Wissenschaft kann also nicht mehr wie die von gestern nach der Errichtung eines Gebäudes von konvergierenden Gesetzen und Erkenntnissen streben. Einige Formeln, dachte man, sollten unsere gesamte Erfahrung zusammenfassen, und eine abschließende Tabelle von Gleichgewichtsbeziehungen und Transformationen, analog oder identisch mit jener, welche die Gleichungen der Dynamik bilden, sollte Ziel und Abschluß der Arbeit des wissenschaftlichen Verstandes sein.

Die Vermehrung der Mittel hat jedoch die neuen Fakten derart vervielfacht, daß die Wissenschaft durch ihr Einwirken auf sich selbst eine Veränderung erlebt hat, die sich bis auf ihr eigenes Objekt erstreckt. Um sich in einem labilen Gleichgewicht mit diesen völlig neuen Fakten zu halten, die mit ihren Mitteln an Zahl und Verschiedenheit zunehmen, ist die Wissenschaft gezwungen, fast in jedem Augenblick ihre theoretischen Konzeptionen zu verändern. Eine geordnete Summe der Erkenntnisse, einst Hauptziel und genauer Bezugspunkt der Forschung, ist nicht mehr denkbar; das theoretische Wissen zerfällt in Teiltheorien, die zwar unerläßliche und oft bewundernswerte Instrumente sind – aber eben doch *Instrumente*, die man benutzt oder auch nicht, und die nur wegen der mehr oder weniger vorläufigen Bequemlichkeit und der Ergiebigkeit ihrer Anwendung gelten. Daraus folgt, daß die Widersprüche, die diese Theorien untereinander zeigen können, nicht mehr den Charakter rückgängig zu machender Verfehlungen haben.

Eben darin liegt ein ungeheurer Wandel der Ideen und der Werte. Das Wissen wird fortan vom Handlungsvermögen beherrscht.

Ich entschuldige mich, meine Herren, für diesen langen Mißbrauch Ihrer höflichen Aufmerksamkeit. Ich stelle fest, daß bei Ihnen der Patient gegenüber dem Operateur nicht verliert. Freilich glaube ich alle Grenzen überschritten zu haben; und da ich außerdem die mir zugestandene Zeit überzogen habe, habe ich auch die Grenze überschritten, die ein Literat, der zu Naturwissenschaftlern spricht, niemals überschreiten darf. Wir glauben etwas zu wissen; wir, die wir uns bloß im Reich der Worte bewegen können. Nicht jeder ist wie Ihr ergebener Generalsekretär, der ein Skalpell besitzt, Federhalter und Zeichenstift sowie die eleganteste Art, sich dieser drei sehr scharfen Werkzeuge zu bedienen.[13] Sie haben gesehen, welche Verpflanzung verschiedenartiger Qualitäten auf den Ehrenpräsidenten er soeben vorgenommen hat ...

Ich hätte mich darauf beschränken sollen, Ihnen zu sagen, daß ich in der modernen Chirurgie einen der edelsten und fesselndsten Aspekte jenes außerordentlichen Abenteuers der Menschengattung sehe, das sich beschleunigt und seit einigen Jahrzehnten aus der Fassung zu geraten scheint. Wenn wir zum einen bei Lebewesen und Ereignissen die schwersten Symptome feststellen müssen; ich weiß nicht welche Wahnvorstellungen, welche tetanischen Manifestationen und welchen rapiden Wechsel zwischen Erregung und Depression, und wenn man sich zu oft als Zeuge der letzten Augenblicke einer Zivilisation vorkommt, die offenbar im größten Überfluß der Mittel zur Zerstörung und Selbstzerstörung enden will, dann ist es gut, sich den Menschen zuzuwenden, die von den Entdeckungen, den Methoden und technischen Fortschritten nur das zurückbehalten, was sie bei ihren Mitmenschen zur Linderung und zum Wohl anwenden können.

EINFACHE ÜBERLEGUNGEN ZUM KÖRPER

Das Blut und wir.

1. Wie man ein Lebewesen auslöscht, indem man ihm *umsonst* und in der besten Qualität das gibt, was ihm sein Organismus und seine Handlungen in seiner Umwelt verschaffen.

2. Ich betrachte das Lebendige: Was ich sehe und was mir zuerst auffällt, ist diese Masse aus einem einzigen Stück, die sich bewegt, sich biegt, läuft, springt, fliegt oder schwimmt; die schreit, spricht, singt, und die ihre Tätigkeiten und Erscheinungsformen, ihre Verwüstungen, ihre Arbeiten und sich selbst in einer Umwelt vervielfacht, welche dieses Wesen zuläßt und von der man es nicht ablenken kann.

Dieses Etwas, seine diskontinuierliche Aktivität, seine Spontaneität, die abrupt aus einem Ruhezustand heraus entsteht, in den sie auch immer wieder zurückkehrt, sind auf merkwürdige Art ausgeheckt: Man bemerkt, daß die sichtbaren Fortbewegungsapparate, Beine, Pfoten, Flügel, einen ziemlich ansehnlichen Teil der gesamten Masse des Lebewesens ausmachen, und man entdeckt später, daß sein übriges Volumen von den Organen eines inneren Wirkens ausgefüllt wird, von denen man einige äußere Wirkungen gesehen hat. Man begreift, daß die gesamte Dauer dieses Lebewesens der Effekt dieses Wirkens ist und daß seine gesamte Produktion, ob sichtbar oder nicht, sich darin erschöpft, einen unersättlichen Verbraucher zu ernähren, der dieses Wesen selbst ist.

3. Ich weiß aber auch, daß das, was von dem System der Mittel, das fast das ganze Lebewesen ausmacht, auf diese Weise ständig angestrebt oder hervorgebracht wird, ihm auch durch andere Mittel als seine eigenen verschafft werden könnte. Wenn sein Blut die Substanzen einfach fertig zuge-

führt bekäme, deren Hervorbringung so viele koordinierte Bemühungen und einen solchen Steuerungsapparat erfordert, dann begreift man, daß das Leben, nachdem dieses gesamte Material nutzlos geworden und aufgegeben ist, aufrechterhalten würde, und zwar genauer und sicherer als mit den natürlichen Mechanismen. Mit dieser künstlichen Erhaltungsweise würde man zunächst alle Relationsorgane einsparen: die Sinne, die Bewegungsorgane, die Instinkte, die »Psyche«; dann auch alles das, was Zerkleinerungs-, Misch- und Fördergeräte, Filter, Röhren, Brenner und Heizkörper erfordert: die Fließbandarbeit, die in Gang kommt, sobald die Signale der Sinnesorgane den Befehl dazu gegeben haben.

4. Der gesamte Organismus wird zu nichts anderem gebraucht als zur Erneuerung seines Blutes –, alles, ausgenommen vielleicht der Unterhalt und die Pflege des Fortpflanzungsmaterials; eine ganz spezielle und gleichsam nebensächliche Funktion, die häufig ohne lebenswichtige Beeinträchtigung außer Kraft gesetzt wird.

Das Blut selbst wird jedoch zu nichts anderem gebraucht als dem Apparat, der es aufbereitet, das zurückzugeben, was für das Funktionieren dieses Apparates notwendig ist. *Der Körper macht Blut, das Körper macht, der Blut macht ...* Im übrigen sind alle Akte dieses Körpers zyklisch in bezug auf ihn selbst, da sie alle in ein Hin und Her, in Anspannung und Entspannung zerfallen, während das Blut selbst seine zyklische Bahn durchläuft und ständig seine Reise durch die Welt aus Fleisch macht, aus der das Leben besteht.

5. In dieser eintönigen Organisation der wechselseitigen Erhaltung liegt etwas Absurdes. Es schockiert den Geist, der die Wiederholung verabscheut und der sogar aufhört, zu verstehen und aufmerksam zu sein, sobald er erfaßt hat, was er ein »Gesetz« nennt. Ein *Gesetz* ist für ihn die Vernichtung der »ewigen Wiederkehr«[1] ...

6. Man beobachtet indessen zwei Fluchtwege aus dem Existenzzyklus des Körpers: zum einen *nützt der Körper sich ab,*

was man auch immer macht; zum anderen *reproduziert sich der Körper.*

7. Auf einen Punkt komme ich zurück. Angenommen also, das Blut werde direkt aufbereitet und das Lebewesen so konserviert, wie man es heute mit Gewebeproben in einer geeigneten Flüssigkeit bei geeigneter Temperatur macht, dann würde sich das Lebewesen auf ein Nichts oder vielleicht auf eine einzige, mit irgendeinem elementaren Leben ausgestattete »Zelle« reduzieren. Da die von uns so benannte Sinnesempfindung und das Handeln beseitigt wären, muß der Geist zusammen mit dem verschwinden, was ihn zu erscheinen veranlaßt und zwingt, denn seine für das Leben unentbehrliche Verwendung besteht nur darin, der Vielfalt, der Ungewißheit und dem Unerwarteten der Umstände entgegenzutreten. Er bildet Handlungen aus, die auf das Formlose und das Vielförmige antworten. Doch in all jenen Fällen, wo unbewußte Operationen oder reflektorische (das heißt gleichförmige) Antworten genügen, hat der Geist nichts zu tun. Er könnte allenfalls das richtige Funktionieren des Organismus stören oder gefährden. Das läßt er sich denn auch nicht entgehen und leitet daraus berühmte Anlässe zum Hochmut ab.

8. So müssen also diese Erzeugnisse des Lebens, das Gedächtnis, das Denken, das Gefühl, die Erfindungsgabe samt dem wunderbaren Wert, den wir ihnen beimessen, der eben erläuterten Überlegung zufolge zu bloßen Anhängseln dieses Lebens degradiert werden. Alle unsere Leidenschaften des Geistes, alle unsere Handlungen des Überflusses, unser Erkenntnis- und Schöpferwillen, bieten uns indes *a priori unberechenbare* Entwicklungen eines Funktionierens an, das nur darauf gerichtet war, das Ungenügen oder die Mehrdeutigkeit der unmittelbaren Wahrnehmungen zu kompensieren und die daraus resultierende Unbestimmtheit aufzuheben.

Die große Artenvielfalt, die erstaunliche Vielfalt an Gestalten und Mitteln, die sie zeigt; die Ressourcen jeder Art, die Menge von Lösungen für das Problem, zu leben, sie erwekken den Gedanken, daß Sinneswahrnehmung und denkendes

Bewußtsein durch ganz andere Eigenschaften hätten ersetzt werden können, welche dieselben Dienste leisten.

Was die eine Art durch eine Reihe von tastenden Versuchen und gleichsam auf statistischem Weg erreicht, das erreicht eine andere durch die Intervention eines *Sinnes*, den die vorige nicht besitzt, oder auch ... durch irgendeine innere Hervorbringung vom Typus »vernunftgeleiteter Überlegung«.

9. Ich stelle fest, daß unsere Sinne uns bloß ein Minimum an Hinweisen verschaffen, die für unser Wahrnehmungsvermögen nur einen unendlich kleinen Teil der Verschiedenheit und der wahrscheinlichen Veränderung einer »Welt« übermitteln, die für uns weder gedanklich noch in der Vorstellung faßbar ist.

10. Was ich oben gesagt habe, läßt sich so zusammenfassen: Wenn wir das, was wir *unser Leben* nennen, alles dessen berauben, was wir als ersetzbar angesehen haben – indem Organe, Formen, Funktionen durch künstliche Mittel ersetzt und damit zu überflüssigen Anhängseln degradiert werden (was an die Atrophien erinnert, die im Laufe der Evolution aufgetreten sind) –, dann reduziert sich dieses Leben auf nichts oder fast nichts; folglich sind Empfindungen, Gefühle, Denken für es nicht wesentlich. Sie sind nur ... *per accidens*.

An einem Beispiel dafür fehlt es nicht: Dieses auf das Leben reduzierte Leben ist das des Embryos, eine Kleinigkeit am Anfang seiner Laufbahn, und diese Kleinigkeit hervorgegangen aus einer Winzigkeit: einem Keim.

11. Schließlich eine letzte Überlegung, die sich als Problem darstellt: Inwiefern ist die dem Geist eigentümliche Tätigkeit absolut unentbehrlich für die Erhaltung des Lebens unter Gegebenheiten, die dem Lebewesen die Möglichkeit des Handelns belassen? Ich glaube, es wäre interessant, wenn man dies genauer bestimmen würde. Man würde sicherlich zu einer Definition des Geistes als »Vermögen der Transformation« seiner Vorstellungen gelangen, das, angewandt auf

eine Situation, die weder durch Automatismen noch durch einfache Reflexe lösbar ist und die dieses Vermögen anregt, sich darin zu versuchen, auf sie die Idee und die Handlungsimpulse abzustimmen, mit denen das lebendige System schließlich wieder in einen Zustand der Verfügbarkeit über seine Ressourcen versetzt wird – ein Zustand, den man »Freiheit« nennen könnte. Welches auch immer die vorgekommenen Kombinationen, Hervorbringungen und inneren Modifikationen sind – der ganze Prozeß wird immer darauf hinauslaufen, das System wieder in einen Zustand gleicher Möglichkeit zurückzuversetzen.

Das Problem der drei Körper.

Die Bezeichnung *Körper* entspricht im Sprachgebrauch mehreren höchst verschiedenen Ausdrucksbedürfnissen. Man könnte sagen, daß einem jeden von uns in seinem Denken *Drei Körper* entsprechen – *mindestens.*

Ich werde das erklären.

Der erste ist das privilegierte Objekt, als das wir uns in jedem Augenblick vorfinden, auch wenn die Kenntnis, die wir von ihm haben, sehr veränderlich und für Illusionen anfällig sein kann – wie alles, was nicht zu trennen ist vom Augenblick. Jeder einzelne nennt dieses Objekt *Mein Körper*; wir geben ihm jedoch keinen Namen *in uns selbst*, das heißt *in ihm*. Dritten gegenüber sprechen wir von ihm wie von einer Sache, die uns gehört; für uns aber ist er nicht ausschließlich eine Sache, und er gehört uns etwas weniger, als wir ihm angehören ...

Seinem Wesen nach ist er für jeden einzelnen das wichtigste Objekt auf der Welt, der es sich entgegenstellt, von der es sich in enger Abhängigkeit weiß. Mit gleicher Evidenz, aber mit einer einfachen Änderung an der *Einstellung*[2] unserer intellektuellen Sehweise können wir sagen, daß auf ihm die Welt beruht, und daß diese Welt ihren Bezug in ihm hat; oder auch, daß er selbst bloß eine Art von unendlich belanglosem und unbeständigem Ereignis dieser Welt ist.

Aber weder das Wort »Objekt«, dessen ich mich eben bediente, noch das Wort »Ereignis« sind hier die zutreffenden Wörter. Es gibt keine Benennung für unser Gefühl von einer Substanz unserer Anwesenheit, unserer Handlungen und seelischen Regungen, nicht nur der gegenwärtigen, sondern auch der unmittelbar bevorstehenden oder aufgeschobenen oder bloß möglichen – für etwas, das stärker im Hintergrund, aber doch weniger intim ist als unsere Hintergedanken: Wir entdecken uns als Fähigkeit zu Veränderungen, die fast ebenso vielfältig sind wie die Umstände unserer Umgebung. Das gehorcht oder gehorcht nicht, erfüllt oder behindert unsere Pläne; es fließen uns daraus überraschende Stärken und Schwächen zu, in Verbindung mit dem Ganzen oder mit Teilen dieser mehr oder weniger empfindlichen Masse, die sich bald abrupt mit impulsiven Energien auflädt, welche sie kraft eines inneren Mysteriums »handeln« lassen; bald als solche Masse zur drückendsten und unbeweglichsten Last zu werden scheint ...

Dieses Etwas selbst ist formlos: Vom Sehen kennen wir davon nur einige bewegliche Teile, die in den sichtbaren Bereich des Raums *Meines Körpers* hineinreichen können; ein seltsamer, asymmetrischer Raum, in dem Distanzen außergewöhnliche Beziehungen sind.[3] Ich habe keine Ahnung von den räumlichen Beziehungen zwischen »Meiner Stirn« und »Meinem Fuß«, zwischen »Meinem Knie« und »Meinem Rücken« ... Das führt zu seltsamen Entdeckungen. Meine rechte Hand weiß im allgemeinen nichts von meiner linken. Die eine mit der anderen zu ergreifen heißt ein *Nicht-ich*-Objekt zu ergreifen. Diese Absonderlichkeiten müssen im Schlaf eine Rolle spielen und, *wenn es den Traum gibt*, ihm endlose Kombinationen vorgeben und anbieten.

Dieses Etwas, so meinig und doch so geheimnisvoll, manchmal auch und letztlich immer unser gefährlichster Widersacher, ist das Bedrängendste, das Beständigste und das Veränderlichste, was es gibt: Jede Beständigkeit und jede Veränderung gehören nämlich ihm. Nichts bewegt sich vor uns, es sei denn durch eine Art von korrespondierender Veränderung, die es entwirft und die dieser wahrgenommenen

Bewegung folgt oder sie nachahmt; und nichts kommt zum Stillstand, außer wenn dieses Etwas in einem seiner Teile erstarrt.

Es hat keine Vergangenheit. Dieses Wort hat für dieses Etwas, das die Gegenwart selbst ist, ganz Ereignis und Imminenz[4], keinen Sinn. Zuweilen machen sich einige seiner Teile oder Bereiche bemerkbar, erhellen sich, nehmen eine Bedeutung an, vor der alles zunichte wird, und prägen dem Augenblick ihre Milde oder ihre unvergleichliche Strenge auf.

Unser *Zweiter Körper* ist der, als den uns die anderen sehen und der uns vom Spiegel und von den Bildnissen mehr oder weniger dargeboten wird. Es ist derjenige, der eine Form hat und den die Künste erfassen; derjenige, dem sich die Stoffe, der Schmuck, die Rüstungen anschmiegen. Es ist der, den die Liebe sieht oder sehen will, ängstlich und begierig, ihn zu berühren. Er kennt den Schmerz nicht, über den er nur eine Grimasse schneidet.

Es ist derselbe Körper, der Narziß[5] so teuer war, der aber viele andere Leute zur Verzweiflung treibt und sie fast alle betrübt und verdüstert, wenn die Zeit gekommen ist und wir halt eingestehen müssen, daß dieses alte Wesen im Spiegel in einem erschreckend engen, wenn auch unfaßlichen Verhältnis zu demjenigen steht, der es betrachtet und es nicht akzeptiert. Man gesteht sich nicht ein, diese Ruine zu sein …

Die Kenntnis unseres *Zweiten Körpers* reicht kaum weiter als der Blick auf eine Oberfläche. Man kann leben, ohne sich selbst jemals gesehen zu haben, ohne die Farbe der eigenen Haut zu kennen; das ist das Los der Blinden. Es lebt aber jeder Mensch, ohne daß das Leben ihm die Notwendigkeit auferlegt zu wissen, was diese recht ebenmäßige Haut unseres *Zweiten Körpers* bedeckt. Es ist bemerkenswert, daß das lebendige, denkende und handelnde Wesen mit seiner inneren Organisation nichts zu tun hat. Es ist nicht befähigt, sie zu erkennen. Nichts bringt es auf die Vermutung, daß es eine Leber, ein Gehirn, Nieren und das übrige hat: diese Informationen wären ihm im übrigen nutzlos, da es unter naturgegebenen Umständen keinerlei Handlungsmittel besitzt, um auf diese Organe einzuwirken. Alle Handlungsfähigkeiten sind auf die »Außenwelt« gerichtet, und zwar so, daß man dasjenige »Außenwelt« nennen könnte, worauf unsere Handlungsmittel Zugriff haben: beispielsweise kann sich alles, was *ich sehe*, durch *meine Bewegung* verändern: ich wirke auf meine Umwelt ein, weiß aber nicht, mit welchen Maschinen.

Es gibt also einen Dritten Körper. Aber dieser hat seine Einheit nur in unserem Denken, da man ihn nur kennt, weil man ihn zuvor zerteilt und in Stücke zerlegt hat. Ihn zu kennen heißt ihn auf Viertel und Fetzen reduziert zu haben. Ihm sind scharlachrote oder blasse, manchmal auch sehr zähflüssige glasige Flüssigkeiten entquollen. Man entnimmt ihm Massen von unterschiedlicher Größe, die für ein ziemlich exaktes Ineinandergreifen gestaltet sind: es sind Schwämme, Gefäße, Röhren, Fäden, Gelenkstangen ... Auf sehr dünne Scheiben oder auf Tröpfchen reduziert,- zeigt alles dies unter dem Mikroskop Korpuskelfiguren, die völlig neuartig sind. Man versucht, diese histologischen Kryptogramme zu entziffern. Man fragt sich, wie diese Faser da motorische Kraft entwikkelte. Und welche Beziehungen konnten diese kleinen Sterngebilde mit ihren Keimwürzelchen zur Sinnesempfindung und zum Denken haben? Was aber würde ein Descartes oder ein Newton tun, in ihrer Unwissenheit über unseren Elektromagnetismus, über die Induktion und alles das, was nach ihnen entdeckt wurde, wenn man ihnen ohne Erklärung einen Dynamo zur Untersuchung vorlegen und ihnen nur seine Wirkungen angeben würde? Sie würden das tun, was wir mit einem Gehirn machen: Sie würden den Apparat auseinandernehmen, die Spulen abwickeln; feststellen, daß sie hier Kupfer, da Kohle, dort Eisen finden, und sich schließlich geschlagen geben; unfähig, die Funktionsweise dieser Maschine zu erraten, von der man ihnen gesagt hatte, daß sie die uns bekannten Transformationen vollbringt.

Zwischen diesen *Drei Körpern*, die ich uns eben verliehen habe, bestehen notwendigerweise zahlreiche Beziehungen, die zu erhellen zu versuchen sehr interessant, wenn auch recht mühsam wäre. Ich möchte im Augenblick lieber auf eine gewisse Phantasievorstellung zu sprechen kommen.

Ich behaupte, daß es für jeden von uns einen *Vierten Körper* gibt, den ich unterschiedslos den *Realen Körper* oder den *Imaginären Körper* nennen kann.

Dieser wird als unabtrennbar vom unbekannten und unerkennbaren Milieu betrachtet, das uns die Physiker erahnen lassen, wenn sie die Sinnenwelt peinigen und über den Umweg von *Relais von Relais*[6] Phänomene erscheinen lassen, deren Ursprung sie weit jenseits oder diesseits unserer Sinne, unserer Einbildungskraft und schließlich sogar der Erkenntnis unseres Verstandes ansiedeln.

Von diesem unbegreiflichen Milieu unterscheidet sich mein *Vierter Körper* nicht mehr und nicht weniger als ein Wirbel von der Flüssigkeit, in der er entsteht. (Ich habe doch wohl das Recht, über das Unbegreifliche nach Belieben zu verfügen.)

Er ist keiner der *Drei* anderen Körper, denn er ist weder *Mein Körper* noch der *Dritte*, welcher derjenige der Gelehrten ist, da er aus dem besteht, wovon sie nichts wissen ... Ich füge noch hinzu, daß die Erkenntnis durch den Geist eine Hervorbringung dessen ist, was dieser Vierte Körper *nicht ist. Alles, was ist*, für uns, maskiert notwendigerweise und unwiderruflich *etwas, was ist* ...

Warum aber hier diesen völlig nichtigen Begriff einführen? Weil eine Idee, auch wenn sie völlig absurd ist, nie ganz wertlos ist, und weil ein leerer Ausdruck, ein leeres Zeichen, dem Geist immer einen gewissen Ansporn gibt. Woher fiel mir dieses Wort vom *Vierten Körper* ein?

Als ich über den Begriff des Körpers im allgemeinen und über meine *Drei Körper* sinnierte, artikulierten sich im Halbdunkel meines Denkens vage die berühmten Probleme, welche diese Themen aufgerührt haben. Ich gestehe, daß ich sie gewöhnlich von der empfindlichsten und dringlichsten Stelle meiner Aufmerksamkeit wegschiebe. Ich frage mich kaum, welches der Ursprung des Lebens oder der der Arten ist; ob der Tod ein einfacher Wechsel des Klimas, der Kleidung und der Gewohnheiten ist; ob der Geist ein Nebenprodukt des Organismus ist oder nicht; ob unsere Handlungen manchmal das sein können, was man *frei* nennt (ohne daß jemals einer hätte sagen können, was man genau darunter versteht); usw.

Vor diesem Hintergrund von überstrapazierten Problemen zeichnete sich meine absurde und einleuchtende Idee ab: Ich sagte mir: »*Vierten Körper* nenne ich das unerkennbare Objekt, *dessen Erkenntnis alle diese Probleme auf einmal lösen würde, da sie ihn ja voraussetzen.*«

Und als sich Protest in mir regte, fügte die STIMME DES ABSURDEN hinzu: »Denke doch daran: Wo willst du denn Antworten auf diese philosophischen Fragen herholen? Deine Bilder, deine Abstraktionen rühren nur von den Eigenschaften und Erfahrungen deiner *Drei Körper* her. Doch der erste offeriert dir nur Augenblicke; der zweite einige Anschauungen, und der dritte – um den Preis von abscheulichen Handlungen und komplizierten Vorbereitungen – eine Menge von Figuren, die noch schlechter zu entziffern sind als etruskische Texte. Dies alles zerreibt dein Geist mit seiner Sprache, setzt es zusammen und ordnet es; soll er meinetwegen durch den Mißbrauch seines bekannten Fragebogens[7] die berühmten Probleme daraus folgern; er vermag ihnen doch nur dann einen Schatten von Sinn zu geben, wenn er, ohne es sich einzugestehen, irgendeine Nichtexistenz voraussetzt, von der mein *Vierter Körper* eine Art Inkarnation ist.«

STUDIEN UND FRAGMENTE ÜBER DEN TRAUM

Der Traum liegt diesseits des Willens, und du erreichst durch Wollen nichts, sobald du die Schwelle des Schlafes überschritten hast. Alle Erleichterungen, alle Behinderungen haben ihren Platz gewechselt: die Türen sind vermauert, die Wände sind aus Gaze. Unbekannte Personen tragen bekannte Namen. Was uns daran unsinnig erschiene, schläft. Es ist unsinnig, auf den Händen zu gehen; aber wenn man keine Beine hat und sich von der Stelle bewegen muß, muß es eben sein.

Innigste Vermischung von Wahrem und Falschem. Es ist wahr, daß ich keine Luft mehr bekomme; es ist falsch, daß ein Löwe auf mir liegt. Etwas Falsches (ich habe eine Oper geschrieben) erinnert an etwas Wahres (ich verstehe nichts von Musik). Aber nicht an das ganze Wahre. Verwirrung. Das *Unentwirrbare* und *Untrennbare* dieser Mischung ist für den Traum charakteristisch.

Im Traum handle ich, ohne zu wollen; will ich, ohne zu können; weiß ich, ohne je gesehen zu haben, ja bevor ich gesehen habe; sehe ich, ohne vorauszusehen.

Seltsam daran ist nicht, daß Funktionen gestört sind, sondern daß sie in diesem Zustand in Aktion treten.

Das Falsche oder Willkürliche ist die natürliche Funktion des Denkens überhaupt. Der Begriff des Wahren, des Wirklichen enthält eine Verdoppelung. Um nützlich zu denken, muß man das Bild mit seinem Objekt in Deckung bringen und dennoch zugleich bereit sein (*vigilare*) zu erkennen, daß diese scheinbare Identität sehr unterschiedlicher Dinge lediglich ein provisorisches Mittel ist, ein Gebrauch des Unvollendeten. Eben weil ich sie vermenge, kann ich daran denken zu handeln, und weil ich sie nicht vermenge, kann ich handeln. Das Wirkliche ist das, aus dem man nicht erwachen kann, aus dem mich keine Bewegung herausreißen kann, das vielmehr jede Bewegung verstärkt, erneut bildet, wiederherstellt. Das Unwirkliche dagegen entsteht im Verhältnis zu partieller Unbeweglichkeit. (Man beobachte einmal, wie Aufmerksamkeit und Schlummer nicht sehr weit von einander entfernt sind.) Das Starre erzeugt das Falsche. Der Aufmerksamkeit ergeht es nicht anders, wenn sie einen gewissen Punkt überschreitet.

Im Traum drängt sich mir alles in gleicher Weise auf. Im Wachen unterscheide ich Grade von Notwendigkeit und Stabilität.

Ich träume von einem Riechfläschchen in einer violetten Schachtel: ich weiß nicht, was den Anfang gemacht hat. Ist es das Wort *violett* oder die Färbung? Es gibt eine Symmetrie dieser Glieder, die eines für das andere eintreten. Eines ist nicht wirklicher als das andere. Wenn ich (im Wachen) diese geblümte Tapete betrachte, sehe ich statt eines isotropen Beetes von Rosen nur ein Ganzes von diagonalen Parallelen, und *ich erwache* buchstäblich aus dieser Figur, die ja meine Wahl war, indem ich bemerke, daß es noch andere ebenso mögliche Figuren in dem Felde gibt, und zwar mit Hilfe derselben Elemente.

Jede dieser Figuren ist einem Traum vergleichbar; jede ist ein vollständiges und in sich geschlossenes System, das genügt, die wirkliche Vielfalt zu verdecken oder zu maskieren. Die Sicht des einen dieser Systeme schließt die anderen aus.

In einer gesättigten Lösung kreuzen sich die Wellenbewegungen, ohne sich zu vermischen. Im wachen Menschen, der sozusagen *auf den Ton der Wirklichkeit gestimmt* ist, besteht ebenso Unabhängigkeit und nicht Mischung der nebeneinander bestehenden Reizungen. Im Traum besteht automatisch Vermischung von allem, und zwar ohne Ausnahme. Wenn ich etwas über A denke, so vertreibt dieses Urteil A, als sei es ihm fremd. Ein Urteil folgt nicht dem Eindruck, um ihn einem klaren und einförmigen System einzufügen, das meine Wirklichkeit, meine Ordnung sichert und abgrenzt. Sondern dieses Urteil folgt meinem Eindruck und macht ihn völlig zunichte oder verändert ihn, statt ihn zu festigen. Man denkt, wie man sich stößt.

Unmerklich das vergessen, was man anschaut. Es vergessen, während man daran denkt, und zwar durch eine natürliche, ständige, unsichtbare, unbewegliche örtliche Umformung, die sich bei hellem Licht vollzieht ... wie jemandem ein Stück Eis entgleitet, das er in der Hand preßt.

Und umgekehrt:

Das wiederfinden, was man vergessen hat, indem man den Blick auf das Vergessen richtet.

Es geschieht mir oft, daß, wenn ich etwas Bestimmtes vergessen habe, ich mich selbst beobachte, um diesen Zustand und diese Lücke wiederzufinden. Ich will mich sehen, wie ich es vergessen habe, wie ich weiß, daß ich es vergessen habe, und wie ich es suche.

Vielleicht ist das eine Methode, jedem gedanklichen Versagen sein unmittelbares Studium durch das Bewußtsein entgegenzusetzen?

So (oder umgekehrt?) *läßt* selbst der Schmerz einen Augenblick lang *nach*, wenn man ihm *ins Gesicht* schaut – falls man das vermag.

Ich vergesse, daß ich heute abend ausgehen muß. Ich denke an meine Pantoffeln. Doch der Anfang dieses Vorgangs läßt mich an das Behagen denken, das darauf folgen wird, und dieser Vorgeschmack führt mich zu dem Wohlgefallen meines Abends, den ich ganz für mich haben werde. Dort, an diesem gedachten Punkt in der künftigen Zeit, befindet sich bereits etwas: der Ort, wohin ich mich begeben müßte, erwacht mit zwanghaften Zeichen, und der besetzte Platz weigert sich, meinen stillen Abend aufzunehmen. Ich erinnere mich des ausdrücklichen Befehls als Folge dessen, daß ich ihn vergessen habe – daß ich ihn vergessen habe aus zuviel Genauigkeit.

Ich bin im Begriff einzuschlafen, aber ein Faden hält mich noch an dem klaren Vermögen, durch den ich es meinerseits zu halten vermag: ein Faden, eine Empfindung, die mich als Ganzes noch hält und die ein Weg werden kann sowohl hin zum Wachsein als auch zum Schlaf.

Bin ich erst einmal eingeschlafen, kann ich willentlich nicht mehr erwachen, kann ich das Erwachen nicht mehr als Ziel sehen. Ich habe die Kraft verloren, etwas als einen Traum anzusehen. Ich muß den Spalt des Tages erwarten, das Kellerloch, das mir meinen ganzen Raum zurückgibt, den Leitfaden, der den Zustand wiederherstellt, wo jede Anstrengung auf Dinge trifft, wo die Empfindung einen gemeinsamen Punkt bestimmt zwischen zwei Erscheinungen. Sie ist ein doppelter Punkt, der zugleich einem Objekt und meinem Körper angehört; einer Sache, doch auch einem Knoten von Funktionen meiner selbst.

Im Traum stufen sich die Vorgänge nicht, werden nicht als unabhängige Faktoren wahrgenommen. In ihm gibt es Sequenzen, keine Konsequenzen. Keine Ziele, nur das Gefühl von einem Ziel. Kein Gedankenobjekt bildet sich in ihm durch die augenblickliche Ansammlung unabhängiger Gegebenheiten, so daß er seine Existenz deutlich einem Unterschied von »Realität« verdankt, einer in sich geschlossenen Maschine. Im Wachen ist A erkennen ein Phänomen, das von A abhängt, wohingegen ich im Traum A oft in dem Objekt B erkenne. Das Erkennen entspringt nicht mehr einem wirklichen Anstoß: es ist vielmehr die Folge des Traumes selbst, und zwar in der Eigenschaft irgendeines Objekts, das darin enthalten ist.

Der Geist des Träumenden ähnelt einem System, an dem die Kräfte der Außenwelt zunichte werden oder nicht darauf einwirken und dessen innere Bewegungen weder Ortsverlagerung des Zentrums noch Drehung bewirken können.

Man käme nicht von der Stelle, wenn der Widerstand des Bodens und seine Reibung nicht die Kraft aufheben würden, die darauf abzielt, das Zentrum der Schwerkraft unbeweglich zu halten, sobald das vordere Bein sich vom Körper entfernt. Wenn aber das hintere Bein eingeschlafen ist, dann weckt der Druck auf den Boden nicht das Angespanntsein der Muskeln, und die Kraft wird nicht zunichte gemacht, weil die Spannung nicht angeregt wird durch das Gefühl des Kontaktes. Man spürt den Boden wie auf Distanz, ohne daß man auf ihn einwirken könnte – *wie in einem Traum.*

Und wenn der ganze Mensch eingeschlafen ist, dann kann die mitgeteilte Bewegung keine dementsprechende Veränderung oder Verlagerung herbeiführen, nicht weil äußere Kräfte versagen, sondern weil das Instrument ihrer Anwendung augenblicklich außer Kraft gesetzt ist.

Der Träumende reagiert durch Sehweisen und Bewegungen, die die Ursache des Eindrucks nicht verändern können. Da er den Eindruck nicht durch ein unveränderliches Teilbild festhalten noch irgendein (wahres) Bild einem (falschen) Bilde entgegensetzen kann, noch die Erinnerung dem Augenblicklichen usw., ist er wie jener, der auf einer polierten Fläche gleitet und wegen des äußeren Zwanges kein Bein *vorsetzen* kann.

Doch der Träumende weiß nichts davon. Er hält sein Unvermögen für die Wirkung einer äußeren Macht; nie kann er ans Ende kommen mit der Ergründung seiner Eindrücke, denn er sucht diesen Grund in den Sichtweisen, die der Eindruck hervorruft; er sucht sie, indem er immerfort findet, indem er erfindet, was ihn hervorbringen könnte, anstatt zu reproduzieren, was ihn hervorgebracht hat. Er glaubt zu sehen, so wie er glaubt, sich fortzubewegen. Aber Gefühle, Emotionen, Anblicke, scheinbare Ursachen, Trugbilder von Selbstgesprächen ... verändern sich wechselseitig und bilden ein System, vergleichbar einem System »innerer« Kräfte. Die Anstrengung, die eine endgültige Veränderung bewirken müßte, bleibt immer vergeblich, weil eine entgegengesetzte Wirkung, so etwas wie ein *Zurückgehen* – mich in den Anfangszustand versetzt, und zwar durch die Wirkung eben dieser Anstrengung.

Ich erwache aus einem Traum, und der Gegenstand, den ich ergriffen hatte, ein Tau, wird zu meinem anderen Arm, in einer anderen Welt. Die Empfindung von etwas Gestrafftem bleibt, das Seil, das ich ergriffen hatte, wird lebendig. Ich habe mich um einen festen Punkt gedreht. Die gleiche Empfindung ist nun wie erhellt, wie zerlegt. Ein und derselbe Stein tritt nacheinander in zwei Bauwerke ein. Derselbe Vogel geht bis zum Rande des Daches und fällt von da aus in den Flug.

Ich bemerke plötzlich, daß man diese Empfindung ganz anders übersetzen muß: das ist der Augenblick, wo sie nicht mehr einem bestimmten System von Ereignissen angehören kann, einer bestimmten *Welt*, die *dann* Traum und ungeordnete Vergangenheit wird.

Niemals verwirklicht der Traum dieses bewundernswürdige *Endliche*, worauf die Wahrnehmung im Wachen und bei hellem Tageslicht abzielt.

In einem bestimmten Traum tritt eine Person auf. Ich sehe sie nicht genau. *Denn sähe ich sie deutlich, würde sie sich alsbald und folgerichtig verändern.* Man unterhält sich, aber nicht genau. Ich weiß wohl, wovon wir sprechen, und ich höre gewisse Worte, aber die Wortfolge entgeht mir, das Bild ist nicht scharf, und die Worte haben keinen Sinn: (*der Mellus des Mellus*??) Dennoch fehlt nichts. Aber alles vollzieht sich, als wäre die Unterhaltung wirklich. Sie wird durch ihre Zusammenhanglosigkeit nicht angehalten. Der Motor ist nicht in ihr.

Im Traum unterscheidet sich das Denken nicht vom Leben und bleibt nicht hinter ihm zurück. Es haftet am Leben; – es haftet völlig am bloßen Dasein, an den Schwankungen des *Seins* unter den Gesichtern und Bildern des *Erkennens*.

BERICHT ÜBER DIE TUGEND-PREISE

Meine Herren,

ich gestehe, daß ich auf dem Gebiet, dessen Behandlung mir heute zufällt, ein solcher Neuling bin, daß es mich reizt, Ihnen auf eigene Verantwortung und mit Bezug auf die Tugend eine berühmte Anekdote zu wiederholen.

Als man Talleyrand fragte, ob er an die Bibel glaube, gab unser illustrer Kollege von den Moralwissenschaften zur Antwort, er habe zwei unwiderlegbare Gründe, an sie zu glauben: »Zunächst einmal deshalb, weil ich Bischof von Autun bin; und dann, weil ich absolut nichts davon verstehe.«

Ich will nicht sagen, daß ich von der Tugend nichts verstehe: ich weiß sehr wohl, was sie nicht ist – und im übrigen würde ich es Ihnen gegenüber nicht wagen, eine absolute Unwissenheit darüber zu beanspruchen, was sie ist; im Grunde aber fühle ich mich zu meinem großen und ehrwürdigen Thema nur in der Eigenschaft als Mitglied Ihrer Vereinigung ermächtigt.

Ich mußte also eine Zeitlang darüber nachdenken, was ich Ihnen darlegen könnte, und indem ich, dem Rat Descartes' gehorchend, dieses Nachdenken in geordneter Folge durchführte, brachte mich meine ganz methodische Überlegung notwendigerweise auf die erste Ursache der Aufgabe zurück, die zu erfüllen ich mich bemühe. Sie machte schließlich halt vor der Gestalt oder dem Phantom jenes Mannes, der an dieser Stelle an einem bestimmten Tag im Jahr sich den Tribut eines Lobes zollen läßt, und der es verstand, unserem Nachdenken (sozusagen) seine Unsterblichkeit zu überlagern.

Meine Herren, welch eine Persönlichkeit, dieser großartige Montyon![1] Und welche geniale Tiefe müssen wir ihm zugestehen!

Uns hatte ein sehr großer Mann gegründet. Richelieu, der

einen Literatenzirkel in eine staatliche Körperschaft umwandelte – als hätte er geahnt, daß man beim Anbruch eines strahlenden literarischen Zeitalters schließlich auch die Gelehrtenrepublik gründen mußte –, verfügte die Gründung unserer Akademie und vertraute ihr die Aufgabe an, unsere Sprache und Literatur zu pflegen; er sah darin zu Recht eine Angelegenheit von öffentlichem Interesse. Unser illustrer Gründer hat jedoch seinen Blick nicht so weit voraus in die Zukunft gerichtet, bis zur Vorstellung, daß es eines Tages einem Jemand, einem gewissen Montyon zukommen würde, die Klarheit seines Plans zu ändern. Man kann sich heute nur darüber wundern, daß es knapp zwei Jahrhunderte nach der Gründung der Akademie in der Macht eines Privatmannes stand, ihre Funktion durch eine einfache Verfügung zu verändern (die ihn nur ein kleines Schreiben kostete), uns eine gewisse Geldsumme zu überlassen, die wir bis zum Ende der Zeiten jedes Jahr im Namen der Tugend zu vergeben hätten.

Eine höchst bemerkenswerte Geldanlage, meine Herren. Während wir wohl eingestehen müssen, daß die Namen der meisten unserer verstorbenen Kollegen nicht allen gegenwärtig sind, wird der Name *Montyon* bis zum Ende der Zeiten unter dieser Kuppel ertönen.[2]

Es steckt darin ein Wunder an Berechnung, das Anlaß gibt, über seinen Urheber nachzusinnen. In den Motiven eines Menschen, nach seinem Ableben Gutes tun zu wollen, kann man sich immer irren. Kann der Gedanke, der Tugend zu Hilfe zu kommen, einem im Kern tugendhaften Bürger ganz unverfälscht einfallen? Und muß nicht die Tatsache, sich durch die Fortpflanzung einer testamentarischen Verfügung ins Unendliche vor dem Vergessen zu schützen, Anlaß zu einer gewissen Unsicherheit, wenn nicht gar einer mutmaßlichen Boshaftigkeit bezüglich der Hintergedanken ihres Urhebers geben?

Ein La Rochefoucauld, ein Stendhal, ein Forain, ein Liebhaber des Schlimmsten, ein unerbittlicher Kenner der wahrscheinlichsten Triebfedern unserer Handlungen, würde seine Begabung zweifellos für diese aufkommende Frage einsetzen und sie seiner geschärften Intelligenz vorlegen. Er würde sich fragen, ob dieses vermachte Geld von sauberer Herkunft war, ob das Geschenk und seine Bestimmung nicht etwa den Freikauf von einer fragwürdigen Bereicherung oder von einem insgeheim höchst vergnügten Leben war. Oder würde unser Beobachter des menschlichen Herzens – da es keinen Geist gibt, der hinsichtlich der Schwächen der anderen einfallsreicher wäre als jener, der an der Hellsichtigkeit Gefallen findet – Montyon gar die Eitelkeit zuschreiben, dieser habe zum eigenen Ruhm das Werk Richelieus umdirigieren und mittels postumer Freigebigkeit, zu deren zuverlässigen Verwaltern er uns machte, eine Gesellschaft des Geistes mit einem einzigen Federstrich in eine Wohltätigkeitseinrichtung verwandeln wollen?

Wenn aber für einige von uns, und nicht die geringsten, das Böse stets klarer ist als das Gute, und wenn es für ihren Geist eine Notwendigkeit oder eine Verlockung ist, zu verachten, um zu verstehen glauben, dann werden wir ihnen auf diesem Irrweg nicht folgen. Der Mensch ist nicht so einfach, daß es ausreichen würde, ihn herabzusetzen, um ihn zu erkennen. Formulieren wir also eine andere Hypothese und schreiben wir unserem Montyon eine elegantere Absicht zu.

Ich ertappte mich bei der Frage, ob die Tugend, über die er nachsann, nicht vor allem unsere eigene war? Vielleicht hatte dieser originelle Erfinder einer Reform der Akademie festgestellt, daß diese ihre anfängliche literarische Begeisterung unmerklich und wie zerstreut hatte erlöschen lassen; daß sie in der Aufmerksamkeit, welche sie in ihren ersten hundert Jahren den neuen Produkten des Geistes zugewandt hatte, nachließ; daß man dort immer weniger Gedichte und Essays zu hören bekam, und daß schließlich das Wörterbuch, der Hauptgegenstand unserer Aufmerksamkeit, sich mit einer majestätischen Langsamkeit auf das damalige *Z* hinbewegte, die weniger die Gewissenhaftigkeit unserer hervorragenden Kollegen als vielmehr die Erlahmung ihres anfänglichen Eifers zu bezeugen schien. In seiner Aufnahmerede wagte Voltaire zu diesem Thema die Unterstellung: *Es sei vielleicht zu befürchten, daß so rühmliche Arbeiten eines Tages ins Stocken geraten.*

Monsieur Montyon, der uns nach dem Äußeren beurteilte, wozu die Öffentlichkeit sich noch häufig genug hinreißen läßt, dachte vielleicht, die Akademie sorge sich um nichts anderes mehr als um ihren eigenen Ruhm; deshalb sei es notwendig, sie mit einer Einrichtung auszustatten, und zwar mit einer solchen von neuer und vornehmster Art; und so wies er uns denn diese gefährliche Aufgabe zu, das Gute zu belohnen, die allerdings nicht zu trennen ist von der Aufgabe, seinen Namen zu verewigen. Von nun an waren wir zur Hälfte Literaten und zur Hälfte Wohltäter: Bei uns muß ein Dichter, wenn die Reihe an ihm ist, den Moralisten von einst spielen.

Es scheint indes, daß wir uns im ganzen unseres Wohltätigkeitsauftrags recht gut entledigen; daß man sich gerne auf unsere Rechtschaffenheit, auf unsere Gerechtigkeit verläßt – ganz besonders aber auf unsere Unabhängigkeit, meine Herren, da uns seit Montyon, der den Brauch einführte, so viele großzügige Menschen ihr Vertrauen geschenkt und uns nach seinem Vorbild gebeten haben, ihren großzügigen letzten Willen auszuführen.

Da und dort gibt es sogar böse Geister, die uns als viel bessere Richter in Sachen Hingabe, Selbstlosigkeit oder Heldenhaftigkeit sehen, als wir es ihrer Ansicht nach bei unserer anfänglichen Rolle als Staatsräte der Gelehrtenrepublik sind. Im übrigen besänftigen sich diese kritischen Geister zuweilen und entspannen sich recht häufig, nach Abschluß der rund vierzig Besuche, die sie uns bei Gelegenheit machen.

Nein, meine Herren, was man auch behaupten mag, weder das Aufsuchen noch das Belohnen des Guten, noch auch der höchst delikate Vergleich von Verdiensten, schwächen oder verderben in unserer Vereinigung den Gedanken oder die Praxis ihrer allerersten Aufgabe. Im Grunde bleiben wir die Hüter des Zivilstands der FRANZÖSISCHEN SPRACHE, und gerade in Ausübung dieses Amtes habe ich Ihnen eine überraschende Beobachtung vorzulegen, die sich direkt auf unser Thema des heutigen Tages bezieht: die Tugend.

TUGEND, meine Herren, dieses Wort *Tugend* ist tot oder liegt zumindest im Sterben. Von *Tugend* ist kaum noch die Rede.[3]

Den Geistern von heute stellt es sich nicht mehr als spontaner Ausdruck des Denkens über eine aktuelle Wirklichkeit dar. Es ist nicht länger einer jener naheliegenden Bestandteile des lebendigen Vokabulars in uns, deren Zugänglichkeit und Häufigkeit die tatsächlichen Bedürfnisse unseres Empfindungsvermögens und unseres Verstandes bekunden. Es besteht sozusagen kaum noch eine Chance, dieses Wort bei unserer inneren Tätigkeit in Anspruch zu nehmen, und man kann ganz sicher sein, ein ganzes Jahr lang leben und überlegen, handeln und nachdenken zu können, ohne auch nur ein einziges Mal die Notwendigkeit zu verspüren, es auszusprechen oder zu denken.

Was mich betrifft, so gestehe ich – ich wage Ihnen gegenüber das Geständnis –, ich habe es nie gehört ... Oder vielmehr, was noch schwerwiegender ist, ich habe es in den Gesprächen der Gesellschaft nur auffällig selten und stets mit einer ironischen Betonung vernommen; was freilich bedeuten könnte, daß ich bloß in ziemlich schlechter Gesellschaft verkehre, wenn ich nicht hinzufügen würde, daß ich mich ebensowenig daran erinnere, es in den meistgelesenen oder gar in den meistgepriesenen Büchern unserer Zeit gelesen zu haben. Und schließlich kenne ich auch keine Zeitung, die es druckt, oder die es – wie ich befürchte: ohne sich darüber lustig zu machen – zu drucken wagte.

Gewiß, der Religionsunterricht macht noch Gebrauch von ihm, in einer theologischen Bedeutung und mit einer besonderen Stärke und Genauigkeit; und zweifellos auch unsere Akademie ... Aber wir selbst, meine Herren, wir tun doch kaum mehr, als es mit der Idee der hier stattfindenden Feierlichkeit zu verbinden, mit den Preisen, die man dabei bekanntgibt, mit der Rede, die es zu halten gilt, so daß dieses Wort, dieses arme kleine Wort, ohne unseren hilfreichen Montyon am Ende seiner Laufbahn angelangt wäre. Es ist *praktisch abgeschafft*, wie man so sagt.

Werden wir es wagen, meine Herren, die Wahrheit zu sagen, wenn uns in wenigen Tagen das Wort *Tugend*, Substantiv, feminin, vorliegen wird und den Anspruch auf seinen Rang in der Reihenfolge des *Wörterbuchs der Akademie* anmeldet? Werden wir es wagen, diesen Sachverhalt anzusprechen, der nur wenig Hoffnung übrigläßt? Werden wir sagen, daß diese Bezeichnung nur noch höchst selten verwandt wird, ein Rarissimum – beinahe ungebräuchlich – geworden ist? Ich baue darauf, daß wir es nicht wagen werden, das heißt, daß wir eine gewisse Scham dabei empfinden werden, diesen Zustand anzuerkennen.

Das Faktum indessen ist da; es ist unbestreitbar. Befragen Sie Ihre Erfahrung. Konsultieren Sie Ihr Gedächtnis. Stellen Sie eine Statistik in Ihrer Umgebung auf. Fragen Sie sich selbst, ob Ihnen *Tugend* ohne eine dem Anlaß entsprechende Anstrengung über die Lippen kommen oder in die Feder fließen würde; kurzum, ohne das dunkle Gefühl, nicht ganz aufrichtig, nicht ganz zeitgemäß zu sein?

Unsere Zeit ist in uns, meine Herren, auch wenn wir welche außer uns haben, denn sie ist nichts anderes als wir. Wenn ich feststelle, daß *Tugend* im Sprachgebrauch dieser Zeit, die die unsrige ist und die in uns ist, dahinsiecht und im Sterben liegt, muß man sich dann nicht in diesem Sachverhalt wiedererkennen, diesen Todeskampf erforschen, der in uns selbst stattfindet, ihn in seiner ganzen Tiefgründigkeit sehen?

Bevor ich aber genauer darüber nachdenke, werde ich diese wertvolle Gelegenheit nicht vorübergehen lassen, unserer Vereinigung erneut zu sagen, bis zu welchem Punkt ihr staatliches Amt, ihre Funktion[4], Bestandteile der Sprache aufzunehmen oder zu eliminieren, den Beobachter über manche Phänomene des Gesellschaftslebens unterrichten kann, die so langsam erfolgen, daß sie kaum wahrzunehmen sind, und die nicht an einem klar bestimmbaren Zeitpunkt vorkommen. Ein Wort, das aufkommt, das sich durchsetzt, ist manchmal eine ganze Welt von Bezügen, eine ganze Sphäre der Aktivität, die sich offenbart. Ein Wort, das an Kraft, an Herrschaft, an Häufigkeit und Spontaneität verliert, ein Wort, das nur noch in unserem ziemlich unzugänglichen Wörterbuch in Ehren gehalten wird, aus frommer Pietät oder der Erinnerung wegen und gleichsam als Asche einer Idee, die zu leben aufgehört hat, ein solches Wort kann uns gerade durch seinen Niedergang noch etwas beibringen:

gerade das Außer-Gebrauch-Kommen verleiht einem sterbenden Ausdruck eine Art höchster Bedeutsamkeit.

Was soll man also vom Verschwinden der *Tugend* halten, da es nun einmal die unwiderlegbare Tendenz der lebenden Sprache und der elende Zustand ist, auf den ich ein Wort reduziert sehe, das eines der mächtigsten und schönsten Wörter war – ein Wort, das bei Corneille und den im hohen Stil ihm Verwandten erstrahlte; ein Wort, das im darauf folgenden Jahrhundert in so erstaunlicher und beinahe übermäßiger Gunst stand, als *die Empfindsamen* verschwenderisch damit umgingen und wir es voller Verblüffung sogar in den Unterwelten[5] vorfinden, will heißen: in den Giftschränken der Bibliotheken?

Was wird aus ihm werden, und wer wird noch von Tugend sprechen? Sie wissen, meine Herren, wie die plötzlich eingetretene Revolution es übernimmt und sich zu eigen macht, wie sie es verkündigt und an ihm sich berauscht. Jene Zeit war tatsächlich die der Diktatur der Abstraktionen, in deren hellen Wahn ein ganz jungfräulicher Glaube die Geister verstrickte. Nie zuvor hatte man eine so rasche und heftige Umsetzung reiner Ideen in direkte Handlungen erlebt. Noch nie wurde den Völkern *das Absolute* so energisch dargeboten oder aufgezwungen. Wie es schien, war es sicherlich notwendig, daß die Vernunft endlich die Macht übernahm, daß Herrschaft und Autorität endlich nur noch dem Gesetz gehörten. Aber im Idealzustand ist die Vernunft nichts; sie wird bald verraten, wenn sie nicht von Charakteren getragen wird. Neben ihr muß deshalb offiziell die *Tugend* herrschen, indem sie die Absichten und die Handlungen der Vernunft unterstellt. Die Tugend hielt damals ihren Einzug in die Politik. Vor allem Robespierre hielt sie furchtbar in Ehren. Nachdem auf der Rednertribüne des Nationalkonvents in der verhängnisvollen Rede des Unbestechlichen endlich das Wort *Tugend* gefallen war, konnte man von diesem außergewöhnlichen Manne sagen – im Wortlaut der Apokalypse – *aus seinem Munde ging ein scharfes zweischneidiges Schwert hervor.*[6]

Sie wissen aber auch, meine Herren – wir alle wissen es nur

zu gut, und aus ständiger Erfahrung –, wie der politische Gebrauch, den man von den schönsten Wörtern, von den vornehmsten Absichten der Sprache macht, sie herabsetzt und sie bald schwächt und aushöhlt. Wir wissen nur zu gut, was in der Heftigkeit der Debatten, in der Tragikomödie des Parteienstreits, in den Wirren des Zanks aus diesen idealen Werten, aus all diesen überlegenen Schöpfungen der abstrakten Rede und des ungebundensten Denkens – *Ordnung*, *Vernunft*, *Gerechtigkeit*, *Vaterland*, *Wahrheit*, oder *Tugend* – wird, wenn diese erhabenen Wörter schließlich, zu Fraktionskämpfen prostituiert, auf der Straße ertönen, von Ausrufern in gemeiner Weise hinausgebrüllt und hin und her gezerrt werden, und wie die Erhabenheit ihres ehrwürdigen Sinns durch die Skepsis derer, die sich seiner bedienen, ebenso geschmäht wie durch die leichtgläubige Einfalt ihrer Gefolgschaft entwürdigt wird. Damit setzt der Untergang dieser großen, entwerteten Wörter ein. Bald überläßt der Aufrichtige – und zuerst der Denkende – sie ihrem schlimmen Schicksal; er sieht in ihnen nur noch Werkzeuge, um auf die Leidenschaften und auf die Menge einzuwirken und die als Herde behandelten Geister unterschiedslos zu erregen. Diese Meisterwerke der antiken Reflexion und der reinsten Philosophie nehmen ein böses Ende: Sie sind nur noch erbärmliche Waffen, Losungsworte und Erkennungszeichen; Werkzeuge jenes permanenten Bürgerkriegs, dessen Unterhalt das wichtigste Geschäft so vieler Leute ist. Das Denken wendet sich von ihnen ab. Eine zum Idol gewordene Statue fordert das Opfer des Intellekts, das zuweilen in blutigen Opfern vollzogen wird.

Aus so vielem Mißbrauch und aus der politischen Profanierung erwuchsen der Tugend Ungnade und Geringschätzung. Die Würde dieses vornehmen Wortes, weit entfernt davon, in der neuen Zeit bewahrt zu werden, in der die Sprache zum heute sichtbaren Ergebnis tendiert, trennt es ab und vertreibt es aus dem Leben, das mehr und mehr *positiv*[7] wird, das heißt mehr und mehr von den materiellen Bedürfnissen beherrscht, von den technischen Bedingungen, die es organisieren und es strikt der Zahl und dem Faktum unterwerfen und es mithin immer brutaler machen. Fortan ist der Mensch versucht zu leugnen, was er nicht mehr zu definieren versteht. Andererseits ist es sicherlich ein Gesetz der Sprache, daß alle Ausdrücke, die in der Komödie der Gesellschaft zu oft auftraten, allzu viele Leute zum Narren gehalten haben und in allzu viele eigennützige Machenschaften verwickelt waren, Mißtrauen wecken und das Zeichen der Unaufrichtigkeit tragen. Seit 1840 ist das Wort *Tugend* in Verdacht geraten. Es erhält den Beiklang der Lächerlichkeit. Es erscheint zu schön, um auf *modernen* Lippen wahr zu sein, denn das 19. Jahrhundert empfindet sich als modern, und es weiß, daß es das 19. Jahrhundert ist. In der amtlichen Beredsamkeit ist *Tugend* kaum noch erträglich. Es ist gerade noch gut genug für die Auszeichnung der tugendhaften Mädchen[8], ein Brauch, der im Vaudeville aufzugehen beginnt. Man fürchtet sich davor, dieses so reine Wort vor Menschen des Geistes auszusprechen. Wie soll man angesichts eines Beyle, eines Mérimée von Tugend sprechen, ohne daß diese raffinierten Kenner in Sachen Verstellung (die für falsche Töne höchst empfindlich waren) aufhorchen und einen mit einem gewissen Blick anschauen, in dem der Argwohn gegenüber der Dummheit oder dem Theatralischen steckt? Die Mitte des vergangenen Jahrhunderts ist eine klimakterische Zeit für den vornehmen Stil – wie für so viele andere Dinge. In den Büchern und Reden von damals sieht man, wie das offene Eingeständnis der erhabensten Gefühle immer seltener und immer weniger geduldet wird. Es scheint, als ob eine neuartige Scham ihnen zusehends verbieten würde, deutlich zu werden, während die Sinnesempfindungen, die Leidenschaften, die materiellen Interessen dagegen zu ausschließlichen Gegenständen jener Literatur werden, die sich zum einen mit der Beobachtung der Sitten, zum anderen mit der Ästhetik und deren Erneuerung im Hinblick auf diese bedeutsamen Vorlieben recht gut entschuldigt.

Sogar das Verbrechen, das man bisher nur in der Veredelung durch den Tragödienapparat ertrug und mit dem man sich höchstens in oft armseligen Alexandrinern einließ, oder das allenfalls in die Klagelieder und Flugblätter der Jahrmärkte verbannt wurde, tritt jetzt mit seinem ganzen Schrekken auf, spricht auf der Bühne und in der Literatur seine eigene Sprache. Drama und Fortsetzungsroman packen das Publikum und bringen ihm die mehr oder weniger authentischen Anfangsgründe des Argots von Gaunern und Sträflingen bei. Ich weiß nicht, ob *Tugend* in dieser Sprache einen gleichwertigen Ausdruck besitzt.[9]

Liegt nicht eine recht bemerkenswerte Tatsache darin, daß man bis auf ein paar Jahre genau den entscheidenden Augenblick bestimmen kann, da unser Wort fast nur noch im Katechismus und in der Posse, in der Akademie und in Operetten anzutreffen ist?

Diese Feststellung wird noch gestützt von einigen gleichartigen, ebenfalls auf die Sprache beschränkten Beobachtungen. Wir sehen, wie manche anderen Wörter oder Wendungen immer seltener werden, die einst benannten, was man am moralischen Wesen für das Beste, das Wertvollste oder das Zarteste hielt. Man sagt von einem Menschen kaum noch, er sei »ein guter Mensch«. Selbst das Wort *Ehre* geht zugrunde; die Statistik ist ihm kaum noch gewogen. *Ehrenmann*, *Ehrenwort*, *Ehrensache* sind Wendungen, die schon zur Hälfte abgestorben sind, und es ist schwer zu sehen, was der gegenwärtige Sprachgebrauch an ihre Stelle setzen wird. Ich meine den *wirklichen* gegenwärtigen Sprachgebrauch, denn man muß zugeben, daß das, was wir unter uns den »richtigen Sprachgebrauch« nennen, leider nur eine Vorstellung unserer Akademie ist.[10]

Meine Herren, ich will hier nicht eine Art von Gegenbeweis antreten und auf der Stelle untersuchen, ob nicht vormals sehr schlecht beleumdete Ausdrücke, die aufgrund ihrer Wertlosigkeit oder Niedrigkeit aus dem gesellschaftlichen Gespräch und den vorzeigbaren Büchern ausgeschlossen waren, heute mit einer allgemeinen Freizügigkeit, ja sogar mit einer ziemlich erstaunlichen Leichtigkeit ganz offen ausgesprochen oder gedruckt werden. In den Salons hört man da manchmal ganz reizende Dinge. Auch das Theater macht oft kräftig mit. Aber weiter – das heißt zu weit – möchte ich in dieser Untersuchung nicht gehen: Ich müßte sonst nämlich befürchten, daß die Kuppel hier, unter der nie etwas anderes als Würdevolles ertönte, über uns zusammenbricht.

Meine Absicht beschränkt sich darauf, Ihnen den seltsamen Fortschritt eines bestimmten Sprachwandels in einer bestimmten Richtung darzustellen. Das Schamgefühl in der gesprochenen Sprache scheint buchstäblich *pervertiert*; die Zurückhaltung wechselt ihren Gegenstand: Was man einst lobte, darf sich jetzt nicht mehr äußern; was man einst tadelte und verschleierte, stellt sich jetzt in der Rede zur Schau. Ohne größeres Interesse verfolgen wir den allgemeinen Verzicht auf den direkten Ausdruck einst höchstgeehrter und geheiligtster Dinge; wir nehmen ihn hin, billigen ihn und beteiligen uns daran. Dieser Verzicht ist in meinen Augen eines jener wahrhaft historischen Phänomene, auf das die Geschichtsschreibung klassischer Art kaum hinweist, weil sie sich ja daran gewöhnt hat, nur das unmittelbar Sichtbare und auch das traditionsgemäß Sichtbare zu sehen, während der Geist, sofern er sich nicht mit dem Dargebotenen begnügt und sein Vermögen zu staunen und seine Fähigkeit zu fragen anwendet, über ganz andere *Aufschlußmittel* verfügt, deren Wirkung auf Dokumente und Beobachtungsdaten Bezüge und Ereignisse aufdeckt, die auf den ersten Blick nicht wahrnehmbar sind. Unter diesen Tatsachen, die die Zeitgenossen und die Tatbeteiligten als erste übersehen, die mithin in ihren Schriften gar nicht oder allenfalls implizit vorkommen, befinden sich diejenigen, welche eine Epoche am tiefsten kennzeichnen und sie in der klarsten Weise in einen deutlichen Gegensatz zu den vorangegangenen oder den darauf folgenden Epochen stellen. Ich möchte von den Werten sprechen, die sie im Bereich der Ideale vorgibt oder die ihr gegenüber sich durchsetzen; von der Hierarchie dieser Werte in der öffentlichen Meinung; von ihrer Macht über die Sitten und die gesellschaftlichen Erscheinungen, über die Gesetze, die Politik oder die Künste.

In meinen Augen ist eine Epoche dann genau definiert, wenn ich weiß, was sie schätzt und was sie geringschätzt oder gar verachtet; was sie verfolgt, was sie vernachlässigt, was sie fordert, was sie duldet, vorgibt und verschweigt. Wie jedes andere Lebewesen hat auch der Gesellschaftskörper seine Zuneigungen und Abneigungen, seine Härten und Schwächen. Aber dieses System aus Neigungen und Reaktionen des allgemeinen Empfindens unterliegt einer sehr langsamen Veränderung. Diese Umwandlung der Werte von einer Epoche zur anderen, sowenig sie auch zu spüren sein mag, stellt doch ein zentrales Ereignis dar, das alle menschlichen Beziehungen berührt. So haben wir beispielsweise gesehen, wie der Wert der Idee der *politischen Freiheit* sich in wenigen Jahren ungemein gewandelt hat. Früher war sie ein siegreiches Dogma; heute ist sie fast schon eine Ketzerei, der weder Spott noch gar Ächtung erspart bleiben.

Im Augenblick aber beschäftigt mich der Wert *Tugend*. Um ihn zu bestimmen, ohne etwas zu Hilfe zu nehmen, das für Sie nicht unverzüglich überprüfbar ist, habe ich allein die Sprache zu Rate gezogen und nichts anderes getan, als vor Ihnen zusammenzutragen, was ein jeder so gut wie ich beobachten kann, damit Ihr Eindruck angesichts dieser evidenten Tatsachen dem meinen gleicht und die Frage, die in meinem Geist entsteht, auch in Ihrem Geist mit derselben Gewißheit entsteht: ohne die geringste Beihilfe.

Was ist nun das Problem, das sich aus der einfachen Betrachtung des Geburtsregisters und der Sterblichkeit der Wörter so selbstverständlich ergibt? Ich formuliere es so:

Wer sind wir? oder vielmehr: *was für welche* sind wir, wir Heutigen, die wir, ohne uns dessen bewußt zu sein, darauf verzichten, von *Tugend* zu sprechen, und vielleicht sogar ohne in uns die erhabene Idee am Leben zu fühlen, die dieses Wort einst in all seiner Kraft in Erinnerung rief? Kennzeichnet dieser Verzicht, den ich Ihnen deutlich zu machen versuchte, eine substantielle Veränderung im moralischen Menschen? Sollte unser Jahrhundert neben so vielen anderen übertriebenen und gelegentlich unmenschlichen Neuheiten eine so große und abscheuliche Veränderung in dem zustande gebracht haben, was ich die *ethische Sensibilität* der Individuen nenne; in der Vorstellung, die sie von sich selbst und von ihresgleichen haben; im Wert, den sie dem Verhalten und den Handlungsfolgen beimessen, so daß man eingestehen muß, das Zeitalter von Gut und Böse sei ein vergangenes: Tugend und Laster seien bloß noch Museumskaryatiden, symmetrische Figuren einer primitiven Mythologie; daß die Gewissenhaftigkeit, die Uneigennützigkeit, die Selbstlosigkeit, die Hingabe nur noch veraltete Finessen, psychologische Kuriositäten oder gar Komplikationen und Bemühungen sind, mit denen die Existenz der modernen Menschen nicht mehr belastet werden darf und deren Verständnis aufgrund der präzisen Ausbildung ihres Geistes nicht einmal mehr möglich ist?

Außerdem könnten gewisse Widersprüche auftreten zwischen System und Gang unseres normalen Lebens, das geordnet ist durch materielle Kräfte, bezüglich deren das Leben sowohl Herr als auch Knecht ist, und den Anforderungen eines Gewissens der alten Art. Wenn außerdem die Entwicklung unserer Epoche in einer totalen und vollständigen Organisation unserer Gesellschaft enden würde, die zwangsläufig dazu führte, daß alle Geister nach einem vom Staat übernommenen Muster modelliert werden, dann ist klar, daß daraus im Bereich der moralischen Dinge neue Wertungen entstehen würden. Gewisse Handlungen, die wir als *tugendhaft* bezeichnen, würden vermutlich ihren Wert verlieren; andere, die wir tadeln, würden moralisch indifferent werden. Man könnte sich sogar vorstellen, daß in einer solchen möglichen Gesellschaftsformation das, was wir *Privatmoral* nennen, kaum noch einen Sinn hätte, da der einzelne durch eine sehr strenge Erziehung so eng mit einem perfekten Glied der organisierten Gemeinschaft identifiziert wäre, daß in ihr weder Egoismus noch Altruismus denkbar wären. Und unsere altertümliche Tugend, eingereiht unter die abgeschafften Mythen, würde von den Gelehrten der Zeit als eine Seelenkraft interpretiert, die einige Jahrhunderte früher individuelle Versuche hervorbrachte, durch schöne und großzügige Handlungen die Fehler eines niedrigeren und nunmehr überwundenen Gesellschaftszustandes zu kompensieren.

Alles dies, meine Herren, ist nicht reine Einbildung: nicht einmal eine besonders kühne Antizipation. Ich weiche nicht von dem ab, was Sie ebenso gut kennen wie ich. In den riesigsten Landstrichen auf dem Globus, bis hin zu einer Nation, deren sehr zahlreiche Bevölkerung wohlgemerkt auch die am besten geschulte der Welt ist, sehen wir mit einer Neugier, die nicht frei von einer gewissen Verblüffung und Angst ist, wie sich eine Veränderung von noch nie dagewesener Kühnheit und Dimension ankündigt und vollzieht. Man versucht da und dort den neuen Menschen herzustellen. Die Leitsätze für solche Experimente sind verschiedenartig; ihr Wert möge dahingestellt sein. Bei den einen ist es die Verherrlichung der Arbeit, bei den anderen die Verherrlichung der Rasse; bei den einen wie bei den anderen macht sich ein außerordentlicher, manchmal gewaltsam durchgesetzter Willen an den Umsturz moralischer Werte, die man für unerschütterlich hielt, und beschließt die systematische Dressur der heranwachsenden Generationen, mit dem Ziel, sie an eine völlig durchorganisierte Zukunft anzupassen. Es ist nicht unwahrscheinlich, daß in dreißig Jahren fast die Hälfte der Menschheit in ihren Sitten, Umgangsformen, Verhaltensweisen, gesellschaftlichen Lebensformen eine Veränderung durchgemacht haben wird, die sich mit jener vergleichen läßt, welche die materielle Welt durch die Anwendung der Wissenschaft erfuhr.

Jede Politik und jede Moral baut am Ende auf der Idee auf, die der Mensch von sich selbst und von seiner Bestimmung hat. Die Menschheit des Abendlandes hat seit Jahrhunderten unablässig die Bildung der Persönlichkeit angestrebt. Langsam, unter Mühen und manchmal auch unter Schmerzen wurde der staatsbürgerliche, politische, rechtliche und metaphysische Wert des Menschen geschaffen und schließlich zu einer Art Absolutheit erhoben, wie sie von den abgedroschenen und in Verruf geratenen Begriffen *Freiheit* und *Gleichheit* bezeichnet wird. Wir haben jedoch bald das Gefühl für die wirkliche Kraft dieser berühmten Wörter verloren, die in den Geistern nicht die Vorstellung von ein für allemal erworbenen, allein schon durch die Eigenschaft des Menschseins übertragenen Rechten wecken sollten, sondern von Gegenständen einer fortwährenden Eroberung, Früchten einer unablässigen Anstrengung, wobei diese Anstrengung nicht allein in der gesellschaftlichen Umwelt und in der Polis zu unternehmen ist, sondern vor allem und im wesentlichen an und in uns selbst. In Wahrheit ist diese republikanische Devise die Definition einer Aristokratie. Sie setzt die Kraft voraus, frei zu sein, und den Willen, gleich zu sein. Eben dies sind Tugenden. Wenn nämlich diese Tugenden versagen, bricht Leichtfertigkeit aus, tendiert Freiheit zur Unordnung, und unterscheidet sich der Wille zur Gleichheit kaum noch vom Neid.

Heute aber steht unsere Vorstellung vom unbegrenzten Wert des Individuums – eine Vorstellung, die im Denken überhöht wird, während die Beobachtung und das Leben sie in jedem Augenblick widerlegen – in einem Gegensatz und in einem offenen Konflikt mit den Begriffen des Kollektivs und des Staates, der sie repräsentiert. Unsere Generation wird es erleben, daß die Idee vom Menschen in einigen Jahren von diesem obersten, im Laufe von Jahrhunderten entwickelten Wert zu einer ganz anderen Vorstellung übergehen wird. Fortan wird der Mensch von vielen Menschen als ein Element begriffen werden, das nur noch im sozialen System Geltung besitzt, nur noch durch und für dieses System lebt; er ist nur noch ein Mittel des kollektiven Lebens, und jeder unabhängige Wert wird ihm verweigert, da er nur von der Gemeinschaft etwas erhalten und nur ihr etwas geben kann.

Wenn wir also nicht mehr von Tugend sprechen, liegt dann der Grund vielleicht nicht darin, daß dieser Ausdruck das gleiche Schicksal erleidet wie die Idee des Individuums, als Zweck an sich selbst betrachtet? Bedeutet nicht das Verschwinden des Wortes, daß die Sache selbst sich aus unserer Welt zurückzieht und daß in dieser Welt, sobald sie einmal völlig durchorganisiert sein wird, kein Platz mehr vorhanden sein wird, keine Gelegenheit mehr, für diese nichtalltägliche Kraft, diese seltene *virtus*, die einige Menschen auszeichnet, sie gegen die in uns allen liegenden triebhaften Kräfte stark macht, ihnen die Gabe verleiht, Handlungen schöpferisch zu vollziehen, die ebenso ursprünglich sind wie Kunstwerke, manchmal unglaublich schön, manchmal in Herzensdingen wunderbar verfeinert. Was ist ursprünglicher als das Gute, mit Zartheit getan? Unterscheidet man sich nicht, zeichnet man sich nicht dadurch vor seinen Nächsten aus, daß man sie liebt? Wenn aber die Gerechtigkeit siegt und ihre Herrschaft festigt, dann hat die Liebe in der Gesellschaft keine Beschäftigung mehr. Es ist recht bemerkenswert, meine Herren, daß der uralte Streit zwischen Gerechtigkeit und Liebe, mit dem sich, wie ich glaube, die Theologie gründlich befaßt hat, in unseren Tagen in einer Reflexion über den gegenwärtigen Lauf der menschlichen Dinge wiederauflebt. Was wäre einsichtiger, als daß dann, wenn die Gesellschaftsordnung so weit verwirklicht ist, daß alle unsere Wünsche in ihr vorhergesehen und befriedigt werden, weder die Nächstenliebe noch die Kraft zur Überwindung unserer Triebe noch einen Anlaß finden werden; außerdem werden viele Zwänge verschwunden sein mitsamt den Traditionen, die sie uns immer noch auferlegen und die uns jene Tugenden abverlangten, die nötig waren, um ihnen zu gehorchen.

Man könnte beinahe behaupten, der Mensch bereue im späten Alter, im Garten Eden, dem Garten der Lüste, in so törichter Weise die Frucht gewählt zu haben, die das Bewußtsein von Gut und Böse vermittelt, und nicht die Frucht vom Baum des Lebens, die ihn unsterblich gemacht und in wollüstiger Verantwortungslosigkeit belassen hätte. Vielleicht fängt Adam jetzt an, so zu tun, als hätte er die zweite und nicht die erste gewählt. Er will fortan von Gut und Böse nichts mehr wissen.

Diese neue Unwissenheit – oder vielmehr diese zunehmende Gleichgültigkeit – zeichnet sich in manchen, ziemlich neuen Zügen unserer Sitten sehr deutlich ab. Unsere Nachsicht vielen Dingen gegenüber, die früher großen Anstoß erregt hätten; unsere allgemeine und gefällige Toleranz, die leichtfertige Vielfalt unserer Beziehungen; die große Freizügigkeit, die dem Schrifttum und dem Theater eingeräumt wird; und auch die zur Gewohnheit gewordene Anwendung von Hilfsmitteln aller Art, die sich von der Politik und vom Geschäftsleben her, wo sie ohne Zweifel zwangsläufig vorgeschrieben und üblich sind, auf das Privatleben ausgedehnt haben – dies alles ist nicht dazu angetan, das Ihnen bekannte Substantiv und das davon abgeleitete Adjektiv wieder in Gunst zu bringen ...

Außerdem: Wir haben uns aus diesem Zustand in Sachen Moral eine Art Philosophie gemacht. In der psychologischen Atmosphäre unserer Epoche treiben einige abstrakte Vorstellungen, die, mehr oder weniger gut verstanden, sich auf merkwürdige Weise mit der Duldsamkeit unserer Sitten verbinden. Wir sprechen gern von *Relativität* und *Objektivität*, und wir gewöhnen uns daran, über alle Dinge ungefähr so zu denken, als ob sie alle sich als Phänomene behandeln ließen, als ob man für alles einen Ausdruck finden könnte, der von den wechselnden Modalitäten ihrer Beobachtung unabhängig wäre. Aber die inneren Ereignisse, die Wahrnehmungen, Befehle, die unvergleichbaren Ablenkungen, die Erwartungen, Sympathien und Antipathien, die unmittelbaren Belohnungen und Bestrafungen, die Schätze an Licht, Hoffnung, Stolz und Freiheit, die Höllen, die wir in uns tragen, mit ihren Abgründen des Irrsinns, der Dummheit, des Irrtums und der Angst, dieses ganze pathetische, unbeständige und allmächtige Universum des Gefühlslebens, läßt sich absolut nicht trennen von dem, der sie wahrnimmt. Hier kann man sagen, daß es das Phänomen ist, das seinen Beobachter ebenso erzeugt, wie der Beobachter das Phänomen erzeugt, und zwischen beiden ist eine wechselseitige Bindung zu erkennen, die ebenso vollständig ist wie jene, die zwischen den beiden Polen eines Magnets besteht...

Meine Herren, an diese Stelle gehört ein Vorfall, von dem ich Ihnen wohl berichten muß. Als ich gerade dabei war, mich in den für Sie bestimmten Gedanken zu verlieren, die mich an jedem Punkt sehr weit von meinem Thema abbrachten, wurde ich unterbrochen und von meinen Abschweifungen abgelenkt. Man meldete mir einen Besucher, und sein Name war kaum ausgesprochen und ich hatte ihn noch gar nicht richtig erfaßt, als er sich auch schon in Person vor mir verbeugte. Dieser plötzliche Unbekannte war mir mit derselben Schnelligkeit präsent wie ein Sonnenstrahl, der ins Zimmer dringt, wenn die Vorhänge sich öffnen. Ich war unschlüssig, ob es sich um einen morgendlichen Verehrer des Akademiesitzes oder um einen um Ratschläge verlegenen Dichter handelte ...

– Mein Herr, sagte der ungebetene Gast, ich entschuldige mich für mein rasches Eintreten, aber es fällt mir schwer, mich auch nur ein wenig langsamer als das Licht zu bewegen. Nun denn: Ich bin mit einer bestimmten Umfrage beauftragt...

– Eine Umfrage, sagte ich zu ihm, eine Umfrage? Mein Herr, es ist Zeit zu gehen. Die Wege stehen offen. Machen Sie von Ihrer extremen Behendigkeit Gebrauch, um zu verschwinden. Eine Umfrage! Kennen Sie etwas Abgedroscheneres, als Orakelsprüche von sich zu geben? In acht Tagen habe ich zwanzig Mal gesprochen, ohne vorher nachzudenken. Ich habe den schönsten Vers in unserer Sprache gewählt, den schönsten Tag meines Lebens erzählt, habe meine Meinung über die Staatsreform und über das Stimmrecht der Damen zum besten gegeben, und beinahe hätte ich mich auch noch über das Komma geäußert.[11] Wirklich, mein werter Herr, ich habe es nachgerade satt, bewundern zu müssen, daß so viele wunderbar verschiedene Sachen aus einem Gehirn herauskommen, das sie nicht zurückzubehalten vermag. Man stößt es mit einem einzigen Wort an, und schon gibt es hundert neue von sich.

– Mein Herr, ich ziehe Erkundigungen ein über die Tugend; wir wissen, daß Sie den Auftrag haben, dieses Jahr in der Akademie darüber zu sprechen. Das Thema brodelt und gärt in Ihren Köpfen. Geruhen Sie bitte, mir ein paar Worte darüber zu sagen.

– Aber welche Zeitung schickt Sie denn? Ist sie rechts oder links? Meine Antwort muß darauf Rücksicht nehmen, und wenn ich Ihnen etwas diktiere, werde ich Ihnen die dazu passende Art von Tugend definieren.

– Mein Herr, ich bitte um Entschuldigung, bei uns gibt es so etwas nicht. Dort oben (oder dort unten) sind sich alle einig, daß es nur eine einzige Art gibt, sich und andere zu täuschen. Die Richtung spielt dabei keine Rolle.

– Aber woher kommen Sie denn?

– Von ziemlich weit her, mein Herr. Ich komme vom

gewichtigsten aller Sterne. Bei uns wiegt der kleinste Wassertropfen sechzig von Ihren Tonnen, und unsere Gehirne haben dieselbe Dichte. Mein Herr, ich komme von dem merkwürdigen Stern, den Sie hier den *Begleiter des Sirius* nennen. Herr Ernest Renan hat sich auf dem Sirius, den er kannte, einen ungeheuren Ruf erworben.[12] Er hat von dort einen gewissen *Gesichtspunkt* zurückgebracht, von dem man ausführlich Gebrauch machte; allerdings scheint es den Menschen heute recht schwer zu fallen, ihn ihren Augen anzupassen. Ihre Erde wackelt überall ein wenig, und dieser berühmte Gesichtspunkt verlangt einen höchst soliden Sockel ...

(Allmählich begannen mir diese seltsamen Äußerungen klar zu werden. Ich hegte den Verdacht, daß ich es mit einer dieser wunderbar zweckdienlichen Gestalten zu tun hatte, die einstmals voller Anmut bald vor Herrn Montesquieu, bald vor Herrn Voltaire erschienen waren, und zwar immer dann, wenn unsere bewundernswerten Kollegen einer eindringlichen und übernatürlichen Naivität bedurften, die sich darüber wundern sollte, das zu sehen, was alle Welt sah, ohne sich zu wundern ...)[13]

– Ach so! Aber ich kenne Sie doch! sagte ich zu ihm, darauf werde ich Sie festlegen. Sie haben das Wort. Sicherlich haben Sie gerade in einigen Sekundenbruchteilen den Globus durcheilt und sich überall ein wenig vorgestellt. Vorwärts, mein lieber Herr Sonderberichterstatter, teilen sie mir doch das Wichtigste mit, bevor Sie Ihr Psychogramm an den *Begleiter des Sirius* schicken. Haben Sie die Tugend gefunden?

– Ich stehe Ihnen zur Verfügung, verehrter Meister, sagte der erhabene Besucher sehr höflich. Es ist für mich eine große Ehre, wenn ich aufgefordert werde, einen Beitrag zu einem Bericht an die Akademie zu liefern. Ich habe aber bisher auf Ihrem kleinen Sphäroid nur sehr wenige Dinge gesehen, die etwas zum Ruhm der Tugend beitragen könnten. Ich weiß wohl, daß es zur Tugend gehört, edle Handlungen heimlich zu tun. Auf der Erde gibt es viel Licht und eine gewaltige Publizität. Das Licht stört das Gute und läßt es verblassen; der Lärm vertreibt es: deshalb verbirgt sich die wahre

Tugend noch viel mehr als das Laster, und das geht so weit, daß das übergroße Bewußtsein, das einer haben kann, der sie ausübt, ihr keineswegs die Befangenheit nimmt. Mir erscheint es so: Je besser man sich selbst kennt, desto schwerer muß einem der Glauben fallen, man vollbringe eine selbstlose Handlung. Wer das Gefühl hat, Gutes zu tun, muß dabei eine gewisse Scham und eine Scheu verspüren. Denken Sie doch nur daran, mein Herr, auf wie viele Arten man die Vortrefflichkeit einer Absicht und die Reinheit der Hintergedanken anzweifeln kann, die einer guten Regung vorausgehen oder ihr folgen. Glauben Sie nicht, daß unter denen, die Gutes tun, sich einige befinden, die insgeheim denken, das Gute, das sie tun, schütze sie wie durch Magie vor einem Übel, welches sie treffen könnte; andere wiederum denken zweifellos, daß sie durch eine gute Tat eine Art Gebühr für die Vorteile bezahlen, die sie genießen und die ihnen manchmal etwas Angst machen. Diese Tugendhaften sind alle bloß abergläubisch.

– Mein Gott, wie gut Sie sich in der menschlichen Seele auskennen!

– Aber ja, antwortete mir der Erhabene, ich habe alle Ihre guten Autoren gelesen. Haben Sie bemerkt, mein Herr von der Akademie, daß es darunter keinen einzigen gibt – ich meine von den wirklich guten –, der Vertrauen in das Gute Ihrer Gattung hat; die besten sind die schwärzesten.

– Weil das Schwarze in der Literatur schön ist. Es ist an der Tugend etwas daran, das im ersten Augenblick fade ist. Das löst sich erst dann auf und geht in einen ganz anderen Eindruck über, wenn man es viel näher betrachtet. Im übrigen sind alle unsere großen Autoren mehr oder weniger Moralisten, und nichts ist einsichtiger, als daß Moralisten vom Bösen leben ... Aber was haben Sie denn eigentlich bei Ihrer Weltreise auf der Suche nach der Tugend festgestellt?

– Ihre Welt befindet sich in einem höchst miserablen Zustand, werter Meister. Es gibt einen Grad an Unglück, bei dem die Ausübung der Tugend so schwer fällt, daß sie eines zweiten Grades bedarf, um dieselbe Wirkung zu erreichen, wie sie der erste normalerweise erreicht. Darf ich es wagen,

Ihnen zu sagen, was ich wirklich gesehen habe? Ich habe da und dort viele Diebe und zahlreiche Mörder gesehen ... Das ist nicht ganz neu. Was mich aber verblüfft hat und was ich meinem Auftraggeber berichten werde, ist das große Interesse, das alle diese Schurken bei Ihnen wecken. Auf Ihren Straßen und öffentlichen Plätzen sieht man nur Leute, die ihre Nase in frisch geschwärzte Blätter stecken und mit Wollust alle möglichen Verbrechen verschlingen, von denen man glauben könnte, sie wären auf Bestellung vollzogen worden, damit diese Leute jeden Tag neue und noch abscheulichere finden. Sie versenken sich in die Missetaten, die sich überschneiden, ineinander aufgehen, von einer Seite zur anderen durcheinanderlaufen; bald sind sie politisch bedingt, bald der großen Liebe zuzuschreiben, bald durch Gewinnsucht angeregt; stets aber mit Abbildern versehen, von denen man nicht weiß, ob das eine da vom Opfer, vom Mörder oder vom Richter stammt, während das andere dort, das sich in diese schmutzige Geschichte verirrt hat, eine unglückliche *Berühmtheit* ist, eine Hoheit, ein Mitglied des Instituts, ein würdevoller Hundertjähriger, den die Zwänge des Zeitungspapiers in diese schrecklichen Einzelheiten abgedrängt haben ... Es ist überhaupt nicht erstaunlich, daß das Wort Tugend in Ihrer Sprache kaum noch Verwendung findet ...

– Ja ... ich gebe zu, daß darin eine niederträchtige Neugier steckt ... Finden Sie aber nicht, daß es andererseits auf unserem kleinen Planeten einen deutlichen Fortschritt hin zu einem Zustand allgemeiner Aufrichtigkeit gibt? Eben noch schwankte ich zwischen zwei Auffassungen: ich fragte mich nämlich, ob wir wirklich schlimmer geworden sind oder bloß wahrhaftiger und gleichsam nackter vor unserem Geist und als die, die wir sind.

– Tatsache ist, murmelte der Beobachter, daß ich diesen Sommer an Ihren Stränden Massen von Wahrheiten in der aufrichtigsten Kleidung in der Sonne gesehen habe.

– Wenn ich allerdings die eindrucksvolle Sammlung der *Geschichte der Heuchelei im Wandel der Zeiten* heranziehe (sie ist freilich noch nicht geschrieben, aber ich nehme es einmal an und blättere sie im Geiste durch), erwiderte ich, dann bin ich nicht mehr so sicher, ob es einen beglaubigten Fortschritt gegeben hat. Im übrigen ist die Heuchelei zeitlos; sie wird ebenso lange andauern wie irgendein Ideal bei den Menschen verehrt wird, und so lange, wie es einen Gewinn abwirft, wenn man ihm zu dienen vorgibt. Nichts ist bedeutsamer als der Wechsel des Vorbilds, an dem sich zu inspirieren zu einem bestimmten Zeitpunkt gut ist.

– Eben deshalb, erwiderte der Korrespondent, habe ich bestimmte Demonstrationen, die ich auf meiner Weltreise beobachtete, sehr bewundert. Es scheint, daß die disziplinierte Energie in Mode ist. Fast überall findet man einfach und bizarr gekleidete Horden. Die einen heben die Hand, die anderen recken die Faust ...

– Und erscheint Ihnen dies für den Kult der Tugend positiv oder negativ?

– Ich habe nichts daraus gefolgert. Zuerst einmal positiv und gleich danach negativ. Zunächst positiv, weil es scheint, daß der Zwang notwendigerweise die Herrschaft der Seele über die Triebe festigt, mithin TUGEND ist. Danach aber habe ich mich gefragt, ob ihre wunderbare Disziplin nicht zum größten Teil von der Furcht, der Nachahmung oder der selbstsüchtigen Verstellung getragen wird. Und liegt darin nicht eine Dressur, eine Abrichtung des Menschen, wie man sie beim Tier durchführt? Beschränkt man diese jungen Wesen, diese Kinder nicht darauf, nur nach dem zu leben und nur das zu denken, was man von ihnen will, daß sie es leben und denken? Sie werden präzise Instrumente und starke Maschinen sein, aber wenn diese Instrumente und Maschinen nur gute Arbeit leisten und nur für das Gute wirken sollen – was folgt daraus für die Tugend, wenn man ihr blind folgt, ohne sich für sie entschieden zu haben? Man wird bei diesen Menschen jenen Rest an heimlicher und allgemeiner Freiheit zerstört haben, der für die Tugend wichtig ist.

– Sie sind ein Philosoph, mein Herr Meinungsforscher ...

– Davon weiß ich nichts, mein Herr. Ich sehe nur, was ich sehe, und ich mache meine Arbeit. Übrigens habe ich Ihnen gesagt, daß ich daraus keine Schlüsse gezogen habe ... Was wollen Sie denn folgern angesichts des Chaos, das Sie anrichten, in dem das Gute, das Böse, das Absurde, das Bewundernswerte, die Helden, die Schurken, die Verrückten und die Schöpferischen vermengt und durcheinandergerührt werden im Aufwallen einer Epoche, deren einziges Gesetz darin zu bestehen scheint, die Vermischung aller Dinge bis hin zu weiß ich welchem Extrem der Verwirrung, der Zusammenhangslosigkeit und des inneren Durcheinanders zu treiben, so daß es ausreicht, eines dieser angeführten Blätter aufzuschlagen, um es mit eigenen Augen ohne jede Anstrengung sehen zu können ... Ich weiß nicht, was Denken heißt angesichts dieser beschleunigten Unordnung, in der mittendrin das Denken ohnehin zu nichts dient, da eine Unordnung kein Bild ergibt; da sie nichts enthält, was an eine Vergangenheit anzuknüpfen erlaubte, eine Zukunft zu erwarten, vorauszusehen, zu konstruieren und einem Plan eine Form zu verleihen ... Mein Herr, ich habe die besten Köpfe der Welt konsultiert ... Jeder einzelne hat seine Klarsicht, alle zusammen ergeben eine völlige Dunkelheit ... Ach, mein Herr, welch eine Reise! ... Da und dort habe ich gesehen, wie das Elend aus dem Überfluß entsteht, wie Dummheit und Verbrechen sich Mittel aneignen, die von hundert genialen Menschen geschaffen wurden. Und welche Sitten, welche Vergnügungen! ... Wie viele Vergeblichkeiten, wie viele Anlässe zur Sorge! ... Noch nie gab es so viel Spielzeug, noch nie so viele und so ernste Bedrohungen! ... Sie verbinden eine vorzügliche Hygiene mit Gefahren, die Sie auf Ihren Straßen, in der Luft und in Ihren Augen erfinden und verschwenden. Eine Menge von ausgezeichneten Produkten der Erde verbrennen, denaturieren und übergeben Sie dem Abfall, während da und dort Millionen von Lebewesen kaum das Nötigste haben. Sie imaginieren und organisieren die schnellsten Mittel, um den Raum zu durchqueren, richten dann aber sogleich Schranken und Hindernisse auf, an denen der festgehaltene, zurechtgewiesene, durchsuchte und verdächtigte Reisende eine endlose Zeit verliert, bevor man ihm mit einer stets ungewissen Gunst erlaubt, in einen Landstrich einzudringen, der nicht weniger elend ist als der, den er eben verlassen hat. Die Tugend der Geduld kommt bei ihm zum

Erliegen. Er verflucht diese Staaten, deren Wohltaten ihm erst um den Preis langer Überlegungen deutlich werden, während die Last ihrer Macht in jedem Augenblick höchst deutlich zu spüren ist ... Ach, verehrter, lieber Meister, von allen Geschöpfen der Welt habe ich gewiß die Staaten als die am wenigsten tugendhaften empfunden ...

Mein Sternenreporter schien stark erregt zu sein. Ich sagte zu ihm:

– Was haben Sie denn? Was zum Teufel haben die Staaten Ihnen denn angetan?

– Oh, sagte er, was mich betrifft, der ich nur ein zum Journalismus abkommandierter Sternenstrahl bin, ich mache mich nur lustig über die Steuern, den Papierkram, die Schalter und die Mauern, die die einzigen Zeichen sind, an denen man die Existenz eines Staates erkennt ... Weil ich aber da und dort nach einigen Atomen der Tugend suchte, um daraus einen kleinen, ganz reinen Barren von großem Gewicht herzustellen, kam mir die völlig neue und absurde Idee, auch den Tugendgehalt des Staates zu analysieren.

– Das nenne ich eine merkwürdige Untersuchung ...

– Für uns sind eben die empfindenden Wesen und die Vernunftwesen ziemlich genau dasselbe, und wir verleihen den einen wie den anderen denselben Grad der Existenz ... oder der Nichtexistenz ... Das ist nicht so wichtig. So findet man heraus, daß es nicht nur bei Männern oder Frauen Tugend gibt, sondern bei allen Wesenheiten. Auch in der Literatur gibt es sie, wenn auch weniger als früher. Es gibt sie ferner in der Medizin und in der Mathematik; und ich bin sicher, daß es in der Akademie ziemlich viel davon gibt. Es ist deshalb nicht übertrieben, sie auch beim Staat zu suchen. ... Sie können versichert sein, mein Herr, es geht dabei nicht um Politik. Bedenken Sie aber ein wenig, welchen widerwärtigen Bürger uns die Person eines Staates präsentiert ... Dieses Wesen ist höchst fremdartig. Die Tugend, mein Herr, die Tugend würde es zugrunde gehen lassen. Es erhält sich nur durch die markantesten Widersprüche am Leben. Es betätigt sich praktisch in allen Lastern, begehrt das Gut der anderen, hält keine seiner Verpflichtungen ein, enttäuscht seine Gläubiger, verkauft Opium, macht aus seiner Ungerechtigkeit ein Dogma, kennt nur die Gewalt, die Zahl und die brutalen Resultate. Ach mein Herr, Sie haben da eine Persönlichkeit, die Sie niemals auch nur mit dem kleinsten Montyon-Preis ehren werden.

– Daran haben wir auch nie gedacht ... Aber anstelle von Staaten zeichnen wir häufig kleine Organismen von reinstem Verdienst aus. Sind Sie auf Ihren Wegen und Umwegen in der Rue Xantrailles in Paris vorbeigekommen?

– Rue Xantrailles? Kenne ich nicht.

– Wir aber, die wir kaum so behende sind, wir kennen sie immerhin.

– Was sieht man dort?

– Sie werden dort ein kleines Haus finden, wo unter der Bezeichnung Dominikanerinnen, Krankenpflegerinnen für Arme, bewundernswerte Frauen leben. Ihre Tätigkeit besteht darin, am elendesten und finstersten Ort von Paris der größten Armut und dem schwersten Leiden zu dienen. Man respektiert kaum etwas in dieser Gegend, wo Armut und Verfall die Menschen ebenso brutal ernüchtern, wie der Umgang mit Geld sie zur Beute macht. Diese Frauen dagegen werden verehrt, und sie finden Anerkennung in den Blicken, wenn sie auf der Straße vorbeigehen.

– Erlauben Sie mir, werter Meister, daß ich ein paar Notizen mache. Aber Sie lachen ja ...

– Nein, mein Freund, ich grinse. Das ist viel besser.

– Ich möchte aber doch gerne wissen, ob sich dieses Lachen oder Grinsen gegen Ihren Diener richtet?

– Aber wem wollen Sie denn, daß ich es widme?

– Was habe ich Ihnen eigentlich getan?

– Nichts. Sie bringen mich zum Lachen. Sehen wir doch einmal zu, verehrter und ganz besonderer Korrespondent. Sie haben die Erde durcheilt, und ich habe mein Zimmer nicht verlassen. Sie haben die menschlichen Dinge mit einem überaus scharfen Strahl durchleuchtet, Sie haben die Geister analysiert, die Absichten gewichtet, die Werte bemessen, und Sie haben nicht gerade viel zurückgebracht. Und ich habe mich nicht gerührt und weiß weder aus noch ein vor all der Tugend, die ich an der Akademie feiern soll. Bedenken Sie nur ... und stimmen Sie mir zu, daß Sie Ihre berühmte Befragung sehr schlecht durchgeführt haben. Kennen Sie denn überhaupt die Einrichtung, die sich Schutzdach nennt, und die sich um Wohnungen kümmert? Und die Einrichtung, die uns Literaten besonders interessiert, das ist der Witwenpfennig, verehrter Herr ...

– Entschuldigen Sie bitte und lassen Sie mir etwas Zeit zum Aufschreiben. Wir waren beim Witwenpfennig der Literaten ...

– Und die Vormundschaft für Kinder, und der Wohlfahrtsbund für Seeleute, und das Jugendwerk für Mädchen, und ...

– Nicht so schnell, verehrter Meister ...

– Vergessen Sie aber vor allem Mademoiselle Maire nicht ... Sie ist Zeichenlehrerin. Seit vierzig Jahren ist ihr Leben ganz den Blinden gewidmet, vor allem den Blinden, die krank sind. Sie pflegt, ernährt, kleidet sie, sie unterhält sie, sie kümmert sich um die Grabstätten ihrer Toten, und, was besonders bewundernswert ist, sie erzieht sie und bringt ihnen bei, sich gegenseitig selbst zu pflegen. Die Wohltätigkeit wird hier zu einer Tugend, die schließlich alle Geistesgaben herausfordert. Das Herz erfindet, die Hingabe regt die Phantasie an und das Erraten der kleinsten Bedürfnisse dieser armen Blinden und der Wille, ihr Schicksal zu lindern, das verlangt einen unglaublichen Einsatz an Intelligenz.

– Ich muß hier gestehen, werter Meister, daß der *Gesichtspunkt des Sirius* sich nicht um alles kümmert ...

– Ich könnte Ihnen noch viel mehr zeigen ... Sehen Sie, es gibt noch nichts, das einer alten Akademie vergleichbar wäre, um so viele Vollkommenheiten kennenzulernen, denen man nicht auf der Straße begegnet. Vergessen Sie nicht, daß das Beste immer gut versteckt ist und daß das Höchste und Wertvollste auf der Welt sich stets verleugnen läßt.

– Adieu, sagte der Reporter, ich begebe mich auf den *Begleiter des Sirius* zurück. Ich werde aber sofort nach meiner Rückkehr dort oben (oder dort unten) dafür werben, daß dort eine Akademie gegründet wird. Wir werden bloß vierzig mal sechzigtausend Sitze haben, das wird zwei Millionen vierhunderttausend Glückliche ergeben und fünf oder sechs Milliarden großer Hoffnungen.

DIE ›FURCHT VOR DEN TOTEN‹

Zweifellos sinnt das Tier nicht über den Tod nach. Es fürchtet sich nur dann, wenn es zum Fürchten gezwungen wird. Sobald die Gefahr vorbei ist, verschwindet auch die Wirkung der dunklen Vorahnung: der Tod verliert seinen Stachel und spielt keine Rolle mehr.

Im Verhalten des Tieres zeigt sich eben nichts Nutzloses und nichts Unangemessenes. Das Tier ist in jedem Augenblick nur das, was es ist. Es spekuliert nicht über imaginäre Werte und läßt sich nicht von Fragen beunruhigen, die zu beantworten seine Mittel ihm nicht erlauben.

Daraus ergibt sich, daß das Schauspiel des Todes von seinesgleichen, das im entsprechenden Augenblick es bewegen und zuweilen auch verwirren kann, bei ihm keinen endlosen Kummer verursacht und an seinem tatsächlichen Existenzsystem[1] nichts ändert. Es scheint so zu sein, daß es nicht das Erforderliche besitzt, um diesen Eindruck festzuhalten, zu kultivieren und zu vertiefen.

Beim Menschen aber, der über das Notwendige hinaus mit dem Gedächtnis, der Aufmerksamkeit und mit Fähigkeiten zur Verbindung oder Vorwegnahme ausgestattet ist, spielt der Gedanke an den Tod, der zum einen aus einer ständigen Erfahrung stammt und zum anderen völlig unvereinbar ist mit dem Seinsgefühl und dem Bewußtseinsakt, eine bemerkenswerte Rolle im Leben. Der Gedanke erregt im höchsten Maße die Einbildungskraft, die er herausfordert. Würde die Kraft, die unablässige Imminenz, kurzum, die *Vitalität des Todesgedankens*[2] nachlassen, man wüßte nicht, was aus der Menschheit werden würde. *Unser organisiertes Leben bedarf der eigentümlichen Besonderheiten des Todesgedankens.*

Der Todesgedanke ist die Triebfeder für die Gesetze, der Ursprung der Religion, die heimliche oder in schrecklicher Weise sichtbare Wirkkraft der Politik, das wesentliche Anregungsmittel für den Ruhm und die große Liebe – die Quelle zahlreicher Untersuchungen und Meditationen.

Zu den seltsamsten Ergebnissen aus der Verwirrung des Menschengeistes durch diesen Gedanken (oder vielmehr durch das Bedürfnis nach einem Gedanken, das uns durch die Feststellung des Todes der anderen aufgezwungen wird) gehört der uralte Glauben, daß die Toten nicht tot, oder daß sie nicht ganz tot sind.

Die Untersuchung der primitiven Formen dieser Überzeugung (die sich, wie ich es eben getan habe, kaum anders als in widersprüchlichen Formulierungen ausdrücken läßt) ist Gegenstand des neuesten Werks von Sir James Frazer *Fear of the Dead in Primitive Religion* (Furcht vor den Toten in der primitiven Religion).

»Die meisten Menschen glauben, daß der Tod ihre bewußte Existenz nicht aufhebt, sondern daß sich diese während einer unbestimmten oder unendlichen Zeit fortsetzt, auch nachdem die schwache körperliche Hülle, die dieses Bewußtsein eine Zeitlang beherbergt hatte, zu Staub zerfallen ist.«

So lautet der Anfangssatz, mit dem der Autor seinen Plan umzusetzen beginnt, uns mit einer Menge von Beispielen darzustellen, was man als Politik der Primitiven in ihren Beziehungen zu den Geistern der Toten bezeichnen könnte.

Sir James zeigt uns, daß die Nichtzivilisierten bezüglich der Geister der Toten fast alle Gefühlsempfindungen verspüren, die der Mensch bezüglich lebender Geschöpfe verspüren kann: Bei den einen herrscht die Furcht vor; bei den anderen die Zweckmäßigkeit; bei einigen das Mitgefühl. Bei den letzteren sieht man, wie sich zwischen den toten und den lebenden Angehörigen einer Familie eine gewisse Vertraulichkeit herstellt. Die verstorbenen Eltern werden nicht gefürchtet, vielmehr vergräbt man ihre Leichen im Hause und hofft, ihre Seelen werden sich eines Tages in einem Kind reinkarnieren, das unter dem Familiendach zur Welt kommt.

Andere Volksstämme versuchen die Geister in Dienst zu nehmen; bei landwirtschaftlichen Arbeiten oder bei Unternehmungen der Jagd oder der Fischerei ihre Hilfe oder ihre Gunst zu erlangen. Manchmal bemüht man sich auch darum, bestimmte Prophezeiungen von ihnen zu erhalten.

Häufig schreibt man ihnen auch zufällige und verderbliche Phänomene zu: Hungersnöte, Dürre, Blitzschläge, Erdbeben gehen auf ihre Verantwortung, ähnlich wie wir zuweilen diese fürchterlichen Ereignisse den Sonnenflecken anlasten.

Die Übel, für die man aber die Geister am häufigsten schuldig spricht, sind Krankheiten und Tod.

Alle diese Glaubensformen bringen eine entsprechende Anzahl von Riten hervor.

Das Buch, so erfüllt und durchdrungen von einer überreichen Gelehrsamkeit es auch ist, gleichsam aus Fakten gewoben, ist das Buch eines großen Künstlers. Seine gelehrte Einfachheit ist die Frucht einer vorzüglichen Arbeit. Nichts ist subtiler als der fast unmerkliche – einer Modulation vergleichbare – Übergang von einem Glauben zum anderen, der sich zwar kaum unterscheidet, aber Tausende von Meilen vom ersten entfernt sich feststellen läßt – als erlaubten der Abstand und das Fehlen jeglicher Kommunikation aufgrund der Ähnlichkeit der psychischen Produktion eine gewisse Identität der menschlichen Natur festzustellen.

Ganz allmählich entwickelt sich im Denken des Lesers von *Fear of the Dead* die seltsam poetische Idee einer Ethnographie der schmachtenden Seelen, einer demographischen Wissenschaft und Statistik der Gespenster, die in Millionen oder Milliarden über der Erdkugel schweben, seit den Zeiten, da gestorben wird. Von Melanesien bis nach Madagaskar, von Nigeria bis Kolumbien fürchtet, beschwört, ernährt, benutzt jeder Volksstamm seine Verstorbenen, pflegt Umgang mit ihnen: verleiht ihnen eine positive Rolle im Leben, leidet unter ihnen wie an Parasiten, empfängt sie als mehr oder weniger erwünschte Gäste und schreibt ihnen Bedürfnisse, Absichten und Kräfte zu. Daraus ergibt sich diese Menge von Kompetenzen, Regelbefolgungen und Praktiken, die den Lebenden auferlegt werden und die der illustre Autor in seinem Werk anhand ihrer Ähnlichkeiten und Gegensätze verknüpft und entfaltet – wie auf einem intellektuellen Fries, auf dem, eingefangen durch Kunst und Erkenntnis, Beispiele aller menschlichen Rassen auftreten, erfaßt in den Haltungen, welche das Gefühl der Anwesenheit und der Macht der Verstorbenen ihnen eingibt.

KLEINER BRIEF ÜBER DIE MYTHEN

Eine Dame, meine liebe Freundin, eine völlig unbekannte Dame schreibt mir und befragt mich in einem sehr langen und einigermaßen schmeichelhaften Brief über eine Anzahl heikler Punkte, indem sie vorgibt, ich möchte wohl imstande sein, ihren Geist davon zu befreien.

Sie zeigt sich besorgt, wie es in mir um Gott und die Liebe bestellt sei; ob ich auch den Glauben an den einen und die andere besitze; sie möchte wissen, ob die *poésie pure* das Gefühl ertöte, und fragt mich, ob ich mich mit der Analyse meiner Träume befasse, wie dies in Mitteleuropa Brauch ist, wo es kaum einen wohlgeborenen Menschen gibt, der nicht jeden Morgen aus dem eigenen Seelenschlund einige Ausgeburten des Abgrunds, einige Polypen von obszönen Formen ans Licht zieht und sich bewundert, solche genährt zu haben.

Über all dieses und eine Reihe anderer Bedenken habe ich sie ohne große Mühe aufklären und beruhigen können. Ich besitze keine höheren Einsichten, aber man bedarf deren auch nur wenig bei den höheren Fragen. Der richtige Ton genügt: eine gewisse Anmut beschwichtigt, eine gewisse Wendung reizt und belebt, gewisse Zierlichkeiten verwirren die zärtliche Seele in dem lockenden Genuß ihrer Lektüre; denn schließlich verlangt sie nicht so sehr nach einer Antwort – dies hieße das Spiel beenden und dem Vorwand das Leben nehmen – als danach, nun ihrerseits befragt zu werden.

Immerhin fand ich mich ziemlich verlegen gegenüber einer genauen und besonderen Schwierigkeit, einer von denen, deren man sich nicht ohne ausgedehnte Lektüre und gründliches Nachdenken entledigen kann.

Das Lesen ist mir zur Last; höchstens das Schreiben geht noch ein wenig mehr über meine Geduld. Es langt bei mir gerade zur Erfindung dessen, was ich im Augenblick benötige. Ich bin ein armseliger Robinson auf einer rings von

Unwissenheit umgebenen Leibes- und Geistesinsel, und ich erschaffe mir aus dem Gröbsten meine Werkzeuge und Fertigkeiten. Mitunter beglückwünsche ich mich, daß ich so arm bin und nicht über die Schätze des aufgehäuften Wissens verfüge. Ich bin arm, doch ich bin König; und gewiß herrsch' ich, wie Robinson, nur über die Affen und Papageien meines Innern; aber auch dies heißt noch herrschen ... Ich glaube allen Ernstes, daß unsere Väter zuviel gelesen haben und daß unsere Gehirne aus einem grauen Bücherbrei gemacht sind ...

Ich kehre zu meiner Fragestellerin zurück, die ich einen Augenblick lang an einem Nagel der reinen Dauer in der Schwebe ließ. Diese Frau ohne Gesicht, die mir nur durch das Parfüm ihres Briefpapiers bekannt ist (und dieses aufdringliche Parfüm erregt mir eine leise Übelkeit), dringt endlich mit erstaunlicher Hartnäckigkeit in mich, ich möge mich über die Mythen und die Wissenschaft von den Mythen erklären, über die sie um jeden Preis Auskunft von mir verlangt und von denen ich doch nur weiß, was mir gerade behagt. Ich ahne nicht, was ihr daran von solcher Wichtigkeit scheint.

Ja, käme diese Frage von Ihnen, meine artig-kluge und schlichte Freundin, und hätte Ihre Neugier auf diesem Gebiet es unternommen, meine Trägheit aufzurütteln, Sie hätten meinem Kopf gewiß niemals etwas anderes entlockt als bloße, zu einem Teil wohl unmanierliche und im übrigen leichtfertige Späße. Zwischen Menschen, die sich aus dem Grunde kennen – wie dies, ach! bei Ihnen und bei mir der Fall ist –, zählt nichts als dieser geheimnisvolle Bezug zwischen den Wesen selbst: die Worte zählen nicht, die Taten bedeuten nichts ...

Liebe Seele, da ich also die Mühe aufgewendet, dieser duftenden Unbestimmten zu antworten – und der Himmel weiß, warum ich ihr geantwortet habe und welche heimlichen Hoffnungen, welche Vermutungen süßer Fährlichkeiten mich verlockt haben, ihr zu schreiben –, so werde ich Ihnen den Extrakt dessen geben, was ich für sie erdachte. Es ging darum, Kenntnisse vorzutäuschen, die ich nicht habe und auf welche diejenigen, die sie besitzen, mich nicht eifersüchtig machen. Glücklich, wer sie hat! Aber, wie gründlich er auch immer sein mag, wehe ihm, wenn er sich darauf verläßt!

Zuallererst muß ich Ihnen bekennen, daß ich im Augenblick, da ich meine Anstrengung darauf richtete, mir die Welt der Mythen faßlich zu machen, fühlte, wie mein Geist sich sträubte; ich trieb ihn an, ich bezwang seinen Mißmut und seine Widerstände, und als er unter meinem Drängen zurückwich, sein Auge sich umwandte nach dem, was er liebt, sein Begehren den besten Leistungen seines eigentlichen Könnens zustrebte, deren Reize er mir nur allzu lebhaft ausmalte, da griff ich ihn und schleuderte ihn voller Wut mitten unter die Ungeheuer, in den Wirrwarr sämtlicher Götter, Dämonen und Helden, all jener Scheusale und Geschöpfe der Menschen von einst, deren Philosophie ebensosehr darauf aus war, das Weltall zu bevölkern, wie die unsrige, es von allem Leben zu entleeren. In ihren Finsternissen paarten unsere Vorfahren sich mit jedem Rätsel und zeugten absonderliche Kinder mit ihm.

Ich fand keine Richtung in meiner Unordnung, keinen Halt, um dort einen Anfang abzustecken und die schwankenden Gedanken zu entwickeln, die der Aufruhr der Bilder und Erinnerungen, die Vielzahl der Namen, das Gemenge der Hypothesen angesichts meines Vorhabens in mir erweckten und wieder zunichte machten.

Meine Feder stocherte im Papier, meine linke Hand zerquälte mein Gesicht, meine Augen malten sich allzu deutlich einen scharfbeleuchteten Gegenstand, und ich fühlte nur allzusehr, daß mich kein Bedürfnis zu schreiben trieb. Da begann diese Feder, die sich strichelnd die Zeit verkürzte, ganz von sich aus seltsam barocke Formen zu entwerfen, scheußliches Fischgetier und allerlei Kraken im haarigen Gewirr allzu flüssiger, allzu flüchtiger Schnörkel ... Sie erzeugte da *Mythen*, die mein Warten im Hingang der Zeit aus sich entließ, indessen meine Seele, die kaum wahrnahm, was meine Hand da vor ihr an Schöpfungen hervorbrachte, wie eine Schlafwandlerin zwischen den düsteren Schattenwänden und den Unterwasser-Schauplätzen des Aquariums von Monaco umherschweifte![1]

Wer weiß, dachte ich, ob das Wirkliche in der Unzahl seiner Gestalten nicht ein ebensolches Erzeugnis grundloser Willkür ist wie diese tierischen Arabesken? Wenn ich träume und mich in unwiderruflichen Erfindungen ergehe, bin ich dann nicht ... die Natur?

– Wenn nur die Feder das Papier berührt, wenn sie nur Tinte enthält, wenn ich mich langweile, mich vergesse – ja, dann schaffe ich schon! Ein Wort, das der Zufall herbeitrug, bereitet sich ein unabsehbares Schicksal, treibt Satz-Glieder aus sich heraus, und der Satz fordert wiederum einen anderen, der schon vorher hätte dasein sollen: er verlangt nach einer Vergangenheit, die er erschafft, um aus dieser geboren zu werden – nachdem er schon in Erscheinung getreten ist! Und diese Windungen, diese Spiralen, diese Tentakel, diese Fühler, Füße und Anhängsel, mit denen ich das Blatt überspinne: geht die Natur auf ihre Weise nicht ebenso bei ihren Spielen vor, wenn sie inmitten der Strahlen und Atome, darin alles Mögliche und Unvorstellbare in wirren Wirbeln zuckt und wuchert, so viele lebensfähige Keime und Bildungen verschwendet, verwandelt, verbraucht, vergißt und wiederfindet?

Ebenso treibt es der Geist. Aber er überbietet noch die Natur; er erschafft nicht nur, wie es auch ihre Gewohnheit ist, sondern fügt noch ein Übriges hinzu, indem er so tut, als schaffe er. Er setzt dem Wahren die Lüge zu; und während das Leben oder die Wirklichkeit sich begnügt, im Augenblicklichen auszufruchten, hat er sich den Mythos der Mythen geschmiedet, die Unbegrenztheit des Mythos – die *Zeit* ...

Aber Lüge und Zeit bestünden nicht ohne einen gewissen Kunstgriff. Das Wort ist dieses künstliche Mittel, sich im Nichts zu vervielfältigen.

So kam ich endlich auf meinen Gegenstand, und so entwarf ich darüber eine Theorie für die zärtliche Unsichtbare:

Meine Gnädige, sprach ich zu ihr, o Mythe! *Mythe* ist der Name all dessen, was den Grund seines Daseins und seinen

Fortbestand allein im Wort hat.[2] Eine Rede mag noch so dunkel, ein Geschwätz noch so verwunderlich, ein Ausspruch noch so zusammenhanglos sein, immer können wir eine Bedeutung hineinlegen. Immer läßt sich etwas vermuten, das auch der sonderbarsten Äußerung einen Sinn gibt.

Stellen Sie sich einmal vor, Sie erhalten mehrere Berichte über die nämliche Angelegenheit oder verschiedene Schilderungen des nämlichen Ereignisses, sei es durch Schriften oder durch Zeugen, die trotz gleicher Glaubwürdigkeit nicht miteinander übereinstimmen. Diese Unstimmigkeit feststellen heißt zugeben, daß ihre gleichzeitige Vielfalt ein Ungeheuer ergibt. Ihr Zusammenwirken schafft eine Chimäre ... Aber ein Ungeheuer oder eine Chimäre, die im Tatsächlichen nicht lebensfähig sind, fühlen sich in der Ungenauigkeit des Geistes durchaus in ihrem Element. Die Verbindung eines Weibes mit einem Fisch ist ein Meerfräulein, und die Gestalt eines solchen Meerfräuleins ist ohne weiteres annehmbar. Ist aber ein lebendiges Meerfräulein möglich? – Ich bin durchaus nicht sicher, ob wir in den Wissenschaften vom Leben schon so bewandert sind, daß wir den Meerfräulein aus triftigen Gründen das Leben absprechen könnten. Es bedürfte mancher anatomischen und physiologischen Kenntnisse, um ihnen etwas anderes als die bloße Tatsache entgegenzustellen, daß in unseren Tagen noch keines aufgefischt wurde!

Was durch ein geringes Mehr an Genauigkeit zugrunde geht, ist eine Mythe. Unter dem schärferen Blick, unter den wiederholten und gleichgerichteten Stößen kategorischen Fragens und Forschens, womit der wache Geist sich allseits waffnet, sehen Sie die Mythen sterben und die Fauna der ungenauen Dinge und der Ideen unaufhörlich verarmen ... Die Mythen zersetzen sich in dem Licht, das die gemeinsame Gegenwart unseres Körpers und unseres Strebens nach äußerster Folgerichtigkeit in uns verbreitet.

Sehen Sie nur, wie der Alptraum eine Anzahl verschiedener und voneinander unabhängiger Sinneswahrnehmungen, die uns während des Schlafes bearbeiten, zu einem allmächtigen Drama fügt. Eine Hand ist unter den Körper geklemmt; ein Fuß, der sich entblößt und aus den Windeln befreit hat, kühlt sich fern vom übrigen des Schläfers ab; im Morgendämmer dringen von der Straße her die Rufe früher Passanten; der leere Magen dehnt sich, und es gärt in den Eingeweiden; ein Schimmer der hellaufgehenden Sonne belästigt durch die noch gesenkten Lider undeutlich die Netzhaut ... So viele unterschiedliche Gegebenheiten ohne jeden Zusammenhang; und *noch ist niemand* da, um sie auf ihr Eigensein und die bekannte Welt zurückzuführen, um sie zu organisieren, die einen zu behalten, die andern zu verwerfen, sie nach ihrer Bedeutung zu ordnen, so daß wir nach ihrer Bewältigung zu anderem übergehen dürften. Alle zusammen sind vielmehr wie gleiche Vorbedingungen, die gleicherweise befriedigt werden müssen. Dem entspringt eine eigentümliche und widersinnige Schöpfung, unvereinbar mit dem übrigen Leben, allmächtig und all-entsetzlich, *die in sich selber ziellos ist und weder Ausgang noch Grenze hat* ... Das gleiche geschieht mit den Einzelheiten des wachen Zustandes, doch mit geringerer Einheitlichkeit. Die ganze Geschichte des Denkens ist nur das Spiel einer Unzahl von kleinen Alpträumen mit gewaltigen Auswirkungen, während wir im Schlafe große Alpträume mit sehr kurzer und schwacher Wirkung beobachten.

All unsere Sprache setzt sich aus kleinen kurzen Träumen zusammen; und das Schöne ist, daß wir daraus mitunter seltsam richtige und wunderbar vernünftige Gedanken entwikkeln.

In Wahrheit gibt es so viele und derart vertraute Mythen in uns, daß es fast unmöglich ist, in unserem Geiste etwas reinlich abzusondern, das nicht auch eine Mythe wäre. Man kann nicht einmal davon sprechen, ohne wiederum zu mythifizieren; und gebe ich nicht in diesem Augenblick die Mythe der Mythe, um der Laune einer Mythe zu willfahren?

Ja, ich weiß nicht, ihr lieben Seelen, wie ich mich all dem Nicht-Seienden entwinden soll! So sehr bevölkert das Wort uns und alles, daß ich keine Möglichkeit sehe, wie man sich all dieser vorgespiegelten Einbildungen ohne Entsprechung im Wirklichen enthalten könnte ...

Bedenken Sie, daß »das Morgen« eine Mythe ist, daß das

Weltall eine ist; daß die Zahl, daß die Liebe, daß das Wirkliche wie das Unendliche, daß die Gerechtigkeit, das Volk, die Poesie ... die Erde selber Mythen sind! Und auch der Pol ist eine Mythe, denn wer behauptet, dort gewesen zu sein, wurde zu dieser Meinung durch Gründe veranlaßt, die untrennbar mit dem Wort verbunden sind ...

Ich vergaß die gesamte Vergangenheit ... Die ganze Geschichte besteht nur aus Gedachtem, dem wir jenen wesentlich mythischen Wert beilegen, daß es das, was war, enthalte und darstelle. Jeder Augenblick fällt augenblicklich in das nur noch Vorgestellte, und kaum ist man gestorben, entgleitet man mit Lichtgeschwindigkeit, um sich den Kentauren und Engeln zuzugesellen ... Was sage ich! Kaum hat man den Rücken gewandt, kaum ist man außer Sicht, schon macht die öffentliche Meinung aus uns, was sie kann!

Doch zurück zur Geschichte! Wie unmerklich wandelt sie sich in Traum, je mehr sie von der Gegenwart abrückt! In der Nähe sind es noch recht gemäßigte, an ihrer vollen Entfaltung behinderte Mythen – behindert von nicht unglaubwürdigen Texten, von Spuren im Stofflichen, die unsere Phantasie ein wenig bändigen. Aber ist man einmal drei- bis viertausend Jahre hinter seine Geburt zurückgewichen, befindet man sich in voller Freiheit. Endlich, im Leeren der Mythe der reinen Zeit, im jungfräulichen Unvorhandensein all dessen, was dem uns Angehenden irgend gleicht, ergeht sich der Geist – einzig versichert, daß da *irgend etwas* gewesen sein muß, da es ihm angeboren ist, zu dem, was da ist, oder dem, was er ist, ein Vorausgehendes, eine »Ursache«, einen tragenden Grund zu vermuten – in der Zeugung von Epochen, Zuständen, Ereignissen, Wesen, Prinzipien, Bildern oder Geschichten von immer größerer Einfältigkeit, die an jene so aufrichtige Kosmologie der Hindus erinnern (oder selber leicht darauf zurückzuführen sein mögen): diese nämlich legten die Erde, um sie im Raume zu stützen, auf den Rücken eines ungeheuren Elefanten, der auf einer Schildkröte stand; die ihrerseits wiederum von einem Meer getragen wurde, das in ich weiß nicht welchem Gefäß enthalten war ...

Der tiefsinnigste Philosoph, der bestausgerüstete Physiker, der mit all jenen Werkzeugen, die Laplace so prunkvoll »die Hilfsmittel der erhabensten Analyse« nannte, auf das beste ausgerüstete Mathematiker – auch ihrer aller Wissen und Können reicht zu keinem anderen Tun.

Aus diesem Grunde schrieb ich eines Tages: Im Anfang war die Sage![3]

Und meinte damit, aller Ursprung, jede Zeitenfrühe der Dinge sei aus dem gleichen Stoff gemacht wie die Lieder und Märchen, die an der Wiege erklingen ...

Es ist eine Art unabänderliches Gesetz, daß überall, an allen Orten, zu allen Zeiten der menschlichen Gesittung, in jedem Glauben, mit Hilfe gleichviel welcher Disziplin und in jedem Betracht – das Falsche den Grund des Wahren bildet; das Wahre gibt sich das Falsche zum Vorfahren, zur Ursache, zum Urheber, zum Ursprung und Ziel, ausnahmslos und unwiderruflich – und das Wahre erzeugt dieses Falsche, von dem es seinerseits wieder erzeugt zu werden verlangt. Jedes Altertum, jede Ursächlichkeit, jeder Urgrund der Dinge sind Erdichtung und Fabel und gehorchen den einfachsten Gesetzen.

Was wären demnach wir ohne den Beistand dessen, was nicht ist? Sehr wenig nur, und unser kaum beschäftigter Geist siechte dahin, wenn nicht die Fabeln, die Mißverständnisse, die Abstraktionen, die Glaubenslehren und Ungeheuer, die Hypothesen und vorgeblichen Probleme der Metaphysik unsere Tiefen und naturgegebenen Finsternisse mit gegenstandslosen Wesen und Bildern bevölkerten.

Die Mythen sind die Seelen all unseres Tuns und Liebens. Wir können nicht anders handeln als in Richtung auf ein Phantom. Wir können nur lieben, was wir selber erschaffen.

Dies etwa, meine Liebe, war meine Rede an jene Körperlose, von der ich fürchte – was mir indessen nicht mißfiele –, daß sie Ihre Eifersucht erregen möchte. Ich erspare Ihnen einige Phrasen im erhabenen Stil, mit denen ich meine Darlegungen abrunden zu müssen glaubte.

Die letzten Augenblicke meines Briefes würzte ich mit ein wenig Poesie. Man kann eine Dame nicht bloßen Ideen ausgesetzt sein lassen; man muß ihr den Abschied vergolden. Ich gestattete mir also, meiner Unbekannten zu sagen, daß die Morgenfrühe und der Abend der Zeit, gleich denen eines schönen Tages, wenn die niedrigstehende Sonne alles verklärt und verzaubert, sich mit der Überfülle der Wunder färben. So wie das fast waagrecht streifende Licht das menschliche Auge durch überwältigende Entzückungen erstaunt, es mit Magie überfüllt, mit allen Gestalten und Umgestaltungen der Sehnsucht, mit ungeheuren, in der Höhe schwebenden und sich entfaltenden Formen, Gestalten anderer Welten, flammenden Gefilden voll goldener Felsen, voll spiegelklarer Seen, mit Thronen, schweifenden Grotten, überirdischen Unterwelten und Feenreichen; und wie diese blendenden Höhen, diese Phantasmen, diese Ungeheuer und luftigen Gottheiten sich in Dünste zerlegen und gebrochene Strahlen – so ergeht es sämtlichen Göttern und auch noch den abstraktesten unserer Idole: allem, was war, was sein wird, und was sich fern von uns bildet. Was unser Geist verlangt, die Ursprünge, auf die er Anspruch erhebt, die Folge und die Ergebnisse, nach denen er dürstet: er kann nicht umhin, sie aus sich selbst zu entnehmen, sie durch sich selbst zu erleiden; von der Erfahrung getrennt, frei von jedem Zwang, den die unmittelbare Berührung ihm auferlegt, erzeugt er, wessen er bedarf, aus dem Stoff seiner selbst.

Es zieht sich in sich selbst zurück, er entläßt das Außerordentliche. Den geringfügigsten Vorfällen entlockt er übernatürliche Schöpfungen. In dieser Verfassung benützt er alles, was er ist: eine Verwechslung, ein Mißverständnis, ein Wortspiel befruchten ihn. Wissenschaften und Künste nennt er jene ihm eigene Macht, seinen Phantasmagorien eine Genauigkeit, eine Dauer, eine Beständigkeit und sogar eine abweisende Strenge zu verleihen, die ihn selber erstaunen, ja mitunter bedrücken!

Leben Sie wohl, Teure; ich war nahe daran, wieder auf die Liebe zurückzukommen.

WISSENSCHAFTLER UND WISSENSCHAFT

Ich glaube, ich habe Ihnen gesagt, daß die Romantiker der wissenschaftlichen Entwicklung ihrer Zeit wenn nicht feindselig, so doch zumindest fremd gegenüberstanden, und daß diese Feststellung durch die wissenschaftlichen Ansprüche der literarischen Schulen bekräftigt wurde, die die Romantik im Namen der psychologischen, physiologischen oder philosophischen »Wahrheit« bekämpften. Diese Bemerkung rührt an das fortwährende Problem der Beziehungen zwischen dem, was man Wissenschaft nennt, und dem, was Kunst ist. Dieses Problem hat mich oft herausgefordert ... Oder genauer, ich kann sagen, daß ich es eher erlebt als theoretisch betrachtet habe.

Ich habe irgendwo geschrieben, daß mich weniger die Kunstwerke an sich interessierten als vielmehr die Reflexionen, die sie im Hinblick auf ihre Hervorbringung auslösen.[1] Ich stelle mir gern versuchsweise ihren Embryonalzustand vor. In diesem Zustand löst sich nämlich die Unterscheidung zwischen Wissenschaftler und Künstler auf. Man findet nichts anderes mehr als das Spiel der Erregung, der Aufmerksamkeit, der Zufälle und der mentalen Zustände.

Ich habe den Eindruck, daß dieses für die Organisation und die Entwicklung der Kultur so wichtige Problem eine recht einfache Form annimmt, wenn man abstrahiert von den »Klischees«, von geistigen Gewohnheiten, von rein pädagogischen oder praktischen Einteilungen, und die Aufmerksamkeit auf die Fakten selber richtet, das heißt auf die menschlichen Handlungen und Zustände, auf die Werke und auf deren Wirkungen. Es ist gar nicht möglich, sich die Vorgehensweise des Wissenschaftlers auf der einen Seite und die des Künstlers auf der anderen Seite einigermaßen präzise zu veranschaulichen, ohne bei den wesentlichen Momenten dieser beiden Produktionsweisen auf große Ähnlichkeiten zu stoßen. Es ist einfach nicht denkbar, daß es anders sein sollte. Genauer gesagt, ich kann mir keinen tiefreichenden Unterschied denken zwischen der sogenannten wissenschaftlichen Geistesarbeit und der sogenannten dichterischen oder künstlerischen Geistesarbeit. In beiden Fällen geht es um Transformationen, die bestimmten Bedingungen unterliegen, das ist alles. Die materiellen Ergebnisse sind ohne Zweifel verschieden, aber beachten Sie doch, daß ein in der Leidenschaftlichkeit des Geistes konzipiertes und verfolgtes wissenschaftliches Werk anschließend so gelesen und verstanden werden kann, daß es die Vitalität unseres Verstandes anregt. Worin unterscheidet sich diese Wirkungsgeschichte eines wissenschaftlichen Werkes von der eines Kunstwerkes? Es ist wohl richtig, daß ein wesentliches Merkmal der Resultate wissenschaftlicher Arbeit darin besteht, sich dem Korpus aller übrigen, bisher erworbenen überprüfbaren Resultate anzufügen, sich mit ihm verbinden zu lassen. Aber die persönliche Handlung des Wissenschaftlers und die von seinem Werk ausgehende Wirkung der Anregung und Erleuchtung sind völlig vergleichbar mit den Handlungen des Künstlers und den Wirkungen des Kunstwerkes.

In beiden Fällen kommt es zu einer Erneuerung geistiger Energie ...

Als ich noch sehr jung war, versuchte ich diesen Eindruck in meiner Studie über Leonardo zu präzisieren. In mancherlei Formen bin ich recht häufig darauf zurückgekommen. Ähnliche Bemühungen finden sich auch in *Eupalinos*.[2] Eines der einfachsten Mittel, um in den Wissenschaften die Spuren einer künstlerischen Willenskraft zu finden, ist die sorgfältige Untersuchung der Präambeln, der Grundbegriffe und der Definitionen, die sich am Anfang von wissenschaftlichen Darlegungen finden. Diese Ausgangsbedingungen schließen immer auch die menschliche Willkür ein. Der Mensch umschreibt einen bestimmten Bereich. Er spricht aus, was er will, und er legt ein für allemal sämtliche Mittel fest, deren er sich bedienen wird.

Die Formulierungen dieser Prämissen sind gleichsam die Punkte oder Linien, an denen der gegebene Zustand mit dem gewollten Zustand verschmilzt. Der Mensch schafft ein freies Werk, indem er sich im Hinblick auf ein bestimmtes Ziel Ketten und Restriktionen auferlegt. Diese Anfänge können (mit Sicherheit) nicht einfach irgendwoher kommen, es sei denn von einem Wunsch, einem Bestreben, ganz ähnlich jenem, dem der Künstler gehorcht, wenn er ein Werk in Angriff nimmt. Es gibt keine Wissenschaft von der Produktion von Wissenschaft. Freilich gibt es eine Kritik der Werte und Mittel der Wissenschaft, aber die Kunst des Findens (auch wenn man sie *Heuristik* getauft hat) bleibt ebenso persönlich wie alle anderen Künste.

Kurzum, die Wissenschaft ist zwar eine Konstruktion, die zum Unpersönlichen tendiert, aber jede einzelne Handlung ihrer Konstrukteure ist die Handlung einer Persönlichkeit. Es gibt einen Stil der Mathematiker, eine Physiognomie der Formel, die ebenso wiedererkennbar ist wie der Stil der Schriftsteller (sofern sie einen haben). Man kann sagen, daß Poincaré nicht so *schreibt* wie Hermite.[3]

Es gibt sogar Nationalstile, bis hinein in die Algebra.

Selbst in der Physik ist es denkbar, daß die verschiedenen Erklärungssysteme (Mechanismus, Atomistik, Energetik) Typen des Geistes entsprechen, die alle ihre eigenen Präferenzen haben. Diese Verschiedenheit ist höchst beachtenswert und höchst vorteilhaft. Bezogen auf den Erwerb neuer Fakten und unbekannter Relationen läßt sie sich mit einer Vielfalt von Instrumenten oder Werkzeugen vergleichen ...

Trotz der Allgemeinheit der Resultate und der wesentlichen Bedingung für wissenschaftliche Ergebnisse – nämlich völlig unabhängig zu sein von Personen, von allen verwendbar und uneingeschränkt von Mensch zu Mensch und von Volk zu Volk übermittelbar zu sein – könnte aber die Gesamtheit der wissenschaftlichen Erkenntnisse, mag sie noch so geordnet sein und zuweilen in Form von strengen Deduktionen vorgelegt werden, unmöglich durch notwendige und miteinander verknüpfte Folgerungen rekonstruiert werden. Ich werde diesen abstrakten Gedanken mit einem sehr einfachen Bild verdeutlichen. Führen Sie Ihren Finger auf einem festen Körper, auf einer Vase oder einer Kugel spazieren, so wird der Weg, den Sie auf diesem Körper zurücklegen, die Bahn Ihres Fingers, sich ergeben und eine ununterbrochene Linie bilden. Sie ist physikalisch kontinuierlich, aber ihrer Führung fehlt die Notwendigkeit. Sie können in jedem Augenblick ihre Richtung ändern, ohne den Kontakt mit der Oberfläche zu verlieren. Kurzum, bei dem Weg, den Sie auf diese Weise zurückgelegt haben, besteht zwar eine gewisse Notwendigkeit, aber diese Notwendigkeit läßt in jedem Augenblick eine Unzahl von ebenso notwendigen Verlängerungen (von gleichartiger Notwendigkeit) zu.

Bedenken Sie, daß die Entwicklung einer Wissenschaft, sosehr sie einerseits in ihren aufeinanderfolgenden Bewegungen auch zusammenhängen mag, andererseits doch einer Unzahl von Zufällen, ja man kann sagen, dem Zufall mancher Umstände unterliegt. So wurden bestimmte Einzelprobleme von der Praxis gestellt, gewisse unvorhergesehene Beobachtungen in einer bestimmten Epoche gemacht, und bestimmte singuläre Geister manifestierten sich in einer bestimmten Phase der Geschichte. Auf diese Weise wird die Aufmerksamkeit des Menschen bald von diesem, bald von jenem Punkt seines Gesichtsfeldes angezogen; über den einen Punkt gehen wir nachlässig hinweg, beim anderen dagegen bleiben wir stehen; und bald entwickeln sich unsere Gedanken unter einem bestimmten Eindruck weiter, bald verkümmern sie, und wir lassen den Gedanken, der sich abzeichnet, fahren. – Es ist eine der Besonderheiten der Wissenschaftsgeschichte, das Schicksal bestimmter Fakten zu verfolgen, die zunächst ohne jede Wichtigkeit waren und die man für Launen der Natur, für zufällige Absonderlichkeiten hielt, und die dann von irgendeinem Forscher ganz anders angesehen wurden. Diese geringfügigen und gleichsam reglosen Fakten werden auf einmal zum Ausgangspunkt grenzenloser Forschungen und Entdeckungen. – Die Anziehung von Strohfasern durch ein geriebenes Stück Bernstein hat, aber erst nach vielen Jahrhunderten, die gesamte Wissenschaft von der Elektrizität hervorgebracht, und heute können wir uns die Welt gar nicht mehr anders denn als eine Art von gigantischem elektrischem Faktum vorstellen. Diese unscheinbare Beobachtung von Eigenschaften des Bernsteins, ihre außerordentlichen Konsequenzen, die Zeit, die es dafür brauchte, das alles läßt mich stets an die Geschichte vom Weizenkorn denken, das in den Pyramiden gefunden wurde und heute zu keimen anfängt.

Dasselbe gilt für die Phosphoreszenz, eine Merkwürdigkeit, die das Genie von Becquerel[4] und seiner Nachfolger transformiert hat – dieses kleine Faktum ist der Ausgangspunkt von unermeßlichen Entdeckungen, die im Bereich der Radioaktivität gemacht wurden und künftig noch gemacht werden.

In der Mathematik zum Beispiel ist die logische Strenge essentiell, und sie manifestiert sich *zwangsläufig*, nicht aber die psychologische Notwendigkeit. Ohne die zahllosen Einwirkungen von glücklichen Zufällen, von findigen oder erstaunlich einfallsreichen Geistern, ohne tausenderlei unerwartete Funde, ja man kann sagen, ohne die zahllosen Kunstfertigkeiten, die auf keiner sicheren Grundlage oder gar auf methodischer Entdeckung beruhen – ohne das alles, so kann man getrost sagen, gäbe es gar keine Wissenschaft.

Kurzum, Wissenschaft und Kunst unterscheiden sich voneinander vor allem in ihrer äußerlichen Entwicklung und durch die extrinsischen Bedingungen, aber je weiter man von der Wissenschaft auf die Wissenschaftler und vom Werk auf den Künstler zurückgeht, desto undeutlicher werden die Unterschiede, von denen die Rede ist.

Nun werde ich freilich nicht die ganze Frage der Beziehungen zwischen Wissenschaft und Kunst in ihrem vollen Umfang so behandeln. Ich beschränke mich darauf, den sehr unvollständigen Überlegungen, die mir jetzt einfallen, ein paar Worte hinzuzufügen. Ich denke an die wissenschaftlichen Temperamente, auf die man bei Künstlern und Schriftstellern zuweilen stößt, und an die einzigartig künstlerischen Naturen, die man bei Wissenschaftlern findet. Bestimmte Experimente sind Meisterwerke der Eleganz und vermitteln den Eindruck eines gut geratenen Stücks. In der Mathematik gibt es sehr komplexe Beweise, bei denen Eigenschaften von ganz unterschiedlicher Herkunft zum Zug kommen. Wenn man sie studiert, denkt man an irgendwelche musikalischen Kombinationen, an die Einführung von Themen oder von unerwarteten Klangfarben, die eine scheinbar ausweglose Situation verwandeln und auflösen.

Oder es sind Ähnlichkeiten, die an die Ähnlichkeiten von Naturformen erinnern, die einige Künstler bei dekorativen Kompositionen auf wunderbare Weise genutzt haben.

Sogar die Chemie, deren Formeln so abstrakt sind, vermittelt ihren Adepten ästhetische Genüsse.

Der hervorragende Chemiker Urbain hat mir vor kurzem ein Buch über Musik geschickt.[5] Er hat sich ein Vergnügen daraus gemacht, sie in ihren Mitteln und Wirkungen mit der Präzision und dem konstruktiven Sinn zu analysieren, die er sonst in der subtilen Kunst der Kombination von Strukturformeln zur Anwendung bringt ... Ich kenne weder einen Dichter noch einen Maler, der begeisterter wäre von seiner Kunst und besessener von geistiger Leidenschaft, als es Jean Perrin[6] ist, inmitten seiner Apparate und seiner fluoreszierenden Lösungen. Er berauscht sich an Ideen und am Licht.

Und was die Annäherungen zwischen Wissenschaft und Kunst betrifft, gebe ich Ihnen noch ein Beispiel, das mir durch den Kopf geht. Ich sprach vorhin von der Musik. Sie wissen ja, welche wunderbare Steigerung die Kraft des Orchesters im Laufe des 19. Jahrhunderts erfuhr. Die moderne Musik hat sich nicht allzusehr an die Sparsamkeit der Mittel gehalten, und man kann sagen, daß die Wirkkraft und die Zahl der technischen Hilfsmittel in allen künstlerischen Bereichen übermäßig zugenommen haben. Ebenso ist es in der Industrie. Der Mensch scheint angesichts der Riesenhaftigkeit seiner Handlungsmittel zu schrumpfen. In den Wissenschaften hat die Zahl der Detailforschungen und der Forscher, die Schaffung einer unendlich komplizierten Ausrüstung in derselben Weise auch das verwandelt, was man das menschliche Maß nennen könnte. Die Arbeit des Geistes scheint mehr und mehr unter die Abhängigkeit von materiellen Mitteln zu geraten (Laboratorien, Bibliotheken), die ihr zur Verfügung stehen. Wo mehr Geld auszugeben ist, wird es zahlreichere und genauere Experimente geben. Aber wo soll man die Gehirne finden, die durch ihre Kraft der Vereinigung und Vereinfachung für diese unendlichen Schätze an Detailwahrheiten einen Ausgleich schaffen könnten? Von allergrößter Seltenheit sind Männer wie Poincaré und Einstein, die die logischen Instrumente, die wunderbaren Abkürzungsapparate zu handhaben verstehen, die die unendliche Vielfalt der Fakten, der Einzelerkenntnisse einzudämmen und zu bezwingen vermögen und mit ihrer Kombinations- und Reduktionsfähigkeit die entmutigende Erweiterung der Erkenntnisperspektiven gewissermaßen kompensieren. Die Vorstellung dieses Kampfes zwischen dem Ausufern der Denkgegenstände und dem Willen, die Herrschaft darüber zu wahren, entbehrt nicht einer gewissen Erhabenheit.

Es ist schön, sich das innere Wirken, das psychische Drama zwischen den Bildern vorzustellen, zu deren Erzeugung wir begabt sind, die Grenzen der Einbildungskraft, die Bedingungen, die wir ihnen auferlegen möchten, die abstrakten Operationen, auf die man sie abstimmen müßte, die stets gefährdete Dauer des Zustands, in dem unser Denken wirklich exakt und fruchtbar ist ... Ich gebe zu, daß dieser Gedanke mich immer wieder in Erstaunen versetzt.

BILDER VON JEAN PERRIN

Es gab einmal eine Zeit, in der ich höchstes Vergnügen an all dem fand, was mich nichts anging. Eines Tages führte mich dieses Laster in die Sorbonne, wo eine neue Betrachtungsweise der Naturphilosophie zu entstehen begann.

Ich setzte mich in den Hörsaal. Der Professor kam herein. Die lodernde Locke auf seiner Stirn gab ihm den Ausdruck unbestimmbarer Leidenschaftlichkeit. Er hatte leuchtende Augen und einen erstaunlich veränderbaren Blick, indem er mit ungewöhnlicher Schnelligkeit von der diffusen Erscheinung der Dinge zu konzentriertem Denken überging; er sprach mit knappen Gesten, bisweilen verzögert, wenn er den scharfen Umriß einer bestimmten Idee suchte, bisweilen auch überstürzt, wenn er einer ihn anziehenden Schlußfolgerung entgegenflog. Seine Gesichtszüge, die eben noch von der Komplexität des Themas geprägt waren, besänftigten sich gleich darauf in einem zauberhaften Lächeln.

Jean Perrin entwickelte damals jene schöne Theorie der Phasen, in der man den allgemeinen Begriff des Gleichgewichts erkennt, die Hypothese des chemischen Potentials, die implizit in einem Gesetz vereinigten Veränderungen von Energie und von Entropie, das letzthin eine einfache Beobachtung der kombinatorischen Algebra darstellt. Schon sehr bald fühlte ich mich mitgerissen. Diese junge Wissenschaft der physikalischen Chemie, die hier mit soviel Vehemenz dargelegt wurde, erweckte in mir eine Unmenge von Erleuchtungen, die so gut sie konnten mit den Ausführungen Perrins interferierten. Was hätte es wohl für einen faszinierten Laien wie mich Aufregenderes geben können als von »hetorogenen Systemen« zu hören? Alle wirklichen Systeme sind notwendigerweise heterogen. Die physikalische Chemie scheint also ein wenig näher an der Wirklichkeit zu liegen, als es Chemie und Physik für sich allein betrachtet sind.

Die Wissenschaften von der anorganischen Natur hatten sich zu lange im Abseits nicht-kommunizierender Gegenstände zu anderen Naturwissenschaften gehalten. Die Schwerkraft hatte nichts mit der Optik im Sinn. Die Wärme verkehrte nur unter Schwierigkeiten mit dem Schall. Die Chemie blieb im eigenen Hause. Wenn man etwas Salz in Wasser schüttete, war man in der Physik, wenn man es in eine Säure stürzte, fiel es im selben Augenblick in die Chemie. Lösungen und Reaktionen waren aufeinander nicht gut zu sprechen.

Nun weiß man natürlich sehr wohl, daß die Natur alles miteinander verbindet und sich über alle Kategorisierungen hinwegsetzt, wie sie sich auch ebensowenig um irgendwelche »analytischen Schwierigkeiten« schert; und es steht außer Zweifel, daß die recht zahlreichen Beziehungen bekannt waren, die zwischen den verschiedenen Bereichen bestehen, in welche unsere Sinne und Handlungsmittel das Seiende zerlegen; aber die Einheit der Wissenschaften schien im Unendlichen zu liegen. Sehr unterschiedliche Methoden, die alle ihre Vollkommenheit und ihre Nützlichkeit anpriesen, stritten miteinander um die Geister. Weit entfernt von ihrer gegenwärtigen Stärke und Präzision war auch die Atomistik, die das Unsichtbare zu verbildlichen versucht und wohl gern das Wissen auf die Vergrößerung und Geschwindigkeitsverringerung dessen, was sich diesseits der uns sinnlich zugänglichen Größenordnung abspielte, zurückführen würde. Die Energetik, die eine Art von abstrakter Ökonomie oder Rechnungsstelle von Transaktionen der Natur ist, entwickelte sich antagonistisch zu den anschaulichen Begrifflichkeiten.

Doch die Vorlesung zur physikalischen Chemie, so wie sie Perrin um 1900 hielt, machte ausgiebig Gebrauch von der einen oder anderen dieser Lehrmeinungen. Bildliche Darstellungen und Berechnungen, Intuition und statistische Schlußfolgerungen wechselten miteinander ab, stützten sich gegenseitig mit einer mich überwältigenden Freizügigkeit. Man spürte, wie diese Mannigfaltigkeit von Theorien im Geiste dieses Vortragenden lebendig und verfügbar waren. In seinem Denken waren sie geradezu wie eine Kollektion von

Instrumenten, dazu geschaffen, die Vermögenskräfte des Menschen zu gestalten und wachsen zu lassen, jedoch niemals zu dem Zweck, ihn zu unterjochen. Sie erhalten ihren Wert einzig und allein durch den Menschen. Das vergißt man allzuoft.

Leider war es mir nie vergönnt, den Ausführungen Jean Perrins bis zum Schluß zu folgen. Immer lief irgendein dummer Umstand meinem Eifer zuwider. Die Situation des Amateurs ist in unserer Zeit wirklich nicht die einfachste, da absolut nichts die einfache und allgemeine Neugier begünstigt.

Immerhin habe ich in den Veröffentlichungen dieses hervorragenden Physikers genau das Interesse wiedergefunden, das ich bei seinem mündlichen Vortrag empfand, wie auch dieses Geschenk des Lebens, das er der Wissenschaft mitzugeben verstand. Diese Bewegtheit, dieser Wille zu Erkenntnis und Überzeugung, die mich in der Sorbonne so sehr verzaubert hatten und ohne die jede Wissenschaft eine freudlos bittere und eitle Sache ist, finden sich in dem berühmten Buch wieder, das er über die Atome geschrieben hat. Dieses Buch ist von solch mitreißender Spannung wie eine Partie zwischen dem menschlichen Geist und dem Nichtwahrnehmbaren. Der Einsatz dabei ist der (wissenschaftliche) Besitz der Welt, wie wir sie sehen; die Regel des Spiels zwingt uns aber, das herauszufinden, was sich unterhalb des Spiels in ständiger Bewegung befindet und was wie das verborgene Denken des Gegenspielers ist. Der Spieler ist außergewöhnlich geschickt, wagemutig und glückhaft. Er gewinnt bei jedem Zug. Er wirft unweigerlich die »Avogadrosche Zahl«. Damit will ich sagen, daß unsere abschließende Überzeugung durch eine Menge von bemerkenswert übereinstimmenden Ergebnissen determiniert ist; da man diese Ergebnisse auf unterschiedlichste Weise erhält, ist sie gewissermaßen das Produkt all dieser, voneinander völlig unabhängigen Faktoren ...

In demselben Werk, in dem man eine Vielzahl persönlicher Ansichten über verschiedenste Fragen der Physik, der Elektrolyse, den tieferen Sinn der chemischen Gesetze usw. finden kann, werden insbesondere auch die schönen Forschungen dargelegt, zu denen der Verfasser durch die Theorie der Emulsionen angeregt wurde. Es liegt etwas genial Einfaches in dieser Idee, das Sichtbare mit dem Unsichtbaren anhand von Schwebeteilchen in Flüssigkeiten zu verbinden, die aufgrund ihrer Größe wohl durch das Mikroskop beobachtbar sind, jedoch aufgrund ihrer Kleinheit den Molekülen gleichgestellt werden können. Diese sphärischen Partikel von meßbarem Strahl dienen uns als Umschaltrelais. Das Auge kann ihrer Bewegung folgen, die photographische Platte erlaubt, die augenblickliche Verteilung der Körper zu registrieren und sie mit Muße zu zählen ... Derart verifiziert man durch direkte Beobachtung die Gesetze, die die statistische Analyse schon vorhergesagt hatte. So finden sich die kinetische Theorie der Gase, die Brownsche-Bewegung, der Streuungsmechanismen, der Mechanismus der Ausflockung aufs engste miteinander verbunden und tragen im übrigen dazu bei, unsere Quasi-Gewißheit über die Realität der Moleküle abzusichern.

Auf derselben gedanklichen Stufe stehen die Arbeiten Perrins über die Kolloide und die Kontaktelektrisierung.

Seit gut einem Jahrzehnt wendet er aber nunmehr seine ständig wache Aufmerksamkeit den Phänomenen der Fluoreszenz zu, die ihn zu höchst interessanten Betrachtungen über die Rolle des Lichts bei chemischen Reaktionen geführt haben. Sicherlich vermutet er in dieser Richtung weitere überraschende Entdeckungen ...

Alle erdenklichen Gründe halten mich zurück, hier noch fortzufahren. Ich wollte eigentlich nur meine Bewunderung über einen der hellsten und fruchtbarsten Köpfe dieser Zeit zum Ausdruck bringen, und dies vermochte ich nur dadurch, daß ich mir Erinnerungen eines Hörers aus freien Stücken und Leseerfahrungen ins Gedächtnis rief. Es kommt allein den Wissenschaftlern zu, ihm den wahren Stellenwert und das angemessene Lob zu erteilen, das er verdient.

PERSÖNLICHE ANSICHTEN ÜBER DIE WISSENSCHAFT

Auf eigenes Wagnis und Risiko will ich darüber schreiben, was meiner Ansicht nach »Wissenschaft« umfaßt, was sie gegenwärtig ist und künftig sein könnte.

Falls die Geschichte eine vernunftgeleitete Disziplin wäre und eine wohldefinierte Politik von der relativen Wichtigkeit der in ihr auftretenden Ereignisse zustande brächte, dann würde sie in ihrer Lehre einräumen, meine ich, daß das neuartigste und *für unser heutiges Leben* allgemein folgenreichste Faktum, das sich zwischen den Jahren 1789 und 1815 vollzog, vielleicht doch nicht jenes Drama von historischem Zuschnitt wie die Französische Revolution und das Kaiserreich gewesen ist. Die Wichtigkeit eines Ereignisses läßt sich nur an seiner Rolle im Leben des einzelnen ermessen, und dies auch nur in dem Maße, in dem jeder einzelne sich eben dieser Rolle bewußt werden kann. Somit ergibt sich, daß das wichtigste Ereignis der Epoche zwischen 1789 und 1815 die Erfindung der Batterie und die Entdeckung des elektrischen Stroms durch Volta im Jahre 1800 ist.

Bis 1800 bezogen sich die wissenschaftliche Beobachtung und die Analyse oder Überlegung zu Beobachtungsergebnissen immer nur, wie von altersher, *auf dieselben Phänomene.*

Zweifellos war die Erde inzwischen rund geworden, hatte sie die Fähigkeit erhalten, verschiedene Bewegungen auszuführen. Auch Trabanten von Planeten hatte man sichtbar werden lassen; bisher unveröffentlichte Tiere und Pflanzen waren in den fortschreitend entdeckten Ländern gefunden worden. Aber diese Erkenntnisgewinne veränderten in nichts die Substanz der Erfahrung selbst, die man von der physischen Welt seit undenklichen Zeiten besaß. Die Gesetze von Kepler, Galilei und Newton beschränkten sich darauf, bisher nicht wahrgenommene, metrische Relationen zwischen den wohlbekannten Elementen dieser Welt zu formulieren. Aufgrund ihrer wunderbaren Einfachheit und ihres einzigartigen Erfolgs konnten sie sogar ganz im Gegenteil zu dem Gedanken beitragen, daß überhaupt nichts Neues vorherzusehen war, was nicht schon virtuell in ihren Aussagen enthalten gewesen wäre. Selbst solche Entdeckungen erster Größenordnung wie die doch so erstaunlich verspätete vom Blutkreislauf und das bemerkenswerte Faktum der Demonstration und Berechnung der Lichtgeschwindigkeit durch Römer im Jahre 1675 blieben ohne Folgen. Im übrigen schloß die allgemeine Vorstellung, die man sich von Wissenschaft gemacht hatte, *implicite* die Erwartung von völlig unvorhergesehenen Fakten aus.

Bei diesem Zustand von Denken und Naturwissenschaft konnte man vom UNIVERSUM und von Einheit der Natur sprechen, ohne im geringsten daran zu zweifeln, daß man wußte, wovon man sprach. Es gab eben eine ZEIT, einen RAUM, eine MATERIE, ein LICHT, eine klare Unterscheidung zwischen dem Leben und der anorganischen Welt. Außerdem gab es ja doch, als sicheren Garant zukünftiger Triumphe des Geistes bei seinem Unterfangen, die Ordnung und Entwicklung der Menge sinnlich wahrnehmbarer Dinge zu begreifen und zu begründen, das wunderbare Gebäude der Dynamik und ihrer allgemeinen Gleichungen, in deren maschinenhaftem System alle Phänomene anscheinend ihren Platz finden mußten.

Kurz gesagt, schien der Ausdruck ALLES WISSEN komplementär zum Wort UNIVERSUM ein völlig klarer Grenz-Ausdruck zu sein; und Laplace konnte sich einen recht starken und umfassenden Geist vorstellen, der aus einer begrenzten Zahl von Beobachtungen alle nur irgendwie möglichen früheren oder zukünftigen Phänomene überblicken oder abzuleiten verstand.

Ich werde noch bei diesem Punkt verharren müssen, denn mein Vorhaben läuft darauf hinaus, einen Gegensatz herauszuarbeiten, der meiner Ansicht nach zwischen dem Wissenschaftsbegriff von gestern und dem, zu dem man sich heute bekennen muß, zu existieren scheint.

Die Geschichte der Wissenschaft ist alles in allem die Geschichte von Ideen, die man sich von der Macht des Menschen über die Dinge und von der Verifikation dieser Ideen gemacht hat. Diese Geschichte hat in ihren ersten Anfängen zwei Zugänge: einerseits die *Magie*, anderseits *praktische* Erwägungen.

Dieser doch so einfache Begriff der verifizierbaren Macht des Einwirkens auf die Dinge ist lange verschleiert worden (für manch einen noch heute), und zwar unter dem mehr oder weniger vagen Begriff des WISSENS, von dem ich schon sprach, das heißt eines intellektuellen Kapitals, das zwar prinzipiell als anwachsend einzuschätzen ist, dabei aber doch endlos dem Idealzustand eines Gedankengebäudes deduktiver Art zustreben muß. Dieser bewundernswerte Ehrgeiz läuft letztlich darauf hinaus, dem *a priori* als UNIVERSUM Bezeichneten eine bestimmte einheitliche, keineswegs unerforschbare, sondern im Gegenteil in gewissem Maße der Erkenntnis konforme Struktur zu unterstellen – was dazu führt, sich den ganzen Himmel als einen Ort vorzustellen, der auf einer Kugel aus blankem Stahl abgebildet ist.

Allein schon der Name UNIVERSUM erheischt die Vorstellung einer Gesamtheit der wahrgenommenen oder wahrnehmbaren Dinge einer Einheit, einer in all ihren Punkten gleichförmigen Dauer; und er evoziert fast zwangsweise Probleme von Ursprung, finaler Erhaltung und Zielbestimmung.

Zwischen diesem UNIVERSUM und seiner Vorstellung durch ein WISSEN hat man eine, zumindest virtuelle, *Ähnlichkeits*beziehung hergestellt.

So bieten sich der schöne Anblick und die edle Hoffnung dar, die nun heute durch das Auftreten der »neuen Fakten«, durch ihre Zunahme und Verschiedenartigkeit wie durch ihre Häufigkeit und Unvorhersehbarkeit zum Untergang verurteilt zu sein scheinen.

Kaum daß man den elektrischen Strom hatte, deckten die damit unternommenen Experimente eine Menge von Phänomenen auf, von denen man bis dahin nicht die geringste Vorstellung hatte haben können.

Das Zeitalter der NEUEN FAKTEN *beginnt.*

Sie häufen sich mit zunehmender Geschwindigkeit, daß man an die Peripetie der Handlung in Abenteuerromanen denken muß. Die Naturwissenschaft entwickelt sich durch Zufälle; und der ganze Prozeß der Natur ist mehr als nur einmal wiederaufzunehmen.

Man sieht, wie die Elektrizität sich überall durchsetzt, die Chemie durchdringt, in der Optik von Nutzen ist, sich im Vakuum ausbreitet und zugleich alle traditionellen Begriffe von Raum, Bewegung, Materie, Licht zu Fall bringt. Der Bereich der Physik erweitert sich erstaunlich: Polarisation, Spektralanalyse – und was alles sonst noch? Das 19. Jahrhundert endet mit der Entdeckung der Röntgenstrahlen und der ersten Veröffentlichung von Pierre und Marie Curie über eine neue radioaktive Substanz in der Pechblende ...

Ich sehe davon ab, alle Neuheiten aufzuzählen, die seitdem aufgetaucht sind, all die unerwarteten Errungenschaften, die neben der Physik und in immer größerer Nähe zu ihr die Chemie, Astronomie und Biologie gemacht haben. Diese ungeheure Bereicherung ist zweifellos dem Umstand zu verdanken, daß fast jede dieser durch sie entdeckten Neuheiten ihr im gleichen Zuge neben neuen Problemen auch neue Handlungsmittel liefert, die von der Praxis sogleich übernommen werden: die Anwendungen vervielfachen sich in der industriellen Atmosphäre der Epoche, jede Auswertung einer neuen Entdeckung läßt das Arsenal des Wissenschaftlers an immer mächtigeren und durchdringenden Waffen anwachsen.

Diese Waffen aus Metall oder Glas, diese Beobachtungen und Experimente, selbst wenn sie mit den perfektesten materiellen Mitteln durchgeführt werden, reichen aber nicht aus, die Eroberung der Phänomene abzusichern; man muß sie letztlich auf ihren signifikantesten, verwertbarsten und fruchtbarsten Ausdruck zurückführen. Allein das Instrument der Mathematik gestattet es, die Beziehungen der *wirklichen Akte* – die in der Welt der Körper die durchgeführten Messungen und Berechnungen darstellen – in *intellektuelle Akte* von absoluter Allgemeinheit zu übertragen.

Im Verlauf des 17. und 18. Jahrhunderts hat das mathematische Können außergewöhnliche Entwicklungen erfahren. Die Analysis wurde geboren. Da sich *das Zeitalter der neuen Fakten* nun auch für den Geist der Geometrie öffnet, steht der Entfaltung der kreativen Einbildungskraft, die bisher nur eine bescheidene Rolle gespielt hatte, nichts mehr im Wege. Gewiß hatte es den Begründern der Algebra und der Infinitesimalrechnung nicht an Tiefe und Scharfsinn gefehlt; es war jedoch ihren Nachfolgern vorbehalten, abstrakte Erfindung, Kühnheit und die Allgemeingültigkeit der Konzeptionen über jede mögliche Voraussicht voranzubringen. Ohne von den ungeheuren Fortschritten zu sprechen, die sich in den bereits dargestellten Gleisen entwickelten, wurde eine umfassende Symbolisierung entworfen, die für die physikalische Forschung fast unverzichtbar geworden ist; auf der anderen Seite kam es im Gegensatz dazu und trotzdem in einer engen und notwendigen Beziehung mit den durch die Neuheit der Probleme ausgelösten Neuerungen zu einer Rückbesinnung der Mathematik auf ihre Grundlagen und ersten Prinzipien, zu einer geradezu exzessiven Untersuchung über den Wert von Definitionen, über die Aufzählung und die Unabhängigkeit von Axiomen und Postulaten, zu einer vertieften Analyse der Begriffe von Operation und Ordnung, und das Ergebnis von all dem lief auf den Entwurf eines formalen Mechanismus hinaus, der für die Erforschung der wachsenden Komplexität der neuen »Realität« sich als unverzichtbar erwies.

Aber diese vermehrt nun ihrerseits die Fallstricke. Man könnte fast sagen, daß – kaum hat die Theorie die Entdeckung vom Vortage in den Rahmen ihrer Konzepte und Formen einzubringen begonnen – irgend jemand Boshaftes sofort eine völlig neue Offenbarung hervorbrechen läßt, die der gerade umgestellten Verstehensapparatur entgegenwirkt und sie veralten läßt. Jeder Fortschritt der Erfahrung entwertet eine gerade begründete Konstruktion des Geistes, und so geschieht es, daß etwas, was die Erkenntnis der faktischen Sachverhalte schlagartig bereichert, die organisierte Erkenntnis nicht weniger schlagartig zerstört. Es gibt wohl kaum etwas Sinnfälligeres, was diesen seltsamen Widerstreit zwischen Beobachtung und Denken besser verdeutlichen könnte, als die Geschichte all dieser »Erhaltungssätze«, die eben nicht erhalten geblieben sind. Wie seit Descartes zu verfolgen ist, fällt zunächst die Bewegungsgröße, weichen dann die lebenden Kräfte der Energie, bevor letztere wiederum der Wirkung zum Opfer fällt. Selbst die Masse ist von ihrer Unbeständigkeit überzeugt worden.

In der Biologie hat das Prinzip der Evolution bereits seine grundlegende Autorität eingebüßt.

Falls ich meinen Gedanken bis zum äußersten Punkt fortführte, so würde ich schreiben, daß alles darauf hinausläuft, alle Formeln dieser schönen Amplitude für einfache Mittel von wirklicher Nützlichkeit zu halten, die jedoch von prekärer Strenge sind und nur einen vorläufigen Wert beanspruchen können. Ich würde zum Beispiel dazu neigen, in der Idee der Evolution einfach nur eine Aussage zu sehen, die wohl verführerisch und fruchtbar für den Geist ist, mir jedoch nur diesen und seine Neigung zu Kontinuität genauer zu repräsentieren scheint, als die Natur dazu imstande wäre.

Aber das ist nicht alles. Die Logik selbst läßt sich mit dem Unvorhersehbaren ein. Eine neue Subtilität durchdringt und kompliziert sie. Der Gebrauch algebraischer Bezeichnungsweisen verführt sie und macht es ihr möglich, die Analyse der »Relationen« in Angriff zu nehmen. Im übrigen verpflichten die Schwierigkeiten und Überraschungen, die in physikalischen Fragestellungen vermehrt auftreten, den Geist dahingehend, sich zunehmend weniger um die Kohärenz und Strenge seiner Ausdrucks- und Berechnungsmittel zu sorgen. Man spürt fraglos, daß das Ziel nicht mehr so sehr im Konstruieren, sondern im Erobern liegt. Sehr unterschiedliche Denkweisen finden in Konkurrenz zu einander Verwendung, genauso wie einzelne Hilfsmittel, die jedes für sich dem augenblicklichen Erfordernis angepaßt sind, und es besteht kein Grund, zwischen ihnen zu vermitteln. Die Einführung der Wahrscheinlichkeitsrechnung verändert notwendigerweise die alte Physiognomie der Naturgesetze; man kann über die Weise, gewisse Pluralitäten zu zählen, durchaus diskutieren und verschiedener Ansicht sein, und die Einführung der »Quanten« oder kleinster Energiemengen überantwortet den ganzen Zahlen eine Rolle von höchster Wichtigkeit in einem Kosmos, der bis dahin das Reich des Kontinuums war. Gerade hatte man dieses wundervolle wirbellose Wesen der Relativität höchst geschmeidig und allgemein gemacht, als das »Quantum« hinzutrat, um ihren Zauber zu brechen. Trotzdem haben beide überlebt, helfen sich gegenseitig, gehen eine Ehe ein, und so stellt dieses Monster durchaus nicht eines der weniger seltsamen Schauspiele des Pandämoniums des modernen wissenschaftlichen Denkens dar, ohne das es nicht mehr auskommen kann.

Von den Schwierigkeiten und Überraschungen, über die ich gerade sprach, gehen die allergrößten und allerneuesten auf die eigentliche Natur der wirklich allerneuesten Fakten zurück. Es sind Fakten, die nicht in die Reichweite unserer Sinne fallen: wir stellen darüber Vermutungen aufgrund anderer Fakten an, die sinnlicher Natur sind und die die spontanen oder aus den Tiefen der Kleinheit provozierten Störungen so gut wie möglich in Phänomene unserer Wahrnehmungsebene übersetzen. Wir kennen dieses absolut Unzugängliche nur über *Relais*. Ich sage mit Bedacht *absolut*, denn die Einbildungskraft selbst fühlt sich von diesem Bereich abgewiesen, in dem der Begriff der Form keinen Sinn macht, in dem die Kategorien des Vernunfturteils nicht mehr greifen und von dem wir nur in der Sprache der Gegenstände und Akte sprechen. Von *Elektronen* zu sprechen bedeutet doch eigentlich, von einer Menge von Apparaten und Operationen zu sprechen, die uns bestimmte Spuren sehen lassen, deren nicht wahrnehmbaren Zeichner man sich als einen gewöhnlichen bewegten Körper vorstellt. Nun kann es aber passieren, daß bestimmte andere Manifestationen dieses vorgeblichen Körpers nicht mit der Vorstellung in Einklang zu bringen sind, die wir von Körpern und ihren Bewegungen haben. Ebenso wenn wir in der Biologie das Innerste der Zellen studieren wollen, müssen wir neben dem Relais des *Mikroskops* auch dasjenige verwenden, das in Reagenzien oder Färbemitteln besteht, mit der Wirkung, das, was wir lebend sehen wollen, abzutöten und im übrigen das Forschungsobjekt mit dem für seine Beobachtung notwendigen chemischen Mittel zu verbinden.

Diese Erkenntnis mit Hilfe von Relais läßt an das denken, was sich bei der Entstehung von Träumen abspielt: Das im Schlafzustand befindliche Gehirn des Menschen transformiert eine beliebige lokale Erregung und setzt das zusammen, was als eine Ursache und eine Entwicklung, die beide das initiale unzugängliche Faktum zugleich anzeigen und verbergen, für diese isolierte Schlafstörung dienen kann ...

Zusammenfassend müssen wir feststellen, daß aufgrund der zunehmend mächtigeren und subtileren Mittel das Unvorhergesehene als ein Wesensteil der stehenden Einrichtung Wissenschaft zu betrachten ist: So ist durchaus zu vermuten, daß die Anzahl der auf uns zukommenden »neuen Fakten« allein von diesen Mitteln abhängt, was auf die Behauptung hinausläuft, daß Realität (im Sinne der Naturwissenschaft) eine Art »Funktion der Zeit« ist, deren Variation erstaunlich ist, wenn man etwa die Welt des Modells 1700 mit dem von 1800 und dieses mit dem heutigen vergleicht ...

Was man als »Wissenschaft« im Hinblick auf den explikativen oder demonstrativen Diskurs bezeichnet, ist also der Bedingung ständiger Anpassung unterworfen, und dies mit einem um so stärkeren Gefühl der inneren Unruhe, je energischer man die Einheit des Wissens und die der Natur retten will. Die Begründung der allgemeinen Relativitätstheorie und der Wellenmechanik haben erhebliche und bewundernswürdige Anstrengungen des Geistes erfordert. Dabei ist zu vermerken – und das ist schwerwiegend für die Zukunft der Naturwissenschaft –, daß derart tiefe und komplexe Beweisführungen zu ihrem Verständnis und zu ihrer geistigen Verarbeitung eine Arbeit fast von ebensolcher Größenordnung verlangen, wie sie ihre Schöpfer leisten mußten, während sie sich auf der anderen Seite bereits wieder den Folgewirkungen der nächsten Entdeckung ausgesetzt sehen. Die Probleme werden zunehmend schwieriger, müssen aber schnell gelöst werden, damit das theoretische und vereinheitlichende Wissen sich mit dem Ganzen der Faktenfülle, die von den instrumentellen Möglichkeiten abhängt, im Gleichgewicht hält.

All dies führt zu einer schicksalhaften und beachtlichen »Umwertung der Werte«.

Zuallererst wird dadurch unsere Vorstellung der sinnlich wahrnehmbaren Welt grundlegend verändert. Sie schien ein Schachtelgefüge von Größenordnungen abzudecken, die Körper waren aus kleineren Körpern gemacht; die geometrische und mechanische Ähnlichkeit setzte sich von Stufe zu Stufe fort. Statistik bezog sich auf abzählbare Objekte, deren räumliche Lage und Bewegungen man sich vorstellen konnte. All dies scheint sich zu verflüchtigen, und die für Imagination und Verstehen notwendige Ähnlichkeit dessen, was sich unserer direkten Wahrnehmung entzieht, geht verloren: die Ähnlichkeit gibt ihren Geist im Kern des Atoms auf. Hier ist nämlich alles neu: diskutierbare Wahrscheinlichkeiten ersetzen die gut isolierten Fakten, die Identität selbst (kein Gedanke ohne sie) muß verworfen werden ... Derart verändert sich alles radikal bis in unterste Tiefen, und das Schachtelgefüge von Ordnungen der Kleinheit wird zu einer Schachtelung von Welten, die immer weniger mit der unsrigen vergleichbar sind.

Mit einem Wort, hinter den Mitteln der Erforschung bleiben unsere Mittel des Verstehens weit zurück.

Das führt dazu, daß der ganze verbale, theoretische, explikative Anteil unseres Wissens dem Wesen nach provisorisch wird. Ein unvorhergesehenes Experiment, eine noch feinere Messung lassen eine Konstante zu einer Variablen werden, einen einfachen Körper zu einer Verbindung von Isotopen, eine Kraft zur Eigenschaft eines Raumes.

Von daher entsteht also eine Art Abwertung der spekulativen wissenschaftlichen Erkenntnis, die an die Grenzen der menschlichen Verstandeskräfte gestoßen zu sein scheint. Die Theorien folgen aufeinander, lösen sich auf, gleichen sich mehr und mehr den Instrumenten oder Maschinen an, deren Lebensdauer sich im Bedarf des Augenblicks oder gewissermaßen in einer Mode oder Beliebtheit erschöpft; damit verändert sich aber auch unmerklich der Begriff von *Wissenschaft*. Gerade diese Veränderung wollte ich in diesem Zusammenhang spürbar machen.

Was ist also heute unter *Wissenschaft* zu verstehen? Dieses Wort wird notwendigerweise mit der Vorstellung von einem gewissen *Kredit* verbunden. Alle von mir genannten Schwankungen, also die Unvorhersehbarkeit neuer Fakten, die Verschiedenartigkeit und sogar Gegensätzlichkeit der Denkmethoden erschüttern das auf einer einzigen Ordnung beruhende Gedankengebäude, das man sich schmeicheln konnte errichtet zu haben. Die Gesamtheit der Phänomene scheint sich dagegen zu wehren, im Universum zusammengedrängt erfaßt zu werden.

Gegenüber dieser Abnahme an Kredit, der mit der ursprünglichen und prachtvollen Konzeption verbunden war, stellen wir ein Anwachsen unseres Handlungsvermögens fest. Das wissenschaftliche Wissen setzt sich zusammen gewissermaßen aus einem *Papiergeld-Wert*, der gefährdet ist, und einem GOLD*wert*, dem echten, wachsenden, unvergänglichen Wert, den die ihn hervorbringende geistige Anstrengung nicht mehr verringern kann.

Die Wissenschaft reduziert sich somit (falls das überhaupt eine Reduktion ist) auf Diskurse, die ihrerseits bestimmte *Handlungen* vorschreiben, deren Ergebnisse sie mit absoluter Sicherheit vorhersagen. So ist jeder normale Mensch in der Lage, vermittels der entsprechenden Instruktionen und des notwendigen Materials diese Handlungen durchzuführen.

Ein Rezept etwa für das Lösen eines Problems, ein Rezept zum Präparieren einer bestimmten Karbonverbindung; ein Rezept, um zur genauen Stunde den Ablauf einer Himmelserscheinung zu verfolgen; ein anderes, um für eine Stunde jede Empfindsamkeit zu unterdrücken ...

Einmal dies alles erworben, gilt es für immer; und wie auch immer die geltende technische Sprache, die gerade modische Theorie sein mögen, dieser Wert hat Bestand und wächst. Rezeptwert, GOLDwert, es gibt Wissenschaft nur im Handeln. *Sie ist die Menge der Rezepte, die immer glücken*: MACHST DU DIES, SO FOLGT JENES.

Der Rest jedoch, dieser vergängliche Rest bleibt in bestimmten Augen das, was es an Wertvollstem in der Forschung, an Höchstem gibt, um die Leidenschaft des Geistes zu erregen. Wenn die Wissenschaft in Handlungsformeln ihre Vollendung findet und finden muß, *so ist die Schöpfung der Wissenschaft ein Werk der Kunst*. Wenn ihr Erkenntniswert und ihr Erkenntniswille in einem auf Leistung bezogenen Wert und in einem Willen zur Macht ihr Ziel finden und auf einen operationellen, unpersönlichen, unfehlbaren und somit fast unmenschlichen Leitfaden hinauslaufen, so steht dem all das gegenüber, was es an Illusion, maßlosem Ehrgeiz, Vertrauen auf die Erweiterung der Intelligenz bedarf, um Forschung hervorzubringen, samt der sie begleitenden Unsicherheit, dem Hervorbringen von Hypothesen, der Schwierigkeit nachzuweisen, wovon man überzeugt ist – all dies, was für sich genommen so erregend ist. Wenn die Wissenschaft zu einer *Ökonomie des Denkens* strebt und streben muß, so gelangt sie erfolgreich nur dahin auf Kosten einer Ausschweifung des Geistes; und wenn die ungeheure Menge und Verschiedenartigkeit von »neuen Fakten« die Absicht zunichte macht, der physischen Natur einen einzigartigen Tempel zu errichten, der auf klaren und einfachen Gesetzen errichtet ist, wie man ihn sich erträumte, so bedrängen den Wissenschaftler tagtäglich die Unruhe und die mit diesen Herausforderungen verbundenen Überraschungen und bewahren die Wissenschaft davor, sich in eine immer größer werdende Menge von Detailtechniken aufzulösen.

Zu Beginn dieser kleinen Abhandlung sagte ich, daß das wichtigste historische Faktum – sofern man Wichtigkeit so wie ich definiert – (zwischen 1789 und 1815) die Erfindung der Batterie gewesen ist. Aber vielleicht war dieses Faktum nur der allererste Anfang von einem anderen, möglicherweise wichtigsten, das sich je ereignete: nämlich die Eroberung der gesamten Lebenswelt durch die Macht der Wissenschaft, das Eindringen des effektiven Wissens, das die Umwelt des Menschen und ihn selbst zu verändern beginnt in noch völlig unbekanntem Maße, mit unbekannten Risiken, Hoffnungen, Perspektiven. Nie zuvor hat ein Despot sich so zwingend den Individuen aufgedrängt bis in das Innerste ihrer Lebensfunktionen wie die Wissenschaft, die sich in alles einmischt, die uns zunehmend der Strenge der Metrik und den Fatalitäten der Statistik unterwirft, die auf unsere Sinne Handlungskräfte von ungeheurer Gewalt einwirken läßt und darauf abzielt, unsere Sprache durch die ihrige zu ersetzen, das heißt unser Denken mit objektiv definierten Begriffen zu durchdringen. Es ist ein leichtes, gewichtige Voraussagen dieser Art zu entwickeln. Sie lassen sich mit wenigen Worten zusammenfassen: *es gibt nur eine Wissenschaft von Handlungen* (was ich gerade zu zeigen versuchte); diese Wissenschaft, die ein wachsendes Handlungsvermögen darstellt, erlegt unserem Leben eine Abweichung von seinen anfänglichen Existenz- und Erhaltungsbedingungen auf. Aber wird das Leben diese »Gleichgewichtsverlagerung« aushalten?

Das Leben wird damit eigentlich zum Gegenstand eines Experiments, dessen Spieleinsatz unbestimmt ist und dessen Ziel in jedem einzelnen Augenblick nur das Leben selbst ist. Unsere seltsame Species bewegt sich in der Ungewißheit zwischen dem, was sie ist, was sie zu sein glaubt und was sie werden kann, und alle drei sind ihm ungenaue Vorstellungen, die ihm gleichermaßen durch die Gegensätzlichkeiten seines Schicksals auferlegt sind. Man könnte sagen, daß der Mensch immerzu auf der Suche nach seiner Bestimmung ist. Letztendlich hat er in der positiven Wissenschaft einen Weg gefunden, der ihn ohne Umkehr und ohne Abweichung von dem entfernt, was er zu sein glaubte, und der ihn zu einem unbekannten Ziel führt; der Mensch ist ein Abenteuer …

GESICHTSPUNKTE

Weisheit besteht darin, im Bedarfsfall einmal den Geist, das andere Mal den Instinkt zu gebrauchen. Sie ist also mit Sensibilität verbunden, einer gewissen Art von Sensibilität, die das Gleichgewicht dieser beiden Kräfte erfaßt und vorausberechnet, denn es bringt Gefahr, nur einer der beiden ausschließlich nachzugeben oder Widerstand zu leisten.

Indem sie glücklichen Gebrauch macht von dem geistigen Gut, das ihr die Kultur bietet, rüstet die Intelligenz den Geist aus, so wie ein über ein Gebiet gespanntes oder befestigtes Netz von Fäden oder Schienen dieses ausrüstet[1], ohne die zufällige Bodenbeschaffenheiten allzusehr zu beachten, und dadurch seinen Reichtum vervielfacht.

Immer wenn wir »intelligenter« geworden waren, fanden wir alles bis dahin Gedachte augenblicklich unzureichend, schwach, naiv oder auch absurd. Daraus kann man folgern, daß die für das Leben strikt unverzichtbaren und für diese Obliegenheit befriedigenden Gedanken die einzigen sind, die durch keinerlei Anwachsen unserer Kenntnisse schwach, naiv oder absurd gemacht werden können, und daß es somit wichtig wäre, diese von den übrigen zu trennen, sie als evident heraus- und zusammenzustellen – was zweifellos auf die wahre Philosophie hinauslaufen würde.[2]

Für unscharfe Geister gibt es kein unlösbares Problem; ihre Probleme sind aber auch unscharf: somit trifft sich das gut.

Ein »zivilisierter« Mensch ist ein System von Ideen, Bedürfnissen, Zwängen und *parasitärem* Handlungsvermögen, was alles in seinen natürlichen Schaltplan der Relationsorgane[3] eingebaut und entwickelt worden ist, und zwar auf Kosten der primären Instinkte und bisweilen auch von Kraft und nützlicher Sensibilität. So bilden sich in ihm unbegründete Erfordernisse, willkürliche Notwendigkeiten, die ihrerseits nun einen eigenen Rang inmitten der organischen Erfordernisse einnehmen und bisweilen dann den ersteren entgegenstehen, unabweislich gebieterisch werden, aufgepfropft auf die Lebensmaschine erscheinen, deren Funktionieren sie komplizieren und aus dem Rhythmus bringen. Unser Lebenssystem wird also gewaltsam von den Auswirkungen und Produkten des eigenen Geistes ergriffen: Wir werden geradezu zur Beute dessen, was wir sukzessiv angehäuft, erworben oder gelernt haben.

An dieser Stelle treten nun besondere Probleme auf.

So fiel es mir seinerzeit ein, auf meine Weise das, was man »Leben« nennt, zu definieren. Ich sagte: *Leben ist die Erhaltung des Möglichen.* Eine recht formelhafte Wendung. Um meinen Gedanken nachzuvollziehen, genügt es, sich die Entwicklung eines Lebewesens vorzustellen, von seinem Wachstum bis zum Verfall, und dabei zu beobachten, daß dieser Organismus in jedem einzelnen Augenblick an dem Hervorbringen des folgenden Augenblicks arbeitet: er produziert immer zugleich etwas vom *Nächst-Zukünftigen*, was soviel heißt, daß er etwas *vom Entstehenden* bewahrt.

Aber das Auftreten des Geistes, sein umfassender Zugriff auf alle Lebensbedingungen, sein Machtmißbrauch (durch den Besitz von immer wirksameren Mitteln herausgefordert) führen uns dahin, diese Definition abzuändern. Aber darin liegt auch schon eine weitere Abweichung vom natürlichen Weg, und so kann man sich fragen, ob die begrenzten Möglichkeiten, die für die Tiere zur Sicherung ihres Lebens im Austausch gegen die Aufrechterhaltung der genannten Möglichkeiten durch eben dieses Leben notwendig und hinreichend sind, überhaupt ein Anwachsen von Erregungen und verschiedenartigsten Versuchen, die als maßlos bezeichnet werden können, zulassen.

Ausgerüstet mit den Kräften der Natur, die wir gegen sie gewendet haben, entsteht jene paradoxe Folgeerscheinung, daß wir, je mächtiger wir werden, anscheinend immer weniger darauf hoffen können, diese – und folglich unsere – Natur zu »verstehen«.

Somit scheint die Wissenschaft bei ihrem letzten Stand die Hoffnung aufzugeben, von ihrem gesamten Wissen ein einziges Bild zusammenstellen zu können. Völlig neue Sachverhalte, deren Entdeckungen sich überstürzen und die offenbar nur noch von den bei der Erforschung auf sie angewandten Energien abhängen, folgen derart aufeinander, daß sie jedes Mal gleich das ganze organisierte und geordnete Wissensgebäude ins Wanken bringen. Theorien sind zu rein pragmatischen Vermittlungsinstrumenten geworden, die man wie auf einem Arbeitstisch zur Hand nimmt oder liegen läßt, die ebenso schnell aufgestellt werden wie außer Mode kommen können. So geraten auch die mehr oder weniger philosophischen Ansätze, die sich auf die Ergebnisse der Naturwissenschaften gründeten, in immer größere Verstörung. Die Vorstellungskraft kann den Phänomenen nicht mehr voraneilen, sie nicht mehr durchdringen, kann nicht mehr das *glauben, sehen,* was sich im Innersten der Körper abspielt, denn »sehen« macht keinen Sinn mehr bei einer Größenordnung, wo von Licht keine Rede mehr sein und auch das Wort »Phänomen« keine Verwendung mehr finden kann: »Was sich abspielt« in dieser allergrößten Winzigkeit wird uns allenfalls durch Wirkungen, die keinerlei Ähnlichkeit mit ihren Ursachen besitzen, angezeigt, durch Vermittlung von Relais und kunstvolle Anlagen, die uns zweifellos etwas mitteilen, jedoch absolut nichts, was wir aus dieser Übersetzung direkt in der Sprache unserer Sinneswahrnehmung und unserer Bewußtseinsstufe einlösen könnten, um es für sich allein zu betrachten.

Davon wird auch unsere Logik auf seltsame Weise berührt, denn die Funktionsweise unserer Urteilskraft beruht auf *Definitionen,* die in letzter Instanz die Intervention der Umgangssprache erfordern, ihrer Grundterme, ihrer *instrumentalen Wörter* (wie Präpositionen und Konjunktionen), ihrer Formen aus unvordenklichen Zeiten – und all dies war das Werk einer primitiven Menschheit, die einzig und allein praktische Bedürfnisse von Austausch und Erklärung dabei verfolgt hatte.

Mithin scheint es heute so zu sein, daß die Wissenschaft, deren verifizierte Prognosen die Garantie dafür sind, durch ihre vervielfachten Anwendungen die *Unvorhersehbarkeit* in die Zukunft, sogar in die allernächste Zukunft des menschlichen Lebens eingeführt hat. Vor hundert Jahren sah man schon manche Erfindung voraus, von denen das meiste verwirklicht worden ist (Luftfahrt, Unterwasserfahrt usw.). Eine Menge anderer wiederum, an die man vor fünfzig Jahren nicht im Traum hat denken können, finden sich heute im Gebrauch der Allgemeinheit. Man sollte sich also ab sofort daran gewöhnen, das *Unvorhergesehene* nicht mehr als das Auftreten eines Faktums zu sehen, das man hätte vorhersehen können und das nur begrenzte Folgen für die zentralen Lebensbelange hätte, sondern als eine beispiellose, annähernd regelhafte Produktion von völlig neuen Fakten, so wie sie aus der Ausbeutung der Welt durch intensive und gut ausgerüstete wissenschaftliche Forschung und durch die nicht weniger intensive Aktivität industrieller Kräfte hervorgehen...

Man sieht also, wie dies alles den Menschen dazu zwingen muß, seine bisherigen Vorstellungen von Mensch und Natur zu ändern. Beim gegenwärtigen Stand der Dinge würde ich sagen, daß der Mensch – indem er sich immer weiter von den ursprünglichen Bedingungen seiner Existenz entfernt – dasjenige Lebewesen ist, das erkennen muß: das Wesen seiner Gattung liegt im ... *Abenteuer*.[4]

ANHANG

EDITORISCHE NACHBEMERKUNG

Die in Band 4 der *Frankfurter Ausgabe* versammelten Beiträge umfassen Essays, Reden, Vorworte und Briefe, die in der zweiten Hälfte des Lebens von Paul Valéry entstanden. Der größte Teil der philosophischen Schriften liegt unter der Überschrift »Études philosophiques« in den *Œuvres* der Pléiade-Ausgabe vor, weitere Texte wie »Wissenschaftler und Wissenschaft« in dem von F. Lefèvre herausgegebenen Band *Entretiens avec Paul Valéry* (1926), die »Briefe über Nietzsche« als Einzelausgabe (1927) und kleinere Aufsätze in *Vues* (1948).

Die »Philosophischen Studien« erschienen zu Lebzeiten Valérys verstreut in den Sammlungen *Variété*: In *Variété* I (1926): »Zu ›Heureka‹, »Variation über einen Gedanken Pascals«, »Studien und Fragmente über den Traum«; in *Variété* II (1929): »Fragment eines Descartes«, »Die Rückkehr aus Holland«, »Kleiner Brief über die Mythen«; in *Variété* III (1936): »Die ›Furcht vor den Toten‹«; in *Variété* IV (1938): »Bericht über die Tugend-Preise«, »Descartes« und in *Variété* V (1944): »Der Mensch und die Muschel«, »Rede an die Chirurgen« sowie »Einfache Überlegungen zum Körper«.

Ist die Thematik des Bandes 4 zum einen durch die Beiträge der »Philosophischen Studien« gegeben, so wird mit den Texten zu Pascal – »Variation über einen Gedanken Pascals« und »Marginalien« – und mit der Studie über Edgar Allan Poe »Zu ›Heureka‹« die Brücke zu Valérys wissenschaftsphilosophischen Überlegungen geschlagen. Und so war es sinnvoll, auch die in den *Vues* erschienenen Beiträge aufzunehmen.

Die (natur)wissenschaftliche Ausrichtung der Essays spiegelt sich ebenfalls in den *Cahiers/Heften* wider; der Leser ist dort vor die verschiedensten Wissenschaften und ihre gegenseitige Verflechtung gestellt: Philosophie, Psychologie, Soma, Mathematik, Physik und Bios wie allgemein (Natur)Wissenschaft bilden in ihnen thematisch geordnete Rubriken, neben Literatur, Poetik und Ästhetik.

Paul Valéry hat die Naturwissenschaft seiner Zeit mit faszinierter Anteilnahme verfolgt und höchste Intuition in seinen Essays und Gesprächen mit zeitgenössischen Naturwissenschaftlern unter Beweis gestellt: u.a. mit Jean Perrin, dessen Labor er häufig besuchte, Henri Poincaré, Maurice de Broglie, Louis de Broglie, der das Vorwort zu der 29bändigen Faksimile-Ausgabe der *Cahiers* des C.N.R.S. schrieb, und nicht zuletzt Albert Einstein. In diesem Sinne skizziert Valéry um 1932 in den *Cahiers* den Abriß einer Geschichte des Lichts, in der Descartes mit seinem Beitrag zur Optik und als Mitentdecker des Brechungsgesetzes an herausragender Stelle erscheint.

Wenn also im Band 4 der *Werke* fünf Arbeiten zu Descartes erscheinen – in Band 3 neun Arbeiten zu Stéphane Mallarmé –, so wird damit deutlich, was für einen Stellenwert Valéry dem naturwissenschaftlichen *und* dem ästhetisch-poetischen Denken als einem *unter erkenntnistheoretischem Blickwinkel einheitlichen Denken* beimißt.

Die deutschen Übersetzungen der in Band 4 versammelten philosophischen und wissenschaftlichen Studien gehen zu einem Teil auf bereits vorliegende Veröffentlichungen zurück, der größere Teil wurde für die *Frankfurter Ausgabe* neu übersetzt.

Die Übersetzungen wurden gegen die französischen Vorlagen durchgesehen, wenn nötig korrigiert oder vervollständigt und lexikalisch wie semantisch in Übereinstimmung gebracht. Die besondere Begrifflichkeit, wie sie aus den *Cahiers/Heften* bekannt ist und dort von Valéry entwickelt wird, war dabei zu berücksichtigen.

Die Anmerkungen und das Register sollen zeitgeschichtliche und literarische Hintergründe und Anspielungen aufzeigen.

Jürgen Schmidt-Radefeldt

VERZEICHNIS DER ABKÜRZUNGEN

Œuvres:	Paul Valéry, *Œuvres*. Édition établie et annotée par Jean Hytier (Bibliothèque de la Pléiade), Gallimard, Paris, 2 Bände (I u. II) 1957 und 1960, Neuaufl. 1980.
Vues:	Paul Valéry, *Vues*, La Table Ronde, Paris 1948.
C.:	Paul Valéry, *Cahiers*. Édition en facsimilé du C.N.R.S., Centre National de la Recherche scientifique, Paris; Préface de Louis de Broglie, 1957 bis 1961, 29 Bände.
C. Pl.:	Paul Valéry, *Cahiers*. Édition établie, présentée et annotée par Judith Robinson (Bibliothèque de la Pléiade), Gallimard, Paris, 2 Bände (I und II) 1973 und 1974.
C. Éd.int.:	Paul Valéry, *Cahiers 1894-1914*. Édition intégrale, établie, présentée et annotée sous la co-responsabilité de Nicole Celeyrette-Pietri et Judith Robinson-Valéry, Gallimard, Paris, 12 Bände, Bd. 1 (1987), Bd. 2 (1988) ff.
Briefe:	Paul Valéry, *Briefe*. Aus dem Französischen übersetzt, mit einem Nachwort und Anmerkungen von Wolfgang Amadeus Peters, Insel-Verlag, Wiesbaden 1954 (Titel der Originalausgabe: *Lettres à quelques-uns*, Paris 1952).
Briefwechsel:	André Gide – Paul Valéry, *Briefwechsel 1890-1942*, eingeleitet und kommentiert von Robert Mallet, mit einem Nachwort von Daniel Moutote. Aus dem Französischen von Hella und Paul Noack, S. Fischer Verlag, Frankfurt am Main 1987.
Cahiers/Hefte:	Paul Valéry, *Cahiers/Hefte*. Herausgegeben von Hartmut Köhler und Jürgen Schmidt-Radefeldt. 6 Bände. S. Fischer Verlag, Frankfurt am Main, Band 1, 1987, Band 2, 1988, Band 3, 1989 (Titel der Originalausgabe: *Cahiers*, Paris 1973 und 1974).
Werke:	Paul Valéry, *Werke. Frankfurter Ausgabe in 7 Bänden*. Herausgegeben von Jürgen Schmidt-Radefeldt. Band 3, *Zur Literatur*, 1989, Band 4, *Zur Philosophie und Wissenschaft*, 1989.

ANMERKUNGEN

FRAGMENT EINES DESCARTES

Übersetzung: Max Looser
Dieser Text erschien erstmals in: *Nouvelle Revue Française* 140 (1925), S. 834-840, und war als Vorwort zu einer Ausgabe des *Discours de la méthode* von René Descartes (1596-1650) konzipiert, wurde danach wieder abgedruckt.
In: *Œuvres* I, S. 787-792, »Fragment d'un Descartes«.

Die fünf Beiträge, in denen Valéry Descartes »fragmentarisch« zu fassen versucht, zeigen deutlich, daß die frühe Lektüre des *Discours de la méthode* (1637) für ihn von entscheidender Bedeutung wurde. In einem Brief vom 25. August 1894 an André Gide (*Briefwechsel*, S. 248f.) nennt er den *Discours* einen »modernen« Roman, weil er den autobiographischen Aspekt für das Wesentliche dieser Modernität erachtet. Valérys Suche nach einer Methode des richtigen Denkens ist ohne Descartes nicht denkbar.

1 Place Royale ist die ursprüngliche Bezeichnung des Place des Vosges.
2 Der Pater Marin Mersenne (1588-1648), Mathematiker und Musiktheoretiker, gehörte dem Orden der Minimen an, war Mitschüler Descartes' im Kolleg La Flèche gewesen; er führte eine internationale Korrespondenz mit vielen Wissenschaftlern und spielte in der ersten Hälfte des 17. Jahrhunderts eine wichtige Rolle im Kampf gegen die Deisten und Skeptiker. Man nannte ihn auch den »Residenten von Herrn Descartes in Paris«. In der Ausgabe R. Descartes, *Œuvres et lettres*. Textes présentés par André Bridoux (Bibliothèque de la Pléiade), Gallimard, Paris 1953, finden sich 42 Briefe an Mersenne.
3 Das Erstaunen Descartes' ist um so mehr begründet, als der Kardinal-Minister Giulio Mazarin(i) (1602-1661), der seit 1636 in den Diensten des französischen Königs stand, als geizig bekannt war. Möglicherweise hatte ihn der erfolgreiche Abschluß des Dreißigjährigen Krieges im Jahre 1648 zu der Großzügigkeit gegenüber Descartes bewogen. Vgl. auch den Brief Descartes' an

den Marquis of Newcastle (?) vom März oder April 1648 in: Descartes, a.a.O., S. 1298. (A. d. Ü.)

4 Zum Begriff der Leere (frz. *le vide*, lat. *vacuum*) vgl. Descartes, *Principia philosophiae*, 2. Teil, §§ 16f., in: Descartes, a.a.O., S. 620. *Die Prinzipien der Philosophie*. Übersetzt und erläutert von Artur Buchenau, F. Meiner, Hamburg 1955, S. 38f.

5 Vgl. Adrien Baillet, *La vie de Descartes* in 2 Bänden, Paris 1691 (Nachdruck: Genf 1970); gekürzte Ausgabe Paris 1692 (Neuaufl. Paris 1946). Über die Begegnung zwischen Pascal und Descartes, vgl.: *Album Pascal*. Iconographie réunie et commentée par Bernard Dorival, Gallimard, Paris 1978, S. 56; sowie die Abb. 24, S. 25; Albert Béguin, *Blaise Pascal*, Rowohlt, Reinbek b. Hamburg 1985 ([1]1959) (rowohlts monographien 26), S. 16, 157; Descartes, Brief an Mersenne vom 13. 12. 1647, in: Descartes, a.a.O., S. 1288-1290. (A.d.Ü.)

6 In der nach Descartes benannten Rue Descartes befindet sich ein Standbild Villons an der Stelle, wo vormals das 1304 gegründete Collège de Navarre stand (Schüler waren Bossuet, Henri IV und François Villon, der hier 1456 einbrach und die Kasse der theologischen Fakultät raubte), doch kein Denkmal des Philosophen René Descartes.
Paul Verlaine starb am 8. Januar 1896 in der Rue Descartes Nr. 39 an einer Lungenentzündung.
Valéry mokiert sich über den Kult mit den Gebeinen berühmter Männer. Die sterblichen Reste Descartes' wurden 16 Jahre nach seinem Tod in Stockholm (1650) nach Paris gebracht und zuerst in der Kirche Sainte-Geneviève-du-Mont, danach in der Kirche von Saint-Germain-des-Prés beigesetzt.

7 Dieses Unwohlsein gegenüber der Metaphysik und vor allem gegenüber einer Philosophie, die abstrakte Wortbegriffe isoliert betrachtet und darin »Tiefe« sieht, hat Valéry in seinen *Cahiers/Heften* immer wieder bekundet.

DESCARTES

Übersetzung: Màx Looser
Der Vortrag erschien erstmals unter dem Titel »Discours prononcé à la Sorbonne pour l'inauguration du 9e Congrès International de Philosophie le 31 juillet 1937«, in: *Revue de Métaphysique et de Morale*, Oktober 1937, S. 639-710.
In: *Œuvres* I, S. 792-810, »Descartes«.

Der Leser findet in dem Text »Descartes« zentrale Gedanken Valérys wieder: das Plädoyer für ein eigenes, persönliches Bild von Descartes; die Suche nach der Methode bei der Analyse des Denkens durch das Denken (»la pensée de la pensée«, ohne »la folie de la clarté« [*Œuvres* I, S. 797] dabei zu übersehen); die erforderliche Sprachkritik und Kritik der verwendeten Wörter und Begriffe, die das »Handwerkszeug« des Denkens erscheinen lassen; die Funktion des bewußten Bewußtseins und des Ich (*Je/Moi*), des Egotismus (Ego Cartesius); schließlich auch die Anerkennung der Genialität Pascals. Wie die beiden Essays über Pascal zeigen, greift Valéry *einen* Aspekt heraus, an dem er seine – zweifellos überzogene – Pascal-Kritik festmacht. In den *Cahiers* stellt er die beiden großen Denker einander gegenüber: »Descartes zielt auf die Macht – Pascal auf die Ohnmacht des Denkens.« (*C.* X, S. 350) In dem cartesianischen Anspruch, das Denken methodisch zu steigern, sah sich Valéry Descartes näher als Pascal.
Zu der Beziehung Valéry – Descartes sei einerseits auf Maurice Bémol (*Paul Valéry*, Clermond-Ferrand 1949, S. 103-112, und ders., *La méthode critique de Paul Valéry*, Clermond-Ferrand 1950, S. 47-53) verwiesen, der seine Studien ohne die Kenntnis der *Cahiers* schrieb; auf Karl Löwith (»Valérys Cartesianismus«, in: *Paul Valéry*, hg. von Jürgen Schmidt-Radefeldt. Darmstadt 1978, S. 107-117) und Nicole Celeyrette-Pietri (»Lecture de Descartes: La philosophie, œuvre d'art«, in: *Colloque Paul Valéry 1982*, University of Southampton, hg. von Walter Ince, Southampton University 1984, S. 70-98).
Valéry hatte ursprünglich die Absicht, einen Traktat über *Cartesius Redivivus* zu schreiben, 1986 sind dann die bislang unveröffentlichten Notizen zu diesem Traktat von Michel Jarrety (»Cartesius Redivivus«, *Cahiers Paul Valéry*, 4, Gallimard, Paris) umfassend vorgelegt worden. Vgl. dort auch weitere Literaturangaben.

1 Zwar hat sich im Deutschen seit der Übersetzung von Kuno Fischer der Titel *Abhandlung über die Methode des richtigen Vernunftgebrauchs* eingebürgert, aber wie Lüder Gäbe im Vorwort zu seiner Übersetzung des *Discours de la méthode* mit Recht betont, widerspricht dieser Titel »der ausdrücklichen Absicht Descartes'«: »Im März 1637 schreibt er [Descartes] an Mersenne: ›Ich habe nicht ganz verstehen können, was Sie gegen den Titel einwenden; denn ich sage nicht »Abhandlung von der Methode« (»Traité de la méthode«), sondern »Ausführun-

gen über die Methode« (»Discours de la méthode«), was soviel heißt wie »Vorbericht« (»Préface«) oder »Nachricht (»Avis«) von der Methode«, um darauf hinzuweisen, daß ich nicht die Absicht habe, sie zu lehren, sondern nur über sie reden will...‹« (René Descartes, *Discours de la méthode / Von der Methode des richtigen Vernunftgebrauchs und der wissenschaftlichen Forschung*. Französisch-deutsch. Übersetzt und herausgegeben von Lüder Gäbe, F. Meiner Verlag, Hamburg 1960, 2. Auflage 1969, S. VI. Der Brief von Descartes ist abgedruckt in: Descartes, *Œuvres et lettres*. Textes présentés par André Bridoux (Bibliothèque de la Pléiade), Gallimard, Paris 1953, S. 959-961, Zitat S. 958. Vgl. dazu jetzt Karlheinz Stierle, »Gespräch und Diskurs«, in: *Das Gespräch*, hg. von Karlheinz Stierle, Rainer Warning, München 1984 (Poetik und Hermeneutik, Bd. XI), S. 297-334, bes. S. 320-328: »Descartes' neuzeitliche Begründung des Diskurses«. In der Anm. auf S. 312 wird auf den oben erwähnten, philosophiegeschichtlich vernachlässigten Brief Descartes' und auf den Zusammenhang des Verfahrens von Descartes mit den *Essais* von Michel de Montaigne hingewiesen. – Die Verselbständigung des *Discours* hat freilich auch publikationstechnische Gründe: eine vollständige Ausgabe, d.h. einschließlich der wissenschaftlichen Traktate *Dioptrik, Über Meteore, Geometrie*, wurde erst 1986 im Rahmen des *Corpus des Œuvres de Philosophie en Langue Française* veröffentlicht (Roger-Pol Droit, »La Méthode Descartes«, in: *Le Monde* vom 30. Januar 1987). (A.d.Ü.)

2 Valéry war seit 1927 Mitglied der Académie française (vgl. seine »Rede zum Dank an die Académie française«, in: *Werke*, Bd. 3). Auf dem 9. Internationalen Kongreß für Philosophie verliest Valéry am 31. Juli 1937 die Grußbotschaft des erkrankten Henri Bergson.

3 Diese Holzschnitte sind abgedruckt in: Descartes, *Dioptrique*, Discours cinquième, in: Descartes, a.a.O., S. 206, 209, 211, 213, 223; ein Beispiel auch in: Rainer Specht, *René Descartes in Selbstzeugnissen und Bilddokumenten*, Rowohlt, Reinbek b. Hamburg 1966 (rowohlts monographien 117), S. 124. (A.d.Ü.)

4 In den *Cahiers/Heften* finden sich durchgehend Definitionsversuche dieser Begriffe; zu *Intuition* und *Inspiration* vgl. Jürgen Schmidt-Radefeldt, »Intuition et inspiration, analogie et métaphore«, in: *Poétique et Communication – Paul Valéry*. Actes du Colloque international de Kiel, hg. von Karl Alfred Blüher und Jürgen Schmidt-Radefeldt, Klinksieck, Paris 1979, S. 169-190.

5 Frz. *Espace courbe*: Valéry spielt hier auf die Widerlegung der

Newtonschen dynamischen Argumente für den absoluten Raum (vgl. die gekrümmte Oberfläche des Wassers im Eimer) durch Ernst Mach und die allgemeine Relativitätstheorie Einsteins an; nach Einstein könnte der Raum gekrümmt sein, wobei Masse die Raumkrümmung bewirkt. Der Gedanke geht auf die Verallgemeinerung des Gaußschen Krümmungsbegriffs auf n-dimensionale Räume bzw. Mannigfaltigkeiten und danach auf die vierdimensionalen indefiniten Riemannschen Räume mit pseudoeuklidischer Metrik zurück, insbesondere den Minkowski-Raum der speziellen Relativitätstheorie und die Riemannschen Räume der allgemeinen Relativitätstheorie mit von Null verschiedenem Krümmungstensor.

6 Der Schädel Descartes' in der Hand Valérys als ungenutzte Möglichkeit in der Vergangenheit ist eine Anspielung auf Yorricks Schädel (*Hamlet*).

7 In: Descartes, *Discours de la méthode / Von der Methode*, a. a. O. (1969), S. 35. (A. d. Ü.)

8 Zu einigen naturwissenschaftlichen Ausdrücken im vorhergehenden Text:
a. *Fernkraft* (Wirkung in die Ferne): vgl. Ernst Cassirer, *Das Erkenntnisproblem in der Philosophie und Wissenschaft der neueren Zeit*. Zweiter Band, Wiss. Buchgesellschaft, Darmstadt 1971 (Reprint der 3. Aufl. von 1921), S. 421 f., 507 ff.; Carl Friedrich von Weizsäcker, *Aufbau der Physik*, Hanser Verlag, München 1985, S. 232, 252, 267; Max Jammer, *Der Begriff der Masse in der Physik*, Wiss. Buchgesellschaft, Darmstadt 1964, S. 61-63.
b. Descartes' *Wirbeltheorie*, in: Descartes, *Die Prinzipien der Philosophie*, Dritter Teil, §§ 65 ff., vgl. Carl Friedrich von Weizsäcker, *Die Tragweite der Wissenschaft*. Erster Band, 7. Vorlesung: Descartes, Newton, Leibniz, Kant, S. Hierzel, Stuttgart 1964, S. 118-134, bes. S. 123, 131 f. sowie 205 f.; auch Rainer Specht, a. a. O., S. 109.
c. *Bewegungsgröße*: Ernst Cassirer, a. a. O., S. 164.
d. Maupertuis, »Prinzip der *kleinsten Kraftmenge*«, vgl. Karl Vorländer, *Philosophie der Neuzeit*, Rowohlt, Reinbek b. Hamburg 1967, S. 53, sowie Ernst Cassirer, a. a. O., S. 423 ff. (A. d. Ü.)

9 Nicolas Leonard Sadi Carnot (1796-1832) revolutionierte die Thermodynamik durch die Auffassung, daß Wärme aus der Bewegung der kleinsten Teilchen resultiert, und berechnete – lange vor J. R. Mayer – das mechanische Wärmeäquivalent. Der *Carnot-Prozeß* ist ein zwischen 2 Wärmebehältern unter-

schiedlicher Temperatur arbeitender reversibler Kreisprozeß mit dem höchstmöglichen thermischen Wirkungsgrad, wobei 4 Zustandsveränderungen oder Phasen durchlaufen werden müssen. Der *1. Hauptsatz* der phänomenologischen Gleichgewichts-Thermodynamik besagt, daß die Gesamtenergie eines abgeschlossenen Systems, d. h. die Summe aus mechanischer, elektrischer, chemischer und thermischer Energie, konstant bleibt (allgemeiner Energieerhaltungssatz). Durch den *2. Hauptsatz* wird der Richtungscharakter aller Wärmevorgänge ausgedrückt: Die Entropie eines abgeschlossenen thermodynamischen Systems kann sich nur durch Austausch mit der Umgebung ändern oder sich von selbst vermehren (*Entropie-Erhaltenssatz*). Das nach Rudolf Clausius (1822-1888) benannte Prinzip (die *Clausiussche Ungleichung*) besagt: Wärme kann nicht ohne äußeren Arbeitsaufwand aus einem Körper niedrigerer in einen solchen höherer Temperatur übergehen, bzw. in einem System kann die Entropie nur dann abnehmen, wenn in einem anderen System die Entropie um mindestens den gleichen Betrag zunimmt. Das *Clausiussche Entropie-Prinzip* besagt also, daß in einem abgeschlossenen System die Entropie bei irreversiblen Prozessen stets zunimmt. In reversiblen Prozessen ändert sich die Entropie nicht. Entropie ist bekanntlich eine Zustands-, keine Erhaltensgröße. Entropie kann in einem abgeschlossenen System erzeugt, aber nicht vernichtet werden.
Die allgemeine Thermodynamik vermag nur die Lage von Gleichgewichten und ihre Verschiebung bei Änderung der Zustandsgrößen anzugeben. Erst durch die Formulierung der Thermodynamik *irreversibler* Prozesse ist es möglich geworden, auch Systeme, die sich nicht im thermischen Gleichgewicht befinden, phänomenologisch zu behandeln. Vgl. H. D. Baehr, *Thermodynamik*, Berlin ²1966; Ernst Schmidt, *Einführung in die technische Thermodynamik*, Berlin ¹⁰1963; Ilya Prigogine, *Introduction to Thermodynamics of irreversible Processes*, New York ²1961; Max Planck, *Vorlesungen über Thermodynamik*, Berlin 1967.

10 Zur Herkunft des Wortes *Egotismus* und zu seinem Gebrauch bei Stendhal siehe die Einleitung des Herausgebers Vittorio del Litto in: Stendhal, *Œuvres intimes*, Band I (Bibliothèque de la Pléiade), Gallimard, Paris 1981, S. XIXf. Zum Gebrauch und zur Bedeutung von *Je/Moi* im *Discours* von Descartes, vgl. Valérys Essay »Stendhal«, *Werke*, Bd. 3, S. 161-194, und Harald Weinrich, »Erzählte Philosophie oder Geschichte des Geistes«, in: *Geschichte – Ereignis und Erzählung*, hg. von Reinhart

Koselleck und Wolf-Dieter Stempel, München 1973 (Poetik und Hermeneutik V), S. 411-426, bes. 414ff. (A.d.Ü.)
Wie sehr sich Valéry durch diese ICH-Problematik in Descartes hineinprojiziert, wird anhand der Rubrik EGO (in: *Cahiers/Hefte*, Bd.1, S. 47ff.) deutlich.

11 Vgl. zu dieser Devise *Cahiers/Hefte*, Bd. 1, S. 239 und S. 607, Anm. 152.

12 Der frz. Jesuit und Kanzelredner Louis Bourdaloue (1632-1704) war ein meisterhafter Prediger und Kritiker am Hofe Ludwigs XIV. (*Sämtliche Werke*, hg. und übersetzt von A. Dietl, Regensburg 1866-1874, 14 Bände).

EINE ANSICHT VON DESCARTES

Übersetzung: Max Looser
Dieser Essay erschien erstmals als Einleitung in: *Les pages immortelles de Descartes choisies et expliquées par Paul Valéry*, Éditions Corréa, Paris 1941, S. 7-66; die dort ausgewählten Texte von Descartes sind: *Discours de la méthode*; *Zweite Meditation*; Brief des Autors an den Übersetzer der *Principia philosophiae*; Brief an R.P. (= Marin Mersenne) vom 20. November 1629; Brief an M. de Balzac vom 15. Mai 1631; Briefe an Mersenne vom 22. Juli 1633 und vom 20. Januar 1634.
In: *Œuvres* I, S. 810-842, »Une vue de Descartes«.

Indem Valéry diese Einleitung zu seiner Auswahl *Les pages immortelles* von Descartes schreibt, greift er auf seine bevorzugte Lektüre der neunziger Jahre des vorigen Jahrhunderts zurück. Descartes gehört – neben Napoleon, Stendhal, Edgar Allan Poe, Lord Kelvin, Richard Wagner, Arthur Rimbaud, Charles Maurice de Talleyrand und dem philosophischen Schriftsteller Blaise Pascal, wie er betont – zu den Bausteinen seines Denkens, seines Ich; in den *Cahiers* (Éd. int., Bd. 1, S. 422) nennt er sie das Alphabet seiner Denk- und Erfindungsweisen, ein Kartenspiel. Vgl. auch *Briefe* (S. 119-121), in denen Valéry über Pater Mersenne und das Kloster der Minimen schreibt.

1 Das 1618 verfaßte *Musicae Compendium* Renatus Descartes, *Leitfaden der Musik*, hg. und übersetzt von Johannes Brockt, Wiss. Buchgesellschaft, Darmstadt 1978, bezeichnet Brockt als »erste Auseinandersetzung des Begründers der analytischen Geome-

trie mit einem Stoffgebiet, an dem er seine mathematischen Prinzipien durchführen konnte«; das Büchlein erschien erst 1650, im Todesjahr von Descartes.
Auch Marin Mersenne veröffentlichte eine *Harmonie Universelle*, 2 Bde., Paris 1636.

2 Vgl. Rainer Specht, *René Descartes in Selbstzeugnissen und Bilddokumenten*, a. a. O., S. 19. (A. d. Ü.)

3 Derartige entscheidende Erlebnisse der Eingebung werden auch von anderen Wissenschaftlern und Künstlern berichtet, von Archimedes (um 285-212 v.Chr.), Isaac Newton (1643-1727), Friedrich August Kekulé von Stradonitz (1829-1896), Henri Poincaré (1854-1912), Charles Darwin (1887-1962), Ernst Mach (1838-1916), Max Planck (1858-1947), Jacques Salomon Hadamard (1865-1963) und anderen. Für Valéry hat die »Nacht von Genua« (Krise von 1892) zentrale Bedeutung, die Arbeit an den *Cahiers/Heften* in Angriff und von der Lyrik Abstand zu nehmen. Vgl. dazu Octave Nadal, »Paul Valéry et l'événement de 1892«, in: *Mercure de France* vom 1. April 1955, S. 614-626, sowie Nicole Celeyrette-Pietri, *Valéry et le moi*, Paris 1979 (Register: crise de 1892, crise de 1921).
Über das genaue Datum der »Nacht von Genua« gibt es unterschiedliche Meinungen; der Bruder Valérys (Jules) datiert die Nacht auf den 4./5. Oktober 1892, in der tatsächlich ein ungeheurer Sturm an der ligurischen Küste in Zeitungen nachgewiesen ist. Die Seite, auf der Valéry diese endlose Gewitternacht beschreibt, in der er sich zwischen »ich und ich« (*entre moi et moi*) und nach der er sich völlig verändert (*Autre*) fühlt, findet sich nicht in der Faksimile-Ausgabe der *Cahiers*; eine Fotokopie dieser Seite haben Julien P. Monod, *Regard sur Paul Valéry*, 1945, und Gabriel Faure, *Paul Valéry Méditerranéen*, 1954, publiziert. Vgl. dazu auch *Œuvres* II, S. 1435-36 (wo der Text abgedruckt ist) sowie Anspielungen in *Briefen* und den *Cahiers/Heften*.

4 R. Specht, a.a.O., S. 19. (A.d.Ü.)

5 Dieses *Cogito* »Je doute, donc j'ai cette certitude, au moins, que je doute« (*Œuvres* I, S. 818) ist nur eine Variante von vielen anderen, die Valéry in den *Cahiers* durchdenkt: z. B. »Je fonctionne, donc je suis« (*C.* VIII, S. 838), »Je suis, donc j'ai ›raison‹« (*C.* IX, S. 351), »Sum ergo cogito – ergo – cogitas? Cogito ergo cogitas?« (*C.* XI, S. 767), »Cartesii cogita Eût pu être: *Je, donc* je suis. Je *parle*, donc – a fortiori, *je suis*. Pourquoi ›pense‹ au lieu de ›parle‹?« ... (*C.* XIX, S. 84), »Je suis, je puis« (*C.* XXIII, S. 205). Dabei ist jedoch festzuhalten, daß diese beiden ICHs sich

prinzipiell unterscheiden, daß wenigstens mit zwei, wenn nicht gar mit drei Einheiten zu rechnen ist: »A dit *Cogito*, B dit *Ergo*, C dit *Sum*« (*C.* XIV, S. 655), nur deshalb ist es auch möglich: »*Je pense* – donc je M'ÉCARTE« (*C.* XXV, S. 605). Nur durch das Denken kann ICH gedanklich von MIR abweichen. Die rekurrente Funktionalität, die für das Denken, Zweifeln, Wissen erforderlich ist, drückt Valéry so aus: »Je doute de douter que – Je pense que je pense que – Je sais que je sais que je sais –« (*C.* XIII, S. 616). Das dem Nachgedachten (frz. *pensée*) nachdenkende Denken findet natürliche Grenzen in seinem Vermögen.

6 Descartes, Brief an Marin Mersenne, Dezember 1637, in: Descartes, *Œuvres et lettres*. Textes présentés par André Bridoux (Bibliothèque de la Pléiade), Gallimard, Paris 1953, S. 983, sowie in der Einleitung des Herausgebers zu *Geometrie*, in: Descartes, a.a.O., S. 245-246 (A.d.Ü.).

7 Vgl. dazu Descartes, Règle VII, der »Règles pour la direction de l'esprit«, in: Descartes, a.a.O., S. 57-61, deutsch in: *Regulae ad directionem ingenii / Regeln zur Ausrichtung der Erkenntniskraft*. Lateinisch-deutsch. Kritisch revidiert, übersetzt und herausgegeben von Heinrich Springmeyer, Lüder Gäbe, Hans Günter Zekl, F. Meiner Verlag, Hamburg 1973, S. 40-47. (A.d.Ü.)

8 Zitiert nach: Descartes, *Discours de la méthode / Von der Methode des richtigen Vernunftgebrauchs und der wissenschaftlichen Forschung*. Französisch-deutsch. Übersetzt und herausgegeben von Lüder Gäbe, F. Meiner Verlag, Hamburg [2]1969, S. 37. (A.d.Ü.)

9 Ebd., S. 35. (A.d.Ü.)

10 Hinter dem Begriff des *acte* steht die Theorie des Akts (und der *action complète*), die Valéry in den *Cahiers* entwickelt hat. Vgl. Jürgen Schmidt-Radefeldt, *Paul Valéry linguiste dans les »Cahiers«*, Klincksieck, Paris 1970, S. 27f. und 60f.

11 Das Ziel des *se faire un regard sur toutes choses* ist gerade von Valéry immer wieder verfolgt worden.

12 Descartes, *Règle* IV,1, in: Descartes, a.a.O., S. 46; deutsch in: *Regulae/Regeln*, a.a.O., S. 23. (A.d.Ü.)

13 Anspielung auf den Philosophen Pangloß in Voltaires *Candide*.

14 Zitiert nach: Descartes, *Discours de la méthode / Von der Methode*, a.a.O., S. 53. (A.d.Ü.)

15 Der Descartessche Satz »le premier principe de la philosophie« (ebd., S. 53) zeigt, welche grundlegende Bedeutung das *Cogito ergo sum* für ihn hat. (A.d.Ü.)

16 Ebd., S. 54/55. (A.d.Ü.)

17 Die Unterscheidung zwischen *Bedeutung/Sinn* (signification/

sens) und *Wert* (valeur), die verkürzt gesagt im Unterschied von Semantik und Pragmatik gesehen werden könnte, berücksichtigt Valéry durchgehend; das Register der *Cahiers/Hefte*, Bd. 1, erlaubt eine Rekonstruktion dieses Begriffsunterschieds.

18 Vgl. Descartes, *Gespräch mit Burman*, Lateinisch-deutsch, übersetzt und herausgegeben von Hans W. Arndt, F. Meiner Verlag, Hamburg 1982, S. 4 und 5. Der zweite Teil des Zitats lautet lateinisch: »... sed tanquam rem per se notam simplici mentis intuitu agnoscit.«
Zum Syllogismus vgl. Richard H. Popkin, *The History of Scepticism from Erasmus to Descartes*, Assen [2]1964, S. 188: »The *cogito* functions not, as some of the critics claimed, as the conclusion of a syllogism (...), but as the conclusion of doubt.«
Die Frage nach dem logischen Status bzw. dem Handlungscharakter des *Cogito ergo sum* ist Thema des für die Diskussion in der analytischen Philosophie grundlegenden Aufsatzes von J. Hintikka, »›Cogito ergo sum‹: Inference or performance«, in: *The Philosophical Review* 71 (1962), S. 3-32; vgl. Geneviève Rodis-Lewis (Hg.), *Descartes*. Textes et débats, Librairie Générale Française, Paris 1984, S. 202-212. (A. d. Ü.)

19 Im Text »osant le *Je*«, ansonsten steht *Moi*. Die Begrifflichkeit verschiedener ICHs ist ein zentrales Thema Valérys. Vgl. Nicole Celeyrette-Pietri, *Valéry et le moi. Des cahiers à l'œuvre*, Paris 1979; D. Moutote, »Ich und Egotismus bei Valéry«, in: *Paul Valéry*, hg. von Jürgen Schmidt-Radefeldt, Darmstadt 1978, S. 178-207, sowie die Rubrik EGO in *Cahiers/Hefte*, Bd. 1.

20 Descartes, *Méditations* (2. Meditation §11), in: Descartes, a. a. O., S. 279f., deutsch in: *Meditationes de prima philosophia / Meditationen über die erste Philosophie*. Lateinisch-deutsch. Übersetzt und herausgegeben von Gerhard Schmidt, Reclam Verlag, Stuttgart 1986, S. 89. Vgl. auch die ältere und ausführlichere Übersetzung *Meditationen über die Grundlagen der Philosophie* mit den sämtlichen Einwänden und Erwiderungen. Zum erstenmal vollständig übersetzt und herausgegeben von Artur Buchenau, F. Meiner Verlag, Hamburg 1972 (unveränderter Nachdruck der ersten deutschen Gesamtausgabe von 1915), S. 26. (A. d. Ü.)

21 Vgl. Descartes, *Méditations* (1. Meditation, §12), in: Descartes, a. a. O., S. 272; deutsch in: *Meditationes/Meditationen*, a. a. O., S. 73. (A. d. Ü.)

22 Vgl. zu *daimónion*: »... die Kraft (innere Stimme), die ihn [Sokrates] davon abhielt, durch Handlungen gegen das als richtig Erkannte zu verstoßen«, Art. *Sokrates*, in: *Der kleine Pauly*. Lexi-

kon der Antike in fünf Bänden, dtv, München 1979, Bd. 5, Sp. 253; vgl. auch Art. *Daimonion* in: Joachim Ritter (Hg.), *Historisches Wörterbuch der Philosophie*, Wiss. Buchgesellschaft, Darmstadt 1972, Bd. 2, Sp. 1. (A.d.Ü.)

23 Descartes, *Méditations* (2. Meditation, §16), in: Descartes, a.a.O., S. 283; deutsch in: *Meditationes/Meditationen*, a.a.O., S. 97. (A.d.Ü.)

24 Im frz. Text *idées*. (A.d.Ü.)

25 Descartes, *Méditations* (3. Meditation, § 6), in: Descartes, a.a.O., S. 285; deutsch in: *Meditationes/Meditationen*, a.a.O., S. 105. (A.d.Ü.)

26 »Dinge, die *durch sich selbst* (*a se, par soi*) existieren.« Zum Problem des »par soi« vgl. die ersten Einwände und Descartes' Erwiderungen in: *Meditationen über die Grundlagen der Philosophie*, a.a.O., S. 84 (Einwand) und S. 98-101 (Erwiderung).
Zu *realitas objectiva*: vgl. Descartes, *Méditations* (3. Meditation §13), in: Descartes, a.a.O., S. 289; deutsch in: *Meditationes/Meditationen*, a.a.O., S. 111: »...diejenigen [Vorstellungen], welche mir Substanzen darstellen (...), enthalten sozusagen mehr objektive (= vorgestellte) Realität in sich, d.h. sie nehmen inhaltlich an einem höheren Grad des Seins oder der Vollkommenheit teil als jene, welche nur Zustandsweisen, d.h. Akzidenzien darstellen.« Eine Definition von *realitas objectiva* gibt Descartes im Anhang zu den zweiten Erwiderungen, vgl. *Meditationen über die Grundlagen der Philosophie*, a.a.O., S. 146.
In der von Lüder Gäbe revidierten Buchenau-Übersetzung der *Meditationen über die Grundlage der Philosophie*, F. Meiner Verlag, Hamburg 1960, steht für *realitas objectiva* »größerer Bedeutungsgehalt« (S. 35). (A.d.Ü.)

27 Zitiert nach Descartes, *Discours de la méthode*, in: Descartes, a.a.O., S. 148; deutsch in: *Discours de la méthode / Von der Methode*, a.a.O., S. 55. (A.d.Ü.)

28 Vgl. Descartes, *Méditations* (3. Meditation §37), in: Descartes, a.a.O.; deutsch in: *Meditationes/Meditationen*, a.a.O., S. 34ff. (A.d.Ü.)

29 Zur Antwort im Sinne einer nicht (mehr) theologisch fundierten Vollkommenheitsvorstellung vgl. John Passmore, *The Perfectibility of Man*, London 1970; sowie *Perfection*, in: *The Encyclopedia of Philosophy*, hg. von Paul Edwards, New York/London [2]1972, Bd. 6, S. 87-88. (A.d.Ü.)

30 Zitiert nach Descartes, *Méditations* (3. Meditation § 22); deutsch

in: *Meditationes/Meditationen*, a.a.O., S. 121; vgl. *Discours de la méthode / Von der Methode*, a.a.O., S. 57. (A.d.Ü.)

31 Im frz. Text steht hier *Parfait*. (A.d.Ü.)

32 Zitiert nach Descartes, *Méditations* (6. Meditation § 10); deutsch in: *Meditationes/Meditationen*, a.a.O., S. 191. (A.d.Ü.)

33 Zu *lumen naturale, lumière naturelle*: Vgl. Anmerkung zu *Meditationen über die Grundlage der Philosophie*. Übersetzt von Lüder Gäbe, a.a.O., S. 34: »Der Ausdruck geht letztlich auf Cicero zurück. Er bedeutet bei diesem (...) eine jedem Menschen angeborene intellektuelle Anlage, die Idee der Tugend zu entwickeln. Durch schlechte Erziehung, Büchergelehrsamkeit, Vorurteile, schlechte Gewohnheiten wird dieses Licht erstickt, die Anlage denaturiert.« Vgl. Descartes, *Regulae/Regeln*, a.a.O., Anm. 3, S. 191, und Anm. 26, S. 199; Descartes, *Gespräch mit Burman*, a.a.O., Anm. 134, S. 162f. (A.d.Ü.)

34 Descartes, *Les principes de la philosophie*. Erster Teil, § 45; deutsch in: *Die Prinzipien der Philosophie*, übersetzt und erläutert von Artur Buchenau, F. Meiner Verlag, Hamburg 1955, S. 15. (A.d.Ü.)

35 Mit dieser Drüse meint Descartes die Zirbeldrüse. Vgl. Descartes, *Les passions de l'âme*, 1. Teil, Art. 32; deutsch in: *Die Leidenschaften der Seele / Les passions de l'âme*. Französisch-deutsch, herausgegeben und übersetzt von Klaus Hammacher, F. Meiner Verlag, Hamburg 1984, S. 55.

36 Vgl. Descartes, *Discours de la méthode / Von der Methode*, a.a.O., S. 88 und 89. In einer Anmerkung weist Lüder Gäbe auf die mehrfache Bedeutung von »esprits animaux« hin: »Lebensgeister wie ein sehr feiner Hauch«, »worunter man sich selbstverständlich trotz dieses aus der mittelalterlichen Medizin stammenden Namens keine kleinen Tierchen, sondern nur die Teilchen einer rein materiellen Substanz vorzustellen hat.« Vgl. Descartes, *Traité de l'homme*, in: Descartes, a.a.O., S. 819, sowie ders., *Die Leidenschaften der Seele / Les passions de l'âme*, a.a.O., Art. 7, S. 13, und Anm. 9, S. 330, sowie Art. 10, S. 16-19: »Wie die Lebensgeister im Hirn hervorgebracht werden.«

Die mittelalterliche Medizin unterschied drei Lebensgeister: spiritus vitalis, spiritus naturalis und spiritus animalis; vgl. *Geist* in: Joachim Ritter (Hg.), *Historisches Wörterbuch der Philosophie*, Wiss. Buchgesellschaft, Darmstadt 1974, Bd. 3, Sp. 180-181. – Rainer Specht übersetzt spiritus animalis mit Animalgeister: R. Specht, *René Descartes*, a.a.O., S. 128, 134. Vgl. auch Descartes, *Gespräch mit Burman*, a.a.O., Anm. 85, S. 145. (A.d.Ü.)

37 Zu Descartes' *animal machine* und der modernen Konzeption

der Maschine vgl. Jürgen Schmidt-Radefeldt, »Kybernetische Denkansätze bei Paul Valéry?«, in: *Poetica* 14 (1982), S. 134ff.

38 Im frz. Text *système de référence*; vgl. zu diesem Begriff wie zu LMT (Länge, Masse, Zeit) *Cahiers/Hefte*, Bd. 1 (Register).

39 Zu »Bewegungsgröße« vgl. Ernst Cassirer, *Das Erkenntnisproblem in der Philosophie und Wissenschaft in der neueren Zeit.* (Nachdruck der dritten, revidierten Ausgabe von 1922), Wiss. Buchgesellschaft, Darmstadt 1971, Band 2, S. 164.
Ab »Leibniz deckt den Fehler auf« besteht eine weitgehende Kongruenz zwischen dem vorliegenden Text und Valérys »Descartes«, im vorliegenden Band, S. 26-35.

40 Ernst Cassirer, *Das Erkenntnisproblem*, a.a.O., Bd. 1, S. 439ff. (A.d.Ü.)

41 2. Hauptsatz der Thermodynamik (Carnot, Clausius); vgl. auch Ernst Cassirer, *Das Erkenntnisproblem*, a.a.O., Bd. 4, S. 117. (A.d.Ü.)

42 Vgl. zu »Descartes« Anm. 10. (A.d.Ü.)

43 *Der Wille zur Macht – la volonté de puissance*, eine Anspielung auf Friedrich Nietzsches *Der Wille zur Macht* (postum 1901).

ZWEITE ANSICHT VON DESCARTES

Übersetzung: Max Looser
Der Text erschien erstmals unter der Überschrift *Croquis d'un »Descartes«* in: *Domaine Français, Messages*, hg. von Jean Lescure, Verlag Trois Collines, Genf 1943, S. 275-277.
In: *Œuvres* I, S. 842-844, »Seconde vue de Descartes«.

1 Die Begriffe *Papiergeld* (monnaie fiduciaire) und *Goldwert* (valeur d'or) stellt Valéry oft gegenüber: *Fiducia* sind in seiner Terminologie die auf Vertrauen begründeten Werte einer Kultur (vgl. *Cahiers/Hefte*, Bd. 1, Register). Montesquieu schreibt im XXII. Buch seines *De l'esprit des lois*, den Valéry gelesen hatte, daß Geld als Zeichen an die Stelle des Wertes jeglicher Waren tritt: es wird zum Wertzeichen. In zivilisierten Staaten gibt es neben dem wirklichen Geld »ideelles Geld« bzw. ideelle Zahlungsmittel – so Montesquieu –, und Valéry würde den fiduziären Charakter von beidem unterstreichen.

2 René Descartes, Brief an Marin Mersenne, Dezember 1637 (in: Descartes, *Œuvres et lettres*, a.a.O., S. 983); vgl. Anm. 6 zu »Eine Ansicht von Descartes« (A.d.Ü.)

3 Valéry stellt hier den verschiedenen Manifestationen des ICH (*Je*, *Moi*, *me*...) ein objektiviertes ER (*Lui*) gegenüber.

DIE RÜCKKEHR AUS HOLLAND

Übersetzung: Max Looser
Der Text erschien erstmals unter dem Titel »Le retour de Hollande, Descartes et Rembrandt«, in: *Revue de France* vom 1. März 1926; als selbständige Ausgabe mit Kupferstichen von Pierre Guastalla 1933 im Verlag Darantière, Paris, und wurde danach mehrfach wieder abgedruckt.
In: *Œuvres* I, S. 844-854, »Le retour de Hollande«.

Die Länge des Textes entspricht in etwa der Dauer einer Bahnfahrt von Holland nach Paris, ein ähnliches Strukturprinzip liegt der *Modification* (1957) von Michel Butor zugrunde, die zwischen Rom und Paris »stattfindet«. Auch stimmt Valéry die Absätze mit den Fahrtintervallen bis Paris ab. Zum Motiv der Eisenbahnfahrt bei Valéry vgl. »Brief eines Freundes« (Lettre d'un ami) in: P. V., *Herr Teste*. Aus dem Französischen von Max Rychner. Suhrkamp Verlag Frankfurt am Main 1965, S. 39f. und S. 48f., sowie Frédéric Lefèvre, *Entretiens avec Paul Valéry*, Paris 1926, S. 223ff.
Zur Information über Descartes benutzte Valéry neben der schon zitierten Biographie von Adrién Baillet, *La vie de M. Descartes*, Paris 1691, das Buch von Gustave Cohen, *Écrivains français en Hollande dans la première moitié du XVIIe siècle*, Paris 1920.

1 Descartes, Brief an Guy de Balzac, 5. Mai 1631, in: Descartes, *Œuvres et lettres*, a. a. O., S. 940, deutsch in: Rainer Specht, *René Descartes in Selbstzeugnissen und Bilddokumenten*, a. a. O., S. 27-28. Valéry zitiert den Brief in angeglichener Form. (A. d. Ü.)
2 Diese Eigenschaft des Philosophen, »il leur faut tomber de quelque astre, se faire d'éternels étranger« (*Œuvres* I, S. 847), erinnert an *Le petit prince* (1943) von Antoine de Saint-Exupéry, der gleichfalls »vom Himmel gefallen« ist.
3 Lat. *figura*, frz. *figure*, dt. *Figur*, *Gestalt*; lat. *motus*, frz. *mouvement*, dt. *Bewegung*, in: Descartes, »Règles pour la direction de l'esprit«, Regel XII, in: Descartes, a. a. O., S. X; deutsch in: *Regulae ad directionem ingenii / Regeln zur Ausrichtung der Erkenntniskraft*. Lateinisch-deutsch. Kritisch revidiert, übersetzt und herausgegeben von Heinrich Springmeyer, Lüder Gäbe, Hans

Günter Zekl, F. Meiner Verlag, Hamburg 1973, S. XX. Vgl. dort im Register: FIGUR, GESTALT, BEWEGUNG. (A. d. Ü.)

4 Die Flugkünste der Vögel, insbesondere der Schwalben, haben Valéry (Leonardo da Vinci ähnlich) immer begeistert. Vgl. dazu *Cahiers/Hefte*, Bd. 1, S. 412.

5 In der Geschichte der Malerei gilt Descartes als »das berühmteste Modell« des Bildnismalers Frans Hals (zw. 1581 und 1585-1666) (z. B. in *Kindlers Malerei Lexikon, The Pelican History of Art*. Eine Schwarzweiß-Abbildung des Porträts findet sich in: Rainer Specht, *René Descartes*, a. a. O., S. 6). Im Kapitel über Frans Hals in der *Pelican History of Art* schreiben Jakob Rosenberg und Seymour Slive, daß das Porträt im Louvre, auf das sich Valéry bezieht, die von einem anderen Künstler angefertigte, vergrößerte Kopie nach dem 1649 gemalten Original in Kopenhagen (Statens Museum) sei: Jakob Rosenberg, Seymour Slive und E. H. ter Kuile, *Dutch Art and Architecture 1600 to 1800*, Pelican, Harmondsworth 1986 (Nachdruck der 3. revidierten Auflage), S. 67, 70. (A. d. Ü.)

6 Valéry bezieht sich auf Rembrandts Gemälde im Louvre, *Gelehrter im Raum mit Wendeltreppe* (um 1632); vgl. Christopher Brown, *Rembrandt I. Das Gesamtwerk*, Ullstein Verlag, Frankfurt, Berlin, Wien 1979 (Die großen Meister der Malerei), S. 38-39 (Farbabbildung), S. 40 (Schwarzweiß-Abbildung). (A. d. Ü.)

7 Valérys Analyse der »Nebenwirkung« des Lichts bei Rembrandt berührt sich auffällig mit den eindringlichen Analysen in Georg Simmels Rembrandtbuch: »Erst bei Rembrandt ist das Licht nur in dem Bild selbst entsprungen, nur auf das malerisch Sichtbare bezogen, ohne daß man, durch dieses gleichsam hindurchsehend, einen entsprechenden Vorgang in der realen Welt zu imaginieren veranlaßt würde. (...) sein Licht (ist) *nur das Licht dieses Bildes* (...); dadurch ist das Bild mehr als irgend sonst, der Realität enthoben, selbstgenugsam aus einer anderen Wurzel als der Weltwirklichkeit gewachsen.« Georg Simmel, *Rembrandt. Ein kunstphilosophischer Versuch*, Kurt Wolff Verlag, Leipzig 1916, S. 181-182 (»Das Licht, seine Individualistik und Immanenz«, S. 173-182). (A. d. Ü.)

VARIATION ÜBER EINEN GEDANKEN PASCALS
MARGINALIEN ZU
›VARIATION ÜBER EINEN GEDANKEN PASCALS‹

Übersetzung: Friedhelm Kemp
Die »Variation über einen Gedanken Pascals« erschien erstmals in: Carl August Weber (Hg.), *Frankreich*, W. Weismann Verlag, München 1948, S. 41-47, wiederabgedruckt in: Jürgen von Stakkelberg (Hg.), *Drei Dichter als Kritiker*. André Gide, Marcel Proust, Paul Valéry, Vandenhoeck & Ruprecht, Göttingen 1965, S. 141-148.
Übersetzung: Dieter Steland. Die »Marginalien ...« erschienen erstmals in: Jürgen von Stackelberg (Hg.), a. a. O., S. 149-155.

Die »Variation sur une ›Pensée‹« erschien erstmals in: *La Revue Hebdomadaire* 32 (1923), 28, Band VII, S. 161-170, die ein umfangreiches Sonderheft zur 300-Jahr-Feier der Geburt von Blaise Pascal (1623-1662) herausbrachte, mit Beiträgen von Maurice Barrès, Henri Bremond, Jacques Maritain, François Mauriac, Julien Benda, Charles Du Bos, Guy de Pourtalès u. a. Einer späteren Ausgabe des Textes mit dem Titel *Variation sur une »Pensée«, annotée par l'auteur* (Liège 1930), fügte Valéry Anmerkungen hinzu, die in der ersten französischen Ausgabe der Werke Valérys (*Œuvres*, *Variété*, 2. Band 1937) auf der linken Seite abgedruckt wurden. In den *Œuvres* ist dieser Kommentar Valérys ebenfalls spiegelbildlich abgedruckt.
In: *Œuvres* I, S. 458-473, steht links »Variation« und rechtsseitig »Sur une pensée«.
Diese Art des Selbstkommentars, den Valéry hier übt, in einem zeitlichen Abstand zu einem anderen Ich, hatte er schon bei den drei Texten zu *Leonardo da Vinci* (1895, 1919, 1931) vorgeführt.
Blaise Pascal, Mathematiker, Physiker und philosophischer Schriftsteller, war in eben dieser Genialität eine offenkundige Herausforderung für Valéry. Schon 1917 spricht er von den »richtunggebenden Prinzipien eines wilden Verrisses von Pascals *Pensées* ... (zugunsten der *Abhandlung über das Gleichgewicht der Flüssigkeiten*« (*Briefe*, S. 105); er wirft Pascal 1919/20 die Sünde des Hochmuts wider den Hochmut vor (*C.* VII, S. 415). Die Unterscheidung Pascals zwischen *esprit de géométrie* und *esprit de finesse*, die Valéry in diesem Text thematisiert und mit der Pascal seine *Pensées* beginnt, habe einen Abgrund zwischen zwei beruflichen und sozialen Ausrichtungen aufgerissen und unselige Konsequenzen gehabt – die Begabung zur Geometrie sei *seitdem* als unvereinbar mit der der Poesie betrachtet

worden (vgl. auch *Œuvres* I, S. 1706). Vgl. zu diesem Thema den Beitrag *Wissenschaftler und Wissenschaft* (1926) in diesem Band, S. 257-263.

Schon 1927 schrieb R. P. Gillet (*Paul Valéry et la métaphysique*) eine Gegenkritik zu Valérys Kritik an Pascal, die von Albert Béguin, Nathalie Sarraute, E. M. Cioran (in: *Nouvelle Revue Française*, Dezember 1969) wieder aufgegriffen wurde. In einem Brief vom 30. Januar 1927 an den Pater Gillet geht Valéry auf viele Kritikpunkte an sich und an seinen Arbeiten ein, so auch auf Pascal; sein entschlossenes, reflektiertes Unverständnis für Pascal schildert er so: »Und Gott kann doch nicht zu einem anderen Gott sagen: Herr, bewahre uns vor unseren Freunden! Pascal, unter anderen, hat mir großes *Ärgernis* gegeben. Es ist mir unmöglich, zu glauben, daß ein Mann von seinem Rang sich zu gewissen Räsonnements (wie der Wette) erniedrigt hat, deren erbärmliche Hinfälligkeit er doch nicht gut hat übersehen können – eine Hinfälligkeit, die er für sich selbst nicht gewollt hätte, die er aber für die anderen gut genug fand! – Welche Verachtung der Durchschnittsgeister! – Insofern, scheint mir, hat er *gesündigt*, denn wenn jemals einer zum Apostel der Wissenschaftler und Denker geschaffen war, dann gewiß er.« (*Briefe*, S. 150f.)

Neuere Arbeiten gehen auf diese Pascal-Kritik in der Kenntnis der *Cahiers* ein: Antonio G. Rodriguez, *Paul Valéry et Pascal* (Nouvelles Éditions Debresse, Paris 1977) und J. Robinson »Valéry, Pascal et la censure de la métaphysique«, in: *Colloque Paul Valéry 1976*, Nizet, Paris 1978, S. 185-209.

1 Der Satz: »Le silence éternel des ces espaces infinis m'effraie« (Das ewige Schweigen dieser unendlichen Räume entsetzt mich, in: B. Pascal, *Pensées, Œuvres complètes* (Bibliothèque de la Pléiade), Paris 1954, S. 1113; deutsch u.a. in: *Pensées / Über die Religion und über einige andere Gegenstände*, in: *Werke*, Bd. 1, übertragen und herausgegeben von Ewald Wasmuth, Lambert Schneider, Heidelberg [8]1978, S. 115) wird von Pascal an mehreren Stellen vertieft aufgenommen und betrifft gerade auch die Begrenztheit der menschlichen Erkenntnis. Da Valéry eine »Lösung« durch den christlichen Glauben vehement verwirft (und darin liegt seine Gegenposition zu Pascal, wenn ihn auch unzugegebenermaßen viele analoge Gedanken mit ihm verbinden), setzt er diesen Gedanken in ironisch-distanzierende Anführungszeichen und verweist ihn in die Poesie.

Auch in den *Cahiers* kommt Valéry mehrfach auf diesen Satz Pascals zurück; so betont er 1935, dieses Schweigen des Raums erfordere notwendigerweise und in jedem Fall einen Betrachter, Hörer, einen Menschen, und das hier implizierte Menschenbild komme ihm zu elend und unscheinbar vor, doch sei der Satz Pascals von großer poetischer Musikalität (*C.* XVIII, S. 248). – Auch in: *Mein Faust* (übertragen von Friedhelm Kemp, dtv, München 1963, S. 96) kommt Valéry auf Pascal zurück, wenn der Schüler nach seiner Grabrede auf die unlesbare Literatur feststellt: »Das ewige Schweigen dieser unzähligen Bände erfüllt mich mit Entsetzen ...«

2 Diesen Textausschnitt aus dem fingierten Platonischen Dialog zwischen Eusthates und Pythagoras stellt Valéry kontrapunktisch dem christlich geprägten Denken Pascals gegenüber.

3 Vgl. Psalm 19,1 sowie Psalm 148,3.

4 Vgl. *Vulgata*, Psalmi 18(19) »Laus Dei creatoris et legislatoris«. Die Psalmen 19,4 und 5 lauten in der Übersetzung Martin Luthers:

4 ohne Sprache und ohne Worte; unhörbar ist ihre Stimme.

5 Ihr Schall geht aus in alle Lande und ihr Reden bis an die Enden der Welt.

5 Vgl. Hiob 38,7.

6 Vgl. Jeremia 23,24: Numquid non coelum et terram ego impleo? dicit Dominus (Bin ich es nicht, der Himmel und Erde erfüllt? spricht der Herr.).

7 »Wie eitel ist die Malerei, wo man die Ähnlichkeit mit Dingen bewundert, die man im Original keineswegs bewundert.« (*Pensées / Über die Religion*, Fragment 134, a. a. O., S. 76.)

8 Zu diesem Ausdruck »nach oben« (vers le haut) fügt Valéry ergänzend hinzu, daß frz. *exhausser* (erhöhen) und *exaucer* (erhören) homonym sind. Diese Bemerkung haben wir im deutschen Text nicht aufgenommen.

9 Zu Immanuel Kant, zum Kategorischen Imperativ und zum Motiv des »gestirnten Himmels« vgl. *Cahiers/Hefte*, Bd. 2 (Register).

10 Hier spricht Pascal durch Valéry: das *Herz* hat seine Gründe, die die Vernunft nicht kennt; wir erkennen die Wahrheit nicht nur durch die *Vernunft*, sondern auch durch das Herz ... (vgl. *Pensées / Über die Religion*, Fragmente 277 und 282, a. a. O., S. 141, 143).

11 Der ital. Mathematiker Bonaventura Cavalieri (1598?–1647), Schüler Galileis, knüpfte mit seinem Hauptwerk *Geometria indivisilibus continuorum nova quadam ratione promota* (Bologna 1635), einem der einflußreichsten Bücher in der Entwicklung der Ma-

thematik, an die Körperberechnungen von Archimedes und Kepler an: Körper und Flächen bestehen demnach aus unendlich dünnen Scheiben oder Linien (*Indivisiblen*), die durch das Gebilde fließen und dadurch seinen Inhalt ausschöpfen.

12 Girolamo Saccheri (1667-1733), ital. Mathematiker und Jesuit, entwickelte Grundgedanken zur Logistik und behandelte in *Euclides ab omni naevo vindicatus* (1733) bereits die nicht-euklidischen Geometrien; das Buch wurde also erst im 18. Jahrhundert veröffentlicht (und nicht im 17., wie Valéry meint). Der Jansenist Pascal stand den Jesuiten feindlich-kritisch gegenüber: vgl. *Pensées / Über die Religion*, Fragmente 882 und 935, a. a. O.; sowie vor allem die Briefe *Les provinciales* (1656/1657), die Pascal zur Verteidigung des von der theologischen Fakultät der Sorbonne verurteilten Jansenisten Antoine Arnauld (1612-1694) schrieb.

13 Vgl. Anm. 1 zu »Variation über einen Gedanken Pascals«.

14 Hierin ist möglicherweise der Anflug einer Apologie Valérys an seiner vorgetragenen Pascal-Kritik zu erkennen.

15 Die *unreine*, überredende Argumentationsweise Pascals glaubt Valéry gerade in dem längeren Diskurs der »Wette« aufzudekken: *Infini-rien* in: Pascal, *Pensées, Œuvres complètes*, a.a.O., S. 1212-1216; deutsch in: *Pensées / Über die Religion*, Fragment 233, a.a.O., S. 120-126.

16 Im *Mysterium Jesu* (*Pensées / Über die Religion*, a.a.O., S. 244 und 247): »Tröste dich, du würdest mich nicht suchen, wenn du mich nicht gefunden hättest.« – »Du würdest mich nicht suchen, wenn du mich nicht besäßest.« (Vgl. auch Pascal, *Pensées, Œuvres complètes*, a.a.O., S. 1312-1315)
Bernard de Clairvaux (1090-1153), der den Zisterzienser-Orden gegründet hat, war einer der großen christlichen Theologen.
Louis Bourdaloue (1632-1704), Jesuit und Prediger (Nachfolger Bossuets) am Hofe Ludwigs XIV., war wegen der Folgerichtigkeit in seiner Argumentation und der Brillanz seiner Formulierungen berühmt; vgl. z. B. seine »Sermon de la grâce« und die Totenrede für Ludwig XIV. »Oraison funèbre de Louis XIV«.

17 Im Anschluß an die Versuche des ital. Mathematikers Evangelista Torricelli (1608-1647) (die der Pater Mersenne seit 1644 in Frankreich bekannt gemacht hatte) nahm Pascal *Neue Versuche über die Leere* (*Expériences nouvelles touchant le vide*, 1647) auf. Zu den dagegen vorgebrachten Einwänden zählte auch, »daß eine für alle Sinne nicht wahrnehmbare, unbekannte Materie diesen Raum ausfülle, daß sich das Licht als Akzidenz verstanden unmöglich im Leeren bewahren könne, daß es aber – falls es Sub-

stanz sei – den scheinbar leeren Raum erfüllen würde«. (Vgl. Pascal, *Pensées, Œuvres complètes*, a.a.O., S. 362–370) Der Jesuitenpater Etienne Noël schrieb 2 ausführliche Briefe dazu an Pascal (in: Pascal, *Pensées, Œuvres complètes*, a.a.O., S. 1438–1452). Die Definition des Lichts, die Pater Noël gab (*La lumière est un mouvement luminaire de rayons composés de corps lucides, c'est-à-dire lumineux*), lehnte Pascal als begrifflich unzureichend in seiner Antwort ab (vgl. *Pensées, Œuvres complètes*, a.a.O., S. 377; vgl. dazu auch den ausführlichen Brief Pascals an M. Le Pailleur, ebd., S. 377–391).

N.B. Sofern zu diesen Texten über Pascal eine abschließende Bemerkung angebracht ist, so fällt auf, daß Valéry manches unberührt läßt: die Kritik Pascals an Descartes (»Descartes überflüssig und unschlüssig«, *Pensées / Über die Religion*, Fragmente 76 bis 79, a.a.O., S. 52ff.), die Kritik an Montaigne, die Teilnahmslosigkeit Pascals im Streit um die kopernikanische Lehre (»*Gefängnis*. Ich finde es in Ordnung, daß man nicht die Lehre des Kopernikus ergründet, sondern diese: Es ist von entscheidender Wichtigkeit für das ganze Leben zu wissen, ob die Seele sterblich oder unsterblich ist.« *Pensées / Über die Religion*, a.a.O., S. 116), nicht zuletzt die Gedanken Pascals zum Denken, zum Automaten und zur Rechenmaschine (*Pensées / Über die Religion*, Fragmente 252 und 340, a.a.O., S. 134 und S. 166) und die Frage nach dem *Ich* (Qu'est-ce que le *moi*?, *Pensées, Œuvres complètes*, a.a.O., S. 1165).

ZU ›HEUREKA‹

Übersetzung: Andrea Spingler
Der Text erschien erstmals 1921 als Einleitung zu Charles Baudelaires Übersetzung von Edgar Allan Poes *Eurêka* (1847); unter dem Titel »Au sujet d'*Eurêka*« in: *La Revue Européenne* 3 (1923), S. 6–18, und wurde mehrfach auch in Auszügen wieder abgedruckt.
In: *Œuvres* I, S. 854–867, »Au sujet d'*Eurêka*«.

Schon im Zusammenhang mit der »Situation Baudelaires« (in: *Werke*, Bd. 3, S. 215 und 225, sowie in den Anmerkungen 1 und 3 zu dem Essay) wurde E.A. Poe (1809–1849) erwähnt. Wie auch Baudelaire hat Valéry aus dem Englischen übersetzt: den erwähnten Artikel über Einsteins Relativitätstheorie, ein Gedicht von Thomas Hardy (»Felling a tree«), unter Pseudonym das Gedicht von Dante

Gabriel Rossetti »Lilith (for a picture)«; aus dem Italienischen ein Sonnett von Petrarca (»La visione della Cerva«) und von Joseph Lo Duca (»Neige sur la Baltique«, 1940) und vor allem die *Bucolica* von Virgil (an denen er im Krieg zwischen 1942 und 1944 arbeitete und die 1953 postum mit Illustrationen von Jacques Villon erschienen).

Sechs Jahre nach der Einleitung zu *Eurêka* veröffentlichte Valéry einen weiteren Kommentar zu Poe unter dem Titel *Quelques fragments des Marginalia*, übersetzt und mit Anmerkungen versehen von Paul Valéry, in: *Commerce* XIV (1927), S. 11-41. Der Text von Poe ist auf der rechten Seite, der Kommentar von Valéry auf der linken abgedruckt. Der Text erschien in einer Neuauflage: *Edgar Poe. Fragments des Marginalia*, Montpellier 1980.

1 Die Faszination Valérys durch das Werk von Poe läßt sich im *Briefwechsel* mit Gide seit dem 16. Januar 1891 anhand vieler Stellen belegen, vgl. besonders zu *Eurêka* den Brief vom 24. Juni (*Briefwechsel*, S. 448 f.). Auch in den *Cahiers* (*C.* Éd. int., Bd. 1) kommt Valéry immer wieder auf Poe zu sprechen. Bereits 1889 hatte Valéry in einem Artikel »Sur la technique littéraire« die Wichtigkeit von Poe herausgestellt (abgedruckt in *Œuvres* I, S. 1830-1833), der seine spätere »poïétique« in Grundgedanken enthält. Insofern hat der dem griechischen Mathematiker Archimedes von Syrakus zugeschriebene Ausruf εὕρεκα! – »Ich hab's gefunden!« für die Poetik von Poe und Valéry gleichermaßen Bedeutung.

2 Die Abwendung von der Lyrik war für Valéry eine Hinwendung zu seinen *Cahiers/Heften*, die er seit 1894 führt. Als Valéry 1917/1918 einen Vortrag über Poe vorbereitete, notierte er, neben anderen Stichworten, »La conscience consciente« (Das bewußte Bewußtsein); dieser Gedanke ist von zentraler Bedeutung für seine Arbeit an den *Cahiers/Heften* wie auch für *La jeune Parque* (Die junge Parze, vgl. *Briefe*, S. 127).

3 Neben dem 1666 entdeckten *Gravitationsgesetz*, das Poe-Valéry hier anspricht, hat der Begründer der klassischen theoretischen Physik und exakten Naturwissenschaften Isaac Newton (1643-1727) vor allem die *Himmelsmechanik* begründet, die erst durch Albert Einsteins (1879-1955) *Relativitätstheorie* modifiziert wurde. Die Tragweite dieser Erkenntnis und deren Zusammenhänge zeigt Valéry hier schon 1921 klar auf, was erstaunlich ist.

4 Der frz. Mathematiker und Astronom Marquis de Laplace (1749-1827) bewies in seinem *Traité de mécanique céleste* (5 Bde.,

1799-1825; *Mechanik des Himmels*, 2 Bde., 1800-1802) als erster die Unveränderlichkeit der mittleren Bewegungen der Planeten. Seine kosmogonische Nebularhypothese (in: *Exposition du système du monde*, 2 Bde., 1796, *Darstellung des Weltsystems*, 1797) unterscheidet sich von der Immanuel Kants (1724-1804).

5 Zu Carnot vgl. »Descartes«, Anm. 9.

6 Mit »Interventionen« bezeichnet Valéry unvorhersehbare, unberechenbare Eingaben oder Einfälle; er hat darüber sogar eine Theorie entwickelt. Den Ausruf εὕρεκα! setzt Valéry mit »J'ai une idée!« gleich, vgl. *C.* V, S. 432. Indem Valéry im gleichen Atemzug von Gott spricht (man erinnert sich an die Kritik Blaise Pascals), meldet er hier seinen Vorbehalt an: für Poe entstand das Universum durch einen »Primärakt des Göttlichen Willens«, durch den eine Vielfältigkeit ausgestreut wurde – und dieser Diffusion muß als Reaktion ein Streben nach Einheitlichkeit, nach Ganzheit folgen. (Vgl. zu *Eurêka*: F.T. Zumbach, *Edgar Allan Poe. Eine Biographie*, München 1986, S. 613ff.) Zur Thematik »Gott« und »Göttlichkeit« vgl. die Rubrik THETA in *Cahiers/Hefte*, Bd. 2, S. 469-655.

7 In einem Vorwort zu *Eureka*, A Prose Poem (1848), widmete Poe seinen Essay »den Träumern ... als Kunstwerk – sagen wir als Märchen; oder wenn der Anspruch nicht zu stolz wäre, als Gedicht«, und er schließt mit dem Satz »lediglich als Gedicht möge dies Werk beurteilt werden, wenn ich tot bin«. (E. A. Poe, *Gesammelte Schriften*, 6 Bde., übersetzt von Hedda Moeller-Bruck und Hedwig Lachmann, Dreieich 1986, Bd. 2, S. 7.)

8 Das gilt auch noch heute. Da *Eureka* keine wissenschaftliche Abhandlung sein soll, wie Poe sagte, wurde sie auch von Naturwissenschaftlern nicht ernst genommen; dazu sind die Sprünge zwischen Astrophysik und Metaphysik einfach zu groß. Poe hatte *Eureka* Alexander von Humboldt (1769-1859) »in tiefstem Respekt« gewidmet, dessen naturwissenschaftliches Werk *Kosmos. Entwurf einer physischen Weltbeschreibung* (1845-1862) er, soweit erschienen, gelesen hatte.

9 Im frz. Text heißt es: AU COMMENCEMENT ÉTAIT LA FABLE.

SWEDENBORG

Übersetzung: Andrea Spingler
Der Text »Swedenborg« erschien erstmals als Vorwort zu Martin Lamm, *Svedenborg* (ins Französische übersetzt von E. Soderlindh,

Paris 1936), zugleich in: *Nouvelle Revue Française* 273 (1936), S. 825-844.
In: *Œuvres* I, S. 867-883, »Svedenborg«.

1 Der schwedische Naturforscher und Theosoph Emanuel Swedenborg (1688-1772) stellte 21 Jahre vor Immanuel Kant (1724-1804) und Marquis de Laplace (1749-1827) eine Nebularhypothese auf (vgl. »Zu ›Heureka‹«, Anm. 4), machte verschiedenste Entdeckungen auf Gebieten der Astronomie, Paläontologie, Anatomie und Physiologie (z. B. lokalisierte er bestimmte Gehirnfunktionen); frühes spekulatives Denken führte zu Christusvisionen und Theorien über die spirituelle Welt und zugleich zur völligen Aufgabe der naturwissenschaftlichen Forschungen; umfangreiche Bibelkommentare legte er im Hinblick auf eine universale Religion in: *Arcana coelestia* (1749-1754, Himmlische Geheimnisse) vor.

2 Neben *Séraphîta* (1835) wäre von Honoré de Balzac (1799-1850) sicher auch sein mystischer Roman *Louis Lambert* (1835) zu nennen; bei Gérard de Nerval (1808-1855) sind in *Aurélia ou Le rêve de la vie* (1853) Swedenborgsche Einflüsse nachweisbar.

3 Der folgende Abriß des 18. Jahrhunderts macht deutlich, wie sehr Valéry diese Epoche des europäischen Geisteslebens in ihrer Vielfalt und ihren Widersprüchlichkeiten begeistert hat.

4 In: Swedenborg, *Arcana coelestia*.

5 Der Mystiker und Pietist Jakob Böhme (1575-1626) galt als *philosophicus teutonicus*, der die morgenrötliche Verbundenheit mit Gott suchte.

6 »Diese sind wahr, weil ich [dafür] ein [An]Zeichen [erhalten] habe.« Was ein Zeichen ist oder zum Zeichen für jemanden wird, hängt nach Valérys *Zeichentheorie* von vielen Umständen ab.

7 Damit wendet sich Valéry gegen die Traumanalysen im Sinne Sigmund Freuds (1856-1939); vgl. »Studien und Fragmente über den Traum«, in diesem Band, S. 211-216.

8 Im frz. Text heißt es: *la conscience sous le sommeil*; Valéry hat die besondere Kreativität und Potentialität dieser Bewußtseinsstufe (auch durch seinen Begriff des implexe) mehrfach betont.

9 Im frz. Text heißt es: »la chasse au Mystère SVEDENBORG.«

VIER BRIEFE ÜBER NIETZSCHE

Übersetzung: Max Looser
Die Briefe wurden an Henri Albert in den Jahren 1901, 1902, 1903 und 1907 gerichtet. Sie erschienen erstmals unter dem Titel »Quatre lettres de Paul Valéry au sujet de Nietzsche« in: *Cahiers de la Quinzaine* 18 (1927) 2, 31 Seiten; der letzte Brief wurde autograph reproduziert. – Einen kurzen Auszug der einleitenden *Notice* bringt jetzt die Neuauflage der *Œuvres* I (1980), S. 1802.

Zu dem von Valéry angesprochenen Thema des Verkaufs seiner Handschriften, vgl. A. James Arnold, *Paul Valéry and his critics. A Bibliography. French-Language Criticism 1890-1927*, Haskell House, New York 1973, S. 367 (Nr. 1239) und S. 385 (Nr. 1296): »Deux écrivains éminents ne viennent-ils pas d'être contraints à racheter des manuscrits signés de leurs noms qui allaient passer en vente publique? Et quels manuscrits! *Les Croix de Bois* de Ronald Dorgelès et les lettres de Paul Valéry adressées à Henri Albert à propos de son ouvrage sur Nietzsche...« (*Les Nouvelles Littéraires*, 6 (1927) 234, S. 2). (A.d.Ü.) Vgl. zu verkauften Briefen auch *Briefwechsel*, S. 586.

Die vier Briefe über Friedrich Nietzsche (1844-1900) wurden hier aufgenommen, weil sie die begeisterte und dennoch so kritische Lektüre Valérys von Nietzsches Werk unter Beweis stellen. Henri Albert, der elsässische Journalist, hatte Valéry seine Nietzsche-Übersetzungen jeweils bei Erscheinen zugeschickt. Der antigermanischen Ideologie, wie sie – gerade auch durch Henri Albert – im *Mercure de France* um die Jahrhundertwende vorgetragen wurde (vgl. dazu ausführlich: Andreas Schockenhoff, *Henri Albert und das Deutschlandbild des ›Mercure de France‹ 1890-1905*, Peter Lang Verlag, Frankfurt, Bern, New York 1986 – der neben Nietzsche auch die Wirkungen Wagners beleuchtet), stehen diese »vom *Mercure* weit entfernten« und weiterdenkenden Briefe Valérys gegenüber; das Empfinden einer Ungewißheit gegenüber Deutschland wird hier deutlich, und zwar schon 1907, *vor* dem ersten großen Krieg, wie auch 20 Jahre *danach*, als diese »Vier Briefe über Nietzsche« veröffentlicht wurden. In Frankreich stand man dem, was sich in Deutschland anbahnte, skeptisch gegenüber: Valéry verstand die Erdkarte und die Statistiken politisch und historisch zu interpretieren, und seine implizite Prognose von 1907 wurde zur wiederholten Wahrheit 1927 einer »Fortsetzung«...
Zu Nietzsche nimmt Valéry ausführlich in zwei weiteren Briefen

Stellung: In einem Brief vom 13. Januar 1899 (in: *Briefwechsel*, S. 400ff.) an André Gide bezeichnet er Nietzsche als »vor allem *kontradiktorisch*«, bei dem vieles wunderbar, nutzlos und naiv sei, der jedoch ein »suggestiver Autor« sei; seiner *philosophie de la violence* könne er sich jedoch nicht anschließen, und die Erfindung des Übermenschen erlaube, sowohl Pessimist als Optimist zu sein. Im Brief an Guy de Pourtalès vom 16. November 1929, in dem sich Valéry für dessen Buch *Nietzsche en Italie* (Grasset 1929) bedankt, bekennt er zwar seine Liebe zu Nietzsche wegen dessen Methode, seine wesentliche Sensibilität ausgebeutet zu haben, lehnt jedoch seine Metaphysik, seine unmoralische Moral und seine Hauptthesen ab (une certaine méthode, presque une logique; si l'on peut appeler *logique*, une exploitation intellectuelle des modes de la sensibilité centrale). Dem Philosophen und ideologischen Denker Nietzsche stand Valéry distanziert-kritisch gegenüber. Alle genannten Briefe sowie bisher unveröffentlichte Notizen von Valéry über Nietzsche finden sich jetzt in Michel Jarrety (Hg.), *Valéry, pour quoi?*, Les Impressions Nouvelles, Paris 1987, S. 7-52.
Schließlich ist noch der fingierte Brief von Nietzsche an André Fontainas zu nennen, den Valéry in einem Pidgin-Französisch (ein Jargon wie der des Barons von Nucingen) abfaßte und der von Herbert Steiner, »Nietzsche-Valéry: a Letter«, in: *Harvard Library Bulletin*, 1950, S. 268-270, veröffentlicht wurde. – Erste Informationen über Valéry und Nietzsche gab Maurice Bémol (*Paul Valéry*, Clermond-Ferrand 1949, S. 112-117), umfassender dann Edouard Gaède, *Nietzsche et Valéry. Essai sur la comédie de l'esprit*, Gallimard, Paris 1962.

Von den vielen Briefen Valérys, die sich zum großen Teil in der Bibliothèque Nationale, Paris, befinden wie auch in Kopien im Valéry-Forschungszentrum an der Universität Kiel, sind für den deutschen Leser von besonderem Interesse: die Briefe an Ernst Robert Curtius, Albert Einstein, Walter Gottschalk, Rudolf Kassner, Robert Kemp, Graf Keyserling, Thomas Mann, Rainer Maria Rilke, Herbert Steiner, Bruno Walter und Stefan Zweig. Zu den freundschaftlichen Beziehungen zwischen Valéry und seinem Übersetzer Herbert Steiner sind vor allem die zahlreichen Briefe und Schriften heranzuziehen, die im Deutschen Literaturarchiv, Schiller-Nationalmuseum in Marbach am Neckar (Handschriften-Abteilung) liegen.

1 Es ist die französische Übersetzung von *Morgenröte* gemeint (F. Nietzsche, *Aurore*, Mercure de France, Paris 1901).

2 Robert de Wierre de Bonnières (1850–1905) war Schriftsteller (*Les monach*, 1884, *Le baiser de Moina*, 1886, *Contes aux Fées* u. a.) und schrieb zwischen 1880 und 1890 unter dem Pseudonym »Janus« für den *Figaro*. Er lud immer am Montag zu sich ein – wie auch andere Schriftsteller an bestimmten Wochentagen ihre Zirkel um sich versammelten.

3 Henri Albert hatte Valéry die Übersetzung des 2. Teils von *Menschliches, Allzumenschliches* (*F. Nietzsche, Humain, trop humain: le voyageur et son ombre*, Mercure de France, Paris 1902) zugeschickt. Der 1. Teil war schon 1899 in der Übersetzung von Alexandre Desrousseaux erschienen.

4 Der Brief wurde an Henri Albert nach Niederbronn (Elsaß) nachgeschickt. – Valéry war gerade mit seiner jungen Frau Jeannie, geb. Gobillard, im Juli 1902 in die 3. Etage des Hauses Nr. 40, Rue de Villejust (heute die Rue Paul Valéry) eingezogen.

5 Gemeint sind die Übersetzungen des 1901 aus dem Nachlaß Nietzsches der achtziger Jahre von Peter Gast, E. und A. Horneffer und Elisabeth Förster-Nietzsche – fälschlich unter dem Titel *Der Wille zur Macht, Studien und Fragmente* – herausgegebenen Werks *La volonté de puissance* (Mercure de France, Paris 1903) und vielleicht *Par-delà le bien et le mal* (Mercure de France, Paris 1903) – allerdings besaß Valéry schon frühere Nietzscheübersetzungen von L. Weiscopf und G. Art (Mercure de France, Paris 1898), wie ein Blick in die erhalten gebliebene Bibliothek zeigt.

6 Unter dem Stichwort »Reinlichkeit« (la propreté) finden sich in dem Index zu F. Nietzsches *Werke* in drei Bänden, hg. von Karl Schlechta, München [2]1967, zwei Eintragungen:

a) In: *Jenseits von Gut und Böse* § 271 (*Werke*, a. a. O., Bd. 2, S. 745): »Was am tiefsten zwei Menschen trennt, das ist ein verschiedener Sinn und Grad der Reinlichkeit. Was hilft aller guter Wille füreinander: zuletzt bleibt es dabei – sie ›könnnen sich nicht riechen!‹ Der höchste Instinkt der Reinlichkeit stellt den mit ihm Behafteten in die wunderlichste und gefährlichste Vereinsamung, als einen Heiligen: denn eben das ist Heiligkeit – die höchste Vergeistigung des genannten Instinktes. (...)«

b) In: *Ecce Homo* (a. a. O., S. 1080): »Mir eignet eine vollkommen unheimliche Reizbarkeit des Reinlichkeits-Instinkts, so daß ich die Nähe oder – was sage ich? – das Innerlichste, die »Eingeweide« jeder Seele physiologisch wahrnehme – *rieche* ... (...).«

Nicht im *Nietzsche-Index* angeführt sind die folgenden Stellen:

c) In: *Menschliches, Allzumenschliches*, § 82 (*Werke*, a.a.O., Bd. 1, S. 768), und § 288, S. 841): »Man soll den Sinn für Reinlichkeit im Kinde bis zur Leidenschaft entfachen: später erhebt er sich, in immer neuen Verwandlungen, fast zu jeder Tugend hinauf und erscheint zuletzt, als Kompensation alles Talents, wie eine Lichthülle von Reinheit, Mäßigkeit, Milde, Charakter – Glück in sich tragend, Glück um sich verbreitend.«
d) Ebenfalls nicht im *Nietzsche-Index* angeführt ist das Stichwort »Sauberkeit«; vgl. das Vorwort zu *Ecce Homo* (*Werke*, a. a. O., Bd. 2, S. 1066): »Jede Errungenschaft, jeder Schritt vorwärts in der Erkenntnis folgt aus dem Mut, aus der Härte gegen sich, aus der Sauberkeit gegen sich ...«
e) In: *Ecce Homo* (a.a.O., S. 1149): »Der ›deutsche Geist‹ ist meine schlechte Luft: ich atme schwer in der Nähe dieser Instinkt gewordenen Unsauberkeit *in psychologicis*, die jedes Wort, jede Miene eines Deutschen verrät. Sie haben nie ein siebzehntes Jahrhundert harter Selbstprüfung durchgemacht wie die Franzosen – ein Larochefoucauld, ein Descartes sind hundertmal in Rechtschaffenheit den ersten Deutschen überlegen –, sie haben bis heute keinen Psychologen gehabt. Aber Psychologie ist beinahe der Maßstab der *Reinlichkeit* oder *Unreinlichkeit* einer Rasse ...«
f) Über das Christentum als Gegner einer hygienisch verstandenen Reinlichkeit: *Der Antichrist*, § 21 (*Werke*, a.a.O., Bd. 2, S. 1181). (A.d.Ü.)

7 Zu den »energetischen Theorien« und zu den Belegen für Nietzsches Robert Mayer-Lektüre vgl. Curt Paul Janz, *Friedrich Nietzsche, Biographie in zwei Bänden*, dtv, München [2]1981, Bd. 2, S. 73-74. (A.d.Ü.)

8 Der Evolutionismus von Herbert Spencer (1820-1903) sah eine Klassifikation der Gesellschaften vor, die vom Homogenen zum Heterogenen übergehen mit einer anschließenden Auflösung – was einen ewigen Wechsel der Welt zur Folge hat. (A. v. Michel Jarrety)

9 Gemäß dem 2. Hauptsatz der Thermodynamik (Prinzip von Clausius, vgl. oben, S. 294f., Anm. 9), kann die Entropie im Entwicklungsverlauf eines Systems nur wachsen, und dieses Anwachsen schließt Nicht-Umkehrbarkeit ein: ein System durchläuft nie denselben Zustand zweimal, die Ewige Wiederkehr ist damit unmöglich.

10 Dieser Hinweis auf den *éternel retour* führt wieder zu den *Cahiers*, in denen Valéry eine Systemtheorie der sensomotorischen Funk-

tionen und des Bewußtseins entwirft: Die Rückkehr zum Ausgangspunkt, zu einem Nullpunkt, ist dabei für den Geist von zentraler Bedeutung: »L'*esprit* se manifeste dans le *retour* (ou la tentative de retour) du système vivant à un état dont il a été *écarté* ...« usw. (*C*. Pl. I, S. 1025). Die Thermodynamik bietet ein Modell mit zyklischen Eigenschaften. Zur Thematik der »Ewigen Wiederkunft« (retour éternel) bei Nietzsche (3. Teil *Zarathustra*), bei Goethe (*Faust*) und der zyklischen Struktur des Bewußtseins und Erkennens, vgl. N. Bastet, »Faust et le cycle«, in: Émilie Noulet-Carner (Hg.), *Entretiens sur Paul Valéry*, Paris 1968, S. 115-134; Karl Alfred Blüher, »L'Instant Faustien – La quête du bonheur dans le mythe de Faust de Goethe à Valéry«, in: *Bulletin des Études Valéryennes* 11 (1976), S. 32-47 und ders., »Die Symbolik in Valérys *Mon Faust*«, in: Jürgen Schmidt-Radefeldt (Hg.), *Paul Valéry*, Wiss. Buchgesellschaft, Darmstadt 1978, S. 208-246, besonders S. 217.

11 Dieser Brief ohne Datum und ohne Umschlag wurde von Henri Albert datiert: Oktober 1907. Vgl. die Faksimile-Reproduktion im Original, S. 29.

12 Hier ist der erste Band der Übersetzungen von Henri Albert der *Unzeitgemäßen Betrachtungen (F. Nietzsche, Considérations inactuelles*, Mercure de France, Paris 1907) gemeint. Der 2. Band erschien 1922.

13 Das französische Kabinett Maurice Rouvier wollte keinen Konflikt mit dem Deutschen Reich, der französische Außenminister Delcassé war zudem am 6. Juni 1905 zurückgetreten. Das Deutsche Auswärtige Amt lehnte eine Verständigung hinsichtlich der Interessen in Marokko ab – diese *erste Marokkokrise* führte zur Konferenz von Algeciras (1906) und der diplomatischen Niederlage Deutschlands.

REDE AUF BERGSON

Übersetzung: Andrea Spingler
Valéry hielt die Rede zum Tode des Philosophen Henri Bergson (1859-1941) am 9. Januar 1941 in der Académie française. Sie wurde mehrfach wieder abgedruckt: in: *Suisse contemporaine* (Juni 1941), *Revue philosophique* (März-August 1941, S. 121-342), in Sammelbänden zu Ehren von Bergson wie in: *Études bergsoniennes, Hommage à Henri Bergson (1859-1941)* Februar 1942.
In: *Œuvres* I, S. 883-886, »Discours sur Bergson«.

Eine gegenseitige Wertschätzung Valéry-Bergson ist durch die Jahre ihrer Bekanntschaft belegt. Valéry lernte den Philosophen wohl Anfang der zwanziger Jahre bei Thérèse Murat kennen; Gespräche mit ihm werden in den *Cahiers* mit Datum notiert (z.B. 24. Juni 1924; 11. November 1929, vgl. *Cahiers/Hefte* Bd. 1, S. 164 und 195), und der Ausspruch Bergsons »Ce qu'a fait Valéry, devait être tenté« war ihm Schmeichelei und Ansporn zugleich. Jeglichen Einfluß Bergsons hat Valéry zeitlebens bestritten. Noch 1941 notiert Valéry, daß er Bergsons Philosophie nur vom Hörensagen kenne; dem widerspricht jedoch, daß er 1925 zugibt, *Le rire* (1900, Das Lachen) gelesen zu haben (vgl. *C.* X, 657), Mitte der zwanziger Jahre *L'évolution créatrice* (1907, Die schöpferische Entwicklung), und 1934 schickt ihm Bergson nach Erscheinen *La pensée et le mouvement* (vgl. *Briefe*, S. 148 und 198f.). Gegenüber der Doktrin eines *bergsonisme* verhielt sich Valéry (wie gegenüber dem *freudisme*) kritisch, und auch bei den Sitzungen in der Académie française zum Wörterbuch (z.B. Definition des Begriffs »vie«, vgl. *Cahiers/Hefte* Bd. 5, Rubrik BIOS, *C.* XVIII, S. 137-138) kam es zu Kontroversen zwischen den beiden. Bergson habe seiner Meinung nach die Probleme der Philosophie nicht erneuert, notiert Valéry in den *Cahiers* im Unterschied zu dem, was er im *Discours sur Bergson* sagt, sondern auf *seine* Weise behandelt: Eine professionell-professoral gestellte Frage habe eine poetische Antwort erhalten, so charakterisiert er Bergson 1930/1931: »Il s'est interrogé en professeur et répondu en – – poète.« (*C.* Pl. I, S. 656) Die Idee vom »élan vital« existierte für ihn nur aufgrund der Vorstellung einer poetischen Gattung. Es bleibt vorerst eine offene Frage, ob Valérys Vorwurf zutrifft, Bergson habe um 1890 die »allgemeinen Ideen« seiner Philosophie der Wissenschaft (Evolution, Determinismus) aus der Tradition seiner Zeit übernommen (Valéry denkt dabei wohl an Immanuel Kant, Claude Bernard, William James, Félix Ravaisson-Mollien, Théodule Ribot u. a.), ohne sie jedoch in ihren *wesentlichen* Grundlagen hinterfragt zu haben. (Vgl. dazu *Cahiers/Hefte*, Bd. 2, 1988, Rubrik PHILOSOPHIE, *C.* XVI, S. 576.) Vielleicht trifft der Vorwurf partiell auch Valéry selbst? In beiden philosophischen Ansätzen gibt es thematische Vergleichs- und Kontrastpunkte (z.B. *intuition, temps, durée, mémoire, consciene, rêve, die Argumente Zénons*). Ungeachtet inhaltlicher Divergenzen stellte Valéry mit dieser Rede seine Zivilcourage unter Beweis: Paris war seit einem halben Jahr von deutschen Truppen besetzt; und Bergson war Jude.

1 Für Claude Debussy (1862-1918) hegte Valéry zeitlebens Bewunderung. Nachdem er sich Mitte des letzten Jahrzehnts des 19. Jahrhunderts Gedanken über eine Art totales Theater gemacht hatte, schrieb er 1900 an Debussy (*Briefe*, S. 50f.) und schlug ihm als Sujet für ein Ballett die Orpheus-Sage vor. Sein Vorschlag blieb ohne Echo, auch als er ihn in den dreißiger Jahren wiederholte: die Melodramen *Amphion* (1933) und *Semiramis* (1934) wurden von Arthur Honegger vertont. Debussy hatte – allerdings nach Texten von Pierre Louÿs – die Melodramen *Chansons de Bilitis* (für Rezitation, 2 Flöten, 2 Harfen und Celesta) als *tableaux vivants* 1901 uraufgeführt. Die Geschichte der liturgischen Projekte der Melodramen von Valéry beschreibt Huguette Laurenti, *Paul Valéry et le théâtre*, Gallimard, Paris 1973; zur Musik vgl. Brian Stimpson, *Paul Valéry and Music. A Study of the Techniques of Composition in Valéry's Poetry*, Cambridge University Press, Cambridge 1984.

DER MENSCH UND DIE MUSCHEL

Übersetzung: Ernst Hardt
Die Übersetzung erschien erstmals in: *Europäische Revue* 13 (1937), S. 375-393; wieder abgedruckt in: *Merkur* 1 (1947), S. 199-218, sowie in: Karl Löwith, *Paul Valéry. Grundzüge seines philosophischen Denkens*, Vandenhoeck & Ruprecht, Göttingen 1971, S. 115-134.
Der Herausgeber hat einen Absatz (vgl. *Œuvres* I, S. 892 unten bis S. 893, Zeile 3) ergänzt und einige Begriffe korrigiert.
Der Essay »L'homme et la coquille« erschien erstmals in: *Nouvelle Revue Française* 281 (1937), S. 162-185. Der Text wurde bibliophil mit 16 Muschel-Zeichnungen von Henri Mondor 1937 bei der *Nouvelle Revue Française* mit einem besonderen Vorwort (S. 9-18), das in die *Œuvres* nicht aufgenommen wurde, verlegt.
In: *Œuvres* I, S. 886-907, »L'homme et la coquille«.

Der Essay ist dem frz. Schriftsteller Abel Bonnard (1883-1968) gewidmet, der von 1932 bis 1944 auch Mitglied der Académie française war, Erziehungsminister in der Vichy-Regierung und nach dem Zweiten Weltkrieg als Kollaborateur in Abwesenheit zum Tode, nach seiner Rückkehr aus dem spanischen Exil zu 10jähriger Verbannung verurteilt wurde.

1 Dem Chemiker und Biologen Louis Pasteur (1822-1895) räumt Valéry das Verdienst ein, der Erkenntnistheorie eine strenge Methode gegeben zu haben, um viele »Phantome« in der Biochemie zu beseitigen, um die vielen Verzweigungen im Anwendungsbereich miteinander zu verbinden und ein homogenes Bezeichnungssystem aufzustellen; analog käme dieses Verdienst Michael Faraday (1791-1867) in der Physik, Georg Riemann (1826-1866) in der Mathematik zu. (Vgl. *C.* Pl. I, S. 781, und *Cahiers/Hefte*, Bd. 2, 1988)
Zwei Jahre vor Veröffentlichung von »L'homme et la coquille«, also 1935, notiert Valéry in den *Cahiers*, was sich wie eine Erläuterung zu diesem Hinweis auf Pasteur liest: »Pasteur avait eu l'idée de la vie définie par un mode spécifique de la construction de l'édifice cristallin des molécules organiques contrastant par sa symétrie avec la molécule du même corps d'origine non biologique. Cette idée reprise – et cette double formation traitée par les méthodes de la relativité – montrerait peut-être une condition de courbure particulière.« (*C.* Pl. II, S. 759; *C.* XVIII, S. 73; *Cahiers/Hefte*, Bd. 5, Rubrik BIOS) Der Bezug zu Einstein wird weiter unten aufgegriffen.

2 Das am Meer gefundene *objet trouvé* hat in Valérys Werk einen hohen Stellenwert; vgl. H. Blumenberg, »Sokrates und das ›objet ambigu‹«, in: *Epimeleia*, Festschrift für H. Kuhn, hg. von P. Wiedemann, München 1964, S. 285-323. Das Buch von Christian Kellerer, *Objet trouvé, Surrealismus, Zen*, Rowohlt, Reinbek b. Hamburg 1968, nimmt leider keinerlei Kenntnis von Valéry. – Durch eine semiotische Analyse verdeutlicht Jean-Claude Coquet (»La bonne distance selon L'homme et la coquille *de Paul Valéry*«, in: *micromégas* X (1983) 2-3, S. 135-144) die Homologie zwischen beobachtendem Subjekt und beobachtetem Objekt, zwischen wahrheitswertigem Diskurs und der beschriebenen Wirklichkeit in diesem Text. Vgl. zu »Der Mensch und die Muschel« auch Ursula Reckermann, *Natur und Konstruktion*, Diss. phil., Münster 1971, S. 113-147.

REDE AN DIE CHIRURGEN

Übersetzung: Max Looser
Der Übersetzer hat den von Karl Löwith übersetzten Teil (vgl. *Œuvres* I, S. 918-922), in: Karl Löwith, *Paul Valéry. Grundzüge seines philosophischen Denkens*, Vandenhoeck & Ruprecht, Göttingen 1971, S. 135-138, überarbeitet miteinbezogen.

Valéry hielt diese Rede am 17. Oktober 1938 in der Medizinischen Fakultät der Universität Paris zur Eröffnung des Chirurgen-Kongresses. Er war zum Ehrenpräsident bestellt, wohl auf Betreiben seines Freundes Henri Mondor, der Generalsekretär des Kongresses war. Der Text erschien erstmals 1938 im Verlag N.R.F., ein Teil dieser Rede unter dem Titel »Manuopera« in dem bibliophilen Band *À la gloire de la main* (Paris 1949, gedruckt auf Kosten eines Liebhabers) mit Beiträgen u. a. von Gaston Bachelard, Paul Éluard, Henri Mondor, Francis Ponge, Tristan Tzara und Kupferstichen von Jacques Villon.
In: *Œuvres* I, S. 907-923, »Discours aux chirurgiens«.

1 Einer der wichtigsten Freunde Valérys in den späten Jahren war sicher Henri Mondor, Chirurg von Beruf und Mitglied der Académie française. Mondor verfaßte nicht nur Monographien über bedeutende französische Mediziner, sondern auch über Schriftsteller wie etwa Stéphane Mallarmé (*Vie de Mallarmé*, 2 Bde., 1941-1942; *Mallarmé plus intime*, 1944), Alain (1953) und Valéry (*Les premiers temps d'une amitié: Valéry et Gide*, 1947; *Trois discours pour Paul Valéry*, 1948; *Précocité de Valéry*, Paris 1957). Mondor hat sich auch um die Herausgabe unveröffentlichter Werke Valérys verdient gemacht.

2 Die Passage findet sich in dem Kapitel »Neuvième époque« (1795) von Restif de la Bretonnes autobiographischem Roman *Monsieur Nicolas ou le cœur humain dévoilé* (1794-1797), in dem er von seinen Krankheiten und seiner extremen Empfindlichkeit berichtet: »Le moindre chatouillement me faisait évanouir; un petit coup sur un endroit sensible produisait le même effet; enfin, le détail de quelque maladie dégoûtante, ou la vue du sang, me faisaient tomber sans connaissance, avant même que la raison me donnât une intelligence parfaite de ce qu'on disait. C'est ce qui prouve que ce n'était pas l'imagination ni le préjugé.« Zitiert nach Restif de la Bretonne, *Monsieur Nicolas*, Jean Jacques Pauvert, Paris 1959, Bd. 4, S. 259, und Bd. 1, Anm. S. 16; vgl. auch *Monsieur Nicolas*, éd. Liseux, Paris 1883, Bd. 1, Anm., S. 61. Zum Interesse Valérys an Restif vgl. *Cahiers/Hefte*, Bd. 6, Literatur. (A.d.Ü.)

3 Der Begriff der *Funktion* ist in Valérys Denken von zentraler Bedeutung. Er übernimmt ihn aus der Mathematik, überträgt ihn in alle Wissensbereiche. Vgl. Louise Cazeault, »La notion de fonction dans le système de 1900«, in: *Paul Valéry – Approche du système*, hg. von H. Laurenti, Minard, Lettres Modernes, Paris

1979, S. 83-100, sowie im Index von C. Pl. II (*Fonctions, notion de*, sowie *fonctionnement*).

4 Im frz. Text *ligne d'univers*. Vgl. oben, S. 293f., Anm. 5.

5 *Chirurgie*, von gr. χειρουργία (mit der Wurzel *cheirō*, »schneiden, scheren«); *cheirourgós*, Chirurg: behandelte schon zu Homers Zeiten Schuß-, Hieb- und Stichwunden durch Ausschneiden, Aussaugen des Blutes und Auflegen von *pharmaka* (vgl. in: *Der kleine Pauly. Lexikon der Antike* in fünf Bänden. dtv, München 1979, Bd. 1, Sp. 1150. (A.d.Ü.)
Der Text »Jeder Mensch bedient sich seiner Hände« (S. 194) bis »Das Wissen wird fortan vom Handlungsvermögen beherrscht« (S. 199) wurde von Karl Löwith übersetzt.

6 Die griechische Heilkunde unterscheidet drei Gebiete: Diätetik, Pharmazeutik und Chirurgie. Das erste wirkte heilend durch die Lebensweise, das zweite durch Medikamente, das dritte durch die Hand; die Chirurgie – schlicht »Hand-Werk« – galt als die geistig anspruchslosere Kunst und verlor dadurch an Achtung. Der Kontrast zwischen der positiven Bedeutung von Chirurgie als helfendem Handeln und der negativen Bedeutung des chirurgischen Handwerksstands erhält sich bis ins 18. Jahrhundert. Huldrych M. Koelbing, *Arzt und Patient in der antiken Welt*, Artemis Verlag, Zürich, München 1977, S. 166f. (A.d.Ü.)

7 In Philosophie und Anthropologie ist die *Hand* vielfach als der Körperteil herausgestellt worden, der den *homo habilis et erectus* (neben der Sprache) erst zum Menschen macht. Schon Aristoteles (*De partibus animalium*, S. 687 a5 ff.) betont die Einzigartigkeit und Vielfalt dieses Werkzeugs, nach ihm Immanuel Kant und andere; vgl. auch Charlotte Wolff, *The human hand*, London 1942 (dt. *Die Hand als Spiegel der Psyche. Wissenschaftliche Handdeutung*, übersetzt von Ursula von Mangoldt, Barth Verlag, München [2]1983); Henri Focillon, *Éloge de la main* (Anhang zu *Vie des formes*), P.U.F., Paris 1943, [8]1984 (dt. *Lob der Hand*, übersetzt von Gritta Baerlocher, Francke, Bern 1958). Von großer Bedeutung für den von Valéry anvisierten »Traktat über die Hand« wäre auch die Anthropologie Helmuth Plessners, »Das Auge-Hand-Feld und die Ästhesiologie des Sehens« in: H. Plessner, *Anthropologie der Sinne* (1970), in: H. P., *Gesammelte Schriften* III, Suhrkamp Verlag Frankfurt am Main 1980, S. 333ff. (A.d.Ü.)
In mehreren seiner Werke hat Valéry wiederholt auf die Funktion der Hand – im Zusammenhang mit dem Geist – hingewiesen, gerade auch in *Cahiers/Hefte* (vgl. Register daselbst *Hand*,

bzw. in den *C. Pl.*, *main*). Eine Zusammenfassung gibt Gérald Antoine, »Quelques linéaments du ›Traité de la main ou de l'esprit de la main‹ que Valéry rêva d'écrire«, in: *Paul Valéry contemporain*, hg. von Monique Parent und Jean Levaillant, Klincksieck, Paris 1974, S. 177-191. Valérys Zeichnungen von Händen finden sich in den *Cahiers* sowie in Paul de Man, *Les dessins de Paul Valéry*, Paris 1948.

8 Die Eigenschaften des Instruments und der Artikulation gelten für die Hand und die Sprache, wie auch beide Zeichenfunktionen erfüllen können: die Zeichen der Hände (Gestik) und die Zeichen der Sprache (sprachliche Äußerungen) ergänzen sich oft simultan. »Le rôle étrange de la main dans le discours. Rôle explétif, peut-être un souvenir dégénéré de quelque antique langage des signes... La main parle donc – *offre*, pince, coupe, repousse, assemble, appelle, frappe, pointe vers, etc.«... (*C.* XI, S. 111) Diese Geste des Hinweisens wird quasi durch Sprachzeichen ersetzt. Die Einrichtung (ebenso wie das Aufrufen oder Zitieren) eines Zeichens nennt Valéry einmal *monstration* (*C.* XXI, S. 103) und verdeutlicht sie durch das deiktische Zeigen auf den Gegenstand: HOMME! MENSCH! Vgl. dazu ausführlich Jürgen Schmidt-Radefeldt, *Paul Valéry linguiste dans les »Cahiers«*, Klincksieck, Paris 1970, S. 38-45.

9 Durch den Berührungskontakt (toucher) wird Wirklichkeit erfahren, werden Wirkungen über das Körperbewußtsein erzeugt – diesen Gedanken entwickelt Valéry in seinem philosophischen System von KÖRPER/GEIST/WELT (CEM: corps/esprit/monde), wie er sich auch an vielen Stellen im lyrischen Werk findet (vgl. Nicole Celeyrette-Pietri, *Valéry et le moi*, Paris 1979, Index: *toucher*). Im Theaterstück *Mein Faust* (übersetzt von Friedhelm Kemp, dtv, München 1963, S. 56f.) führt eine unwillkürliche Berührung Lusts bei Faust zu einem tieferen Bewußtwerden des Angerührtseins; eine seelisch-körperliche Vertrautheit verändert dabei auch das Anredeverhalten, indem Faust gegenüber Lust ein spontanes *Du* verwendet.

10 Wie Leonardo da Vinci einen Traktat über den Körper schreiben wollte, beabsichtigte Valéry einen »Traité de la main ou de l'esprit de la main« zu verfassen; beide wurden nie fertiggestellt. Vgl. Anm. 7.

11 *Relais*: ein von Valéry häufig benutzter technischer Begriff, der auch in der deutschsprachigen Terminologie üblich ist, vor allem in der Bedeutung *elektromagnetisches Relais*: Ein von einem schwachen Steuerstrom erregter Elektromagnet zieht einen be-

weglichen Anker an, der durch seine Bewegung die Kontakte eines stärkeren Arbeitsstromkreises öffnet oder schließt. (A.d.Ü.) Zu diesem Begriff vgl. *Cahiers/Hefte*, Bd. 1.

12 Valéry verwendet hier den frz. Ausdruck *faire sauter un atome* (ein Atom zersprengen). Von *Atomexplosion* im heutigen Verständnis ist noch nicht die Rede.

13 H. Mondor hat *L'homme et la coquille* (1937) illustriert, er war Zeichner, Schriftsteller und Chirurg zugleich.

EINFACHE ÜBERLEGUNGEN ZUM KÖRPER

Übersetzung: Karl Löwith
Die Übersetzung erschien erstmals in: Karl Löwith, *Paul Valéry. Grundzüge seines philosophischen Denkens*, Vandenhoeck & Ruprecht, Göttingen 1971, S. 17-25; wieder abgedruckt in: K.L., *Sämtliche Schriften*, J.B. Metzler Verlag, Stuttgart 1986, Bd. 9, S. 246-254. Die Übersetzung wurde von Max Looser durchgesehen.
Der Text erschien erstmals in: *Formes et couleurs* 5 (1943) 3, Lausanne. Valérys Essay leitete dieses dem Thema »Medizin und Literatur« gewidmete Heft ein, in den Text integriert waren zwei Zeichnungen von del Sarto und Leonardo da Vinci (Reiterstudie).
In: *Œuvres* I, S. 923-931, »Réflexions simples sur le corps«.

Die beiden Texte »Das Blut und wir« und »Das Problem der drei Körper« stehen für Valérys Forschungsinteresse, das erstaunliche Phänomen des organischen »Lebens« und den Zusammenhang zwischen chemisch-physiologischer Existenz und bewußtem Bewußtsein zu ergründen. Das System des Blutes (Kreislauf, Regenerationsvermögen etc.) dient ihm dabei als ein organisches System neben anderen möglichen. Vgl. *Paul Valéry – Approche du système*, hg. von H. Laurenti, Minard, Paris 1979 (Beiträge von Judith Robinson, Jeannine Jallat); Jürgen Schmidt-Radefeldt, »Kybernetische Denkansätze bei Paul Valéry?«, in: *Poetica* 14 (1982), S. 134-170; Jean Bernard, »Valéry et le sang«, in: *Fonctions de l'esprit: 13 savants redécouvrent Paul Valéry*, hg. von Judith Robinson-Valéry, Hermann, Paris 1983, S. 71-80, sowie *Cahiers/Hefte*, Bd. 3, Rubrik SOMA.

1 Zum Begriff der *retours éternels* vgl. Anm. 10 zu »Vier Briefe über Nietzsche«.

2 Im frz. Text *réglage*.

3 Als Versuch, diesen »seltsamen, asymmetrischen Raum« an-

schaulich zu machen, vgl. die Zeichnung von Ernst Mach in: *Die Analyse der Empfindungen und das Verhältnis des Physischen zum Psychischen*, Gustav Fischer, Jena [4]1903, S. 15, Nr. 10, Fig. 1. (A.d.Ü.)

Es ist zu vermuten, daß Valéry von E. Mach, *Erkenntnis und Irrtum* (1905) gehört hatte, denn es war 1908 als *La connaissance et l'erreur* bei Flammarion erschienen. Valéry steht dem »Wiener Kreis« (Carnap, Neurath, Schlick und vordem Mach sowie besonders Wittgenstein) in vielen Ansätzen sehr nahe (vgl. auch die Einleitung zu den *Cahiers/Heften*, Bd. 1, 1987, S. 13). Das Buch von Robert Bouvier, *La pensée d'Ernst Mach* (Librairie Au velin d'or, Paris 1923), hatte Valéry gelesen, wie sein Sohn Claude Valéry versichert. Vgl. auch jetzt Bernard Lacorre, »Monsieur Teste et le monsieur sans tête«, in: *La logique du langage dans la théorie littéraire et la théorie de la connaissance – Valéry et le positivisme*, hg. von Nicole Celeyrette-Pietri und Antonia Soulez, SUD, Paris 1988, S. 111–134.

4 Der Körperbegriff *mon-corps* wird als »tout événements et imminences« (*Œuvres* I, S. 928) charakterisiert. Unter *imminence* versteht Valéry den allerersten, absoluten Augenblick des ICH in der morgendlichen Frühe, den Moment des reinen Geistes und der absoluten Möglichkeiten des ICH, eine punktuelle Gegenwart (»Le présent c'est... Moi!« *C*. XVIII, S. 304), bevor die Dauer (*durée*) und die Wiederholung (Phänomene des Re-, *wieder-*) ihre Funktionen übernehmen. Diesen Zustand der Imminenz bezeichnet Valéry einmal als »C'est l'état simple avant les signes« (*C*. XVII, S. 491), d. h. *vor* allem Zeichenhaften.

5 Neben vielen philosophisch-psychologischen Bemerkungen zum Mythos des Narziß in den *Cahiers* behandeln 3 Dichtungen diese Gestalt: »Narcisse parle« (in: *Album de vers anciens*), »Fragments du narcisse« (in: *Charmes*), beide in: *Werke*, Band 1, sowie das Libretto der »Cantate du narcisse« (1938; in: *Œuvres* I, S. 403-421).

6 *Relais*: vgl. Anm. 11 zur »Rede an die Chirurgen«. Hier sind offensichtlich »Ketten von Relais« gemeint, wie Karl Löwith ursprünglich übersetzt hat.

7 Mit Hilfe eines *questionnaire*, der die Menge der möglichen Fragen zu einem Problem methodisch einsetzt, wird eine »vollständige Handlung« (action complète) definiert. Vgl. Jürgen Schmidt-Radefeldt, »Questions et réponses, ou des stratégies discursives et poétiques dans le dialogue valéryen«, in: *Bulletin des Études Valéryennes* 27 (1981), S. 13-35.

STUDIEN UND FRAGMENTE ÜBER DEN TRAUM

Übersetzung: Franz Josef Krebs; erschien erstmals in: *Akzente* 33 (1986), S. 40–44.
Der frz. Text erschien erstmals unter dem Titel »Études« in: *Nouvelle Revue Française* 11 (1909), wieder abgedruckt in: *Variété* I (1926) und in: *Variété* II (1929). Wie Valéry auf einem Exemplar handschriftlich notierte, wurde die Auswahl der Texte von André Gide getroffen.
In: *Œuvres* I, S. 931–936, »Études et fragments sur le rêve«.

Die hier zusammengestellten Gedanken finden sich zum Teil leicht abweichend in der Rubrik TRAUM in den *Cahiers/Heften*, Bd. 4. Ein Themenheft zu den »Questions du rêve« (*Cahiers Paul Valéry*, 3, Gallimard, Paris 1979) versammelte alle noch unveröffentlichten Notizen, einschließlich der Traumerzählungen »Récits de Rêves«. Vier kritische Studien von Yvon Belaval, Nicole Celeyrette-Pietri, Dr. J. Rouart und Judith Robinson geben den wissenschaftlichen und historischen Hintergrund zu den Fragen des Traums. Der Vergleich der Traumanalyse von Valéry und Sigmund Freud zeigt, daß ersterer vorrangig der Form und Struktur, dem Funktionstyp des Traums, d.h. den formalen, strukturellen und funktionellen Aspekten des Traums nachgeht, wohingegen Freud die signifikative, deutende Analyse im Hinblick auf eine mögliche psychotherapeutische Anwendung verfolgt. Valéry hat eine tiefenpsychologische Deutung à la Freud abgelehnt: »A mon sens, c'est une erreur d'aborder le rêve par le significatif.« (*C.* XVII, S. 770–771, oder *C. Pl.* II, S. 163–164); er schlägt vor, eine klare Trennung zwischen wachem Bewußtsein und Traum zu ziehen; »Wirklichkeit« und Versprachlichung sind in beiden Fällen grundverschieden: »La traduction en langage de veille *tue nécessairement* la vraie substance du rêve – (comme la poésie traduite en prose).« (*C.* XVIII, S. 863, oder *C. Pl.* II, S. 172) Auch das ICH hat eine andere Funktion. Nichtsdestoweniger gibt es auch gemeinsame Positionen zwischen Valéry und Freud.

BERICHT ÜBER DIE TUGEND-PREISE

Übersetzung: Max Looser
Valéry hielt die Rede am 20. Dezember 1934 in der öffentlichen Jahressitzung der Académie française, sie erschien erstmals 1934 in

den Veröffentlichungen des Institut de France; danach unter dem Titel »Etat de la vertu« (1935, Bestandsaufnahme zur Tugend). In: *Œuvres* I, S. 936-958, »Rapport sur les prix de vertu«.

Seit der Tugendlehre Ciceros sind Glanz und Elend von Tugend und Moral sowie ihres Wertes in der romanischen Kultur immer wieder Gegenstand sozial-kritischer Überlegungen gewesen. Der Moralist Valéry äußert sich auch in weiteren Werken (z.B. »Choses tues«, »Tel Quel«, in: *Œuvres* II) zur Tugend.

1 Antoine de Montyon (1733-1820), Philanthrop, stiftete einen noch heute vergebenen Preis für tugendhafte Handlungen und schriftstellerische Werke, welche die Moral fördern. (A. d. Ü.)

2 Sitz der Académie française ist das Collège des Quatre Nations am Quai Conti; die öffentlichen Sitzungen finden unter der Kuppel der einstigen Kapelle dieses Collège statt, die zum Sitzungssaal umgebaut wurde.
Die Akademie verwaltet 320 Stiftungen und verleiht jedes Jahr insgesamt 120 Literaturpreise wie auch die Tugend-Preise. (A.d.Ü.)

3 Der Artikel *Vertu* des *Vocabulaire critique et technique de la philosophie* von André Lalande ([1]1926). Presses Universitaires de France, Paris [14]1983, beginnt mit der Feststellung: »Sens général (actuellement presque inusité)«, d.h. heute fast völlig ungebräuchlich. – Der Artikel *Tugend* im *Deutschen Wörterbuch* umfaßt 73 Spalten (*Deutsches Wörterbuch* von Jacob und Wilhelm Grimm, Fotomechanischer Nachdruck, dtv, München 1984, Band 22, Sp. 1560-1633: »aus der bildung des wortes (...) ergibt sich als grundbedeutung die der *tauglichkeit* im allgemeinsten sinne. in ihr ist das merkmal des *ausgezeichnetseins*, der *vortrefflichkeit* eingeschlossen. *tugend* bezeichnet etwas herausgehobenes, gesteigertes, vortreffliches jeder art (...) damit stimmt überein die philosophisch-theologische bedeutung des begriffes ›tugend‹ seit Aristoteles, nach der ἀρετή – virtus – tugend ein ›habitus‹, ein ›gehaben‹ ist, (...) dem *sein* der person verhaftet und nicht nur eine ›dispositio‹ des willens. die dem deutschen worte eigene grundbedeutung, *tugend* als ein ›tüchtigsein‹, entspricht also genau der antiken tugendauffassung.« (a.a.O., Sp. 1561) (A.d.Ü.)

4 Zu den Aufgaben der Académie française vgl. Valéry, »Die Académie française – Aufgabe und Geheimnis« (*Werke*, Bd. 7).

5 Im frz. Text *enfers*, das sind Abteilungen einer Bibliothek, in

denen die dem Publikum nicht zugänglichen Bücher aufbewahrt werden. Vgl. G. Legman, *The Horn Book. Studies in Erotic Folklore and Bibliography*, Jonathan Cape, London 1970, S. 46f.: »Erotic literature is fortunate in having excellent bibliographies in almost every major language but English. For French there are the Gay & Lemonnyer *Bibliographie des ouvrages relatifs à l'amour* (1894-1900), the Apollinaire-Fleuret-Perceau *Enfer de la Bibliothèque Nationale* (1913) – meticulously describing the holdings of the ›Enfer‹ of the French national librairy.«

Valéry spielt hier wohl auf den Bedeutungswandel des Tugendbegriffs an, ausgehend von seiner positiven, moralischen Setzung bei Molière und in den Briefromanen des 18. Jahrhunderts bis zur Übersteigerung während der Französischen Revolution und seiner ironischen und zynischen Brechung in den Romans galants und bei dem Marquis de Sade, *Les infortunes de la vertu* (1787, Das Mißgeschick der Tugend) und *Justine ou les malheurs de la vertu* (1797). (A.d.Ü.)

6 Vgl. *Die Offenbarung des Johannes* 1, 16.

Robespierre hat in zwei Reden die Bedeutung von Tugend (und Schreckensherrschaft) für die Revolution betont: in der Rede »Über die Grundsätze der revolutionären Regierung« vor dem Konvent am 25. 12. 1793 und »Über die Grundsätze der politischen Moral, die den Nationalkonvent bei der inneren Verwaltung der Republik leiten sollen« am 5. 2. 1794, beide in: Maximilien Robespierre, *Ausgewählte Texte*. Deutsch von Manfred Unruh, Merlin, Hamburg 1971, S. 571 ff. und S. 594. (A.d.Ü.)

7 *positiv*: Schlüsselbegriff der »positiven Philosophie«, »admirable condensation de formules« (Comte); hier im Sinne von faktenbezogen, materialistisch, rein aktuell, faktenabhängig; institutionell oder konventionell *gesetzt* (posé), von der Erfahrung, empirisch, gegeben; real, aktuell, effektiv, gewiß, fest; worauf man bauen/setzen/zählen kann; eindeutig. Vgl. A. Lalande, *Vocabulaire technique et critique de la philosophie*, Presses Universitaires de France, Paris [14]1983, S. 789ff. (A.d.Ü.)

Gegenüber dem *positivisme scientifique* (*C.* XI, S. 160) als einer Doktrin verhielt sich Valéry zeitlebens kritisch distanziert. Er war schon früh auf Auguste Comte gestoßen, insofern er 1894 in Montpellier in der Rue de la Vieille Intendance, Nr. 9, wohnte, wo Comte geboren sein soll; Valéry begann hier *La soirée avec M. Teste* zu schreiben. In den *Cahiers* finden sich drei ergänzende Stellen zur Haltung Valérys gegenüber dem Positivismus: Die erste gibt das wieder, was Valéry gerade an dieser Stelle seiner

Rede sagt (»Le progrès de la Science positive, c'est-à-dire de la confiance dans la vérification matérielle et dans les coincidences numériques, a rendu l'objectif de la philosophie de plus en plus *vague* cependant que croissaient les *exigences de précision*.« (*C.* Pl. II, S. 877) In einer zweiten längeren Passage beklagt Valéry »le funeste présent de la Science positive et le triste exemple du primat de la richesse qui ne s'était vu nulle part si absolument établi sur les mœurs et sur toute chose... (*C.* Pl. II, S. 1533) Die *negativen* Auswirkungen dieser Entwicklung zu immer mehr »positiver« Wissenschaftlichkeit prangert Valéry vom Standpunkt des Moralisten an, weil der menschliche Geist in seinen »habitudes affectives primitives« beharrt und nicht folgen kann, weil die »dévaluation des mots: *Vertu*, *beauté*, *Morale*, etc. et en général, du Vrai, du Bien et du Beau, c'est-à-dire des idéaux officiels« zügellos voranschreitet. (*C.* Pl. II, S. 1541) In dieser dritten Passage, wo Valéry die genaue Meßbarkeit der Dinge als besonderes Chrakteristikum anführt (und fragt, wie *pudeur*, »Scham«, meßbar sein könnte!), stellt er das Problem der Tugend in den politischen Raum der Demokratie. Die drei angeführten Passagen sind auf deutsch ungekürzt in den *Cahiers/Heften*, Bd. 5, nachzulesen.

8 Der Brauch, das tugendhafteste Mädchen eines Dorfes mit Rosen zu krönen (*couronnement des rosières*), dürfte heute kaum noch in Frankreich zu finden sein.

9 Als eine der vielen Quellen des Argot im 19. Jahrhundert führt z. B. Sainéan die *Mémoires d'un forçat* an (Lazare Sainéan, *Les sources de l'argot ancien*. Bd. I: Des origines à la fin du XVIIIe siècle; Bd. II: Le XIXe siècle (1800-1850), Paris 1912; Slatkine, Reprint Genève 1973). Das Wörterverzeichnis dieser *Mémoires* (Sainéan, a.a.O., Bd. II, S. 165-168) enthält keine abstrakten Begriffe. Auch wenn Robert Guiraud (*Le Royaume d'Argot*, Denoel, Paris 1965, S. 45) von einem »code d'honneur du Milieu«, einem »Ehrenkodex der Unterwelt«, spricht, scheint es in der Tat kein Äquivalent für *vertu* zu geben, wie denn auch abstrakte Allgemeinbegriffe wie z. B. Mitleid, Menschlichkeit, Toleranz und Güte höchst selten sind. Kennzeichnend für den Argot ist vielmehr ein sarkastischer Anti-Intellektualismus, wie er etwa in der Formulierung *sorbonne* für ›Kopf‹ und *sorbonner* für ›denken‹ zum Ausdruck kommt: »On lit même *sorbonner*, au sens de ›raisonner‹ dans *Les mystères de Paris*.« (Sainéan, a.a.O., Bd. II, S. 101.) Nach Sainéan findet sich dieser Ausdruck auch bei Honoré de Balzac und Victor Hugo. (A.d.Ü.)

10 Anspielung auf das Akademie-Mitglied Claude de Vaugelas, der den Begriff des *bon usage* in seinem Buch *Remarques sur la langue française, utiles à ceux qui veulent bien parler et bien écrire*, Paris 1647, mit dem Sprachgebrauch des Hofes verbunden hatte. Vgl. auch *Cahiers/Hefte*, Bd. 1, S. 632, Anm. 81.

11 In der Tat hat Valéry auf verschiedenste Umfragen geantwortet und Interviews gegeben. Auf die Umfrage von 1919, warum er schreibe, antwortete er: »Aus Schwäche« (par faiblesse). Mitte der zwanziger Jahre antwortet er auf die Frage nach dem Selbstmord mit dem Text »Sur le suicide«, den er M. E. Teste in den Mund legt (*Vues*, Paris 1948, S. 237-241, enthalten in: *Werke*, Bd. 5). Eine Umfrage von 1925 betrifft das Verhältnis von Orient und Okzident, weitere von 1925 und 1932 befragen seine Einschätzung der gegenwärtigen Lyrik. In der Umfrage 1932 über den Fortschritt und das Jahr 1900 sagte Valéry unter anderem, das Wort *Schönheit* (beauté) sei möglicherweise ungebräuchlich geworden, das Wort *Leben* (vie) habe jedoch eine steile Karriere begonnen.

12 Möglicherweise handelt es sich hier um die *Dialogues philosophiques* (1876) oder *Drames philosophiques* (1878) von Ernest Renan (1823-1892), vgl. *Briefwechsel*, S. 394.

13 Die Anspielung bezieht sich auf die *Lettres persanes* (Perserbriefe) von Montesquieu sowie auf *Micromégas, Candide* und *Zadig* von Voltaire.

DIE ›FURCHT VOR DEN TOTEN‹

Übersetzung: Max Looser
Der Text erschien erstmals als Vorwort zur französischen Übersetzung des Buchs (*The Fear of the Dead in Primitive Religion*) von Sir James Frazer, *La crainte des morts*, übersetzt von Michel Drucker, Nourry 1934; wiederabgedruckt in: *Variété* III (1936).
In: *Œuvres* I, S. 958-960, »La ›peur des morts‹«.

1 Vgl. »Bericht über die Tugend-Preise«, Anm. 7 zu: »positive«; der frz. Text lautet hier »son system tout positif d'existence«. (A.d.Ü.)

2 Vgl. Peter Koestenbaum, »The Vitality of Death«, zit. bei Paul Edwards, Art. »My Death«, in: Paul Edwards (Hg.), *The Encyclopedia of Philosophy*, Macmillan, New York, London ²1972, Bd. 5, S. 416-419; sowie Robert G. Olson, Art. »Death«, in:

Paul Edwards (Hg.), a. a. O., Bd. 2, S. 307-309. Für eine neuere Darstellung des Themas in der ethnologischen, theologischen und philosophischen Literatur bis zum Ende der sechziger Jahre vgl. jetzt Werner Fuchs, *Todesbilder in der modernen Gesellschaft*, Suhrkamp Verlag Frankfurt a. M. 1971, bes. S. 26-50: »Tod bei den Primitiven«. (A. d. Ü.)

3 Der engl. Ethnologe Sir James George Frazer (1854-1941) forschte vor allem über Totemismus, Exogamie und Naturreligionen; seit 1921 war er am Trinity College in Cambridge (wo im September 1987 das *Londoner Valéry Forschungszentrum* gegründet wurde) und war zugleich assoziiertes Mitglied des Institut de France.

KLEINER BRIEF ÜBER DIE MYTHEN

Übersetzung: Friedhelm Kemp
Der Text erschien erstmals unter dem Titel »Brief an eine Dame über die Mythen« in: *Stuttgarter Zeitung* vom 16. April 1960, S. 50. Der unvollständige Text, als dessen Übersetzer irrtümlicherweise Karl August Horst angegeben wurde, ist ergänzt worden.
Der Essay, der 1928 als Einleitung zu Maurice de Guérin, *Poèmes en prose* (Blaizot, Paris) verfaßt war, erschien erstmals in: *Nouvelle Revue Française* 184 (1929), S. 5-13.
In: *Œuvres* I, S. 961-967, »Petite lettre sur les mythes«.

1 Das weltberühmte Aquarium im Ozeanographischen Institut von Monaco hatte Valéry anläßlich eines Vortrags im Februar 1926 besucht; besonders die Muränen faszinierten ihn: »Rien de plus admirable que les murènes. Tête si petite, si fine, et le corps fluide comme un ruban«, so Agathe Rouart-Valéry in der »biographischen Einleitung« über ihren Vater in: *Œuvres* I, S. 49.

2 Dieser Gedanke des allein in der Sprache begründeten Mythos, wie er in dieser Definition ausgedrückt wird (*Mythe* est le nom de tout ce qu'il n'existe et ne subsiste qu'ayant la parole pour cause), findet sich mehrfach in den *Cahiers* (C. XXI, S. 120 und XXIII, S. 159). Vermutlich leitet sich Valérys Konzeption einer »Mythologie« von der Max Müllers ab, des in England lehrenden deutschen Sprachwissenschaftlers, dessen Buch *La science du langage*, Paris 1864, Valéry gelesen hatte und der dieselbe Auffassung vertrat. Vgl. J. Schmidt-Radefeldt, »Paul Valéry – lecteur de Max Müller«, in: SUD 18 (1988), S. 69-82.

3 Vgl. S. 124 und »Zu ›Heureka‹«, Anm. 9.

WISSENSCHAFTLER UND WISSENSCHAFT

Übersetzung: Max Looser
Der Interview-Text entstand im Gespräch mit Frédéric Lefèvre und erschien erstmals unter dem Titel »Savants et science« in: F. Lefèvre, *Entretiens avec Paul Valéry*. Précédés d'une préface de Henri Bremond de l'Académie française, Paris 1926, S. 129-142.

Mit diesem Text und seiner Stellungnahme zu der Mitte der dreißiger Jahre diskutierten Frage um die Einheit der Wissenschaften (vom Wiener Kreis angeregt) versucht Valéry wie andere einen Brückenschlag zwischen den »zwei Kulturen« (vgl. C. P. Snow, *The Two Cultures: and a Second Look*, CUP, Cambridge 1964, bzw. den diskussionsauslösenden Artikel »The Two Cultures« in: *New Statesman* vom 6. Oktober 1956). Einige Jahre später hat sich Valéry noch einmal zu diesem Thema geäußert: Paul Valéry, *Les sciences de l'esprit sont-elles essentiellement différentes de celles de la nature? Réponse de M. Paul Valéry*, La Renaissance du Livre 1931.
1939 wurden diese Fragen auf dem 5. *International Congress for the Unity of Science* an der Universität von Harvard, Cambridge/Mass., 3.-9. September, aufgegriffen; zum Organisationskomitee gehörten u. a. R. Carnap (sein Vortragsthema war »Science and the Analysis of Language«), P. Frank, O. Neurath, H. Reichenbach, E. Sapir und C. W. Morris (sein Thema war »Semiotic, the Socio-Humanistic Sciences, and the Unity of Science«). Der Bd. VIII (1939/40) von *The Journal of Unified Science (Erkenntnis)*, hg. von Rudolf Carnap und Hans Reichenbach, enthält die Vorträge.
Einen guten Überlick über Valérys Kenntnisse und Bekanntschaften mit Naturwissenschaftlern seiner Zeit vermittelt Reino Virtanen, »Die wissenschaftlichen Studien von Paul Valéry«, in: Jürgen Schmidt-Radefeldt (Hg.), *Paul Valéry*, Wiss. Buchgesellschaft, Darmstadt 1978, S. 144-164.

1 Valéry faßt diesen zentralen Gedanken seiner Ästhetik in der ersten Poetik-Vorlesung (1937) zusammen: »Les œuvres de l'esprit, poèmes ou autres, ne se rapportent qu'à ce qui *fait naître ce qui les fait naître elles-mêmes*, et absolument à rien d'autre.« (Werke des Geistes, ob nun Gedichte oder andere, beziehen sich nur auf solches, das *entstehen läßt, was sie selbst entstehen läßt*, und auf absolut nichts anderes.) In: *Œuvres* I, S. 1350. (A. d. Ü.)

2 Zur »Einführung in die Methode von Leonardo da Vinci« vgl. *Werke*, Bd. 6, zum Dialog »Eupalinos oder Der Architekt« vgl. *Werke*, Bd. 2.

3 Die in einem brillanten und klaren Stil geschriebenen Bücher des frz. Mathematikers Henri Poincaré (1854-1912) gehörten zu Valérys Standardlektüre (vgl. *Cahiers/Hefte*, Bd. 1).
Der frz. Mathematiker Charles Hermite (1822-1901) war einer der großen Analytiker des 19. Jahrhunderts.

4 Der frz. Physiker Antoine Henri Becquerel (1852-1908) fand 1873 die infraroten Bandenspektren im Sonnenlicht; er erkannte, daß die Absorption des Lichts in Kristallen eine monomolekulare Reaktion ist. Ab 1891 begann er mit Untersuchungen der Phosphoreszenzspektren erhitzter Minerale sowie auch der Uranminerale und entdeckte eine bis dahin unbekannte, vom Uran ausgehende Strahlung; am 24. Februar 1896 gab er eine entsprechende Mitteilung an die Pariser Akademie. 1899 wies er die magnetische Ablenkbarkeit der Betastrahlen nach und erhielt 1903 zusammen mit dem Ehepaar Pierre und Marie Curie für diese Entdeckung der spontanen Radioaktivität den Nobelpreis für Physik.

5 Der Chemiker Georges Urbain (1872-1938), der ab 1908 Professor an der Sorbonne war und über Phosphoreszenz, Magnetismus, Spektroskopie arbeitete (insbesondere seltene Erden, *Recherches sur la séparation des terres rares*, 1899), veröffentlichte *Le tombeau d'Aristoxène. Essai sur la musique*, Doin, Paris 1924; offensichtlich ist dieses Buch gemeint.

6 Von Jean Perrin entsteht ein eindrucksvolles Bild im folgenden Beitrag.

BILDER VON JEAN PERRIN

Übersetzung: Jürgen Schmidt-Radefeldt
Der Text erschien erstmals in: *Vues* (1948, S. 199-203), »Images de Jean Perrin«.

Jean-Baptiste Perrin (1870-1942) war ab 1910 Professor für physikalische Chemie in Paris, 1940 emigrierte er in die USA. Er wies 1895 die negative Ladung der Kathodenstrahlen nach und bestimmte 1906 bei seinen Untersuchungen der Brownschen Molekularbewegung und der Sedimentation in Suspensionen nach verschiedenen Verfahren genau die *Avogadrosche Zahl*. 1926 erhielt er den Nobel-

preis für seine Arbeiten zur Struktur der Materie und die Entdeckung des Sedimentationsgleichgewichts.
Anfang des Jahrhunderts hört Valéry die Vorlesungen von Perrin, den er Mitte der zwanziger Jahre zu seinen Freunden rechnet – neben Langevin, Maurice und Louis de Broglie – und dessen Bücher *Les atomes* (Paris 1913), *Les éléments de la physique* (Albin Michel, Paris 1929), *Grains de matière et de lumière* (Hermann, Paris 1935) sich in seiner Bibliothek befanden. Vgl. dazu Judith Robinson, *L'analyse de l'esprit dans les ›Cahiers‹ de Valéry*, Corti, Paris 1963, und dieselbe, »Sprache, Physik und Mathematik in Valérys ›Cahiers‹«, in: Jürgen Schmidt-Radefeldt (Hg.), *Paul Valéry*, Wiss. Buchgesellschaft, Darmstadt 1978, S. 7-39.
Ab 1926 finden sich in der Rubrik WISSENSCHAFT (*Cahiers/Hefte*, Bd. 5) protokollartige Notizen zu Perrin: Valéry berichtet von einem Gespräch über Licht und Quantentheorie, von einem Bankett am 31. Januar 1927 zu Ehren des Nobelpreisträgers, bei dem auch Borel, Langevin u. a. anwesend sind und Valéry eine *laudatio* hält (vgl. auch *Briefwechsel*, S. 586), und er notiert sorgsam die Besuche im Labor von Perrin (am 30. Mai 1929; am 22. Februar 1931 zusammen mit Louis de Broglie und den Philosophen Leo Ferrero und Louis Rougier; am 17. Februar 1936 mit Maurice de Broglie). Valérys Motto bei diesen Zusammenkünften mit Perrin, durch die er sich sehr geehrt fühlte: *physica me iuvat*.

1 Der italienische Physiker Avogadro di Quaregna (1776-1865) stellte eine Hypothese über die Moleküle der Gase auf; die *Avogadrosche Zahl* (6×10^{23}) ist die Anzahl der Moleküle, die in einem Molekül-Gramm enthalten sind.

PERSÖNLICHE ANSICHTEN ÜBER DIE WISSENSCHAFT

Übersetzung: Jürgen Schmidt-Radefeldt
Der Text erschien erstmals in: *Vues* (1948, S. 45-58), »Vues personnelles sur la science«.

Dieser Aufsatz, der die Verwissenschaftlichung unseres Lebens thematisiert und einen Bogen von Pierre Laplace, Isaac Newton, Albert Einstein bis Werner Heisenberg schlägt, wobei gerade die Entdeckung und Entwicklung der *Elektrizität* in fast allen Lebens- und Forschungsbereichen herausgestellt wird, verdeutlicht – bei aller Faszination – eine skeptisch-kritische Grundhaltung. Dieses Resümee über das Zeitalter der neuen Fakten und Sachverhalte ist prinzipiell offen, wie auch die Anlage der *Cahiers/Hefte*.

GESICHTSPUNKTE

Übersetzung: Jürgen Schmidt-Radefeldt
Der Text erschien erstmal in: *Vues* (1948, S. 59-62), »Points de vue«.

Auch dieser Text ist wie der vorhergehende grundlegend wissenschaftskritisch; Valéry fragt nach dem Anteil der Sensibilität in Forschung und Leben, nach der neuen Logik und der erforderlichen Sprachkritik, nach der Vorhersehbarkeit und auch nach dem Unvorhersehbaren. Die Zukunft der Wissenschaft wird in das Abenteuer verlegt.

1 Die Metapher des »Netzes« (für mentale Vernetzung) führt Valéry an die neuesten Konzepte der Semantik und künstlichen Intelligenz-Forschungen heran; im frz. Text *l'intelligence équipe un esprit, comme un réseau de fils ou de rails tendu ou fixé sur un territoire*... (*Vues*, a. a. O., S. 59).

2 Mit dem »Anwachsen unserer Kenntnisse« (frz. accroissement de nos lumières) spielt Valéry auf das Zeitalter der Aufklärung an. Seine »wahre Philosophie«, von der er in den *Cahiers/Heften* spricht, würde von einer Begriffs- und Sprachkritik ausgehen und die *richtigen* Fragen stellen: vgl. dazu das Stichwort und die Rubrik PHILOSOPHIE.

3 Schaltplan, frz. *insérés et développés dans le tableau de distribution naturel des organes de relation*.

4 Dieser offene Ausgang könnte mit einem Aphorismus der *Cahiers* im Rückblick auf den Titel dieses Beitrags kommentiert werden: alles ist Ansichtssache, »Tout est perspective« (C. XVII, S. 622).

NACHWEISE ZU DEN EINZELNEN TEXTEN

Fragment d'un Descartes: Œuvres I. © Éditions Gallimard, Paris 1957.
Fragment eines Descartes: Ü. Max Looser. © Insel Verlag Frankfurt am Main 1989.

Descartes: Œuvres I. © Éditions Gallimard, Paris 1957.
Descartes: Ü. Max Looser. © Insel Verlag Frankfurt am Main 1989.

Une vue de Descartes: Œuvres I. © Éditions Gallimard, Paris 1957.
Eine Ansicht von Descartes: Ü. Max Looser. © Insel Verlag Frankfurt am Main 1989.

Seconde vue de Descartes: Œuvres I. © Éditions Gallimard, Paris 1957.
Zweite Ansicht von Descartes: Ü. Max Looser. © Insel Verlag Frankfurt am Main 1989.

Le retour de Hollande: Œuvres I. © Éditions Gallimard, Paris 1957.
Die Rückkehr aus Holland: Ü. Max Looser. © Insel Verlag Frankfurt am Main 1989.

Variation sur une pensée: Œuvres I. © Éditions Gallimard, Paris 1957.
Variation über einen Gedanken Pascals: Ü. Friedhelm Kemp. Abdruck mit freundlicher Genehmigung des Übersetzers.
Marginalien zu ›Variation über einen Gedanken Pascals‹: Ü. Dieter Steland. Abdruck mit freundlicher Genehmigung des Übersetzers.

Au sujet d'*Eurêka*: Œuvres I. © Éditions Gallimard, Paris 1957.
Zu ›Heureka‹: Ü. Andrea Spingler. © Insel Verlag Frankfurt am Main 1989.

Svedenborg: Œuvres I. © Éditions Gallimard, Paris 1957.
Swedenborg: Ü. Andrea Spingler. © Insel Verlag Frankfurt am Main 1989.

Quatre lettres sur Nietzsche: Rechte bei den Erben Paul Valérys.
Vier Briefe über Nietzsche: Ü. Max Looser. © Insel Verlag Frankfurt am Main 1989.

Discours sur Bergson: Œuvres I. © Éditions Gallimard, Paris 1957.
Rede auf Bergson: Ü. Andrea Spingler. © Insel Verlag Frankfurt am Main 1989.

L'homme et la coquille: Œuvres I. © Éditions Gallimard, Paris 1957.
Der Mensch und die Muschel: Ü. Ernst Hardt (ergänzt von Jürgen Schmidt-Radefeldt). Abdruck mit freundlicher Genehmigung der Erben des Übersetzers.

Discours aux chirurgiens: Œuvres I. © Éditions Gallimard, Paris 1957.
Rede an die Chirurgen: Ü. Karl Löwith / Max Looser. Für die Übersetzung von Karl Löwith: © Vandenhoeck & Ruprecht, Göttingen 1971. Abdruck mit freundlicher Genehmigung des Verlags Vandenhoeck & Ruprecht. Für die Überarbeitung und Ergänzung von Max Looser: © Insel Verlag Frankfurt am Main 1989.

Réflexions simples sur le corps: Œuvres I. © Éditions Gallimard, Paris 1957.
Einfache Überlegungen zum Körper: Ü. Karl Löwith. © Vandenhoeck & Ruprecht, Göttingen 1971. Abdruck mit freundlicher Genehmigung des Verlags Vandenhoeck & Ruprecht. Für die Überarbeitung und Anmerkungen von Max Looser: © Insel Verlag Frankfurt am Main 1989.

Études et fragments sur le rêve: Œuvres I. © Éditions Gallimard, Paris 1957.
Studien und Fragmente über den Traum: Ü. Franz Josef Krebs. Abdruck mit freundlicher Genehmigung des Übersetzers.

Rapport sur les prix de vertu: Œuvres I. © Éditions Gallimard, Paris 1957.
Bericht über die Tugend-Preise: Ü. Max Looser. © Insel Verlag Frankfurt am Main 1989.

La »peur des morts«: Œuvres I. © Éditions Gallimard, Paris 1957.
Die ›Furcht vor den Toten‹: Ü. Max Looser. © Insel Verlag Frankfurt am Main 1989.

Petite lettre sur les mythes: Œuvres I. © Éditions Gallimard, Paris 1957.
Kleiner Brief über die Mythen: Ü. Friedhelm Kemp. Abdruck mit freundlicher Genehmigung des Übersetzers.

NAMEN- UND WERKREGISTER

(Dieses Register bezieht sich nur auf den Textteil, nicht auf den Anhang.)

INHALT

ANHANG

PAUL VALÉRY
WERKE

Frankfurter Ausgabe
in 7 Bänden

Band 1
Dichtung und Prosa

Band 2
Dialoge und Theater

Band 3
Zur Literatur

Band 4
Zur Philosophie und Wissenschaft

Band 5
Zur Theorie der Dichtkunst
und Vermischte Gedanken

Band 6
Zur Ästhetik und Philosophie der Künste

Band 7
Zur Zeitgeschichte und Politik

Suhrkamp Verlag GmbH
Torstraße 44, 10119 Berlin
info@suhrkamp.de
www.suhrkamp.de